전노협 청산과
한국노동운동

전노협 청산과 한국노동운동 전노협은 왜 청산되었는가

1판1쇄 펴냄 2007년 8월 6일

지은이 | 김창우

펴낸이 | 정민용
주간 | 박상훈
편집장 | 안중철
책임편집 | 최미정
편집 | 박미경, 박후란, 성지회
디자인 | 서진, 송재희
경영지원 | 김용운
제작·영업 | 김재선, 박경춘

펴낸 곳 | 도서출판 후마니타스
등록 | 2002년 2월 19일 제6-0449호
주소 | 서울 종로구 홍파동 42-1 신한빌딩 2층(110-092)
편집 | 02-739-9929 제작·영업 | 02-722-9960 팩스 | 02-733-9910

값 15,000원

ISBN 978-89-90106-43-8 03330

이 도서의 국립중앙도서관 출판시도서목록(CIP)은 e-CIP홈페이지(http://www.nl.go.kr/cip.php)에서
이용하실 수 있습니다(CIP 제어번호: CIP2007002273).

표지와 본문에 사용한 사진은,
전노협에서 보관했던 사진을 소장하고 있는 "노동운동역사자료실"에서 제공받았습니다.
사진의 대부분은 1980년대 후반 노동운동의 현장을 기록했던 "사회사진연구소"에서 찍은 것입니다.

전노협 청산과
한국노동운동

전 노 협 은   왜   청 산 되 었 는 가

김창우 지음

차례

책을 내며

〈보리밭을 흔드는 바람〉으로 2006년 칸느 영화제에서 황금종려상을 받은 영국의 사회주의자 영화감독 켄 로치Ken Loach는 "역사는 미래를 여는 열쇠"라고 말한다.

역사는 향수가 아니다. 역사는 왜 우리가 지금의 모습인지, 우리가 누구인지, 왜 우리가 현재의 상황에 있는지를 말해 주는 것이다. 역사가 향수에 불과하다고 말하는 것은 권력을 가진 부르주아들에게 적합한 것이다. 왜냐하면 그렇게 되면 그들이 계속 권력을 유지할 수 있기 때문이다. 역사는 우리가 지금 처한 상황을 설명해 주며, 따라서 역사를 탐구하여 민중들에게 그들의 역사를 되돌려 주는 것은 감독으로서 갖는 책임 중의 하나인 것이다. 왜냐하면 역사야말로 미래를 여는 열쇠이기 때문이다. 만일 당신이 민중의 과거에 대한 생각을 조절할 수 있다면 당신은 그들의 현재를 재조정할 수 있고, 현재를 조정하게 되면 결국 그들의 미래를 바꿀 수 있게 되는 것이다. 따라서 과거에 대한 민중의 생각을 조정하고 문제를 제기하는 것이야말로 가장 중요한 일이다.

노동자들이 미래에 대한 꿈과 희망을 포기할 때 노동운동의 위기는 시작된다. 현재 한국 노동운동에는 '임금인상과 고용안정'이라는 바로 눈앞의 이익과 실리추구만 있을 뿐, 전태일 열사가 그렇게도 염원했던 '노동자도 대접받고 존중받으면서 인간답게 살 수 있는 그런 인간해방 세상을 건설해 보겠다'는 간절한 꿈과 희망이 없다. 이런 점에서 한국 노동운동에 다시 "과거를 탐구하여 왜 우리가 지금의 모습인지, 왜 우리가 현재의 상황에 있는지 알려줌으로써 미래를 바꾸어 나갈 수 있는" 꿈과 희망이 필요하다.

'전노협'은 1990년대 한국 노동운동의 꿈이요, 희망이었다. 전노협이 있었기에 우리는 한국 노동운동에 희망을 품고 한국 사회변혁을 꿈꿀 수 있었다. 그러나 전노협이 무너지면서 우리의 꿈과 희망 또한 무너지기 시작했다. 한국 노동운동은 광범한 기층 노동자들의 꿈과 희망과 투쟁에 기초하여 사회를 근본적으로 변혁하려던 운동에서, 상층을 중심으로 한 법과 제도와 정책과 교섭에 의존하는 권력지향의 합법·개량주의 운동으로 변화되어 나갔다. 그 결과 현재 한국 노동운동은 대기업 정규직 노동자 중심의 '임금인상과 고용안정'을 위주로 한, 1970년대 민주노조운동 수준보다도 못한 조합주의·경제주의 운동으로 완전히 후퇴해 버리고 말았다.

현재 한국사회에서 자본·권력과의 '대화'나 '사회적 합의'를 통해서 비정규직 노동자, 빈부격차, 양극화 문제들이 해결될 수 있을까? 비정규직법이 시행되기도 전에 비정규직 노동자를 대량 해고시키는 사회에서, 부동산 투기로 수억 원의 소득을 올렸으면서도 세금폭탄 운운하며 집단적으로 납세거부운동을 벌이는 사회에서, 서울대 신입생의 40% 이상이 상위 10% 계층에서 나오고 하위 10% 계층에서는 겨우 2.8%만이 나오는 강자독식強者獨食의 사회에서, 과연 법과 제도의 개혁만을 통해 한국 사회를 변화시켜 나갈 수 있을까?

한국 사회의 근본적인 변화는 자본·권력과의 대화나 사회적 합의에 의한 법·제도 개혁을 통해서가 아니라, 노동자·민중의 힘과 투쟁에 기초한 '사회

변혁운동'을 통해서만 가능하다. 민주노동당이 국회 의석 몇 석 더 얻는다고 해서 비정규직법, 사학법, 국민연금법, 국가보안법, 한미 FTA 등과 같은 법·제도 개혁이 가능하겠는가? 조·중·동, 한나라당, 열린우리당과 같은 수구·보수, 신자유주의 연합세력의 엄청난 저항 때문에 결코 하나의 법안조차 제대로 개혁할 수 없을 것이다.

이런 점에서 '제2의 6월 항쟁' '제2의 노동자 대투쟁'과 같이 현 지배체제를 근본적으로 뒤흔들 만한 상황이 발생하지 않는 한 한국 사회는 결코 변화되지 않을 것이다. 이제 한국 노동운동은 자본·권력과의 대화나 사회적 합의에 의한 법·제도의 개혁을 통해서 '임금인상과 고용안정'이 가능할 것이라는 헛된 꿈과 미망에서 완전히 깨어나야 한다. 대신 한국 노동운동은 '인간에 대한 모든 억압, 지배, 착취, 소외, 차별 등으로부터 해방되고 인간의 존엄성이 보장되는 인간해방 세상 건설'이라는 근본적인 꿈과 희망을 가지고 새롭게 출발해야 한다.

이 책은 창원대학교 노동대학원 석사학위 논문인 『전노협 청산에 관한 연구』(2006년 7월)를 일부 수정·보완한 것이다. 기본 내용은 현재 한국 민주노조운동이 대기업 정규직 노동자 중심의 조합주의·경제주의 운동으로 후퇴하게 된 근본 원인이, 한국 사회의 근본적인 변혁을 추구했던 '전노협 노선을 청산하고 합법·개량(혁)주의 운동 노선인 민주노총으로 변화해 간 데 있다'고 보고, 그 과정을 실증적으로 분석하고 있다. 전체적인 구성이나 내용은 그대로 유지했다. 다만, 표현이 거칠거나 잘 읽히지 않는 부분을 매끄럽게 다듬는 수준에서, 내용을 수정·보완하고, 독자들의 이해를 돕기 위해 결론 부분에 있던 「내용 요약」 부분을 「서문」 속으로 옮겨 재배치했다.

원래의 글은 '전노협 청산 과정'에 초점을 맞추어 썼기 때문에 전노협 이전의 '한국 민주노조운동'의 역사에 대한 내용이 빠져 있다. 그러나 전노협 정신을 제대로 이해하려면 전태일 열사 이후 1970년대로부터 시작된 민주노조운동의 역사를 알지 않으면 안 된다. 전노협 정신의 핵심 내용인 '자주성, 민주성, 투쟁성, 연대성, 변혁지향성'의 정신은 1970년 이후 20년간에 걸쳐 수많은 선배 노동자들의 투쟁과 희생 속에서 형성되어 온 역사적 산물이기 때문이다. 이런 점에서 전노협 정신의 형성 과정을 중심으로 '1970년대'부터 '전노협' 때까지 한국 민주노조운동의 역사를 정리해 보론으로 「전노협 정신은 어떻게 형성되었나 : 민주노조운동 정신의 역사」라는 글을 추가했다. 한국 노동운동사에 대해 잘 모르는 독자라면 '보론'을 먼저 읽는 것도 좋을 듯하다.

지천명의 나이에 뒤늦게 공부하여 쓴 논문을 책으로까지 내게 되니 솔직히 말해 기쁨보다 두려움이 앞선다. 이 글은 체계를 갖출 정도의 뛰어난 이론을 제시한 것도 아니고 그렇다고 현실 운동에 실무적으로 도움이 될 수 있는 정책적 대안을 제시한 것도 아니다. 단지 30여 년에 걸친 학생운동, 노동운동단체, 노동조합, 현장활동 등을 통해 한국 노동운동의 '역사'와 '활동'을 재정리하고 재해석했을 뿐이다. 그렇기 때문에 이 글은 내가 실천하고 경험한 내용 이상으로 전노협의 역사와 활동을 기술하지 못한 한계를 가지고 있다. 이는 앞으로 다양한 관점과 실천과 경험을 가진 분들에 의해 그 내용이 보다 풍부해지고 객관화될 수 있기를 희망해 본다.

이런 점에서 이 글은 이론적인 글이라기보다는 실천적인 성격이 강한 글이라고 할 수 있다. 나는 일찍부터 신자유주의적 자본주의에 대항할 수 있는 유력한 노동조합운동 형태로서 '산별 노조 운동' 대신 '일반 노조 운동'을 주장해 왔다. 그러나 일반 노조 운동을 하면서 새삼 깨달은 것이 있다. 산별 노조든 일반 노조든 중요한 것은 조직의 '형식'이 아니라 '내용'이라는 것이다. 현재와 같은 노동조합운동 수준에서는 산별 노조든 일반 노조든 내용적으로 별 차이가 있을 수 없다. 전노협 정신으로 대표되는 "자주성, 민주성, 투쟁성, 연대성, 변혁지향성"의 내용이 확보되지 않는다면, 산별 노조 운동과 일반 노조운동은 기껏해야 '정치적 경제주의'나 '전투적 경제주의' 이상으로 발전할 수 없을 것이다. 더구나 노동조합운동의 무력화를 넘어 해체까지 노리는 신자유주의적 자본주의하에서는 자본의 이윤 논리를 뛰어넘을 수 있는 '변혁적 전망'이 필수적으로 요구된다는 점에서 더욱 그렇다. 이것이 전노협 정신 계승과 전노협 청산의 역사에 관심을 갖고 이 글을 쓰게 된 실천적인 문제의식이다.

마지막으로 이 책이 나오기까지 도움을 주신 모든 분께 감사의 말씀을 드리고 싶다. 이 세상의 모든 일치고 혼자 힘으로 이루어질 수 있는 것이 하나도 없을진데, 이 책 또한 그런 점에서 모든 이들의 것이다. 수십 년 동안 노동운동을 해 왔음에도 불구하고, 전노협이 청산되고 한국 노동운동이 권력 지향의 합법·개량주의 운동으로 후퇴해 나가는 것에 대해 온몸으로 막지 못한 무능함을, 먼저 가신 열사들과 한국 사회의 변혁을 열망하는 모든 분께 속죄하는 마음으로 이 책을 바친다. 전노협 정신의 부활과 한국 노동운동의 재건을 위해 한국 사회변혁에 대한 모든 꿈과 희망을 공유하고 소통하고 싶다.

모든 것을 공유하라! Omnia sint communia

2007년 6월
87년 노동자 대투쟁 20주년을 맞이한 해에
제2의 노동자 대투쟁을 꿈꾸며

서문

1

민주노조운동 역사상 1987년 노동자 대투쟁 이후 "전노협" 시대만큼 현장이 살아 움직이고 연대의 정신이 넘쳐나는 시기는 없었다. 지금 보면 꿈같은 이야기이지만 구사대의 공격을 막기 위해 여성노동자들만 있는 사업장에 수백 명의 지역노동자들이 교대로 출퇴근하면서 함께 철야농성하는 것은 흔한 일이었다. 옆 사업장에서 구사대 침탈 소식이 들려오면 일하다가도 바로 일손을 놓고 수백 명이 달려가서 구사대를 격퇴하기도 했다. 마창노련의 경우 조합원 3만 2천 명 가운데 2만 5천 명이 운동장에 모여서 조합원 총회를 했다는 전설 같은 이야기도 있다. 지역 집회를 하면 수천 명이 모이는 것은 보통이었다.

현재는 어떤가?

민주노조운동은 전노협 때보다도 더 큰 투쟁과 연대를 하기 위해서 "민주노총"을 건설하고, 이를 토대로 '산별 노조 건설'로 나아간다는 야심찬 포부를 가지고 출발했다. 그러나 10년이 지난 지금 산별 노조는 고사하고 민주노조 운동은 심각한 위기에 처해 있다. 형식은 산별 노조이지만 실제로는 기업별 노조들을 조직 통합해 덩치를 키운 것에 불과하다. 산별 노조의 기본은 계급적 연대 정신인데, 현재 정규직 노동자들은 현장에서 같이 일하는 비정규직 노동자들의 노조 가입조차 거부하고 있다. 심지어는 정규직 노동자들은 비정규직 노동자들의 투쟁을 수수방관할 뿐만 아니라, 적극적으로 투쟁을 방해하거나 깨버리는 양상까지 벌어지고 있다. 민주노총 10년 동안 기업 간 연대는 고사하고, 기업 내 연대조차 안 될 정도로 기업별 의식은 더욱 고착화되어 '정규직 이기주의'로까지 후퇴하고 있는 것이다.

그처럼 뜨거웠던 '연대의 정신'이 10년 남짓 만에 이렇게 싸늘하게 죽어버린 것은 무엇 때문인가? 이 글은 이런 의문에서 출발한다. 대부분의 노동조합 지도자, 학자 들은 산별 노조가 안 되었기 때문이라고 주장한다. 과연 그런가? 그렇다면 산별 노조가 아닌 기업별 노조가 전부였던 전노협 시대에 그렇게 연대의 정신이 충만했던 사실은 어떻게 설명할 것인가? 산별 노조라고 하는 금속노조나 보건의료노조가 기업별 노조의 협의체에 불과했던 전노협 때보다 연대의 정신이 더 높다고 할 수 있는가? 이런 점에서 기업별 노조이기 때문에 연대가 안 된다고 주장하는 것은 사실과 다르다. 오히려 연대의 정신이 무너졌기 때문에 기업별 의식이 더욱 강화되고, 산별 노조가 안 된 것으로 보아야 할 것이다. 전노협 시대부터 강하게 형성되어 왔던 연대의 정신을 더욱 발전시켜 내지 못하고, 정규직 이기주의로까지 후퇴시켜 버린 민주노총을 비롯한 한국 노동운동의 무능과 실패에서 그 원인을 찾아야 할 것이다.

이런 문제의식에서 필자는 '전노협과 민주노총 건설의 역사'를 되돌아보게 되었고, 그 과정에서 '민주노총은 전노협의 역사적 성과를 발전적으로 계승한 것이 아니라 오히려 부정·청산하고 갔다'는 사실을 알게 되었다. 일반적으로 주장되듯이 전노협이 민주노총 건설을 위해 '발전적으로 해산'되었다면 전노협의 역사와 정신은 민주노총에 발전적으로 계승되었어야 한다. 그러나 민주노총 건설 이후 몇 년 동안 전노협의 '전'자도 꺼내지 못할 정도로 전노협은 민주노총에서는 기피 대상이었다. 전노협 활동을 했다는 것이 자랑이 아니라 부끄러운 과거로 간주되었다. 전노협의 역사와 정신은 계승하고 발전시켜야 할 자랑스러운 민주노조운동의 유산이 아니라, '전투적 조합주의' 또는 '전투적 경제주의'로 매도되고 부정되어야 할 구시대의 유물로 치부되었다. 이런 점에서 '누구'에 의해서 '어떻게' 전노협이 청산되어 갔는가를 밝혀내는 것은, 바로 전노협의 역사와 정신을 되살려 낼 수 있는 주체가 누구인지, 그리고 그 방도는 무엇인지를 찾아내는 것이기도 하다.

그러나 한국 노동운동의 위기를 극복해 나갈 역사적 교훈을 얻을 수 있는 이처럼 중요한 문제에 대해 이제까지 아무도 관심을 기울이지 않았다. 아니 어떻게 보면 운동적으로든 학문적으로든 기피 대상이었다고 할 수 있다. 이미 역사는 '민주노총 중심'으로 흘러가고 있는데 전노협 정신과 노선의 복원을 주장하는 것은, 현재의 운동 질서나 권력으로부터 스스로를 고립시키고 배제당하는 것을 자초하는 일이기 때문이다. 그러나 이미 노동운동이 회복하기 어려울 정도로 위기에 처해 있는 상황에서, 지엽적인 문제들만을 건드리는 수준으로는 위기를 돌파해 낼 수 없다. 좀 더 발본적인 문제 제기가 필요하다. 이를 위해서는 전노협의 역사와 정신이 어떻게 청산되어 갔는가를 밝히는 작업이 가장 먼저 이루어져야 한다. 왜냐하면 전노협 청산의 역사는 바로 민주노총 건설의 역사이기도 하기 때문에, 민주노총을 비롯한 한국 민주노조운동의 문제점과 한계를 파악하고, 이를 근본적으로 극복해 나가는 데 있어 많은 교훈을 얻을 수 있기 때문이다.

2

아직까지 전노협에 대해 본격적으로 연구한 글은 거의 없다. 비중 있는 글로는 김진균의 논문이 유일하다고 할 수 있다. 이 논문은 전노협의 전개 과정과 활동을 전체적으로 개괄한 시론試論적인 성격이 강한 글인데, 전노협 연구를 위한 기초적인 안내자 역할을 하고 있다는 점에서 역사적으로 중요하게 평가되어야 한다. 특히 전노협의 성격과 관련하여 이루어진 '전투적 조합주의' 문제와 '조직발전 논의'에 대한 분석(김진균 1996, 233-45)은, 전노협 연구의 핵심적인 내용과 방향을 제시하고 있다는 점에서 후학들에게 매우 좋은 길잡이가 될 수 있을 것이다. 그러나 이 논문은 전노협에 대한 총론적인 분석에 그치고 있기 때문에 전노협 활동에 대한 '구체적인 분석'들을 통해 그 내용이 보완·검증되어 새롭게 쓰일 필요가 있다.

그 외 석사 논문 가운데 전노협을 주제로 다룬 몇 편의 글이 있긴 하지만 전노협의 역사와 활동을 부분적으로 소개·정리하는 수준에 그치고 있고, 대부분의 연구는 노동조합의 조직과 행동에 대한 인과적인 분석이나 국가-자본-노동 관계를 분석하는 과정에서 (부분적이기는 하지만) 전노협에 대한 분석들을 내놓고 있다. 그러나 이 분석들은 전노협에 대한 구체적인 사실 파악이나 분석도 없이 자신의 정치적 입장, 관점, 방법론에 부합하는 몇 가지 사실이나 통계들을 나열하는 수준에 그침으로써 역사적 현실과는 상당히 다른 주장들을 하고 있다.

예를 들면 김금수는 전노협과 민주노총의 노선이 분명히 다른데도 불구하고 둘 다 '사회개혁적 노동조합주의'(김금수 2004, 434-42)라고 주장하고 있으며, 조효래는 1987년 이후 민주노조운동의 정체성을 '전투적 경제주의'(조효래 2002a)로 규정하고 분석함으로써, 전노협 노선을 민주노총의 사회개혁투쟁 노선 또는 '국민과 함께하는 노동운동' 노선과 별 차이가 없는 것으로 보고 있다. 그러나 이러한 주장들은 사실과 다르다. 전노협에 참여하지 않은 현대자동차노조와 같은 일부 독점 대기업 노동조합들은 전투적 경제주의라고 할 수 있겠지만, 전노협을 전투적 경제주의로 규정하는 것은 역사적 사실과 부합하지 않는다. 그리고 민주노총의 사회개혁투쟁 노선도 전투적 경제주의가 아니라 '정치적·정책적 수단과 협상을 선호'하는 정치적 경제주의로 보아야 전노협의 전투성을 부정하면서 출발한 민주노총과 전노협의 차이가 무엇인지 명확하게 드러날 수 있다.

임영일과 김세균의 경우도 민주노총의 운동 노선이 전노협보다 '하향평준화'되었다고 보는 점에서는 일면 타당성이 있으나, 전노협, 대기업 연대회의, 업종회의, ILO공대위, 전노대, 민주노총 준비위원회 등에 대한 실사구시적인 분석 없이 논리를 전개함으로써, 역사적 사실과 다르거나 논리적으로 상호 모순되는 주장들을 내놓고 있다. 예를 들면 이들은 전노협이 창립될 당시부터 전노협, 대기업, 업종회의로 삼분화되면서 민주노조운동이 왜소하게 출발했다고 봄으로써, ILO공대위를 계기로 전노협과 노동운동단체의 영향력이 약화되기 시작했다고 보거나(임영일 1998, 114-5), ILO공대위가 확대·재편되어 전노대로 되었다고 주장하고 있다(김세균 2002, 16-7). 그러나 이러한 주장들은 본문에서 구체적으로 살펴보겠지만, 전노협을 제조업·중소기업 노조 중심의 조직으로 보면서 다른 조직적 대안(전노대와 민주노총)을 합리화하기 위한 정치적 입장을 무비판적으로 받아들이고 있는 데 지나지 않는다.

김동춘은 "1987년 당시 대다수의 노동자들이 노사관계 제도나 법체계 개편에 관심을 기울이기보다는, 사업장 단위에서 '경제투쟁'과 '기업별 노조조직' 구축에만 모든 에너지를 쏟은 점이, 이후 7년간의 노동자의 행동과 노동조합의 패턴을 구조화하였다"(김동춘 1995, 436)라는 다소 엉뚱한 주장을 하고 있는데, 이는 "노동조합을 만드는 것 자체가 기적처럼 보였던 상황에서, 기업별 노조주의를 극복하지 못한 것을 한계로 지적하는 것은, 초등학생이 산수만 풀고, 미적분을 풀지 못했다고 지적하는 것과 같다"(최규엽 1995, 354)라는 비판을 피할 수 없다.

필자는 이처럼 실사구시하지 않고 자신의 일정한 정치적 입장이나 관점, 그리고 방법론에 현실을 끼워 맞추는 방식으로는 결코 역사적 사실을 올바르게 분석하거나 파악할 수 없다고 보았다. 그래서 전노협에 대한 분석이 제대로 이루어지기 위해서는 사회학적 방법론에 따른 인과관계 분석 이전에, 전노협에 대한 역사적 사실부터 정확하게 밝혀야 하며, 그중에서도 전노협 청산 과정이 최우선적으로 밝혀져야 한다고 생각했다. 이런 문제의식에서 필자는 처음에는 전노협을 둘러싼 각 정치·운동 세력, 그리고 노동자 대중의 움직임을 종합적으로 분석하여 전노협의 역사적 성과와 한계를 총체적으로 드러냄으로써, 전노협이 어떻게 민주노총으로 대체되어 갔는가를 전면적으로 파악해 보려고 했다. 그러나 이러한 분석은 짧은 시간에 가능한 작업이 아니었다. 그래서 전노협 청산에 대한 종합적인 분석은 나중으로 미루더라도 우선 전노협이 청산되어 간 '역사적 과정을 사실대로 정리'하는 작업만이라도 먼저 할 필요가 있다고 생각했다. 왜냐하면 연구를 진행해 가는 과정에서 그동안 역사적으로 왜곡되어 왔던 새로운 사실과 내용들을 알게 되어, 널리 공유할 필요가 있겠다고 생각되었기 때문이다.

대부분의 사람들은, 그 당시에 전노협 지도부가 전노협을 지키기 위해 최선을 다했지만, 업종회의와 대공장 노조들의 세에 밀려 어쩔 수 없이 민주노총으로 가지 않을 수 없었던 것으로 알고 있다. 소위 '대세론'이다. 그러나 이는 역사적 사실과 다르다. 그 당시 업종회의와 대공장 노조를 포함한 대다수의 민주노조운동 진영에서는 민주노총이 의식적·조직적으로 전혀 준비되지 않은 상태에서 졸속으로 추진되는 것에 대해 매우 비판적이었다. 다만 업종회의, 대공장, 전노협 내 일부 세력에서 '민주노총 조기건설론'을 강력하게 주장하고 있었을 뿐이다. 그렇기 때문에 전노협이 통일된 입장을 가지고, '민주노총 조기건설론'에 대응했더라면 전노협이 청산되는 사태는 발생하지 않았을 것이다. 그러나 오히려 전노협 스스로가 민주노총 조기 건설을 앞장서서 결정하고 추동해 나감으로써 스스로 청산의 길을 걸어갔다. 그것도 조합원의 참여와 결정에 의해서가 아니라 전노협 상층 지도부의 잘못된 판단과 결정에 의해 그렇게 되었다.

이런 점에서 이 글은 연구의 초점을 전노협이 청산되어 간 역사적 과정을 사실대로 밝히는 데 둠으로써, 전노협 청산과 민주노총 건설에 대한 왜곡된 역사를 바로잡고, 민주노총 이후 사라져 버린 민주노조운동의 역사와 정신, 그리고 기풍을 다시 새롭게 세워내는 데 이론적·실천적으로 기여하고자 한다. 그리고 이 글을 계기로 전노협 연구에 대한 관심과 문제의식을 불러일으켜, 이후 전노협에 대한 본격적인 연구를 위한 길잡이 역할을 하는 데 그 의미를 두고자 한다.

3

전노협 청산의 역사적 과정을 사실대로 밝히는 작업이 이 글의 주제인 이상, 그 당시 중심적으로 활동했던 노동조합운동 주체들을 중심으로 연구가 진행되었다. 특히 전노협 청산 과정이 전노협 상층 지도부 간의 조직형식 논쟁을 통해 비정상적으로 이루어진 과정이었기 때문에, 이들 '상층 지도부의 생각과 활동'이 가장 중요한 연구 대상이 될 수밖에 없었다. 특히 전노협 청산이 상층을 중심으로 전노협 내·외부로부터의 집요한 정치적·이데올로기적·조직적인 파상 공세 속에서 이루어졌다는 점에서 더욱 그러했다.

연구를 위해 『전노협 백서』, 공식적인 활동보고서, 회의 자료, 자료집 등

1차 자료들을 최우선적으로 검토했다. 특히『전노협 백서』는 전노협이 해산된 지 1년 6개월도 채 지나지 않은 동안에 발간되었기 때문에, 다른 어떤 자료보다도 전노협 활동에 대한 풍부하고도 종합적인 내용을 담고 있어서 그 활용 가치가 대단히 높았다. 그러나 이 1차 자료들은 공식적인 보고서들이기 때문에 그러한 내용이 결정되게 된 배경이나 과정에 대한 풍부한 설명이 들어 있지 않았다. 이런 점을 보완하기 위해 그 당시 발간되었던『전국노동자신문』과 노동잡지, 그리고 주요 문건을 검토했다. 이 중『전국노동자신문』과『산별노조운동 관련 자료모음』은 귀중한 자료들이 많이 수록되어 있어서 연구에 많은 도움이 되었다. 더 나아가 이러한 자료들로도 충분히 파악하기 어려운 내용들은 그 당시 관련 당사자들을 면담하여 보충했다.

면담자로는 노조 지도부, 노조 간부, 활동가 등 30여 명을 선정했다. 면담 결과, 세월이 흘러 필자가 궁금한 부분에 대해 정확하게 기억하고 있는 면담자는 그리 많지 않았다. 필자가 전후 상황에 대한 많은 설명을 해 주어야 "아! 어렴풋이 생각이 난다"라고 말할 정도로 역사적 사실들이 상당 부분 소실되고 있었다. 더구나 이러한 면담자들의 기억은 정확하지 않거나 현재의 관점에서 그 당시 상황을 설명하는 경향이 있어, 자료로 사용하려면 상당한 검토가 요구되었다. 그리고 면담자 대부분은 현재 노동운동이나 정치운동에서 현역으로 활동하고 있기 때문에, 분파활동이나 역사적 평가 또는 책임이 수반되는 문제들에 대해서는 언급을 회피하거나 신빙성 있는 답변을 하지 않았다. 그래서 가능하면 상호 다른 입장을 가지고 있는 면담자를 선택하여 교차 질문하는 방식으로 그 편차를 최대한 줄이려고 노력했다. 최종적으로 이러한 면담 내용과 자료들을 대조하여 그 당시 상황을 재구성하는 방식으로 이 글의 연구 작업을 진행했다.

그리고 분석을 중심으로 한 2차 자료들은 거의 연구 대상에서 제외했다. 정보적 가치가 있는 내용들을 제외하고는 별로 도움이 되지 않았다. 대부분의 2차 자료들은 1차 자료나 노동운동 주체들의 구체적인 활동을 토대로 한 분석보다는, 추상적인 이론이나 방법론에 현실을 대입하는 수준에 머물고 있을 뿐만 아니라, 이러한 빈약한 내용들마저 상호 근거로 인용하는 경향이 많아 역사적 사실 파악에 일정한 한계가 있었기 때문이다. 『전노협 백서』나 『내 사랑 마창노련』[1]과 같이 1차 자료들을 수집·정리하거나 또는 이를 토대로 구체적인 분석을 하는 작업들이 거의 이루어지고 있지 않은 연구 풍토에서 이러한 한계는 불가피한 것이었다.

| 면담자 명단 |

이름	당시 직위	현재 직위	면담 일자
권영길	업종회의 의장	민주노동당 국회의원	2006. 3. 22
김영대	전노협 사무총장, 서노협 의장	근로복지공단 감사	2006. 3. 21
노재열	영남노조대표자회의 실무 간사		2005. 9. 5
단병호	전노협 위원장	민주노동당 국회의원	2006. 3. 15
박준석	울산 현대정공노조 기획국장	현대자동차노조 대의원	2005. 9. 15
박태주	전문노련 위원장	한국노동교육원 교수	2005. 7. 7
배남효	울노협 준비위 실무 간사	대구경북 시민신문사 대표	2005. 8. 6
배석범	건설노련 위원장		2005. 12. 23
백순환 외	대우조선노조 위원장	대우조선노조 조합원	2005. 9. 5
심상정	전노협 쟁의국장, 조직국장	민주노동당 국회의원	2006. 6. 14
양규헌	전노협 위원장, 경기노련 의장	불안정노동철폐연대 대표	2006. 3. 15
이목희	한국노동운동연구소 소장	열린우리당 국회의원	2006. 6. 14

....

1 이 책들은 연구자들에 의해서 이루어진 작업이 아니다. '역사는 기록하는 자의 것'이라는 신념과 '기록하지 않는다면 한 시대의 역사가 사라져 버리거나 왜곡될 수 있다'는 안타까움 속에서 비연구자들에 의해 아무런 대가 없이 이루어진 고통스런 작업의 결과물로 나온 것이다.

이상현	전노협 쟁의국장	사업	2006. 3. 21
이정호 외	한진중공업노조 수석부위원장	한진중공업노조 조합원	2005. 12. 21
정윤광	서울지하철노조 위원장	운수노조추진위 조직위원장	2005. 6. 12
조길표 외	한진중공업노조 위원장	한진중공업노조 조합원	2005. 8. 18
주대환	한국노동당(추) 대표	민주노동당	2005. 12. 23
천창수	현대중전기 해고자	울산 전교조 교사	2005. 8. 12
최동식	전노협 부위원장, 인노협 의장	인천 일반 노조 위원장	2006. 3. 28
최용국	대우그룹노조협의회 사무총장	민주노총 부산지역본부장	2005. 8. 17
최은석	조선노협 의장	동명중공업노조 조합원	2005. 9. 3
최철호	업종회의 집행위원	전교조 교사	2005. 12. 22
한석호	전노협 조직부장	전진 활동가	2006. 3. 14
허연도	전노협 사무차장, 마창노련 의장	민주노총 경남본부 지도위원	2006. 4. 5
허영구	전노대 집행위원장	민주노총 부위원장	2005. 12. 23

4

제1장에서는 전노협 청산을 위한 사전 정지작업의 일환으로 이루어진 전노협에 대한 정치적·이데올로기적 공세에 대해 서술했다. 이는 전노협 청산 움직임이 노동운동권 내의 합법·개량(혁)주의자들에 의해서 오래 전부터 추진되어 온 정치적 기획에 의한 것임을 보여준다.

전노협을 청산하고 민주노총으로 조직을 재편하려면 먼저 전노협의 위상을 약화시켜야 한다. 즉, 전노협을 민주노조운동의 구심에서 한 부분으로 축소시켜야 한다. 왜냐하면, 전노협을 민주노조운동의 구심으로 인정하는 한 민주노총이라는 새로운 조직을 만들 필요가 없기 때문이다. 게다가 사실상 전노협이 민주노조운동의 전국적 구심으로서 실질적인 내셔널 센터의 역할을 하고 있었기 때문에 대공장·업종 노조들은 전노협에 가입만 하면 되었다. 이런 점에서 전노협을 부정하고 새로운 조직을 만들려면 무엇보다도 전노협은 민주노조운동의 구심이 아니라, 제조업·중소기업 노조 중심의 조그만 한 부분에 지나지 않는다고 공격해야 한다. 필자는 이러한 공격을 전노협을 청산하고 민주노총으로 가기 위한 사전 정지작업의 일환으로 진행된 정치적·이데올로기적 공세라고 본다.

이런 점에서 필자는 '전노협이 과연 제조업·중소기업 노조 중심의 조직이었는가'에 대한 분석에서 출발해야 전노협 청산의 역사적 정당성을 주장하는 논리를 검증할 수 있다고 보았다.

전노협은 대기업이든 중소기업이든 생산직이든 사무·전문직이든 자본과 정권의 탄압에 대항하여 투쟁해 나갈 수 있는 의지와 역량을 가진 그 당시 모든 민주노조들의 결집체이며 전국적 구심이었다. 노동조합의 규모가 아니라, 단호하게 투쟁해 나갈 수 있는 의지와 역량이 있느냐가 그 첫 번째 기준이었다. 그 당시 전노협에 가입하지 못한 것은 대기업 노조든 사무·전문직 노조든 역량이 되지 않았기 때문이다. 대부분의 대기업 노조는 어용이거나 기회주의적 집행부가 장악하고 있어서, 그리고 사무·전문직 노조들은 탄압에 대한 두려움 때문에 전노협에 가입할 수 없었다. 그들은 전노협과 한국노총 사이에 있는 중간 노조적 성격이 강했던 것이다.

또한 전노협은 임금인상과 근로조건 개선만을 추구하는 경제주의적인 노동조합 조직이 아니었다. 전노협은 전국노운협을 비롯한 민족민주운동의 전폭적인 지원과 지도 속에서 변혁운동의 한 부분으로 만들어진 조직이었다. "노동해방"과 "평등사회 앞당기는 전노협"은 그러한 전노협의 지향을 상징적으로 나타내 주는 대표적인 구호였다.

그러나 전노협은 '울노협 건설의 실패'와 '대기업 연대회의의 무산', 그리고 전노협의 산파역할을 담당했던 '전국노운협의 분열'로 조직 확대와 강화에 일정한 한계를 갖게 된다. 이러한 조직적 한계를 극복하고자 노력하는 가운데 전노협을 청산하고 새로운 조직을 만들려는 움직임이 나타나게 된다. '고 박창수 위원장 장례 투쟁 평가'를 둘러싼 전노협 내부에서의 전국노운협에 대한 공격과 민중당, 한국노동당 등으로 나타나는 '합법정당 건설 노선'의 등장, 그리고 이를 이데올로기적으로 뒷받침하기 위한 '노동운동 위기론' 유포 등 다양한 정치적·이데올로기적 공세가 이루어진다. 하지만 이는 당시 전노협과 민주노조운동에서 대중적으로는 그다지 영향을 미치지 못했다. 물가·집값 폭등과 총액임금제로 대표되는 자본과 정권의 임금억제 정책에 대한 노동자 대중의 불만과 분노는 매우 높았으며 투쟁 의지도 일정하게 유지되고 있었다. 이와 함께 자본과 정권의 탄압으로 약화되었던 지도력 또한 서서히 복구되면서 민주노조운동과 전노협에 대한 지향과 요구는 그 어느 때보다도 높아지고 있었다. 이러한 노동자 대중의 분위기나 요구 때문에 그들의 공세는 일반 노동자 대중에게는 별로 영향을 미치지 못했지만, 노동조합의 일부 상층 지도부, 간부, 활동가 들에게는 상당한 영향을 미쳤다.

소련을 비롯한 현실 사회주의 붕괴 이후 급속하게 확산되기 시작한 합법·개량(혁)주의 운동 노선은 "한국노동당" 창당에 수백 명에 이르는 노동조합 전·현직 간부, 활동가 들이 참가할 정도로 상당한 영향을 미쳤다. 김영삼 정권이 등장하자 일반 민주주의적 개혁에 대한 기대감으로 이러한 합법·개량(혁)주의 노선은 더욱 확산되었고, 전노협의 전투적이고 변혁지향적인 운동 노선에 대한 공격은 더욱 강화되면서 노동운동 내(이른바 운동권 안)에서는 상당한 사상·이념적 혼란과 동요가 일어나게 된다. 이런 가운데 "투쟁 일변도의 전노협으로는 더는 안 되니까, 수준을 좀 낮추더라도 대공장·업종·중간 노조까지 참여할 수 있는 새로운 '민주노조 총단결 조직'을 만들어서, 합법적인 활동과 대정부 교섭 등을 중심으로 좀 온건하게 타협적으로 가자"라는 '전노협 한계론'이 제출된다.

제2장에서는 전노협 청산을 둘러싸고 벌어졌던 전노협 내부의 주도권 투쟁을 '전노협 강화론'과 '전노협 한계론'의 대립이라는 관점에서 서술했다. ILO공대위의 확대·강화, 전노대 결성과 활동, 전노협 위원장 선거, 그리고 민주노조운동의 조직발전 전망 등을 중심으로 이루어졌던 대립과 투쟁을 구체적으로 서술했다.

김영삼 정권의 개량화 공세와 이에 따른 노동운동 내의 사상·이념적 동요와 혼란 속에서, 전노협 한계론으로 대표되는 '합법·개량(혁)주의 운동 노선'은 전노협의 전투적이고 변혁지향적인 운동 노선에 대한 본격적인 공격을 시작한다. 먼저 그들은 "ILO공대위" 내에서 전노협 노선을 확대·강화시켜 나가는 데 중심적인 역할을 하고 있는 노동운동단체들을 배제하는 것이, 이후 노동운동의 주도권을 잡는 데 관건이라 보고 ILO공대위 해체에 총력을 기울인다. 그 결과 ILO공대위는 해체되고 "전노대"가 만들어진다. 전노대는 4개 조직 대표자가 "[전노대는- 필재 상급 조직이 아니다"라고 서명까지 해가면서 서로 확인하고 만들지만 이는 전노대를 결성하기 위한 기만책에 불과했다. 전노대는 서명한 잉크 자국이 채 마르기도 전에 사실상 상급 조직으로 되어 버리고 말았다. 이처럼 결성될 때부터 기만적으로 만들어진 전노대는 이후 한국의 민주노조운동이 변혁적 지향을 포기하고 합법·개량(혁)주의로 나아가는 출발점이 된다. 전노대가 결성되면서 민주노조 진영은 전노대를 둘러싸고 치열한 주도권 투쟁으로 들어가게 된다. '전노협 한계론'은 전노대 내에서 전노협 중심성을 부정하는 업종회의와 일부 대공장 노조들과 연합전선을 폄으로써 '전노협 강화론'과의 주도권 투쟁에서 승리한다. 그 결과 전노협은 민주노조운동의 구심적 지위를 포기하고 그 역할을 전노대에게 넘겨주게 된다. 이후 전노대는 민주노조운동의 실질적인 구심 역할을 하면서 '민주노총 건설'을 주도해 나간다.

이러한 결정이 공식적으로 내려진 것은 1993년 10월 15일 열린 "전노협 제35차 중앙위원회"에서였다. 이 회의에서는 전노협의 중심성만 부정된 것이 아니라, 전노협을 확대·강화하여 산별 노조를 건설하고, 이를 토대로 민주노총을 건설해 나간다는 '선산별노조 건설, 후민주노총 건설' 노선도 폐기된다. 대신 기업별 노조의 산업·업종별 연맹을 토대로 민주노총을 먼저 건설하고 나중에 산별 노조를 건설해 나간다는 '선민주노총 건설, 후산별노조 건설' 노선으로 완전히 전환하게 된다. 이에 따라 전노협은 제조업 노조의 산업·업종별 재편에 집중하게 되고, 그중에서도 특히 '금속산업노조 조직 재편'에 총력을 기울이게 된다. 이 과정에서 민주노총 건설 방안을 놓고 전노협 위원장 선거가 경선으로 치러지면서 전노협 내에서의 주도권 경쟁은 공식화되고 이후 완전히 분파투쟁으로 들어간다.

전노협 위원장 선거는 그동안 잠복하고 있던 전노협 내부의 서로 다른 세 가지 운동 기조와 흐름이 공개적으로 세력화하는 계기가 되었다. 전투적 민주노조운동 노선, NL(민족해방파), PD(민중민주파)로 구분되는 이 세 가지 흐름은 전노협이 해산될 때까지 계속적으로 대립·갈등하면서 간다. 전노협 위원장으로는 기존의 '전투적 민주노조운동 노선'을 주장하는 양규헌 후보가 당선되지만, 세력 분포에서는 '전노협 한계론'을 주장하는 NL과 PD 세력이 다수를 이루게 된다. 그 결과 전노협은 독자적인 사업을 통해 자신의 조직력을 확대·강화해 나가기보다는 모든 사업을 '전노대' 이름으로 해 나감으로써, 사실상 전노협은 민주노조운동에 대한 지도력과 영향력을 잃어버리게 되고, 모든 사업의 중심은 급속하게 전노대로 이동하게 된다.

이런 가운데 전노협 상층 지도부의 모든 관심은 '전노협 한계론'의 주도하에 '민주노총 건설을 위한 조직발전 논쟁'으로 집중되었다. 1안(전노협 강화론)과 2안(전노협 한계론)으로 대표되는 '조직발전 논쟁'은, 형식적으로는 제조업 노조를 산업별로 재편할 것이냐 업종별로 재편할 것이냐라는 문제로 나타났지만 사실상 '민주노총의 주도권'을 둘러싼 투쟁이었다. 1안이든 2안이든 조합원들을 조직과 투쟁의 주체로 어떻게 세워 나갈 것인가가 아니라 '조직의 형식을 어떻게 갖출 것인가'를 중심으로 논의하고 있다는 점에서는 동일했다. 전노협 지도부는 상층에서의 조직형식 논쟁이 아니라, 실질적인 산업·업종별 공동투쟁을 조직하는 것을 중심으로 전노협 사업을 진행했어야 했다. 그랬더라면 "지역노동조합협의회"(이하 지노협)가 투쟁과 사업의 중심에 서면서 상층을 중심으로 한 주도권 투쟁으로 전노협이 무력화되는 사태는 발생하지 않았을 것이다.

조직발전 논쟁은 다수파인 2안을 중심으로 1안을 절충하는 형태로 마무리된다. 그런데 전노협의 조직발전 안을 확정한 "전노협 제44차 중앙위원회" 결정은 역사적으로 중요한 의미를 갖는다. 분파적 입장에서 보면 산업별 연맹이냐 업종별 연맹이냐라는 문제가 가장 중요하다고 생각할 수 있겠지만, 계급운동적 입장에서 보면 1994년 11월에 민주노총 준비위원회를 구성하기로 했다는 사실이 훨씬 더 중요하다. 왜냐하면 민주노총 준비위원회를 구성한다는 것은 사실상 전노협 청산을 의미하기 때문이다. 만약 전노협에서 이러한 결정을 하지 않았더라면, 민주노총은 광범한 조합원들의 참여와 결의 속에서 투쟁을 통해 아래로부터 건설되어 나갈 수 있었을 것이고, 이후 산별노조 건설로까지 나아갈 수 있었을 것이다. 그러나 전노협의 잘못된 결정으로 아무런 의식적·조직적 준비도 되어 있지 않은 상태에서, 상층 중심으로 민주노총을 졸속으로 만들어가게 됨으로써 오히려 전노협이 청산되는 결과를 가져왔다. 이런 점에서 '전노협 강화론과 전노협 한계론은 서로 담합하여 민주노총 조기 건설을 추동'해 나감으로써 전노협을 청산했다는 역사적 평가를 피할 수가 없게 되었다.

전노협 내에서의 조직발전 논쟁이 끝나는 것을 시작으로 민주노총 준비위원회 결성 작업은 본격적으로 시작된다. "현대그룹노동조합총연합"(이하 현총련)이 조합원들과 전혀 공유가 안 되었다는 이유로 민주노총 준비위원회를 반대해 보지만, 전노대 내의 다수파에 밀려 결국 민주노총 준비위원회 결성에 동의함으로써 민주노총 준비위원회는 출범하게 된다. 민주노총 준비위원회 출범으로 전노협은 사실상 공동화되면서 급격하게 청산되어 나가기 시작한다.

제3장에서는 민주노총 준비위원회 결성으로 사실상 전노협이 청산되어 나가는 과정을 서술했다. 민주노총 준비위원회에서 전노협의 대표성과 지도성이 배제되는 과정, 금속산업노조 조직 재편과 지노협 해체를 통해 전노협이 조직적으로 무력화되는 과정, 민주노총 강령·규약 제정을 통해 전노협 정신 계승이 부정되는 과정을 구체적으로 서술했다.

민주노총 준비위원회는 졸속으로 추진되었다. 민주노총은 조합원들은 물론 간부들조차 제대로 된 토론 한번 해보지도 않은 상태에서 상층을 중심으로 '일정박기식'으로 진행되었다. 민주노총 준비위원회는 조직 체계 마련과 인선도 하지 않은 상태에서 선포부터 해 놓고 출발했다. 이런 관계로 민주노총 준비위원회는 조직 집행 체계를 갖추어 정상적으로 업무를 집행하기까지 거의 한 달 반 동안 개점휴업 상태가 된다. 이렇게 졸속으로 출발한 민주노총 준비위원회에서 전노협은 하나의 조그만 흐름으로 전락하고 만다. 조합원 머릿수 비례로 대표자회의와 지도부를 구성함으로써 수많은 구속·수배·해고와 투쟁 속에서 단련되어 온 전노협의 대표성과 지도성은 사실상 부정되었다. 심지어는 단병호 전 위원장조차 지도력 구성에서 배제되었다. 이는 그동안 민주노조운동의 전국적 구심 역할을 해 왔던 전노협이 민주노총 준비위원회에서 공식적으로 부정되는 것을 의미하는 것이었다. 이렇게 전노협은 민주노총 준비위원회에서 대표성과 지도성을 부정당하면서 이때부터 사실상 청산 과정으로 들어갔다. 이와 함께 그동안 전노협이 수많은 고통과 희생 속에서 축적해 왔던 거의 모든 실무 집행력과 사업의 성과 또한 민주노총 준비위원회로 이관되어 갔다. 이처럼 전노협은 민주노총 준비위원회에서 실질적으로 청산되어 나가기 시작했던 것이다. 이렇게 전노협의 대표성과 지도성을 배제할 때 사용했던 다수파 표결 방식에 의한 패권적 사업 작풍은 민주노총 준비위원회 내내 거의 모든 사업과 결정에 적용되었고 이후 민주노총으로까지 계승되었다.

민주노총 준비위원회가 출범하면서 전노협은 완전히 공동화되었다. 전노협 내부에서는 어떠한 사업도 방침도 결정하지 못할 정도로 모든 세력들이 민주노총에서의 지분 확보를 위해 각개약진하고 있었다. 전노협 중앙위원회가 1995년 9월에 가서야 정상적으로 회의가 열릴 정도로 이미 전노협은 청산되고 있었다. 이런 상태였기 때문에 전노협 정신이나 유산이 민주노총에 계승된다는 것은 거의 불가능한 일이었다. 그들에게는 전노협 정신을 어떻게 계승해 나갈 것인가라는 문제보다는, 민주노총에서 각자의 입지와 주도권을 어떻게 확보해 나갈 것인가라는 문제가 더 중요했다. 금속연맹과 자총련 간의 대립은 이런 주도권 투쟁의 전형이었다. 그러나 정작 중요한 것은 민주노총과 금속산업노조 내에서의 주도권 투쟁이 아니라, 전노협 정신 계승의 핵심적 내용인 지노협의 역사적 성과를 어떻게 계승·발전시켜 나갈 것인가에 있었다. 하지만 전노협은 지노협의 위상에 대해 1년 내내 아무런 결정도 하지 않고 민주노총 준비위원회로 결정권을 넘겨 버렸다. 그 결과 민주노총 지역본부는 지노협의 역사적 성과가 계승 발전된 지역노동자들의 자주적이고 민주적인 연대조직으로부터, 민주노총에 의해서 강제되고 통제되는 단순한 하부 행정기구 내지는 임의기구로 축소됨으로써, 이후 지역연대투쟁의 기풍은 급속하게 약화되어 가기 시작했다. 이처럼 전노협 정신의 핵심 내용인 지노협의 역사적 성과가 부정됨으로써 전노협은 대표성이나 지도성에서뿐만 아니라 조직적인 면에서도 완전히 청산되었다.

또한 강령이나 운동 노선 면에서도 전노협 정신은 완전히 부정되었다.

"노동해방"과 "평등사회 앞당기는 전노협"으로 표현되던 전노협 정신은 민주노총 강령에 전혀 반영되지 않았다. 〈민주노총 창립 선언문〉에는 노동해방이라는 표현이 한 구절도 없다. 노동해방 대신 '사회개혁'이라는 말로 대체되어 있다. 운동 노선도 "사회의 근본적 변혁"이 아니라 "사회의 민주적 개혁을 통한 전체 국민의 삶의 질 개선"을 목표로 하는 자본주의 체제 내적 개혁으로서의 사회개혁투쟁 노선으로 대체되었다. 보수 야당이나 한국노총이 주장하고 있는 내용과 별 차이가 없게 된 것이다.

이처럼 전노협 정신은 민주노총에 의해 계승되고 발전된 것이 아니라, 이념, 투쟁, 조직 등 모든 면에서 부정되고 청산되었다.

제4장에서는 이 글의 결론으로서 전노협 청산 과정을 통해 우리가 배울 수 있는 역사적 교훈과 실천적 함의를 생각해 보면서 이후의 과제를 제시했다.

제1장 전노협의 건설과 사수

"전국노동조합협의회"(이하 전노협)[1]는 1970·80년대 민주노조운동과 1987년 7·8·9 노동자 대투쟁 이후 급속하게 성장한 자주적이고 민주적인 노동조합운동의 조직적 성과를 모아 1990년 1월 22일 결성한 '전국연대조직'이다. 전노협은 〈전노협 창립 선언문〉에서 밝히고 있듯이 "한국노총으로 대표되는 노사협조주의와 어용적·비민주적인 노동조합운동을 극복하고, 자주적이고 민주적인 노동운동을 전개해 나갈 수 있는 한국 노동조합운동의 새로운 조직적 주체로서, 이 땅의 노동자가 진정으로 자신의 경제, 사회, 정치적 지위를 향상시키고, 자본과 권력에 통일적으로 대처할 수 있는 전국적 조직의 구심을 선언"하며 출발했다.

또한 전노협은 "광범위한 노동자가 참여할 수 있는 경제적 이익 실현을 위한 투쟁으로 대중적인 노동조합운동을 전개함으로써 우리의 조직과 의식을 발전시키는 기초 위에서, 노동자의 처지를 근본적으로 변화시킬 수 있는 경제, 사회 구조의 개혁과 조국의 민주화, 자주화, 평화통일을 앞당기기 위해 제 민주 세력과 굳게 연대하여 투쟁해 나갈 것"을 선언함으로써, 조합주의·경제주의 조직이 아닌 변혁운동 조직의 한 부분으로 출발했음을 분명히 했다. 그렇기 때문에 자본과 권력은 전노협을 '체제 전복 세력'으로 규정하고, 대통령 주재하에 '전노협 와해 대책'을 마련할 정도로 전노협에 대해 엄청난 탄압을 가했다. 그 결과 전노협은 창립 이후 다섯 달 동안 무려 100여 명이 구속되고 100여 명이 수배되었으며 200여 명이 고소·고발을 당했고, 공권력이 총 열여덟 차례나 투입되는 등 조직적으로 엄청난 타격을 받아, 창립과 동시에

---

[1] 전노협 결성의 역사적 의의와 전개 과정, 그리고 주요활동 등에 대해서는 김진균(1996)의 논문과 「전국노동조합협의회 6년 평가」(『전노협 백서』 8권, 413-34)를 참고하기 바란다.

바로 '전노협 사수' 투쟁으로 들어가지 않으면 안 되었다.

그리하여 전노협은 창립에서 해산까지 총 6년 동안 '자본과 권력의 탄압에 대한 투쟁'을 중심으로 거의 모든 활동이 이루어질 수밖에 없었다. 전노협 시대에 이루어졌던 모든 지역·전국 총파업은 물론, 공동 임금인상·단체협약 투쟁조차 바로 이러한 자본과 권력의 탄압에 공동으로 대응하기 위한 것이었다. 그 결과 전노협은 6년 동안 총 3천여 명이 구속되고 5천여 명이 해고되는 등 수많은 고통과 희생을 치러야 했다. 그러나 전노협은 현재 한국 노동운동사에서 잊힌 존재가 되어 버렸다.[2]

따라서 이 책에서는 그동안 잊혀 왔던 전노협의 역사가 정당하게 평가되고 자리 매김할 수 있도록 전노협 청산 과정을 중심으로 전노협의 활동을 되돌아볼 것이다. 그러나 본격적인 내용으로 들어가기 전에 우선 전노협의 역사와 활동에 대한 전체적인 상을 그릴 필요가 있을 것 같다. 그래서 1995년 12월 3일 "전노협 해산 대의원대회"에서 공식적으로 보고된 문건인 「전국노동조합협의회 6년 평가」(『전노협 백서』 8권, 413-34)를 일부 발췌하여 싣는다.[3] 전노협 스스로가 평가한 내용을 읽어 봄으로써 당시 노동자들이 전노협을 '어떻게 생각'했으며, 또한 전노협은 '어떠한 조직'이었는가에 대해 대략적으로나마 윤곽을 그릴 수 있을 것이다. 그러나 이 글 또한 전노협이 민주노총 건설의 실질적인 당사자로서 전노대와 민주노총의 공과功過에 대해 공식적으로 객관적인 평가를 할 수 있는 처지에 있지 않았다는 점에서 일정한 역사적 한계를 갖고 있다는 점을 감안하고 읽었으면 한다.

---

2 최근에 출간된 어느 노동운동사 책에는 '전노협 건설과 활동'에 대해 절제목은커녕 소제목으로조차 들어 있지 않을 정도다. 특히 1993년 전노대 결성 이후에는 모든 활동이 '전노대'와 '민주노총' 중심으로 기술됨으로써 전노협의 역사와 활동에 대해서는 거의 언급조차 되지 않고 있다.
3 이 평가서는 전노협 해산 대의원대회에서 보고된 전노협의 공식 평가서다.

1990년 1월 22일 자주적이고 민주적인 노동조합운동의 새로운 역사로서 출범한 전노협은 민주노총 건설 이후인 1995년 12월 3일, 6년의 활동을 끝으로 해산을 맞이하였다. 비록 짧은 기간이었지만 전노협 6년사는, 엄혹한 자본과 정권의 탄압에 맞서 조직을 사수함으로써 자주적이고 민주적인 노동조합운동의 대의를 지켜내고 전국노동자들의 이해와 요구를 온몸으로 대변해 냄으로써 오늘날 민주노총 창립의 주도적인 역할을 담당해 온 과정이었다.

　　이른바 고도성장의 그늘 아래 세계 최장시간의 노동과 세계 최대의 산재율을 기록했던 비참한 노동현실 속에서 분노를 달구어 온 노동자들은 1987년 7, 8월 대투쟁으로 분출하였다. 전국의 방방곡곡에서 자본과 정권의 일상적인 탄압의 굴레를 깨고 '민주노조', '임금인상'의 함성이 터져나왔다. 거제에서 구로까지 3,300여 개의 공장에서 파업투쟁이 전개되었으며 1,300여 개의 신규노조가 만들어졌다. 1987년 노동자 대투쟁은 40여 년간의 억압과 굴종을 거부하는 노동자 인간선언이었으며, 동시에 자본과 정권의 앞잡이로서 배를 불려온 한국노총의 어용적 역사를 단죄하고 이 땅에 자주적이고 민주적인 노동조합운동의 새로운 역사를 여는 함성이었다.

　　전국의 수많은 공장에서 건설된 민주노조는 곧바로 밀어닥치기 시작한 자본과 정권의 탄압에 맞서 지역적 차원에서 연대성을 강화하기 시작하였고, 마산창원노동조합총연합을 필두로 14개 지역에서 지노협이 건설되었다. 1988년 상반기 임금인상 투쟁을 거치면서 공장울타리를 넘어 지역별, 업종별로 단결하였던 노동자들은 생존권과 단결권을 가로막는 법적, 제도적 장벽을 깨뜨리기 위해 모든 지역, 업종조직을 망라하고 당시 민주노조운동에 힘쓰고 있던 노동운동단체와 결합하여 1988년 8월 전국 노동법개정 투쟁본부를 결성하였다. 그리고 그 해 11월에는 전국에서 5만여 명의 노동자대오가 결집하여 '천만노동자 총단결로 노동악법 철폐'를 내건 전국노동자대회를 개최하였다. 피로써 쓴 노동해방의 깃발을 앞세운 노동자들의 장엄한 행진은 연세대에서 여의도까지 이어졌으며, 이제 그 누구도 거역할 수 없는 자주적이고 민주적인 노동조합운동의 도도한 흐름을 형성하였다. 이러한 투쟁의 성과는 곧 '지역·업종별 노동조합 전국회의(이하 '전국회의)' 구성으로 이어졌고, 1989년 전국 임금인상 및 노동법개정 투쟁본부를 구성하여 전국적 공동투쟁을 추진하였다. 1989년 1월 울산 전국노동자대회를 필두로 4월 부천 49개 노조 총파업, 서울 50개 노조 총파업, 인천 주안지구 총파업 등 강력한 투쟁을 전개하였으며, 11월에는 철통같은 원천봉쇄를 뚫고 '노동악법철폐와 전노협건설을 위한 전국 노동자대회'를 성공적으로 치뤄냈다. 이러한 투쟁과정을 통하여 1990년 1월 22일 보수세력이 3당합당 선언을 한 그날 경찰의 삼엄한 원천봉쇄를 뚫고 역사적인 전노협 출범을 선언했던 것이다. 전노협은 출범 당시 총 14개 지노협과 2개 업종 600여 개 노조 20여만 명의 조합원으로 구성됨으로써 1987년 7, 8월 투쟁의 조직적 성과를 총망라하였으며, 이를 토대로 천만노동자의 이해와 요구를 대변하는 전국적 조직구심으로서 역사적 임무를 부여받게 되었다.

　　전노협 출범은 오랜 기간 단절되었던 자주적이고 민주적인 노동조합운동을 복원시킨 역사적 일이었다. 전노협은 창립 선언문을 통하여 한국노총으로 대표되는 노사협조주의와 어용적·비민주적인 노동조합운동을 극복하고, 자주적이고 민주적인 노동운동을 전개해 나갈 수 있는 한국 노동조합운동의 새로운 조직적 주체가 탄생하였음을 선언하였다. 아울러 12개 항의 강령을 통해 실천 목표를 분명히 하고 조직과제로 업종별, 산업별 공동투쟁과 통일투쟁을 강화시켜나가면서 기업별 노조체계를 타파하고 자주적인 산별 노조의 전국적인 중앙조직을 건설할 것을 제시하는 등 이 사회의 생산과 역사의 주체인 노동자의 투쟁과제와 조직과제를 분명히 밝

힘으로써 자주적이고 민주적인 노동조합운동의 진로를 분명히 하였다.

자주적이고 민주적인 노동조합 중앙조직을 건설하고 발전시켜내기 위한 노동자들의 투쟁은 자본과 정권의 험난한 탄압에 직면하였다. 1988년 12월 노태우 정권의 체제수호 선언을 통한 좌익 불법 이념 공세와 1989년 상반기 문익환 목사 방북 이후의 공안정국 조성을 통한 무자비한 공권력 투입, 해고, 구속 등 건설 당시의 대대적인 탄압에 이어 전노협 건설 이후에도 전노협을 와해시키기 위한 자본과 정권측의 탄압은 더욱 강화되었다. 좌익용공조작, 파업사업장에 공권력 투입, 간부들에 대한 구속, 수배, 해고, 전노협 소속사업장에 대한 업무조사, 그리고 경제위기 노동자책임론, 한자리수 임금인상 가이드라인 설정, 총액임금제, 국제경쟁력 강화 이데올로기 등 입체적 탄압을 통하여 노동자들의 생존권을 억압하고 전노협을 축소, 와해시키기 위한 책동이 강화되었다.

전노협은 자주적이고 민주적인 노동조합운동을 말살하기 위한 탄압에 죽음을 불사한 투쟁으로 맞서 조직을 사수하였으며 전체 노동자들의 계급적 이해와 요구를 대변하여 공동 임금인상 투쟁, 노동법개정 투쟁, 휴·폐업 저지 투쟁, 국가보안법 및 반민주악법 철폐 투쟁, 더 나아가 반민자당 투쟁 등을 쉼 없이 전개하였다. 이러한 투쟁과정에서 6년 동안 전노협 조합원들은 3,000여 명이 구속되었고, 5,000여 명이 해고되었다. 또한 박창수 위원장을 비롯한 수십 명의 노동자들의 숭고한 죽음을 맞게 되는 아픔을 겪었다. 탄압저지, 조직사수 투쟁과정에서 자본력이 강한 대기업노조들이 일시적으로 무력화되고 중소기업 노조 다수가 휴·폐업으로 문을 닫는 등 전노협은 탄압으로 인하여 많은 조직적 손실이 있었으나, 전노협의 선봉투쟁으로 민주노조운동의 지평은 더욱 확대되어 1990년 하반기부터는 대기업노조들이 다시 민주화되었다. 사무직 연맹들이 '전국업종노동조합회의(이하 '업종회의')'를 구성하고 대기업노조들이 민주화되어감에 따라 전노협은 전노협 강화와 민주노조 총단결의 기치하에 보다 확대된 민주노조운동의 지평을 묶어세우기 위한 공동사업들을 주도하여 매해 11월 전국노동자대회를 통하여 대중적으로 결집해나갔다. 전노협은 최저생계비 모형, 단체협약 모범안 등을 실정에 맞게 새롭게 작성하고 공동 임금인상 투쟁을 주관하여 전체 민주노조 진영의 임금인상 투쟁을 주도하였으며, 각종 교육과 선전으로 간부역량을 확대해내고 각 부서사업을 통하여 일상활동을 확대해나감으로써 실제 조직가입과는 별도로 제조업 진영을 포괄하는 조직활동을 전개해나갔다.

또한 한국정부의 ILO 가입을 기점으로 자주적 단결권을 중심으로 한 노동법의 독소조항을 제소하고 이러한 국제 정세를 배경으로 업종회의와 노동단체를 묶어 'ILO 기본조약비준과 노동법개정을 위한 전국노동자공동대책위원회(이하 'ILO공대위')'를 구성함으로써 사안별 공동투쟁을 전개하였다. 이러한 공동실천의 성과를 바탕으로 전노협과 업종회의, 대기업노조들이 참가해 있는 그룹조직을 포괄하여 1993년 6월 민주노조 진영의 상설적 공동사업 추진체인 '전국노동조합대표자회의(이하 '전노대')'를 출범시키고 민주노조 총단결 조직 사업에 주력하였다. 전노협은 다수의 지도, 집행력을 전노대에 파견하고 각 지역조직을 통하여 미가입 조직 사업과 공동실천을 강화해나감으로써 1994년 '민주노총 추진위, 준비위원회'를 거쳐 1995년 11월 11일 민주노총을 창립시켜내는 데 주도적인 역할을 담당해 왔던 것이다.

1995년 12월 3일, 전노협은 짧지만 험난했던, 그리고 참으로 가슴벅찬 감동의 6년사를 마감한다. 이제 전노협의 실천의 모든 성과와 한계는 민주노총으로 승계되어야 하며 전노협정신은 민주노총 속에서 다시 부활하여 노동조합운동의 지속적 발전을 담보하는 투혼으로서 살아 있게 될 것이다. 전노협은 전환기 노동운동이 부여한 역사적 책무를 성공적으로 수행한 조직주체로서 우리 노동운동사에 위대한 궤적으로 기록될 것이다.

1. 전노협의 성격

전노협! 중소기업 중심이라고, 제조업 중심이라고 말하기도 하지만 보다 정확히 말하면 그것은 그 시기 민주노조운동의 모든 것이었다(「사진으로 보는 전노협 6년사」).

전노협을 평가하는 데 있어 가장 널리 유포되어 있는 견해는 '전노협은 제조업·중소기업 노조 중심의 조직'이라는 것이다. 과연 이러한 평가는 역사적 사실과 일치하는가? 이 사실을 규명하는 것은 매우 중요하다. 왜냐하면 이는 전노협을 해소하고 민주노총으로 조직을 재편해 가는 과정에서 벌어졌던 치열한 '노선투쟁의 핵심 지점'[4]이기 때문이다. 전노협을 제조업·중소기업 노조 중심의 조직이라고 바라보면 전노협은 대기업, 사무·전문직 업종 노조와 3자 상호 대등한 관계에서 새로운 연합조직인 민주노총을 만들어 가는 한 부분에 지나지 않게 된다. 그러나 전노협을 '그 시기 민주노조운동의 모든 것'으로서 자주적이고 민주적인 노동조합운동의 전국적 구심으로 바라본다면, 자본과 정권의 탄압에 맞서 투쟁해 나가기에는 아직 역량이 부족한 대기업, 사무·전문직 업종 노조를 민주노조로 만들어 냄으로써, 산별 노조에 기초한 '전국 중앙 조직'[5]으로서의 민주노총을 건설해 나가는 '중심 주체'로 전노협을 바라보게 된다.

그런데 여기서 전노협에 대한 역사적 평가와 관련하여 주의할 것은, 문제

---

[4] 전노협이 창립되고 몇 개월 지나지 않아 1990년 하반기부터 제출되기 시작한 소위 '조직발전 전망'과 관련된 모든 논의는 그 이면에 이러한 노선투쟁이 깔려 있다고 볼 수 있다. 김진균(1996)과 유범상(2005)은 이를 '전노협 중심론'과 '전노협 한계론'의 대립으로 표현하고 있다.

[5] 〈전노협은 창립 선언문〉에서 "우리는 민주노조운동의 조직역량을 확대, 강화하는 한편 업종별, 산업별 공동투쟁과 통일투쟁을 발전시키는 속에서, 기업별 노조체제를 타파하고 자주적인 산별 노조의 전국중앙조직을 건설하기 위해 총 매진할 것이다"라고 언급하고 있다.

를 제조업이냐 사무·전문직이냐, 대기업이냐 중소기업이냐라는 식으로 바라보게 되면, '민주노조냐 아니면 어용노조냐'라는 좀 더 중요한 문제의식은 실종되어 버리게 된다는 점이다. 아무리 제조업, 사무·전문직, 대기업, 중소기업을 다 포괄한다 하더라도 한국노총처럼 어용노조라면 노동운동에서 어떠한 의미가 있겠는가? 역사적으로 보면 비록 소수라 하더라도, 그리고 그 범위가 작다하더라도 자본과 권력에 대해 얼마만큼 자주성을 지켜 내면서 민주적으로 운영해 나가는 노동조합인가가 더욱 중요한 것이다.

전노협은 중소기업 노조 중심인가

전노협 창립 당시에는 1987년 노동자 대투쟁 이후 몇 년간 지역연대 활동으로 각 지역의 민주노조로서 중심적인 역할을 하고 있던 대기업 노조들은 대부분 전노협에 포함되어 있었다. 1990년 하반기 선거혁명[6]의 결과 민주화된 대기업 노조들이 모여 결성한 "연대를 위한 대기업노동조합회의"(이하 대기업 연대회의) 소속 노동조합 16개 가운데 서울지하철공사, 태평양화학(이상 서노협), 한진중공업, 대우정밀(이상 부산노련), 기아기공, 통일, 창원 현대정공(이상 마창노련), 현대중공업, 현대중전기, 울산 현대정공(이상 울노협 준비위) 등 총 10개 노조가 이미 전노협에 가입해 있거나 가입 예정으로 있었다. 그리고 대우조선, 아세아자동차, 금호타이어 노조가 전노협 가입 공약을 내걸고 당선된 것까지 포함하면 실제로 1990년 하반기까지 민주노조라고 할 수 있는 대기업 노조들은 거의 대부분 전노협 지향이었다고 할 수 있다.

....

6 전국 7천 8백 개 노조 가운데 약 절반가량인 4천 개 노조에서 노조위원장 선거를 치른 결과 70%의 노조에서 집행부가 '민주파'로 대거 교체되는 결과를 가져왔는데, 이를 두고 민주노조 운동 진영에서는 흔히들 '선거혁명'이라고 불렀다.

다만 독점재벌 산하 대기업 노조들은 민주노조로서 확고하게 자리 잡지 못해서 노조민주화 투쟁이 계속되고 있었다. 그중에서도 1987년 이후 전국적인 관심을 모았던 대우조선, 대우자동차, 대우중공업 노조 등 대우그룹 계열 노조나 기아자동차노조는 어용이나 기회주의적 집행부에 의해 장악되어 있었다. 대우조선노조의 경우만 1989년 12월 28일 위원장 보궐선거에서 "노조민주화추진위원회"(이하 노민추) 후보가 당선됨으로써 전노협에 가입할 수 있는 가능성을 잠시 보여 주었을 뿐이다. 노민추 후보로 당선된 최태한 위원장은 전노협 건설을 비롯한 민주노조운동 발전에 앞장서겠다고 다음과 같이 당선 소감을 밝히기도 했다.

> 대우조선은 87년 7·8월 대투쟁을 주도한 세력 중의 하나였으나 그간 전국적인 민주노조운동 대열에 적극적으로 동참하지 못하였다. 오늘 선거 승리는 대우조선 조합원 전체의 승리이고, 전노협 건설을 비롯한 민주노조운동에 대우조선노조가 주체적으로 동참할 수 있는 계기이다. 앞으로 대우조선 1만 조합원과 함께 민주노조운동 발전에 앞장서도록 하겠다(『전국노동자신문』 2호, 1).

하지만 이후 민주노조의 길을 걷지 못함으로써 대우조선노조는 다시 혼란에 빠져 버리게 된다.

당시 전노협에 가입한 노조들은 합법적 테두리 내에서 임금인상이나 근로조건 개선을 위해 투쟁 없이 적당하게 교섭하고 타협하는 그런 노조들이 아니었다. 사업장 규모와 상관없이 1987년 이후 수년 동안 자본과 정권의 탄압에 맞서 투쟁하면서 단련되고 훈련된 전투부대였다. 1989년만 해도 부천 총파업(4월 15일, 49개 노조), 서울지역 총파업(4월 20일, 50개 노조), 마창 총파업(5월 1일, 43개 노조; 11월 1~2일, 25개 노조 2만 5천 명), 인천 총파업(11월 16일, 45개 노조), 경기노련 총파업(11월 26일, 36개 노조) 등 지역 총파업이 끊임없이 일어났다. 이처럼 강고한 연대투쟁을 통해 전노협은 건설되었다. 이런 점에서 대기업 노조들이 전노협에 가입할 수 있는 역량을 갖추기 위해서는 좀 더 시간이 필요했다. 민주노조 집행부가 들어서고 연대투쟁 등으로 조합원들의 의식과 역량을 높여 나가는 것이 필요했기 때문이다. 어설픈 상태에서 가입했다가는 하루아침에 조직이 깨져 나가기가 십상이었기 때문이다.[7]

그러나 울산의 현대그룹 산하 대공장 노조들은 다른 대기업 노조들과는 달랐다. 그들은 이미 1989년 12월 3일, 10여 개 노조(조합원 5만 명)로 "울산지역노동조합협의회 준비위원회"(이하 울노협 준비위)를 결성하고, 14일에는 울노협 준비위 사무실까지 마련하여 활기차게 전노협 가입을 추진하고 있었다. 울노협 준비위 공동의장인 현대자동차노조 이상범 위원장은 "현대중공업노조 위원장 선거가 끝나는 1990년 3, 4월경이면 울노협을 정식으로 띄울 수 있을 것"이라고 자신 있게 말하고 있다. 더 나아가 이상범 위원장은 "전노협 건설을 적극 지지하고 힘닿는 데까지 열심히 함께 투쟁할 계획입니다. 아무래도 대규모 사업장은 노동운동 발전 과정에서 고비마다 중요한 맥을 짚어 나가는 게 중요하다고 봅니다. …… 전노협은 시대적 사명입니다. 확신을 갖고 전진합시다"(『전국노동자신문』 창간호, 4)라고 전국의 노동자들에게 호소하기까지 했다. 그리고 1990년 1월 19일 선거에서 현대중공업노조 위원장으로 당선된 이영현도 "전노협은 꼭 필요하다. 전노협이 튼튼히 서기 위해선 지노협도 강화해야 한다. 현대중공업노조도 전노협과 울노협의 선봉에서 투쟁해 나갈 것이다"(『전국노동자신문』 4호, 2)라고 말했다. 이처럼 울산 노동운동의 양대 산맥인 현대자동차노조와 현대중공업노조가 전노협 참가에 적극적이었기 때문에 사실상 '울노협 건설'은 시간문제였다. 이런 상황이었기 때문에 김학두 울노협 준비위 사무처장이 전노협 회계감사로, 권용목(현대엔진노조 전 위원장),

---

7 예를 들면 풍산금속노조 부산 동래지부(1천 8백 명)의 경우 정부의 업무조사 협박에 겁먹어 부산노련을 제일 먼저 탈퇴했다(『전국노동자신문』 16호, 1).

김진국(현대중공업노조 전 수석부위원장) 등이 전노협 중앙위원으로 선출될 수 있었던 것이다.

이와 같이 전노협은 출범 때부터 대기업이든 중소기업이든 자본과 정권의 탄압에 대항하여 투쟁해 나갈 수 있는 의지와 역량을 가진 그 당시 모든 민주노조들의 결집체였다. 노동조합의 규모가 크고 작고가 문제가 아니었다. 단호하게 투쟁해 나갈 수 있는 의지와 역량이 있느냐가 그 첫 번째 기준이었다.

> 마창노련의 의사결정 과정에서 투쟁을 중심으로 사업을 배치하는 전통이 강하며, 투쟁력이 떨어지는 노조들은 기업 규모와 상관없이 회의에서 별다른 발언권과 영향력을 행사하지 못해 왔다. …… 때문에 지역 내 최대 노조인 한국중공업노조(4,300명)는 이들 전투적인 노조들과는 달리 지역노동운동의 중심에 서 있지 못했고, 기업내부 활동에 주력하는 모습을 보여 왔다(조효래 2002b, 7-8).

이런 점에서 대부분의 대기업 노동조합들은 아직 미개척지에 불과했다. 그들은 전노협에 안 들어온 것이 아니라 자본과 정권의 탄압에 맞설 수 있는 역량이 준비되는 만큼 전노협에 참가했고 또한 참가를 예정하고 있었던 것이다.

전노협은 제조업 노조 중심인가

1988년 12월 전노협의 모태였던 "지역·업종별 노동조합 전국회의"(이하 전국회의)가 출발할 때 참여했던 사무·전문직 업종 노조들은 총 11개였는데, 그중 4개 조직은 가입하고 나머지 7개 조직[8]은 참관 상태였다. 그러나 정식으

---

8 참가조직(4개) : 민주출판언론노조협의회, 시설관리노동조합협의회, 외국인기업노동조합협의회, 전국화물운송노동조합협의회; 참관조직(7개) : 전국교직원노동조합, 전국병원노동조합연맹, 전국전문기술노동조합연맹, 전국건설노동조합협의회, 전국대학교직원노동조합협의회, 전국

로 전노협이 출발했을 때에는 가입 2개(민주출판언론노조협의회, 시설관리노동조합협의회), 참관 2개 조직(전국교직원노동조합, 전국전문기술노동조합연맹)만 남고 나머지 조직들은 전노협에 참가하지 않았다.

사무·전문직 업종 노조들이 전노협에 들어오지 않은 이유에 대해서는 여러 가지 분석들이 많다. 가장 일반적인 분석으로는 "객관적인 경제적 조건, 사회적 지위, 의식 등에서 제조업 노동자들과 비제조업 사무·전문직 노동자들 사이에는 많은 차이가 있다"는 것이다. 그래서 "사무·전문직 노동자들은 제조업 노동자들과는 달리 상대적으로 매우 조심스럽고, 온건한 투쟁 형태를 취할 수밖에 없고, 계급주의적이고 투쟁주의적인 담화는 기피 대상"이라는 것이다. 다시 말하면 "사무·전문직 노동자들의 중간층 의식 때문에 제조업 노동자들의 투쟁을 중심으로 한 연대에는 일정한 거리감을 느끼지 않을 수가 없고, 이러한 조합원들의 정서 때문에 전노협에 가입하기 힘들다"(임영일 1998, 103)는 것이다. 그리고 "사무·전문직 업종 노조들은 독자적 연맹체를 구성한 다음 한국노총 내에서 합법성을 획득하려는 데 주된 관심이 있었기 때문에, 반한국노총적 성격을 표방하지 않았으며, 따라서 지역 업종을 넘는 연대활동에도 그리 적극적이지 않았다"(최영기 외 2001, 179)고 주장하기도 한다. 또한 "사무·전문직 노조 지도부들이 NL계열 노동운동 활동가들이 주장하는 노총 민주화론의 영향을 받아 전노협의 독자적 조직화에 부정적인 입장을 취했기 때문"(조재희 1993, 76-8; 임영일 1998, 105에서 재인용)이라고 분석하기도 한다.

그러나 이러한 주장들은 부분적인 이유에 지나지 않는다. 어느 정도 그런 측면이 있을 수는 있으나 그런 것들이 실제로 사무·전문직 업종 노조들이 전노협에 가입하지 않은 결정적인 이유는 될 수 없다. 당시 "인구 및 발전문제 연구소"(서울대 사회학과 부설)에서 실시한 국민의식 조사에 의하면, 전노협 결

사무금융노동조합연맹, 전국언론노동조합연맹(『전노협 백서』 2권, 15).

성을 지지하는 비율이 '전면 동의' 15.3%, '동의' 47%로 전 국민의 62.3%(『전국노동자신문』 2호, 1)가 전노협 결성에 동의하고 있을 정도인데, 조합원 의식이나 정서를 이유로 전노협 미가입을 설명하는 것은 사실과 일치하지 않는다. 합법성 획득이나 노총민주화론도 거의 영향을 미치지 못하고 있었다. 이미 언론노련은 한국노총을 상급단체로 인정하지 않고 독립 노조로서의 길을 걸어가고 있었고, 노총민주화론도 그 당시 이미 실천적으로 부정되면서 독자적인 전국조직의 필요성이 광범위하게 합의된 상태였기 때문이다.[9]

당시 "서울지역노동조합협의회"(이하 서노협) 가입 노조의 35% 정도를 차지한 36개 사무·전문직 업종 노조들은 1990년 1월 19일 〈전노협에 참가하는 서노협 소속 업종 노동조합의 입장〉이라는 성명서를 발표한다.

> 우리 사무·전문기술 및 서비스업에 종사하는 노동조합 일동은 …… 전노협 건설에 적극적으로 참여할 것을 결의하며 전노협 건설에 대한 입장을 밝힌다. …… 자주적이고 민주적인 노동운동의 역량을 확대, 강화하여 전국의 중앙조직을 건설하는 것이야말로 노동자와 전 민중의 자유를 확보하고 이 땅의 자주, 민주, 통일을 위한 지름길인 것이다. …… 이러한 시대적 과업의 산물인 전노협은, 정부와 자본, 그리고 일부 언론에서 주장하듯 제조업 동지들만의 조직이 아니며 또한 그렇게 건설되지도 않을 것이다. …… 우리는 전체 사무·전문기술 및 서비스업 노조의 전노협 참가를 위해 징검다리로서의 역할을 다할 것임을 천명한다 …… (『전국노동자신문』 4호, 2).

이처럼 서노협의 3분의 1 이상을 사무·전문직 업종 노조들이 차지하고 있었을 뿐만 아니라, 그들은 또한 소속되어 있는 "업종 노조협의회(연맹)"에서 주도적인 위치를 점하고 있었기 때문에, 조합원들의 의식이나 정서, 또는 노선상의 이유 때문에 업종 노조들이 전노협에 참가하지 않았다고 하는 것은

---

9 서울노동조합협의회는 전국회의 제1차 회의 때 다음과 같이 보고하고 있다. "서울에는 다양한 업종들이 참여하고 있어 이 회의에 참석하기 전에 건설, 병원, 민주출판, 외국기관 등 각 업종 협의회와의 간담회를 통해 전국조직 건설의 필요성에 대해 합의했다"(『전노협 백서』 2권, 427).

사실과 다르다고 할 수 있다.

그렇다면 사무·전문직 업종 노조들의 다수가 전노협에 참가하지 않은 핵심적인 이유는 무엇인가? 한마디로 말하면 그것은 '자본과 정권의 탄압에 대한 두려움' 때문이었다. 이 점은 그 당시 핵심적으로 활동했던 거의 모든 노조 지도부가 동의하는 사항이다. 전 병원노조 위원장은 "전노협 구성의 예비단계(전국회의를 말함 - 필재)에서 이를 지지하고 적극적으로 가담했던 대다수의 화이트칼라 노동조합들은, 1990년 들어 정부가 노동조합 지도부를 구속시키겠다고 위협하는 상황에서 결국 전노협 가입을 철회하고 말았다"(서두원 2003, 133)고 증언하고 있다. 당시 전국회의 내 전노협 건설을 위한 "조직강화소위원회"에서 활동을 했던 김영대도 "[사무금융 쪽 노조들을 가입시키지 못한 이유는 - 필재] 사무 업종 노조들은 출범 전부터 이미 강성으로 알려진 전노협에 가입하기를 꺼려하는 경향이 있었기 때문이다. 경찰이 전노협을 사전에 불법단체로 규정해 단병호 위원장 등 주요 간부를 수배한 영향이었다"(김영대 2003, 188)고 말하고 있다. 이러한 사실은 필자가 면담한 거의 모든 노동운동 지도부들의 증언에서도 일치하는 내용이다.

이러한 자본과 정권의 탄압에 대한 두려움 때문에 사무·전문직 업종 노조들은 그 이후에도 전노협과 같이 활동하는 데 매우 부담스러워 했다. 1991년 세계노동절 102주년 기념대회 공동 주최 문제와 관련하여, 업종회의는 "1부 기념식과 2부 기념대회로 나누어서 진행하되 업종회의는 1부 기념식에만 참가할 것"을 제안했다. 2부 기념대회는 시위와 가두투쟁으로 진행될 것이기 때문에 업종회의는 참가하지 않겠다는 것이다. 이에 대해 전노협과 대기업 연대회의로 구성된 "임금인상과 물가폭등 저지 및 노동기본권 수호를 위한 전국노동조합 공동투쟁본부"(이하 전국투본)[10]에서는 이러한 업종회의 측 제안

....

10 원래 전국투본도 전노협, 대기업 연대회의, 업종회의 등 3개 단체로 구성할 것을 제안했으나,

을 당면한 노동탄압과 민주노조운동의 과제를 함께 책임져 나갈 자세가 안 되어 있다며 거부한다(「제2차 전국투본회의(1991년 4월 18일) 회의록」). 이러한 업종회의로 대표되는 사무·전문직 업종 노조들은 그 후에도 전국노동자대회 등 각종 집회와 행사 때마다 명칭, 기조, 슬로건 등에서 전노협과 끊임없는 대립·갈등을 일으킨다. 특히 전태일 열사 정신 계승 문제와 관련해서는 전국노동자대회 때마다 대회 명칭에서 뺄 것을 계속 요구했다. 사무·전문직 노동자들은 전태일을 잘 모를 뿐만 아니라 너무 과격하기 때문에 정서적으로 거부감을 느낀다는 것이 그 이유였다. 이러한 사무·전문직 업종 노조들의 탄압에 대한 두려움은 1993년 "전국노동조합대표자회의"(이하 전노대) 결성 때까지 이어진다.

> 사무금융노련 같은 경우 [전노대라는 공식 조직을 결성하면 - 필재 노조자체에 대한 탄압이 오면서 전노협 등과 조직적으로 연대하는 부분에 대해 사용자측에서 문제 삼고 나올 것이며 동시에 조합원들의 동요가 예상된다는 것입니다. 아직 많은 조합원들이 과격하다고 인식하고 있는 전노협 등과 자신들의 상급 조직이 연대하는 데 대해 조합원들의 동의를 받기 어렵다는 점 때문에 사무직의 상급 조직인 업종회의로서는 그러한 결정을 내리기 어렵다는 것입니다. 병원조직 같은 경우 병노련의 지역조직은 전노협의 지역조직과 이미 많은 연대활동을 하고 있습니다. 그런데 연대활동을 하는 것과 하나의 조직으로 묶이는 것에는 차이가 있습니다. 예를 들면 전노협 가입 사업장 노조들에 업무조사가 들어가는 식으로 다양한 탄압이 전개될 수 있음을 예상할 때, 대규모 사업장은 그래도 나은 편이지만 소규모 사업장, 신생노조는 그러한 탄압을 받을 경우 조직의 약화를 가져올 수 있다는 것이지요. 전교조 같은 경우 노조 인정, 복직문제를 초미의 관심사로 삼고 있는데 지금 민주노조 진영이 하나의 새로운 조직으로 묶일 때, 전교조의 협상과 문제 해결에 어려움을 초래할 수도 있다고 보는 것이지요(허영구 인터뷰 1993, 116; 『산별노조운동 관련 자료모음(5)』, 199).

1991년 2월 11일 열린 업종회의 대표자회의에서 "전노협, 연대회의, 업종간의 일상적이고도 상설적인 연락기구를 두고 사안에 따라 연대한다"라고 결정하여 업종회의의 전국투본 참가를 거절했다(『전국투본 투쟁속보』).

이는 대기업 노조들이 전노협에 가입하지 못한 것과는 상당히 다른 점이다. 대기업 노조들은 전반적으로 전노협이라는 투쟁적인 민주노조를 지향하기는 하지만 아직 역량이 안 되어서 가입하지 못하고 있었다면, 사무·전문직 업종 노조들은 한국노총과 같은 어용은 아니지만 그렇다고 전노협과 같은 투쟁적인 민주노조와 함께하는 것이 무척 부담스러운, 한국노총과 전노협의 중간에 있는 중간 노조적인 상태에 있었다고 보아야 할 것이다.[11]

그렇다면 사무·전문직 업종 노조들이 그 엄혹했던 1980~90년대 자본과 정권의 무자비한 탄압 속에서도 이처럼 중간 노조적인 위치를 유지할 수 있었던 것은 무엇 때문일까? 그것은 바로 자본과 정권의 분할지배전략 때문이라 할 수 있다. 다음은 그 당시 핵심적으로 활동했던 노조 간부들의 증언이다.

> 정부는 주요한 노동 통제 방식의 일환으로 화이트칼라 노동운동과 전노협 산하의 전투적 블루칼라 노동운동을 분리시키고자 했다 …… 정부의 화이트칼라 노동운동에 대한 탄압은 블루칼라 노동운동에 비해 상대적으로 약한 수준이었다(ㅎ병원노조 위원장 ㅊ씨와 ㅎ연구원노조 전임위원장 ㅇ씨. 서두원 2003, 133).
> 금융기관에서의 정부 개입은 약한 편이었다. 예를 들어 증권회사 노동조합에서는 노동조합 활동과 관련해 해고되거나 구속된 노동조합 지도부가 한 명도 없었다(사무금융노련 증노협의장 ㄱ씨. 서두원 2003, 137).
> 가벼운 사안으로 현대중공업노조 간부들을 잇따라 구속하고(노조 간부들의 재판에 참석하기 위해 집단조퇴한 것을 이유로 위원장과 수석부위원장 등 노조 간부들을 구속·수배한 것을 말함 - 필자) 한국방송공사 노조원들은 전원 석방한 것이 현장 노동자들의 가슴에 불을 질렀다. 당국이 생산직 노동자들을 만만하게 깔보고 업신여기는 처사에 대한 분노가 이번 '현대사태'에 핵심 중의 하나로 떠올랐다(현대자동차노조 이상범 위원장, 최영기 외 2001, 378).

----

11 물론 병원노조들은 다른 사무·전문직 업종 노조들에 비하면 상대적으로 투쟁적인 성격이 강하기는 하지만 전체적으로 보면 중간적인 위치에서 크게 벗어나지 않는다. 이러한 사실은 다른 제조업 노동자들의 구속자수와 비교해 보면 확실히 드러난다. 1988~95년 동안 구속된 노동자 2,354명 중 병원노동자는 38명에 불과하다. 반면 금속노동자는 1,099명이나 된다(『전노협 백서』 9권, 449-50).

이러한 자본과 정권의 분할지배전략은 산업별 구속 노동자 비율을 비교해 보면 확실하게 드러난다. 1988~95년간 구속 노동자 총 2,354명 중 사무·전문직 업종 노동자 수는 전교조까지 포함하더라도 221명에 지나지 않는다. 약 9.4% 정도를 차지할 뿐이다. 전교조 결성으로 대량 구속된 전교조(102명)를 뺀다면 그 비율은 5%(119명) 정도밖에 되지 않는다. 사무·전문직에서 구속된 전체 노동자 수와 현대중공업이라는 1개 사업장에서 구속된 노동자 수(110명)가 거의 비슷하다. 1,099명이나 구속된 금속노동자들에 비하면 거의 10분의 1 수준에 지나지 않는다(「산업별 구속 노동자 현황」 참조).

| 산업별 구속 노동자 현황 |

단위 : 명

분류	건설	광산	금속	대학	병원	사무
구속자수	4	25	1,099	2	38	15
분류	섬유	언론	운수	의료보험	자동차	지하철
구속자수	68	32	119	13	230	92
분류	출판	통신	화물	화학	전교조	합계
구속자수	9	45	6	304	102	2,203
분류	민주노총	전노협	전해투	단체	기타	합계
구속자수	8	43	16	57	27	151

출처 : 『전노협 백서』 9권, 449-50면.

이처럼 사무·전문직 업종 노조들은 자본과 정권의 분할지배전략에 따라, 한국노총과 전노협 어느 곳에도 속하지 않는 중간적인 위치를 유지하면서, 사안에 따라 전투적인 민주노조들과 연대하는 운동 전략을 취했다. 이러한 중간 노조적 입장에서 노조활동을 하려는 한, 사무·전문직 업종 노조들은 가능한 불법적인 활동방식은 배제하고, 합법적인 활동방식을 선호하는 방향으로 나가지 않을 수 없었을 것이다. 바로 이러한 이유 때문에 사무·전문직 업종 노조들은 '불법단체'인 전노협에 가입하지 않고, 이후 "전국업종노동조합회의"(이하 업종회의)라는 별도의 조직을 만들어 업종연맹의 합법성 획득을 중심으로 활동해 나가게 된다.[12]

전국노운협과 민족민주운동의 역할

전노협 건설과 관련해서 거의 주목되지 않고 있는 점은 "전국노동운동단체협의회"(이하 전국노운협)와 "전국민족민주운동연합"(이하 전민련) 등 기타 민족민주운동단체의 역할이다. 그중에서도 특히 전국노운협의 역할이다. 전국노운협은 전노협 건설의 산파 역할을 담당했다. 전노협의 모태가 된 "지역 업종별 노동조합 전국회의"(이하 전국회의)가 만들어질 수 있었던 것은, 1988년 11월 13일 개최된 "전태일 열사 정신계승, 노동악법개정 전국노동자대회"가 성공적으로 개최되었기 때문이다. 바로 이 전국노동자대회에서 확인된 전국 조직 건설을 향한 전국 노동자들의 요구와 열망에 따라 전국회의는 힘차게 출범할 수 있었다. 따라서 전국노동자대회와 전국회의를 조직하는 데 주요한 역할을 담당했던 전국노운협에 대한 평가는 전노협을 이해하는 데 필수적이다.

1987년 7·8·9 노동자 대투쟁의 결과로 조직된 각 지역과 업종의 노동조합들은 '지역노조협의회'와 '업종노조협의회' 형태로 결집해 나가기 시작했다. 그러나 이러한 조직적 결집은 아직 전국적 차원으로까지는 모아지지 않고,

---

12 이는 1991년 11월 전국노동자대회 주요 구호 중의 하나로 "단결의 자유 쟁취하여 민주노조 합법성 쟁취하자"라고 정한 구호 속에 잘 나타나고 있다. 이에 대해 전노협 중앙위원회의에서는 이러한 구호에 대해 별 의미를 부여하지 않고, 업종 쪽의 핵심적인 요구를 반영한 것으로 이해하면서 넘어가고 있다(『전노협 백서』 4권, 385).

각 지역이나 업종 차원에서 개별적으로 자본과 정권의 탄압에 대항하는 정도에 머물렀다. 이런 상황에서 1987년 노동자 대투쟁의 봉화를 올렸던 울산 현대엔진노조가 자본과 정권의 탄압에 항의하여 파업에 들어가자, 이를 전국적차원에서 지지·지원하기 위해 1988년 3월 5일 "노동조합탄압저지 전국노동자공동대책협의회"(이하 전국공대협)[13]가 구성되었다. 이때까지는 노조 스스로가 전국적으로 연대·교류할 수 있는 수준이 안 되었기 때문에 노동운동단체들이 각 지역과 전국의 노동운동을 앞장서서 이끌어 갈 수밖에 없었다. 그리하여 전국공대협은 4월 2~3일과 5월 1일 전국적인 규모의 집회를 주도하는등 당면한 실천적 요구들을 수행하는 전국적 구심의 역할을 당분간 맡지 않을 수 없게 된다. 전국공대협은 상반기 노동운동탄압 저지투쟁을 진행하는과정에서 노동악법을 철폐하지 않고서는 더는 노동자들의 단결과 투쟁이 어렵다[14]고 판단하고 이후 '노동법개정 투쟁'으로 나가게 된다. 그리하여 전국공대협은 전국의 민주노조들을 추동하여 6월 3일 이홍석 마창노련 의장을 위원장으로 하는 "노동법개정 전국노동조합특별위원회"(이하 노조특위)[15]를 결성한다. 이 노조특위는 1987년 이후 민주노조들이 전국적 차원에서 공식적으로연대하기 시작한 최초의 발판이 되었다.

이와 함께 전국공대협은 4·26 총선 이후 변화된 정세에 신속하게 대응하고 사업수행의 책임과 추진력을 담보하기 위해 좀 더 조직적이고 상설적인

---

13 전국공대협에는 경남노동자협의회, 부산노동자협의회, 울산사회선교실천협의회, 현대해고자복직실천협의회, 대구지역 민주노조 공동실천위원회, 수도권 노동운동협의회, 민주헌법쟁취 국민운동 노동자위원회 등이 참여했다.

14 실제 1988년 들어 10월 18일까지 발생한 노동쟁의 1,657건 가운데 합법적인 것은 314건에불과하며 81.1%에 달하는 1,343건이 법을 지킬 수 없는 쟁의로 진행되었다(『전노협 백서』 1권, 484).

15 특위에는 서노협, 인노협, 부산노련, 진주노련, 마창노련, 광노협, 전북노련, 성남노련, 사무금융노련, 병노협, 연구전문노협 등 8개의 지역조직과 3개의 업종조직이 참여했다.

'공동투쟁체'(이하 공투체)가 필요하다는 데 의견을 모은 후, 1988년 6월 7일 전국노운협으로 전환한다. 이리하여 비로소 1987년 노동자 대투쟁 이후 전국의 노동운동단체들이 정파적 입장을 떠나 '공동실천을 위해' 하나의 조직으로 결집하게 된다.[16] 전국노운협은 산하에 "노동법개정 특별위원회"(이하 노운협특위)를 설치하고 노조특위와 함께 노동법개정 공청회를 개최하여 '노동관계법 개정 시안'을 만들어 낸다. 이를 기초로 전국의 노조·단체 대표자들은 공동으로 노동법개정 투쟁을 하기로 결의하고, 10월 6일 "전국 노동법개정 투쟁본부"를 결성한다. 이 투쟁본부는 권역별 전국 노동자 등반대회, 서명운동, 웅변대회, 결의대회 등을 거쳐 11월 13일 역사적인 "전태일 열사 정신계승, 노동악법개정 전국노동자대회"를 개최한다. 그리고 11월 28일부터 12월 1일까지 민주당사 농성투쟁을 전개하여, 노동법개정에 소극적이었던 민주당으로부터 12월 5일까지 법안을 상정하겠다는 약속을 받아 낸다.

전국의 노조단체 대표자들은 1988년 12월 22~23일 전주에 모여 "지역·업종별 노동조합 전국회의"(이하 전국회의)를 결성한다. 주요 임무로 첫째, 전국적 노동조합 조직 건설을 추진하고 둘째, 당면한 투쟁을 수행하며 셋째, 민주화 투쟁에서 타 계급·계층과의 연대를 수행하는 것으로 정한다. 그리고 1989년 임금인상·노동법개정 투쟁 등 당면한 투쟁을 효과적으로 수행하기 위해 전국회의 산하에 "노동법개정 및 임금인상 투쟁본부"(이하 전국투본)를 설치하기로 결정한다(『전노협 백서』 2권, 11-2). 이렇게 하여 본격적으로 전노협 건설이 추진되기 시작한다. 이후 월 1회씩 전국 각 지역을 돌며 13차례에 걸

---

16 전국노운협에 참가한 단체는 서울노운협 13개 단체, 인천노운협 6개 단체, 경기남부노운협 4개 단체, 충남민주노동자협의회, 전북노운협, 전남노동자공동위원회, 부산노동자협의회, 대구노동자협의회, 경남노동자협의회, 울산사회선교협의회, 현대해고자복직실천협의회 등이다. 여기에는 독자적 활동을 고집했던 석탑계열이나 한국노동교육협회와 같이 단순한 노동상담이나 노조교육을 담당하는 단체들을 제외하고는 거의 모든 노동운동단체들이 가입되어 있었다.

쳐 전국회의를 개최하고, 전국투본을 통한 공동 임금인상 투쟁, 노동운동탄압 분쇄 투쟁, 노동법개정 투쟁과 수차례에 걸친 지역 총파업을 거치면서 마침내 1990년 1월 22일 "전노협"은 창립된다.

지금까지 살펴본 바와 같이 전노협 건설의 전 과정에서 주목해야 할 것은, 노동조합과 노동운동단체가 함께 협력하여 자본과 정권의 엄청난 탄압을 뚫고 전노협을 만들어 갔다는 사실이다. 그러나 어떻게 보면 아직까지 의식, 투쟁, 조직 등 모든 면에서 취약한 노동조합 조직들을 지원하고 추동하기 위해서, 오히려 전국노운협이 앞장서서 이끌고 나갔다고 하는 것이 더 정확한 표현일 것이다. 당시 전국투본뿐만 아니라 지역투본은 거의 모든 실무 집행력을 전국노운협에 전적으로 의존할 수밖에 없는 상태에 있었다.[17] 아직까지 전국적 관점에서 사업을 할 수 있는 능력을 갖춘 노조지도자들이 거의 없었을 뿐만 아니라, 지역이나 전국 사업에 실무집행력을 파견할 만큼의 의식과 조직 역량을 갖춘 노동조합들이 거의 없었기 때문이다. 전노협이 창립되던 1990년 전노협 상근 활동가는 총 44명이었다. 그리고 그 당시 각 지노협의 상근 활동가 수는 기록이 남아 있지 않아 정확하게 파악할 수는 없지만, 1995년 전노협 해산 당시 지노협 전체 상근 활동가 총수가 79명이었던 것으로 보아 최소한 그 이상은 되었을 것으로 추측할 수 있다(『전노협 백서』 8권, 532-4). 이렇게 본다면 전국적으로 130여 명에 달하는 엄청난 수의 실무집행력을 전국노운협이 거의 전적으로 감당했음을 알 수 있다. 뿐만 아니라 신규 노조 결성, 노조 민주화 사업, 선봉대와 정당방위대 조직, 소모임 조직과 지도 등 단위노조나 지노협에서 감당할 수 없는 제반 사업들을 전국노운협 소속의 활동가들이 헌신적으로 수행했다. 이러한 활동들이 자본과 정권의 탄압 속에서도 민

---

17 전국노운협의 1988년 노동법개정 투쟁 평가에서도 언급하고 있는 바와 같이 전국투본 상황실은 전국노운협에 의해 거의 구성될 수밖에 없었다(『전노협 백서』 1권, 490).

주노조와 지노협, 전노협을 사수하고 발전시켜 나간 기본 동력이 되었다는 것은 아무도 부정할 수 없을 것이다.

그리고 전노협 건설이 가시화되면서 가해지는 무자비한 자본과 정권의 탄압에 대해 이를 정치적으로 엄호하는 것이 요구되었다. 이런 점에서 민족민주운동 차원에서 "전노협 지원 공동대책위원회"(이하 전노협 지원 공대위)를 꾸려 전노협 건설지원 투쟁을 적극적으로 벌인 것에 대해서는 일정한 역사적 평가가 필요하다. 전노협 지원 공대위는 1990년 1월 16일 민족민주운동·민중운동·시민운동·청년·학생 단체와 학계·법조계·문화예술계·의료계·종교계·여성계 등을 망라한 광범위한 단체와 인사들로 결성되었다. 그리하여 전노협 건설 때까지 전노협 건설의 정당성을 홍보하는 사업에 주력하면서 전노협을 정치적으로 엄호하는 데 큰 역할을 했다. 홍보소책자 발간, 지지서명운동, 간담회 및 설명회, 학술 심포지엄, 대대적인 지원 광고 등을 벌이며 전노협에 대한 자본과 정권의 공세를 무력화하는 데 크게 기여를 했다. 그리고 전노협 지원 공대위는 전노협이 건설되고 난 뒤에도 전노협의 중요한 지원세력 역할을 하면서, 조직을 더 확대하여 1990년 9월 5일 "전노협 후원회" 결성으로까지 이어진다. 전노협 후원회는 전노협 6년 동안 전노협 재정의 상당 부분을 지원하여 전노협이 재정적 어려움에도 불구하고 적극적으로 활동할 수 있었던 물질적 기반이 되었다. 전노협 후원회가 6년 동안 지원한 후원금은 총 2억 3천만 원에 이른다(『전노협 백서』 8권, 315).

소결

전노협은 제조업 노조 중심도 아니고, 중소기업 노조 중심도 아니다. 전노협은 그 시기 민주노조운동의 전국적 구심이었다. 대기업 노조든 사무·전문직 노조든 기본적으로는 전노협에 들어올 수 있는 역량이 안 되었기 때문에 전노협에 가입하지 못했다. 대기업은 어용이거나 기회주의적 집행부가 장악하고 있어서 전노협에 가입할 수 없었다. 반면에 사무·전문직 노조들은 탄압에 대한 두려움 때문에 전노협에 가입할 수 없었다. 따라서 전노협은 대기업이든, 중소기업이든, 제조업이든, 사무·전문직이든, 자본과 정권의 탄압에 맞서 투쟁해 나갈 수 있는 의지와 역량을 가진 그 당시 모든 민주노조들의 결집체였다라고 할 수 있다.

이런 점에서 전노협을 제조업 노조 중심이니, 중소기업 노조 중심이니 하는 것은 일종의 정치적·이데올로기적 공세에 불과하다. 전노협 건설 당시에는 이러한 공격은 없었다. 노총민주화론을 주장했던 석탑 계열[18] 및 이와 관련되어 있는 일부 업종연맹을 제외하고는, 어느 누구도 전노협이 민주노조운동의 전국적 구심이라는 것에 대해 추호도 의심하지 않았다.

그리고 전노협은 단순히 임금인상이나 근로조건 개선만을 추구하는 경제주의적인 노동조합 조직이 아니었다. 전노협은 변혁운동의 한 부분으로 출발했다.[19] 그렇기 때문에 전노협은 전국노운협을 비롯한 민족민주운동의 전폭적인 참여와 지원 속에서 자본과 정권의 탄압에 맞서 건설될 수 있었다. 변혁운동과 전혀 관계없는 한국노총과 비슷한 조합주의적 조직이었다면 아무도 전노협을 만들려고 치열하게 싸우지도 않았고 지원도 하지 않았을 것이다.

---

18 『노동법 해설』의 저자인 장명국의 석탑노동연구원을 중심으로 한국 노동운동에서 하나의 세력을 형성했던 범NL계열의 한 분파를 말한다. 이들은 한국노총의 민주화를 주장하며 전노협의 결성에 반대했고 참여도 하지 않았다. 이들의 정치적 입장은 1992년 대통령 선거 때 당선 가능한 야당을 밀어서 정권 교체를 이룩하자는 취지의 "일하는 사람들의 서명운동"을 조직했던 것에 잘 나타나 있다.

19 전노협은 변혁적 민족민주운동단체인 "민자당 일당독재음모 분쇄 및 민중기본권 쟁취 국민연합"(이하 국민연합)과 "민주주의 민족통일 전국연합"(이하 전국연합) 창립에 주도적으로 참가했고, 지역연합에서도 주요한 역할을 했다.

따라서 이러한 역사적 사실에 기초하여 전노협의 위상과 성격을 올바르게 파악할 때에만 이후 전노협이 누구에 의해서, 어떻게 청산되어 갔는가 하는 것을 정확하게 이해할 수 있을 것이다.

2. 전노협의 조직적 한계

노태우 정권은 1990년 1월 19일 노태우 주재로 열린 "산업평화의 조기정착과 임금안정을 위한 대책회의"에서 '전노협 와해 대책'을 마련했다(『전노협 백서』 3권, 127-8). 그 내용은 ① 전노협의 단위노조 지원에 대한 제3자 개입 처벌 ② 전노협 건설 추진 핵심 인물에 대한 구속, 수배 등 사법처리 ③ 전노협 가입 노조에 대한 업무조사 ④ 전노협 관련 행사의 원천봉쇄, 유인물 배포 사전 차단 등이었다. 그 결과 1990년에 29개 노조가 전노협을 탈퇴하고(『전노협 백서』 3권, 117-8), 7백 명 이상의 간부가 구속·수배·고소·고발되는 등 조직력과 지도력이 약화되었다(『전노협 백서』 3권, 157-8).

그러나 이러한 탄압에도 불구하고 전노협은 KBS노조와 현대중공업노조에 대한 공권력 투입에 대항하여 '한국전쟁 이후 처음으로' 전국적인 총파업으로 맞섬으로써, 전노협을 사수하고 노동대중으로부터 신뢰와 지지를 획득할 수 있었다. 전노협의 이러한 과감하고도 진취적인 모습은 1990년 하반기 전국 4천여 개 노조에서 치러진 노조위원장 선거에서 70% 이상이 '민주 집행부'로 바뀔 정도로 커다란 영향을 미쳤다(최영기 외 2001, 311). 대우조선, 금호타이어, 아세아자동차와 같은 대공장 노조에서 '전노협 가입'을 공약으로 내걸어 당선되는 등 전노협에 대한 일반 노동자들의 기대와 지지는 매우 높았다.

이들을 전노협에 가입시킨다면 그동안 훼손되었던 조직력과 지도력을 복원하여 전노협을 명실상부한 민주노조운동의 구심체로 만들어 갈 수 있었다. 그러나 전노협은 이들을 가입시키지 못했다. 왜 전노협은 노동자들의 민주노조에 대한 열망에도 불구하고 조직을 확대하고 강화해 나가지 못했을까?

울노협 건설의 실패

역사에 가정은 없다지만 만약 "울산지역노동조합협의회"(이하 울노협)가 건설되었다면 전노협은 탄탄대로를 걸었을 것이다. 울노협이 건설되었다면 "대기업 연대회의"도 만들어지지 않았을 것이고, "현총련"과 같은 그룹조직도 만들어지지 않았을 것이다. 대공장 민주노조들이 대기업 연대회의나 현총련의 중간 다리를 거칠 필요 없이 바로 전노협에 가입했을 것이다. 이는 총자본의 입장에서 보면 악몽에 가깝다. 이러한 사실을 자본과 정권이 너무도 잘 알고 있기 때문에 전노협 와해 공작의 첫 번째 대상은 울노협 건설을 저지하는 것이었다.

1989년 현대중공업노조 128일 파업의 상경 결사대장이었던 이영현이 1990년 1월 19일 노조위원장으로 당선되자 자본과 정권은 비상이 걸렸다. 울산 노동운동의 쌍두마차인 현대자동차노조와 현대중공업노조가 마주보고 같이 달리게 된다면 '울노협 건설'은 시간문제였기 때문이다. 여기서 총자본은 선수를 친다. 자본과 정권은 128일 파업으로 구속된 동지들의 재판을 보러 가기 위해 집단조퇴한 것을 가지고, 업무방해 혐의로 2월 9일 이영현 위원장을 전격 구속시켜 버린다. 위원장으로 당선된 지 불과 20일 만이었다.

이런 상태에서 현대자동차노조 이상범 위원장은 현대중공업 공권력 투입에 항의하여 4월 30일 조합원 비상총회에서 결정한 파업투쟁을 5월 4일 일방적으로 중단시켜 버린다. 이 결정은 현대중공업 골리앗 투쟁과 KBS노조 파업, 그리고 전노협 총파업 투쟁을 통해 전국적으로 퍼져 나가고 있던 노동자들의 투쟁에 찬물을 끼얹게 된다. 그리고 이상범 위원장은 5월 22일 조합원 총회에서 68.99%로 부결된 임금인상안을 5월 23일 회사와 직권조인해 버린다. 이렇게 되자 조합원들은 이상범 위원장에 대한 불신임을 제기하여 6월 30일 투표를 해 보았지만 0.3% 부족으로 실패하고 만다. 이 과정에서 이상범 위원장은 6월 21일 연대활동보다는 노조 내부 문제에 주력하겠다며 울노협 의장직과 현총련 의장직을 사퇴해 버린다.

이처럼 울노협 건설의 주력이었던 현대중공업과 현대자동차 노조가 활동 불능 상태가 되면서 이후 울노협 건설은 유명무실해지고 만다. 이런 상태에서 우선 상대적으로 조직하기가 쉬운 현총련부터 재건하여 힘을 모은 뒤 울노협 건설로 나아가자는 해고자들의 제안에 따라 현총련이 재건된다(현대그룹 노동조합협의회 청산위원회 2002, 128-9).

> 울노협을 할 만한 데가 별로 없더라고요 …… 그래서 제가 오종쇄 동지한테 제의를 했죠. 현총련을 재건하자. 현총련을 강화해서 그것을 토대로 자연스럽게 연대사업을 하다 보면 연대가 활성화될 것이고 그렇게 되면 그 힘을 바탕으로 울노협을 만들어 가자 (박준석 면담, 2005).

그 결과 1991년 6월 22~23일 "현총련 제1차 대의원대회"를 개최하여 2대 현총련 의장으로 손봉현 현대정공노조 위원장과 간부들이 선출되지만 곧 수배되어 버린다. 그리고 7월 17일 열기로 한 발족식마저 정부의 탄압으로 무기한 연기되면서 제2기 현총련 또한 무력화되어 버린다. 1992년 2월 15~16일 개최된 "현총련 제2차 대의원대회"에서 3대 현총련 의장으로 이원건 현대중공업노조 위원장이 선출되지만,[20] 의장단 사업장 — 현대중공업, 현대종합

----

20 노조위원장들이 선뜻 나서지 않아 90분간 정회한 끝에 가까스로 현총련 의장으로 선출된 이

목재, 현대자동차 써비스— 전부가 1992년 임금인상 투쟁에서 직권조인해 버리고, 이원건 의장 또한 사퇴해 버림으로써 현총련은 또다시 무기력 상태에 빠지게 된다. 이런 상황에서 1992년 울산지역의 활동가들은 현총련을 활성화하고, 이를 토대로 울노협을 건설한다는 목표로 현장의 활동가들과 선진 노동자들로 구성된 "울산민주노동자협의회"를 추진하게 된다.[21]

> 울산지역 노동조합의 구심이어야 할 현총련이 연대활동을 소홀히 하고 있는 한계를 딛고, 울산노동자를 대표하고 책임 있게 투쟁을 조직, 지도해 투쟁을 발전시키자. …… 단위노조 노민추 조직 활성화, 민주노조 건설, 현총련 활성화와 지역 전국적 연대사업, …… 더 나아가 울노협 건설을 목표로 해야 한다(『전국노동자신문』 69호, 2).

이렇게 보면 현총련도 울노협도 자본과 정권의 선제공격을 막아 내고 강력한 연대조직을 만들어 낼 수 있을 만큼의 조직 역량을 갖추지 못함으로써 조직 건설에 실패했다고 할 수 있다. 특히 중심 노조 역할을 담당해야 할 현대중공업노조와 현대자동차노조에 대한 집중 공격과 이러한 공격을 맞받아 치고 나아갈 수 있는 민주노조운동의 역량 부족이 결국에는 울노협 건설을 실패로 이끌었던 것이다. 울노협 건설 실패 이후 전노협은 조직 내·외부로부터 끊임없이 민주노조운동의 전국적 구심으로서의 지위를 공격받는다. 그러나 1992년까지만 해도 울산 노동운동은 여전히 울노협, 전노협 지향이 강했

원건 위원장은 "현총련 의장이 되면 구속도 되기 쉽고 불이익도 당하게 되는데 나는 두 번 다시 감방에 갈 수 없으니 각사 노조는 현총련의 결정사항에 절대 복종해야 한다. 특히 집회나 시위 때는 절대로 폭력을 행사해서는 안 되며, 만일 단위노조가 이를 따르지 않을 경우 즉각 현총련 의장직에서 물러나겠다"고 밝혔다(『전국노동자신문』 50호, 2; 현대그룹노동조합협의회 청산위원회 2002, 129-30).

21 참가조직은 현대중공업 노민추, 현대자동차 민노회, 현대정공 민실련, 현대중장비 민노회, 현대종합목재 원직복직실천위, 동양나이론 해고자후원회, 효성금속 민노회, 현해협(이상 참가), 현대공업, 세종공업, 태광의 노동자들과 풍물단체인 매구마당(이상 참관) 등이다(『전국노동자신문』 69호, 2).

다.[22] 하지만 이러한 지향도 1993년 전노대가 만들어지면서 사라져 버렸다.

대기업 연대회의의 무산

전노협을 확대하고 강화할 수 있었던 또 한번의 결정적 계기는 대기업 연대회의였다. 대기업 연대회의에 대해서는 보는 관점에 따라 두 가지의 입장으로 나뉜다. 하나는 대공장 노조들을 모아서 전노협에 집단가입하기 위한 사전 준비 단계로 대기업 연대회의를 만들었다는 입장이고(백순환 면담, 2005), 다른 하나는 대기업 노조들만의 조직을 만들어 이후 전노협이 아닌 새로운 노동운동의 구심을 형성하려 했다고 보는 입장이다. 사실상 대기업 연대회의는 두 가지 입장이 서로 병존하면서 진행되어 나갔다.

대기업 연대회의에는 대우조선, 금호타이어, 아세아자동차와 같이 전노협 가입을 공약한 사업장이 있는 반면, 대우자동차[23]나 포항제철처럼 전노협 가입을 주저하는 사업장들이 포함되어 있었다. 그래서 당장은 대기업 연대회의를 통해서 집단적으로 전노협에 가입하는 것은 어려웠다. 그러나 문제는 이미 앞 절에서도 서술한 바와 같이 대기업 연대회의 소속 16개 사업장 중에서 가입공약을 내걸고 당선된 3개 사업장까지 포함하면 당장 전노협에 결합할 수 있는 사업장이 3분의 2가 넘는데 굳이 별도의 연대 틀을 구성할 필요가 있었는가 하는 점이다.[24]

....

22 1992년 말에 실시한 설문조사 결과에 의하면 울산 현대정공 조합원의 80%가 전노협 가입에 찬성했던 것으로 나타나고 있다(『전노협 1992년도 사업보고』).

23 대우자동차는 지노협, 전노협 가입에 대해서는 부정적이었다. 1990년 10월 12일 위원장 선거에서 당선된 이은구는 "독점재벌의 특성이 있기 때문에 그룹별, 업종별 연대활동이 중요하다. 지노협이나 전노협 참여는 바로 논의하기는 어렵고 조합원들이 노총의 한계와 전노협의 필요성을 인식할 수 있도록 하는 과정이 필요하다"고 말하고 있다(『전국노동자신문』 22호, 2).

실제로 대기업 연대회의는 대표자회의는 물론 실무자회의나 단위노조에서 대기업 연대회의 안건에 대한 토론 자체가 거의 없을 정도로 참가 사업장 간의 논의 구조조차 제대로 되어 있지 않았다. 회의를 주재하는 상임의장조차도 회의 한두 시간 전에 안건을 검토할 정도였다. 게다가 상근 역량마저 충원하지 못할 정도로 전국적 연대조직으로서의 역할을 하기에는 너무도 미약한 상태였다(「연대회의 현황 진단과 과제」). 이처럼 대기업 노조들이 전국적으로 하나의 조직적 틀을 형성하여 활동하기가 어려운 조건이었다면, 오히려 지노협과의 관계 속에서 활동을 공유하고 사업을 펴나가는 것이 훨씬 효율적이었을 것이다. 바로 이런 점 때문에 전노협 중앙위원회에서는, "전노협 대기업 특별위원회" 사업이 지노협 강화라는 원칙을 방기하고 지노협과 토론 없이 진행되어 온 점을 명백한 오류로 평가하면서, 그동안 대기업 연대회의 사업 방침을 전면적으로 재검토하기에 이른다.

나. 결정사항 …… 대공장 사업과 관련하여 ……
① 이제까지의 특위 사업이 지노협 강화라는 원칙을 방기, 지노협과 토론 없이 진행되어 온 점을 명백한 오류로 인정한다.
② 차기 대공장연대회의 전에 선출직 중앙위원, 임원, 조직강화반, 천영세 지도위원, 연대회의에 참가하는 전노협 소속 대공장 대표자들과 모임을 통해, 대공장 사업과 관련된 원칙, 방향, 내용을 재정립하며, 특위의 운영방안을 토론한다.
③ 상임집행위원회 안 중 '특위운영방안'의 안을 유보한다(「제10차 전노협 중앙위원회 회의(1990년 11월 22~23일) 결정사항」).

---

24 전노협도 "1990년 대기업 노조 민주화의 성과를 대기업 연대회의가 아닌 전노협 가입으로 견인하였어야 했으며 이 시기가 전노협의 조직강화를 이룰 수 있는 가장 중요한 시기였다"고 평가하고 있다(「전국노동조합협의회 6년 평가」 431).

이러한 문제의식은 이후 광주지역 사업을 평가하는 과정에서, 전노협 가입 공약을 내걸었던 아세아자동차와 금호타이어 노조를 지노협에 가입시키지 않고 바로 대기업 연대회의로 묶어 버림으로써, 이후 지노협, 전노협과의 관계에서 많은 문제를 야기했다고 비판하고 있는 데에서도 나타나고 있다(『전노협 1991년도 사업보고』, 149). 이처럼 실제로 전국적 연대 틀을 만들 수 있는 조건과 역량이 부족한데도 무리하게 대기업 연대회의를 추진했던 것은 무엇 때문이었을까?

전노협이 자본과 정권의 전노협 와해 공작에 따라 조직이 상당히 축소된 상태에서, 1990년 하반기 노조위원장 선거를 통해 대공장에 민주 집행부가 들어서기 시작했다. 이렇게 되자 "민중당 노동위원회"에서 전노협이 아니라 대공장 노조들을 중심으로 별도의 구심을 형성하여 산별 노조를 건설해 가야 한다고 하는 이른바 '대공장 동력론'(김민호 1990) 내지는 '산별이행론'을 제출한다. 실제로 민중당 노동위원회에 결합되어 있던 인민노련 등 제 정파조직들은 이러한 방향으로 대공장 노조들을 추동해 나가기 시작했다. 이처럼 정파조직들이 전노협 '상임집행위원회'(이하 상집)와 전노협 대기업특위를 통해 전노협이 아닌 대기업 노조들만의 별도의 구심을 만들어 가자, 여기에 지노협 소속의 대공장 노조들이 반발하면서 제동을 걸었다.[25]

내가 (감옥에서) 나와 보니까 배일도 …… 그쪽에서 대공장 중심으로 가려는 경향이 있었어요. 내가 안에 있을 때도 좀 알고 있었고 나와서도 그렇게 얘기 들었는데 이미 나오니까 배일도 발언권이 팍 떨어져 있었어요. 그래서 나오고 나서 전노협과 별도의 조직을 추구하지 않는다라고 정리했죠. 다만 공투를 하자, 봄에 공투본을 만들자고 정리했어요. 그리고 이후에 전노협에 가입하거나 하는 문제들을 논의하자 …… (정윤광 면담. 2005).

....

25 앞에서 인용했던 대공장 사업과 관련한 「제10차 전노협 중앙위원회 회의 결정사항」 참조.

그 결과 대기업 연대회의는 전노협 중앙위원회 결정을 통해 지노협과 전노협을 중심으로 한 사업 방향으로 전환하게 된다. 이처럼 대기업 연대회의가 추진된 과정에는 이후 조직발전 전망과 관련된 입장 차이가 내재되어 있었다. 즉, '전노협을 확대·강화하여 산별 노조로 발전시켜 갈 것'인가, 아니면 '대공장 노조를 중심으로 별도의 구심을 꾸려서 산별 노조로 만들어 갈 것'인가라는 노선 차이가 저변에 깔려 있었던 것이다. 이러한 노선 차이 때문에 대기업 연대회의가 해체될 때까지 전노협 내에서는 대기업 연대회의의 방향을 놓고 끊임없는 대립·갈등이 반복되었다.[26]

그러나 전노협을 중심으로 대기업 연대회의와 전국투본을 구성하고, 점차 1991년 공동 임금인상 투쟁을 향해 힘차게 나아가기 시작하자 자본과 정권은 위협을 느끼기 시작했다. 공동 임금인상 투쟁을 통해 전노협과 대공장 노조들이 결합하기 시작하고, 대공장 노조들이 임금인상 투쟁 후 전노협에 가입하게 된다면, 이는 3당 합당까지 하면서 이루려고 했던 지배세력의 통치 체제에 파열구를 내는 것이었다. 그리하여 노태우 정권은 1991년 2월 10일 대우조선 파업투쟁 지원을 논의했다는 것을 핑계로, 대기업 연대회의 간부들을 강제 연행하여 3자 개입 혐의로 핵심 노조위원장들을 구속[27]시켜 버린다. 이에 대해 구속된 사업장들을 중심으로 항의 파업과 시위를 벌이는 등 전국적으로 연대투쟁 전선이 확산되어 나가자, 자본과 정권은 재빨리 김우중 대

....

26 "연대회의의 유명무실화는 민주노조운동의 전반적 위기에 기인한 것이다. 대공장을 전노협 사업에 참가시키려고 한 것이 무리수였다. 또한 전노협의 대공장에 대한 전노협 가입의 방침이 부재하여 특위는 연대회의의 틀을 유지·강화하는 것에 역점을 둘 수밖에 없었다"는 평가가 대표적인 예라고 볼 수 있다(『전노협 1991년도 사업보고』, 149). 그리고 단병호 위원장도 전노협 내에서 대기업 연대회의의 방향을 둘러싸고 논란이 많았다고 증언하고 있다(단병호 면담, 2006).

27 대우자동차, 풍산금속, 서울지하철, 대우정밀, 한진중공업, 금호타이어 노조위원장 등 6명과 실무 간사 1명.

우그룹 회장을 대우조선에 내려 보내 전격적으로 협상을 타결시켜 버린다. 갑작스런 대우조선 파업투쟁의 중단으로 전국적 투쟁전선은 차츰 무너져 내리고, 위원장 구속으로 타격을 받은 사업장들도 집중적으로 탄압을 받는 가운데, 그동안 착실하게 준비해 왔던 공동 임금인상 투쟁전선도 혼란에 빠지게 된다. 이후 대기업 연대회의는 몇 차례 더 대표자회의를 갖지만 동력이 뒷받침되지 않으면서 결국에는 해체되고 만다. 무엇이 잘못되었는가?

자본과 정권은 대기업 연대회의에 대해 '정치적'으로 대응하는데 노동운동 진영은 '조합주의적'으로 대응했기 때문이다. 수련회를 마치고 나오는 노조 간부들(핵심 사업장 위원장들)을 불법적으로 연행하여 구속하는 방식은, 울노협을 깨기 위해 현대중공업노조 이영현 위원장을 전격 구속하는 방식과 동일했다. 자본과 정권의 공세는 기본적으로 정치적이다. 그렇기 때문에 자본과 정권은 민주노조운동의 핵심부에 치명적인 타격을 가하기 위해서 합법·불법적인 온갖 수단과 방법을 동원했다. 반면에 노동운동 진영은 조직 보존 논리에 빠져 주변 정세와 상관없이 자기 사업장 중심으로 대응했다. 대우조선 파업투쟁은, 대기업 연대회의를 깨기 위해 자본과 정권이 공세를 취하면서 전선은 이미 대우조선 1개 사업장을 넘어 총자본과 총노동의 계급전선으로 확대되어 있었다. 상황이 이러함에도 대우조선노조 지도부가 자기 사업장의 조건만을 생각하여 총자본의 의도대로 투쟁을 접어 버린 것은[28] 결정적인 오류였다.[29] 그리고 이러한 사실은 파업 종결 후 민형사상 책임을 일체 묻지

---

28 백순환 위원장은 "쟁점 사항을 양보하더라도 쉽게 타결하기 어렵다고 판단하고 있었는데, 연대회의 위원장들 구속 이후 전노협, 연대회의, 민족민주운동권의 신속한 대응투쟁 때문에 승리할 수 있었다"(『투쟁속보』 1991년 2월 20일)고 말하고 있다. 이런 점으로 미루어 볼 때 투쟁전선이 민족민주운동권까지 포함하는 총자본과 총노동 전선으로 확대되어 나가자 총자본 쪽에서 투쟁의 확산을 막기 위해 서둘러서 타결을 지었던 것으로 추측할 수 있다.

29 대우조선 노조가 타결된 이후에도 서울, 부산, 인천, 경기남부, 성남 등의 지노협과 위원장이 구속된 대우자동차, 대우정밀, 한진중공업, 풍산금속 등에서 연일 항의집회, 집단조퇴, 부분

않겠다는 자본과 정권의 약속에도 불구하고 한 달 뒤에 대우조선 파업 지도부들이 전격 구속되는 것으로 증명되었다. 자본과 정권으로부터 완전히 뒤통수를 맞았던 것이다.[30] 결국 "울노협"이 현대자동차노조 지도부의 한 번의 결정적인 오류 때문에 건설이 무산되고, 대기업 연대회의 또한 대우조선노조 지도부의 한 번의 결정적인 오류 때문에 '해체'되는 비운을 맞게 되었던 것이다. 이처럼 대기업 연대회의 해체로 전노협이 대공장 노조들을 가입시킬 수 있는 또 한 번의 기회가 무산됨으로써, 이후 전노협은 민주노조운동의 전국적 구심이라는 지위에 대해 더욱더 거센 도전을 받게 된다.

전국노운협의 분열

1990년 11월 전국노운협의 한축을 이루었던 PD계열의 정파조직들이 탈퇴함으로써 초래된 전국노운협의 분열은, 전국노운협이 그동안 노동운동뿐만 아니라 전민련과 국민연합 등에서 주도적인 역할을 해 왔기 때문에 전체 민족민주운동 진영에도 커다란 타격이었다. PD계열의 일부 정파조직들이 '전국노운협을 해소하고 민중당으로 적극 결합해 들어가자'는 주장을 펴면서 전국노운협은 결국 분리되고 만다. "전국적이며 공개적인 상설 공투체, 민주노조운동을 지원·강화하고 민주노조운동보다 한발 앞서가는 자주적 공동체, 노동운동단체의 전국 단일대오의 과도기적 형태"로 출발했던 전국노운협의

파업 등이 진행될 정도로 전국노동자들의 분노와 투쟁 열기는 식을 줄 몰랐다. 특히 대우자동차는 연일 3~4천 명이 주야로 집회를 열고 이를 막는 전투경찰과 투석전을 벌이고 도로를 점거할 정도로 매우 격렬했다(『전국노동자신문』 30호, 1-2).

30 결과적으로 대우조선노조는 총자본의 계급적·정치적인 공세에 대해 조합주의적으로 대응함으로써 자기만 살려고 하다가 다른 동지들도 죽이고 결국에는 자기도 살지 못하는 어리석음을 저지르게 되었던 것이다.

역사적 역할은 끝났고, 이제는 그 역할이 "민중당"이라는 합법정당을 통해 대표되어야 한다는 것이 그들 주장의 핵심적인 내용이었다.

그러나 이러한 주장은 현실과 동떨어진 것이었다. 이미 전노협은 중앙위원회를 통해서 "민중정당" 참가와 관련하여 공식적인 입장 표명이나 결의는 유보한다고 결정한 바 있다(「제4차 전노협 중앙위원회 회의(1990년 4월 20일) 결정사항」). 이런 상태에서 전국노운협이 전체 민족민주운동의 결정사항을 무시하고[31] 독자적으로 민중당에 참가한다는 것은 이후 전체 민족민주운동에서 스스로 고립을 자초하는 것이었다. 당시 전노협은 1990년 상반기 투쟁을 통해 7백 명 이상의 간부들이 구속·수배·고소·고발되어 지도력·조직력이 크게 훼손된 상태였기 때문에, 노동운동단체들의 훨씬 더 많은 지원과 협력이 요구되는 상황이었다. 특히 대공장들에서 민주 집행부들이 속속 들어서고, 그동안 전노협과 거리를 두었던 업종회의와 공동으로 전국노동자대회를 개최하는 등 민주노조운동의 조직적 단결의 기운이 높아져 가는 중이었기 때문에, 노조와 노동운동단체가 총단결하여 1991년 상반기 임단투(임금인상과 단체협약 투쟁)를 성공적으로 치러 내는 것이 무엇보다도 중요한 시기였다. 더구나 그 어느 때보다도 내각제 개헌을 통해 파쇼-보수대연합을 추진하고 있는 지배세력의 노동운동에 대한 탄압을 막아 내기 위해서라도, 전국노운협을 비롯한 선진노동자들의 전국적·정치적 결속이 더욱 요구되는 시기였다.

이러한 중요한 시기에 전국노운협이 분열됨으로써 전노협은 커다란 타격을 받지 않을 수 없었다. 당장 1991년 상반기 임단투를 위한 전국과 지역의 '공동투쟁본부'(이하 공투본) 구성에서 노동운동단체를 배제함으로써[32] 투본의

---

31 이미 전민련은 두 차례에 걸쳐 민중정당 건설을 부결시킨 바 있다. 더구나 전민련 내에서 가장 많은 대의원 수를 가지고 있는 전국노운협이 1990년 3월 3일 전민련 제2기 대의원대회에서 결정된 사항을 지키지 않는다는 것은 결국 전민련을 깨고 민중당을 만들자는 것과 다름없는 것이었다.

구성이 1991년 3월말~4월초에 가서야 구성될 정도였고, 구성되더라도 지도집행력의 취약으로 회의조차 제대로 열리지 못하는 경우가 많았다(『전노협 백서』 4권, 152). 특히 전노협 와해 공작을 계속 추진하는 자본과 정권에 맞서 투쟁하기 위해서는, 전노협의 사업과 투쟁만으로는 안 되고 전체 민중진영의 힘을 결집시키지 않으면 안 되었다. 이제까지 전노협은 국민연합, 범민주 세력과의 연대와 관련하여, "우리의 현안과 사업의 비중을 볼 때, 주체적으로 힘 있게 추동하기는 힘들다", 이에 대해 "역할 분담의 차원에서 전국노운협에 협조를 구한다"(『제5차 전노협 중앙위원회 회의(1990년 5월 21일) 결정사항』)라고 결정할 만큼 전국노운협과 밀접한 관계 속에서 민중연대사업을 진행했었다. 그러나 전국노운협이 분열됨으로써 이러한 협력관계는 더는 이루어질 수 없게 되었다.

전국노운협을 탈퇴한 PD계열 일부 정파조직들의 참여하에 민중당은 창당되었고, 이에 따라 전체 민족민주운동 진영은 "전민련"과 "민중당"이라는 두 개의 진영으로 분열되었다. 그리고 '비합법 노동자정당-합법 민중당-합법 대중조직'이라는 형태로 노동운동을 재편해야 한다며 전국노운협 해소를 주장하면서 탈퇴했던(『3파 연합과 투쟁하는 중앙위원 일동 명의의 전국노운협 분리 선언』) 일부 정파조직들은, 민중당에 참여하지 않고 "전국노동단체연합"(이하 전국노련)이라는 별도의 조직을 만듦으로써 자신들의 주장과 모순된 행보를 걷

---

32 "노동조합을 중심으로 공투본을 구성하는 것을 원칙으로 하고, 지역의 특수성을 고려하여 노동단체 등을 조건에 맞게 결합한다"라는 방침은 전노협 중앙위원 38명 가운데 19명이 구속되고 나머지는 거의 수배상태에 놓여 있었다는 현실에 비추어 보더라도 거의 실현 가능성이 없는 것이었다. 그러나 전노협이 이렇게 결정할 수밖에 없었던 이유는 전국노운협이 분열됨에 따라 지역에서도 노동운동단체가 몇 개로 분리됨으로써 노조와 단체가 통일된 입장으로 사업을 하기가 힘들어졌기 때문이다. 마창의 경우를 예로 들면 전국노운협이 분열되기 전인 1990년까지만 해도 노동운동단체인 경남노동자협의회에서 공투본 상황실장을 담당할 정도로 노조와 노동운동단체가 공동으로 협력하여 공투본을 구성했었다(『제12차 중앙위원회 회의록』).

는다. 그들은 정파를 초월한 상설 공투체로서의 전국노운협이 아니라, 동일한 정치적 입장과 노선을 가진 정파들만의 전국조직을 만든 것이다. 이리하여 노동운동단체와 전노협을 포함한 전체 노동운동 진영 역시 이후 모든 사업을 둘러싸고 심각한 내부 갈등과 대립에 휩싸이게 된다. 그 대표적인 것이 '고 박창수 위원장 전노협 사수 투쟁 평가'와 '한국노동당 지지서명 문제'를 둘러싸고 벌어졌던 대립과 투쟁이었다.

3. 전노협을 둘러싼 정치적·이데올로기적 공세

고 박창수 위원장 전노협 사수투쟁

1990년에 집중적으로 행해졌던 전노협 와해공작은 1991년 들어서도 각 지노협의 핵심 노조들을 중심으로 집중적으로 진행되었다. 예를 들어 자본과 정권은 마창노련 의장 사업장인 코리아타코마노조에 대해서는 체불임금 지급 조건으로 전노협과 마창노련 탈퇴를 요구했고, 인천의 핵심 노조인 코스모스전자에 대해서는 고의로 부도를 내는 등 전국적으로 전노협 와해공작이 진행되고 있었다. 그중에서도 부산노련의 핵심 사업장인 대우정밀노조와 한진중공업노조에 대한 노태우 정권의 공작은 입체적으로 진행되었다. 자본과 정권은 1990년 2월 대기업 연대회의 침탈로 대우정밀노조 위원장과 한진중공업노조 위원장을 구속한 후, 그 여세를 몰아 대우정밀노조에 대해서는 공권력을 투입하여 핵심 노조 간부들을 구속하고, 한진중공업노조에 대해서는 손해배상을 청구하며 노조 간부들을 압박해 나갔다. 그러면서 그들은 전노협 부산노련만 탈퇴하면 모든 것을 들어주겠다며 회유를 했다.[33] 특히 한진중공업노조에 대해서는 안기부가 직접 '위원장 석방과 전노협 부산노련 탈퇴를 맞바꾸자'는 제안까지 하면서 노조 간부들을 회유하기 시작했다. 안기부는 일부 노조 간부들로 하여금 옥중에 있는 박창수 위원장을 설득하게 하는 등 치밀한 계획하에 한진중공업노조를 압박해 들어갔다. 그러나 박창수 위원장은 온갖 회유와 협박에도 불구하고 전노협 부산노련 탈퇴를 완강히 거부했다. 이런 과정에서 박창수 위원장은 옥중에서 주검으로 발견되었다. 박창수 위원장 죽음에 대한 진상은 '의문사 진상규명 활동'을 통해 상당 부분 밝혀졌으나, 안기부 개입 등 직접적이고 결정적인 부분에 대해서는 아직까지 그 전모가 밝혀지지 않았다. 그러나 박창수 위원장이 안기부의 전노협 부산노련 와해 공작을 거부하는 과정에서 죽음에 이르게 되었고, 그 결과 전노협을 사수할 수 있었다는 사실은 아무도 부인하지 못할 것이다.

박창수 위원장의 죽음을 계기로 그동안 침체되었던 노동자들의 투쟁도 활성화되기 시작했다. 전투경찰의 폭력에 희생된 강경대 학생의 죽음과 함께 노태우 정권의 살인 만행에 분노한 노동자·민중의 투쟁은 6공화국 들어 전국적으로 50만 명이 참가하는 최대의 가두시위로 나타났고, 이 과정에서 노동자들의 투쟁도 고양되기 시작했다. 5월 9일과 18일 두 차례에 걸쳐 250개 노조 15만 명이 시한부 총파업에 들어갔고, 쟁의 발생 신고, 파업 돌입, 타결 사업장 등이 늘어나면서 임금인상 투쟁은 급격하게 고양되기 시작했다. 그 결과 임금도 기본급 기준으로 17.5%나 올랐고, 조직 확대도 일정 정도 이루어졌다. 그리고 박창수 위원장 옥중살인 진상규명 투쟁 과정을 통해서 전노협,

---

33 이에 대해 "내가 바로 전노협인데 어떻게 전노협을 탈퇴하란 말이냐! 차라리 내목을 잘라라!' 라며 저항한 대우정밀 조합원들의 단호한 기개는 오래도록 전국노동자들의 귀감이 되었다 (변영철 1991, 176).

업종회의, 노동운동단체들 간의 신뢰와 연대도 두터워졌다. 그 결과 "ILO 기본조약비준 및 노동법개정을 위한 전국노동자공동대책위원회"(이하 ILO공대위)라는 전국적 공동투쟁 조직이 만들어졌다. 이런 분위기에서 전국노동자대회에 6만 명이나 모이는 성과를 거둠으로써 전노협은 새로운 도약을 준비할 수 있게 되었다.

그러나 박창수 위원장이 이처럼 죽음으로 사수한 전노협은 '박창수 위원장 장례투쟁 평가'를 둘러싸고 심각한 내부 투쟁에 휩싸인다. 상반기 평가를 놓고 "전노협 제16차 중앙위원회"는 1991년 8월 23일부터 10월 22일까지 두 달 동안 무려 여섯 차례나 속개되었으나 결론이 나지 않아, 11월 22일에 열린 "전노협 제18차 중앙위원회"에 가서야 최종적으로 마무리되었다.

도대체 무슨 일이 있었기에 박창수 위원장 장례투쟁 평가를 놓고 중앙위원회에서 3개월 동안이나 격론을 벌였을까? 회의 도중 책상과 의자가 날아가는 등 감정적으로 대립하는 양상까지 나타났다. 그러나 이렇게 격렬한 투쟁이 벌어졌음에도 중앙위원회 회의록에는 아무런 내용이 기록되어 있지 않다. 단지 「제18차 전노협 중앙위원회 회의 결정사항」에 몇 줄만 나와 있을 뿐이다. 결정사항은 다음과 같다.

> ① 1991년 상반기 평가
> - 제16-6차 중앙위원회에 제출된 평가서에서 문구를 수정하여 평가안으로 확정한다.
> * 수정문구 : 지자제, 장례투쟁 등에서 책임이 과도하게 개인 또는 지역으로 돌아가는 부분에 대하여 전체의 책임으로, 비민주적 등의 표현은 미숙했다는 정도의 표현으로 수정한다.
> - 사무총국 운영 평가서는 이미 평가의 내용이 충분히 공유되었다고 보고, 평가서의 발전적 측면을 이후 사업에서 계승한다는 전제하에서 자체를 폐기한다(「제18차 전노협 중앙위원회 회의(1991년 11월 22~23일) 결정사항」. 강조는 필자).

결정사항만으로 보았을 때 석 달 동안 치열하게 격론을 벌인 것 치고는 내용이 너무 간단하다. '지자제, 장례투쟁 평가에서 과도하게 개인이나 지역에 물었던 책임을 전체의 책임으로 돌리고, 비민주적이라고 했던 부분은 미숙했다'는 것으로 최종 평가하고 있다. 그리고 '사무총국 운영 평가서 자체는 폐기'되었다. 왜 이렇게 되었을까?

'최초의 평가서'는 상반기 투쟁 및 사무총국 운영과 관련하여 5명[34]이 책임지고 물러나야 한다는 것이 그 핵심 내용이었다.[35] 박창수 위원장 장례투쟁을 주도해 왔던 이들 5명이 음모적으로 장례를 결정하는 바람에, 임단투, 진상 규명, 유족 보상 등 어느 것 하나 해결된 것 없이 투쟁을 종결지었다는 것이다. 아직 전국 차원에서 공식적으로 장례가 결정되지 않았는데도 "고 박창수 위원장 옥중살인 규탄과 노동운동 탄압 분쇄 전국노동자 대책위원회"(이하 전국노대위) 소속인 부산노대위가 마치 장례가 결정된 것처럼 한진중공업노조에 팩스를 보내어, 한진중공업노조 대의원대회에서 장례를 치르도록 결정하게 함으로써 투쟁을 실패로 만들었다는 것이다.

하지만 이런 평가와는 달리 (이 글에서는 여기에 대한 전후 사정에 대해 세세하게 논할 수는 없지만) 당시 상황은 한진중공업노조에서 대의원대회를 통해 형식적으로 결정하는 절차만 남겨 놓았을 뿐 실제로는 장례를 치르는 것으로 모든 것이 결정되어 있는 상태였다. 그동안 박창수 위원장 옥중살인 진상규명 투쟁을 주도적으로 책임져 왔던 안양[36]과 부산 대책위에서 더는 투쟁을 지속하기 어렵다는 이유로 장례를 요구하고 나섰고, 한진중공업노조에서도 6월 23~24일 사이에 조업 재개 문제를 결정하기 위해 대의원대회와 조합원총회

---

34 김승호(전국노운협 의장), 문성현(장례집행위원장), 심상정(장례집행위 부위원장), 기길동(전노협 정책부장), 허연도(전노협 사무차장) 다섯 명을 말한다. 당시 그들은, 이들을 '오적'이라 불렀다.

35 거의 공소장 수준에 가까운 이 평가서는 상식을 벗어난 것이었다. (전노협 고문이던 김진균은 이 평가서를 보고 거의 공소장 수준이라며 개탄했다.) 평가를 통해 전체의 교훈을 얻으려기보다는 개인의 책임을 묻기 위해 평가를 하는 정치적 의도가 깔려 있는 평가서였다.

36 박창수 위원장의 시신이 안양병원 영안실에 안치되어 있었기 때문에 안양대책위는 이 투쟁에서 중요한 역할을 담당하고 있었다.

가 준비되고 있었다. 만약 한진중공업에서 조업이 재개되어 버리면 더는 투쟁이 지속될 수 없다는 것은 불을 보듯 뻔한 일이었다. 전노협으로서는 선택의 여지가 없었다. 이러한 정세 판단 속에서 전노협은 6월 23일 "전노협 제15차 중앙위원회"를 열어, 29일 장례를 전제로 모든 계획을 수립한다. 장례비용으로 모금한 돈은 28일 오전까지 납부하기로 결정할 만큼 6월 29일 장례는 확정적이었다(「제15차 전노협 중앙위원회 회의(1991년 6월 23일) 결정사항」).

그리고 한진중공업노조 조합원들이 6월 11~16일까지 상경투쟁을 했던 이유도 전국적으로 박창수 위원장 문제를 최대한 부각시킨 후 이 힘을 가지고 장례투쟁을 힘 있게 치르기 위한 것이었다. 그래서 박창수 위원장 부인이 6월 7일 부산으로 내려와 마지막으로 조합원들에게 호소를 했고, 이에 따라 상경투쟁이 이루어졌던 것이다. 따라서 조합원들이 6월 16일 상경투쟁을 마치고 부산으로 내려왔을 때는 이미 장례를 치르는 것은 예정된 것이었다. 이런 상황에서 부산노대위가 '장례가 결정되었다'라는 팩스를 한진중공업 노조에 보낸 것이다. 이 때 '결정되었다'가 아니라 장례를 치르기로 결정하게 된 전국노대위나 전노협 중앙위원회의 문제의식만 전달했어도 한진중공업노조 대의원대회에서 장례는 쉽게 결정되었을 것이다. 장례를 치를 수밖에 없다는 것은 누구나 다 인정하고 있었기 때문이다.

이런 점에서 전노협 중앙위원회가 부산노대위의 행동을 음모적이고 비민주적이라기보다는 업무 집행의 절차나 순서에서 미숙했다고 평가한 것은 적절했다고 할 수 있다. 그리고 장례 문제도 개인이나 지역의 책임이 아니라 역량상 장례를 치르지 않을 수 없었던 전체 노동운동의 한계이자 책임이라고 평가했던 것 역시 올바른 결정이었다고 할 수 있다. 이처럼 정상적으로 판단하면 별 문제가 아닌 것을 왜 그렇게 사생결단하면서 개인에 대한 공격으로까지 나갔을까?

그것은 '전국노운협에 대한 정치적 공세와 관련이 있다. 전국노운협에 대한 공격은 "인천지역 민주노동자연맹"(이하 인민노련)에 의해서 주도되었다. 그들은 노동운동을 '비합법 노동자 정당-합법 민중당-합법 대중조직'이라는 구도로 재편해 나가기 위해서는, 이에 가장 반대하는 전국노운협을 무력화할 필요가 있었다. 그래서 그들은 전국노운협 의장인 김승호와 문성현을 구체적으로 거명하면서 파상공세를 편 것이다. 그리고 그들은 전노협 사무총국 운영과 관련하여 허연도 사무차장을 공격하고 나섰다.[37] 그 이유는, 허연도가 중앙위원에서 전노협 사무차장으로 올라오면서 전국노운협 중심으로 사무총국을 재편하려 한다고 본 것이다.[38] 이리하여 허연도 사무차장을 표적으로 한 '사무총국 운영 평가서'가 제출되었다. 상반기 평가를 놓고 전국노운협에 대한 전면적인 공격이 시작된 것이다. 여기에 NL과 PD 제 정파가 가세하면서 모든 정파가 '전국노운협 죽이기'에 나섰다. 이렇듯 정치적 목적이 있었기 때문에 객관적 평가가 아니라 개인의 책임 문제로 3개월 동안이나 집요하게 공격했던 것이다. 그러나 인민노련을 중심으로 한 제 정파들은 박창수 위원장 진상규명 투쟁에 거의 참여하지 않았다. 그들은 3파 통합 작업[39]을 하느라 전 조직적으로 논의 중이었기 때문이다. 박창수 위원장 장례투쟁이 끝난 1991년 7월 드디어 그들은 "한국사회주의노동당 창당준비위원회"(이하 창준위)를 결성한다. 그리고 그들은 가장 열심히 '박창수 위원장 옥중살인 진상규명 투쟁'

---

37 허연도 사무차장이 기존 서열을 무시하고 전노협 사무총국에 대한 인사배치를 하자 그들은 이에 대해 상집구성을 재검토하자면서 중앙위원회에 안건 상정까지 한다(「제14차 전노협 중앙위원회 회의(1991년 3월 30일) 결정사항」).

38 허연도 사무차장의 증언에 의하면, 1990년 11월 중앙위원회 인준에 의해 전노협 사무차장으로 올라올 당시, 마창노련 운영위원회 내 인민노련 그룹으로부터 반대가 심했다고 한다. 이러한 사실로 볼 때 이미 일찍부터 인민노련 쪽에서는 허연도 사무차장이 올라올 경우 전노협 내 그들의 헤게모니에 미칠 영향까지 타산하고 있었음을 알 수 있다(허연도 면담, 2006).

39 인민노련, 노동계급, 삼민동맹 등 PD계열 정파들이 노동자계급정당 건설을 목표로 조직 통합한 것을 말한다. 이들은 박창수 위원장 진상규명 투쟁이 한창이던 1991년 6월 11일 조직 통합에 합의한다.

을 했던 지역과 동지들에게 책임을 묻고 나섰다. 그들이 투쟁을 잘못해서 상반기 투쟁을 망쳤다고 …….

한국노동당 창당준비위원회

1991년 초부터 시작된 대기업 연대회의 간부 구속과 탄압, 4월 강경대 학생의 타살과 잇따른 학생들의 분신, 박창수 한진중공업노조 위원장의 옥중 의문사 등 수많은 노동자와 학생이 구속되고 죽어 가는 속에서, 수개월간의 골방 논의를 통해 만들어진 창준위는 구성되자마자 바로 합법정당 노선으로 전환할 것을 주장한다.

> 현실 사회주의 몰락과 한국 자본주의의 급속한 성장, 부르주아 민주주의로의 이행 등으로 이제 더 이상 비합법 사회주의 노동자정당 건설 노선은 시대에 뒤떨어진 것이 되었다. 합법정당을 통해 의회민주주의의 정치공간을 적극 활용하여 노동자들의 정치적 역량을 강화해 나가는 방향으로 대대적인 노선전환을 해야 한다(권우철 1991).

이에 따라 그들은 합법 노동자정당 건설로의 방향 전환을 결의하고 1991년 12월 15일 "한국노동자정당건설추진위원회"(이하 노정추)를 발족한다. 그리고 1992년 1월 19일 "한국노동당 창당준비위원회"를 결성한다. 그러나 그들은 창당은 하지 못하고 1992년 2월 7일 "민중당"과 통합[40]하여 3월 24일 총선에 전력을 기울이지만, 의석은 물론 2%의 득표도 얻지 못함으로써 결국 당은

---

40 이에 대해 이성도 부산노련 의장은 한국노동당은 사기 정당이라고 직격탄을 날린다. 실제 목적은 세를 모아서 민중당에 들어가 지분을 확보하려고 하면서 대중적으로는 마치 민중당과는 다른 별도의 노동자정당을 만드는 것처럼 사기쳤다는 것이다. 차라리 솔직하게 민중당의 개혁을 요구하면서 좀 더 노동자 정당적 성격으로 만들어 가기 위해서 함께 민중당에 들어가자고 했어야 한다는 것이다.

해체되고 만다. 이리하여 3~4개월 만에 졸속으로 진행되었던 '합법 노동자정당 건설' 실험은 무참하게 실패하고 만다. 이러한 한국노동당의 건설에 대해서는 당시 노동운동 진영에서 무수한 비판이 있었지만 그중 대표적인 내용을 소개하면 다음과 같다.

> 전국노운협은 노정추의 출범에 대해 대중의 광범위한 투쟁보다는 선거에서의 득표율을 기반으로 정치세력화를 이루려는 '민중당의 재탕'이라고 규정하고, 그 추진방식에 있어서도 음모적이고 비대중적 활동방식을 보이고 있을 뿐만 아니라 결과적으로는 민족민주운동의 분열을 초래하게 될 것이라고 비판했다(유범상 2005, 259).

그러면 한국노동당 추진 움직임은 전노협에 어떤 영향을 미쳤을까? 창당과정을 통해서 노동자들의 계급의식과 정치의식이 높아지고 노동조합의 조직력이 강화되었다면, 비록 실패했다 하더라도 긍정적으로 평가할 수 있었을 것이다. 그러나 한국노동당 추진 과정은 전노협의 조직력을 오히려 더욱 약화시키는 방향으로 작용했다. 조직 내부의 분열을 우려하여 전노협 중앙위원회에서는 이에 대한 방침을 시급하게 결정했지만 논란은 쉽게 정리되지 않았다. "전노협 제20차 중앙위원회"(1992년 1월 9~10일)에서는 중앙위원회의 결정 이전에 지역에서 이 사안에 관해 일어나고 있는 대중적 파문을 막기 위해,[41] 중앙위원들의 높은 정치력과 (표결이 아닌) '합의' 정신을 발휘하여 결정하기로 했다. 1992년 1월 14일 속개된 중앙위원회에서 결정된 내용은 다음과 같다.

....

[41] 그러나 이미 두 달 전인 11월 15일부터 노정추 지지서명 작업은 비밀리에 이루어지고 있었다 (『전국노동자신문』 49호, 7).

아. 제4차 중앙위 결정과 노정추 서명

〈결정〉

1) 개인의 정치활동(정당참여)은 직위여하를 막론하고 규제하지 않는다.

2) 전노협 및 지노협 임원은 정치(정당)활동을 함에 있어 직책 사용을 하지 않고 개인 자격으로 참여한다. 이에 대해 노정추에 협조를 요청한다.

〈결의사항〉

- 전노협의 임원은 정당 활동 참여시 대외적으로 이름을 사용하지 않고 공개(공공연한)적인 활동을 자제한다는 것을 중앙위의 내부결의로 한다(『1991년도 전노협 사업보고』, 250).

그러나 이러한 결정은 "전노협 제4차 중앙위원회"(1990년 4월 20일) 결정 내용을 번복하는 것이었다. "전노협 제4차 중앙위원회" 결정사항은 다음과 같다.

전노협의 임원, 중앙위원, 지역·업종협의 임원은 조직 내외의 여건을 감안할 때, 정당 활동을 하는 것을 당분간 자제한다. …… 전노협 사업에 혼란을 초래한 민중연대추진위원회(이하 민연추)의 사업방식에 대한 공식적인 문제 제기가 필요함을 확인했다(『전노협 백서』 3권, 338-9).

이 결정사항 대로라면 전노협, 지노협 임원은 노정추 활동을 할 수 없다. 그리고 전노협은 전노협과는 사전에 아무런 의논이나 협의도 없이 노정추 지지서명을 받음으로써 조직 내에 일정한 혼란을 야기한 노정추에 공식적으로 문제 제기를 해야 한다. 그러나 "전노협 제20차 중앙위원회"에서는 "전노협 제4차 중앙위원회" 결정과는 달리 전노협, 지노협 임원이라 하더라도 정당 활동을 인정하고 있고, 음모적인 노정추의 사업방식[42]에 대해서도 문제 제기는 커녕 오히려 협조를 구하는 것으로 결정하고 있다. '눈 가리고 아웅하는' 식으

---

42 중앙위 개최 두 달 전인 11월 15일부터 전국 20개 지역에서 이미 개별적으로 노정추 지지서 명을 받기 시작했다. 이러한 방식은 4차 중앙위에서 비판했던 민연추의 사업방식과 동일한 것이었다.

로 직책만 쓰지 않는다면 개인적으로는 얼마든지 정당 활동을 해도 괜찮다는 것이다. 이렇게 결정이 번복된 것은 실제로 상당수의 중앙위원들이 노정추 추진 세력이었기 때문이다. "전노협 제20차 중앙위원회"에 참석한 중앙위원들(대리 참석 포함) 중에 이미 반 수 정도가 추진위원으로 서명한 상태였다.[43] 그리고 1991년 12월 15일 결성대회에 참석한 노정추 추진위원에는 전·현직 전노협 및 지노협 간부 등 60여 명의 노조위원장, 40여 명의 노조 간부, 노동 운동단체 대표 및 간부 70여 명 등이 포함되어 있었다(최영기 외 2001, 340).

한국노동당 지지를 둘러싼 이러한 대립은 1992년 3·24 총선에서 극명하게 나타난다. 서울, 안산, 창원 등에서는 노동자 후보들끼리 한 지역구에서 서로 경합하는 사례까지 나타났는데, 이러한 선거를 둘러싼 대립은 선거 후 지역에서 심각한 조직적 갈등으로 나타나게 된다. 마창노련에서는 이후 몇 년 동안 지도부 구성도 못하고, 임금인상 공투본도 꾸리지 못할 만큼 거의 조직이 분열된 상태가 된다. 그리고 이러한 조직 분열 양상은 전노협이나 지노협의 임원이나 간부들뿐 아니라 단위노조 간부들과 조합원들 간에도 나타났다. 대우조선노조의 경우 백순환 위원장과 전 간부가 노정추 참가 서명을 했지만, 이후 조합원들이 문제를 제기하면서 심각한 조직 분열 양상까지 띠었을 정도였다(최영기 외 2001, 341). 그리고 더 나아가 민중당과 전국연합은 지지·지원 후보를 놓고 상호 대립·갈등함으로써, 노태우 정권에 대한 공동투쟁은 고사하고 이후 대선후보 방침과 관련하여 민족민주운동의 분열은 더욱 가속화된다.

그런데 한국노동당과 관련하여 주목해야 할 것은 전노협 등 전체 민주노조운동에 혼란을 초래하여 조직적 분열을 야기하는 등 조직력의 약화를 가져

---

43 참석자 20명 중 추진위원으로 서명한 사람은 9명 — 김경은(서노협), 김기자(인노협), 임동섭(부노협), 오관영(경기노련), 박상옥(구미노협), 유영용(대구노련), 박종현, 백형기(이상 광노협), 신덕우(마창노련) — 이었다(『전노협 백서』 4권, 391; 『전국노동자신문』 49호, 7).

왔다는 데만 있는 것이 아니다. 더 큰 문제는 한국노동당이 변혁을 포기하고 완전히 '합법·개량(혁)주의 노선으로 전향했다'는 데 있다. 한국노동당은 대중적으로는 노동자 정치세력화 운운하면서 마치 변혁적 지향을 가지고 있는 것처럼 포장해 왔다. 그러나 한국노동당은 실제로는 선거를 통해 의회에 진출함으로써, 대중투쟁보다는 합법적인 수단과 정책적인 대안 제시를 통해 '한국 자본주의를 개혁'하는 것에 더 주요한 목표를 두고 있었다.

변혁이 아니라 합법·개량(혁)주의 노선으로의 방향 전환은 비합법인 "창준위"를 해체하고 신노선을 채택하면서 "한국노동당"을 추진할 때 이미 안기부와 공유되었던 것으로 보인다. 노정추는 1991년 12월 15일 '노정추 결성대회' 이틀 전인 13일 안기부와 접촉하여 서로 의사를 전달하고 확인했다. 그렇기 때문에 노정추는 15일 결성대회 당일, 11월 15일부터 한 달 동안 서명 받은 241명의 노동자 추진위원 전원의 명단을 공개할 수 있었다.[44] 안기부에서 승인하지 않았다면 하루아침에 수백 명의 노조 간부가 구속됨으로써 노조가 풍비박산될 게 뻔한데 추진위원 명단을 공개할 수는 없었을 것이다. 사회과학 책 한 권만 가지고 있어도 구속되는 판에 반국가단체 조직원들이 구속되지 않을 수는 없기 때문이다. 안기부는 이렇게 노정추를 인정하는 듯하다가 한국노동당 창당발기인대회를 이틀 앞두고 갑자기 주대환 노정추 대표 등 핵심 간부 4명을 구속하고 18명을 수배한다. 그리고는 다음과 같은 요구조건을 제시한다. "① 사회주의 포기 ② 전위당 포기 ③ 합법 활동으로 제한, 일체의 비합법 활동 포기 등 이 세 가지 사항을 공개적으로 발표하면 공소유예하고

---

44 주대환 대표는 추진위원회 명단 공개를 요구하는 인터뷰 기자에게 다음과 같이 말한다. "오늘(1991년 12월 13일 - 필재 저희들 중의 한 분이 안기부요원을 만나고 올 것입니다. 그쪽에서 연락이 와서 만나는 것입니다. 그쪽의 반응을 보고서 어느 정도나 공개할 수 있을지를 판단할 수 있을 것입니다"(주대환 인터뷰, 『길』 1992년 1월호, 23). 안기부를 만나 본 결과 암묵적이든 명시적이든 안기부가 합법정당 추진을 인정했다고 판단하여 이틀 후인 12월 15일에 추진위원 명단을 공개할 수 있었을 것이다.

수배조치도 해제하겠다"는 것이다(『우리사상』 3호, 101). 안기부의 의도는 한국
노동당 추진 세력들에게 비합법 변혁 노선에서 합법·개량(혁)주의 노선으로
확실하게 전향했는지를 확인하고 완전히 쐐기를 박으려는 것이었다. 그래서
수배된 핵심 18명은 이러한 안기부의 요구에 대해 몇 차례 토론한 결과 다음
과 같이 탄원서를 제출한다.

탄원서

5. …… 지난 수년간 한국 사회에서는 정치적 민주주의가 확대되어 왔고, 경제 성장에
서도 성과를 거두어 왔습니다. 이러한 변화는 이 사회의 구석구석에까지 미치고 있
으며, 이에 따라 진보진영, 세칭 '운동권' 내에서도 뚜렷한 변화의 기운이 일어나고
있습니다. …… 저희들은 '비합법 전위조직노선'이 개명한 시대에 사는 일반 국민에
게 정당성을 인정받을 수 없으며, 이러한 노선으로는 이 사회의 발전에 긍정적 역할
을 수행할 수 없다는 결론에 이르게 된 것입니다. ……

6. 또한 '비합법 전위조직노선'의 폐기는 그간 진보 세력 일각을 지배해 온 '폭력혁명노
선'에 대한 부정으로 직결됩니다. …… 소수의 선각적 그룹이 주도하는 폭력적 행동
에 의해서 사회의 변화를 이루어 낼 수 있다는 생각은 지극히 시대착오적인 관념임
을 저희들은 확신하게 되었습니다. …… 저희들의 생각의 변화에는 한국 사회의 거
대한 변모가 결정적으로 작용을 하였지만 그에 못지않게 중요한 요인으로 사회주
의권의 몰락이라는 세기적 대격변의 영향을 들 수 있습니다. …… 이러한 사회주의
권의 현실을 목도하면서 저희들은 사회주의권에 대한 그간의 동경을 내버려야 한
다는 결론에 이르게 되었습니다. ……

8. …… 한국 사회의 진보적 발전 방향은 민주주의 원리에 기초하고, 급속한 산업화의
과정에서 소외되어 온 노동자와 농민, 도시 서민의 이익을 옹호하는 것이어야 한다
는 것입니다. 저희는 기존의 민중당의 활동이 이에 부합되는 것으로 평가하였으며,
이러한 이유로 민중당에 합류하게 된 것입니다. ……

9. …… 관계당국에서 현명한 결단을 내리신다면 이는 구시대적 비합법 조직 운동에
매달리고 있는 많은 진보 세력을 합법정당으로 나오게 하는 물꼬를 트는 역사적 결
정이 될 것입니다. …… 1992년 2월 24일 …… (『우리사상』 3호, 98-100).

결국 한국노동당 핵심 추진 세력들은 안기부의 세 가지 요구사항을 다 받아들였다. 이처럼 "사회주의를 포기하고, 폭력적 행동을 포기하며, 오직 합법 정당 활동을 통해 민주주의 원리에 기초한 한국 사회의 진보적 발전을 꾀하겠다"는 이들의 탄원 내용은 노동운동과 관련해서는 어떻게 나타났을까? 이러한 입장에 서게 되면 노태우 정권의 파쇼적 탄압에 대해 투쟁을 할 수가 없다. 파쇼 체제를 부정하는 모든 투쟁은 폭력 행동이 되고 불법이 되기 때문이다. 합법 테두리 내에서 활동하려면 노조활동이든 정치활동이든 투쟁을 회피할 수밖에 없다. 연대활동 자체를 근본적으로 부정하는 제3자 개입금지 등 노동악법 때문에 80% 이상이 불법 파업일 수밖에 없는 조건에서 합법적으로 투쟁하라는 것은 투쟁을 하지 말라는 말과 같다. "국가보안법, 집회 및 시위에 관한 법률"(이하 집시법) 등 반민주악법으로 노동자·민중의 정치활동을 원천적으로 봉쇄하고 있는 상황에서, 합법적으로 투쟁하라는 것은 정치투쟁을 하지 말라는 것과 같다.

그래서 1991년 당시 민중당 노동위원장이었던 김문수가 민중당 기관지 『전망』에 「민주노조운동 이대로는 안 된다」는 글을 기고하여 노동자가 아닌 자본가들로부터 대환영을 받았다는 것은 너무도 자연스러운 것이었다. 자본가들은 그 글을 복사하여 조합원들에게 배포하면서 "20년 이상 노동운동한 사람도 투쟁을 위한 투쟁, 투쟁 일변도의 조합 활동을 해서는 안 된다고 하는데 좀 배워라"라고 할 정도였다고 한다. 이러한 입장에 서면 이렇게 주장하게 된다.

지금은 자본의 탄압이 심하기 때문에 투쟁, 투쟁해 봐야 조직만 깨진다. 조직을 강화하기 위해서는 현실적인 노선을 택해야 한다. 무조건적인 강경 투쟁보다는 일상활동 등 대중의 수준, 자본과 정권의 탄압 등 현실의 조건에 맞는 투쟁을 통해 조직을 강화하고 보존해야 한다. 그리고 노동조합의 투쟁만으로는 한계가 있기 때문에 선거 때 노동자 후보를 많이 당선시켜서 국회로 진출시켜 법도 바꾸고, 정책도 바꾸어서 노동자들의 요구를 근본적으로 실현해야 한다(『노동운동』 1991년 11·12월호, 24).

이러한 논리 위에서 민중당 노동위원회[45]는 1991년 2월 대우조선 골리앗 투쟁 때 회사와 노동조합 간의 해결사로 김문수를 내려 보내, 결국 파업투쟁을 접게 만드는 데 성공함으로써 혁혁한 공을 세우게 된다. 그래서 민중당류의 합법정당 노선은 노동조합의 투쟁을 회피하게 만듦으로써 노동조합운동에 많은 혼란을 가져오게 된다. 특히 이러한 노선은 노동조합 간부들에게 투쟁 회피적·기회주의적 기풍을 심어 줌으로써 파업 등과 같은 대중투쟁보다는 정치적·정책적 대응을 통해 노동조합의 한계를 돌파해야 한다고 주장하면서, 의회선거 중심의 합법정당 운동에 치중하는 모습을 보이게 된다. 그리고 이러한 노선은 한국노동당 추진 세력들에 의해『길』이라는 월간 잡지를 통해서 노동운동권에 집중적으로 유포되기 시작한다.[46]

노동운동 위기론 유포

1991년 말부터 "민중당"과 "한국노동당" 추진 세력 등에 의해서 집중적으로 유포되기 시작한 '노동운동 위기론'은, 노동운동 진영을 넘어 학계로까지 확산되어 나가지만 일반 조합원들에게는 별로 영향을 미치지 못하면서 조용히 사라져 간다. 노동운동 위기론의 구체적인 내용에 대해서는 기존의 많은 분석들이 있기 때문에 이 책에서는 굳이 다루지 않는다. 다만 그러한 논쟁이 무엇을 목표로 한 것이고, 노동운동 진영에 어떠한 영향을 미쳤는가에 대해서만 간략하게 검토해 보겠다.

---

[45] 민중당 노동위원회의 핵심 구성원은 한국노동당 추진의 주도 세력인 인민노련 소속이었다.
[46] 『길』지를 통해서 집중적으로 유포된 노동운동 위기론은 퇴조기론이다. 대표적인 글로는 노회찬, 「퇴조기의 민주노조운동과 전노협」(『길』 1992년 8월호)이 있고, 이에 대한 비판 글로는 김익진, 「퇴조기론을 전면적으로 비판한다」(『노동운동』 1992년 9월호)가 있다.

노동운동 위기론은 1987년 이후 한국 노동운동의 총 노선을 전면적으로 재검토하고 운동의 방향 전환을 꾀하기 위해 정치적으로 기획된 것이다. 노동운동 위기론은 첫째, 전노협 노선의 폐기 내지는 민주노조운동에서의 전노협 중심성을 해체하여, 노조운동의 주도권을 상대적으로 온건한 비생산직 노조 쪽으로 이전시키고자 하는 의도와, 둘째, 노동자 정치 운동(정당 운동)을 지향하고 있었던 조직에서 그 걸림돌이 되고 있었던 세력들을 약화시키고자 한 마지막 공세였다(임영일 1998, 183).

그러나 노동운동 위기론자들의 이러한 정치적 의도와는 달리 노동운동 위기론은 당시 전노협을 중심으로 한 민주노조운동에는 별로 영향을 미치지 못했다. 물가·집값 폭등과 총액임금제로 대표되는 자본과 정권의 임금억제정책에 대한 노동자 대중의 불만과 분노는 매우 높았으며 투쟁 의지도 일정하게 유지되고 있었다.

올해(92년) 임투에서 우리가 주목해야 할 점은 현재의 어려운 조건에서도 쟁의 발생 신고 사업장이 예년에 비해 크게 줄지 않은 점과 파업 찬반투표에서 찬성률이 대개의 경우 85% 이상 나타나고 있다는 점이다 …… 경기남부지역이 91년을 능가하는 투쟁력을 보이는 것은 올해 임투에서 어느 지역보다 사전 준비를 착실히 했고 또 지역·전국적 차원의 공동사업을 활발히 전개했기 때문이다 …… 경기남부지역은 30여 개 노조에서 일상적으로 현장 토론이 정착되고 있고 준법 투쟁도 이에 준할 정도로 활발하게 이루어지고 있다 …… '총액임금제 저지를 위한 전국노동조합 대책위원회' 결성 대회에도 전국에서 가장 많은 70여 개 노조의 대표자들이 참석했고 …… 한양대에서 열린 5월 1일 집회에는 1,500여 명의 노동자가 참여하여 단연 타 지역의 모범이 되었고, 그 결과 올해 임투에서 전노협 평균 인상률 15%를 능가하는 19%의 임금 인상을 쟁취했다 …… 경기남부지역만이 아니고 부천의 대흥기계, 동양에레베이터, 경원세기 등 3개 사업장도 지속적인 연대활동을 통해 전국적으로 파업 투쟁의 모범을 보이며 평균 20%가 넘는 임금 인상을 쟁취할 수 있었던 것도 충실한 사전 조직화가 바탕이 된 것이었다(『전노협 1992년도 사업보고』, 52-3).

그래서 노조 집행부가 이런 상황을 '충실한 사전 조직화를 바탕'으로 투쟁을 조직하여 돌파하려 하기 보다는, 직권 조인이나 타협으로 적당히 넘어가려 할 경우에는 가차 없이 교체해 버릴 정도로 조합원들의 민주노조에 대한 지향과 요구는 매우 높았다. 현대중공업 128일 파업의 영웅이었던 이원건 위원장조차 직권 조인했다는 이유로 물러나지 않으면 안 될 정도였다. 그리고 전노협에 참관·교류하는 노조들이 두 배 이상으로 늘어나고, 1992년 하반기에는 대공장 노조에서 '민주파'가 대거 당선되면서 전노협과의 결합도 강화되고 있는 상황이었다. 또한 1992년 전노협 소속 및 관련 노조 조합원 3천 명을 대상으로 실시한 '노동자 의식 조사' 결과 노동자들의 93%가 전노협에 대해 '긍정적'으로 평가하고 있었으며, 특히 1천 명 이상의 '대기업 노동자'들이 전노협에 대해 가장 긍정적(94%)으로 바라보고 있었다(『전국노동자신문』 68호, 1, 3).

이처럼 노동운동 위기론자들의 주장과는 달리 (노동운동이 자본과 정권의 파상적 공세로 과거보다 상대적으로 침체에 빠져 있었던 것은 사실이지만) 서서히 노동자들의 분노와 투쟁 의지는 되살아나고 있었고, 지도력 또한 복구되면서 민주노조운동과 전노협에 대한 기대는 어느 때보다 높아지고 있었다. 당시 전노협 지도부들은 노동운동 위기론은 현장에 거의 영향을 미치지 못했고, 다만 민주노조운동의 성과가 전노협으로 모아지게 하기보다는 일정 정도 방해 역할을 했다는 점에서 어느 정도 악영향을 미쳤다고 보고 있다.

그래서 전노협이 조직 사업을 할 수 있는 시간적 여유가 좀 있었더라면 전노협의 확대·강화는 어느 정도 가능했을 것이라고 본다. 그러나 이러한 시간적 여유도 없이 바로 전노대로 가면서 전노협은 조직을 확대·강화할 수 있는 기회를 잃어버렸다고 주장하고 있다.

(필자 : 노동운동 위기론에 대한 현장에서의 반응은 어땠어요?)

…… 그때는 현장에서 영향력이라기보다는 정신 나간 놈 이런 정도였죠. 그때는 투쟁이 활발하고 뭔가 투쟁의 돌파구를 열어 갈 수 있다고 자신감이 팽배해 있을 땐데 …… 전노협에 대한 탄압이 극심했지만 현장에선 들을 가치도 없다 이런 정도였죠 …… 전노협 내부에서도 그랬었고. 전노협 내부에 영향을 끼친 적은 없잖아요 그 당시에. …… 인민노련 쪽 내부에 있는 사람들도 조심스럽게 이런 얘기에 대해서 고민해 봐야 되지 않느냐 이렇게 접근했지, 그걸 이렇다!라는 식으로는 말하지 않았던 거 같아요. 그렇게 해 봐야 얘기가 안 되니까 그때는 …… 91년도 92년도 나왔던 퇴조론 그건 큰 영향을 못 미쳤다고 생각이 되는데요? 그런 것 자체가 오히려 그때 민주노조운동의 구심이라고 하는 전노협으로 모든 역량이 결집되는 게 아니라 주춤거리게 하는, 대공장 노조들이 전노협으로 결집되지 않게 하는 데 영향은 있었다. 전노협에 대한 전망보다는 새로 판을 짜야 하는데 거기 들어가서 얻어터질 필요가 있느냐 이런 것이죠 …… (양규헌 면담, 2006).

문제의 핵심은 확대될 수 있는 요소들이 전노협 창립 이후 제한되고 봉쇄된 거죠. 만약 4~5년 가면서 이후에 조직 개편 논의가 나오고 이랬으면 전노협은 더 확대됐을 거라고 난 보고 있어요. 근데 불과 90년에 만들고 91년, 92년 들어서면서 조직 개편론이 바로 나오는 거거든요. 대공장 연대회의도 그런 연장 속에서 나왔고, 이렇게 되면서 전노협을 강화시켜야 한다는 걸로 끌어들일 수 있는 게 자꾸 약화되었던 게 결정적이라고 봐요. 조직이란 게 늘고 줄고 그런 건데, 느는 거는 상당히 제한적이고 …… 그게 원인이 아닌가 …… (단병호 면담, 2006).

하지만 이런 주장은 (뒤에 가서 서술하겠지만) 일면적이다. 노동운동 위기론이 일반 노동자 대중과는 달리 노조의 일부 상층 지도부·간부, 활동가 들에게는 상당한 영향력을 미쳤던 것은 사실이다. 단, 노동자 대중의 분위기나 요구 때문에 노골적으로 투쟁을 부정하거나 전노협을 부정하지 못했을 뿐이었다.

전노대는 바로 이러한 노동운동 위기론의 영향을 받은 노동조합의 일부 상층 지도부·간부, 활동가들에 의해서 추진되었다. 대중적이고 공개적인 방식으로 전노협 노선에 문제 제기하거나 대중의 동의를 구하면서 "전노대"로 간 것이 아니라, '상층 지도부와 간부들의 일방적인 결정으로 전노협을 부정'

하면서 전노대로 갔다. '투쟁 중심의 전노협 가지고는 더는 안 되니까, 대공장과 업종, 그리고 중간 노조들을 합쳐서 좀 온건하게 타협적으로 가자'는 것이다. 노동운동 위기론이 '전노협 한계론'으로 그 모습만 바꾸어 다시 등장한 것이다. 이러한 전노협 한계론에 대해 '전노협 강화론' 또한 제대로 대응하지 못했다. 대의원대회나 총회 등으로 지노협, 전노협을 사수했을 때와 같이 대중적·공개적으로 현장토론 등을 통해 조합원들과 함께 이들의 공세에 대응했었으면 전노협 한계론은 발을 붙일 수 없었을 것이다. 그러나 '전노협 강화론'은 이러한 '조합원이 중심이 되는 조합민주주의 원칙'을 지키지 않았다. 전노협 한계론이든 전노협 강화론이든 조합원들과 함께 토론하여 판단하거나 행동하지 않고, 상층에서의 논쟁과 대결 중심으로 갔다. 조합원들은 철저히 소외되었던 것이다.[47]

결국 전노협 한계론의 공세에 전노협 강화론은 1년도 못 되어 굴복하고 말았다.[48] 전노협 강화론과 전노협 한계론은 이제 하나가 된 것이다. 이렇게 전노협 상층 지도부는 일찍부터 '전노협 한계론이라는 노동운동 위기론'의 공격 앞에 무력하게 무너져 갔다.

....

[47] 조합원들이 문제 해결의 주체로 나서도록 적극적으로 의식화·조직화하여 투쟁하지 않는 한, 자본과 정권의 탄압에 노동운동은 쉽게 무너질 수 있다는 사실을 전노협 지도부는 과연 몰랐을까? 김영삼 정권의 '고통분담' 이데올로기 공세에 대해서는 조합원들에게 적극적으로 교육·선전하면서, '전노협 한계론'이라는 이데올로기에 대해서는 조합원들에게 침묵을 지킨 것은 무엇 때문일까? '전노협 강화론' 또한 '전노협 한계론'에 실질적으로는 동의하고 있었던 것은 아니었을까?

[48] 전노대를 상급 조직으로 인정하고, 전노협 노선의 폐기를 실질적으로 선언한 "전노협 제35차 중앙위원회(1993년 10월 15일) 결정사항"과 이에 대해 분석하고 있는 이 책의 제2장 3절을 참조.

4. 소결

전노협의 성격을 어떻게 보느냐 하는 문제는 단순한 이론의 문제가 아니다. 현실의 실천과 밀접한 관련이 있다. 전노협을 어떻게 볼 것인가 하는 문제는 민주노총을 어떻게 볼 것인가 하는 문제이기도 하다. 흔히 전노협을 제조업·중소기업 노조 중심이라고 규정하는 이면에는 일정한 정치적 의도가 있다. 전노협을 왜소화하고, 격하함으로써 다른 조직적 대안(전노대와 민주노총)을 정당화하기 위한 사전 포석인 것이다. 전노협은 창립된 지 1년도 채 되지 않아 소련을 비롯한 현실 사회주의 붕괴 이후 급속하게 확산되기 시작한 합법·개량(혁)주의 운동 노선으로부터 끊임없이 공격을 받는다. 합법정당론(민중당과 한국노동당)과 노동운동 위기론, 그리고 전노협 해체를 주장하는 전노협 한계론 등은 바로 이러한 그들의 대표적인 정치적·이데올로기적 공세였다. 이런 상황에서 김영삼 정권이 등장하자 일반 민주주의적 개혁에 대한 기대감으로 합법·개량(혁)주의 운동노선은 더욱 확산되었고, 전노협의 전투적이고 변혁지향적인 운동노선에 대한 공격은 더욱 강화되면서 노동운동 내 이른바 운동권 안에서는 상당한 사상·이념적 혼란과 동요가 일어나게 된다. 무노동부분임금, 해고자 복직, 노조 정치활동 허용 및 복수노조 인정,[49] 사무·전문직 업종연맹 합법화[50] 등과 같은 개량적 조치에 대해, 전노협 내에서조차 김영삼 정권의 본질에 대한 소모적인 논쟁이 벌어질 정도로 그 영향은 매우 심각했다. 그 결과 전노협은 1993년 임금인상 투쟁에 대한 전국적인 지원과 지

---

[49] 민자당은 김영삼 정부가 출범하기도 전에 "노조 정치활동 허용 및 복수노조 인정 검토 방침"(1993년 1월 21일)과 "부당해고자 전원 복직 추진 방침"(1993년 2월 1일)을 발표했다.

[50] 언론노련(1992년 12월 22일), 병원노련(1993년 5월 25일), 대학노련(1993년 6월 15일), 건설노련(1993년 6월 16일), 전문노련(1993년 7월 31일) 등이 노동부로부터 신고필증을 교부받아 합법연맹으로 된다.

도를 통일적으로 수행하지 못할 정도로, 김영삼 정권의 개혁 정책에 대한 구체적인 투쟁과 사업 방침조차 제대로 수립하지 못했다(『전노협 백서』 6권, 34). 이런 당시의 분위기를 『전노협 백서』는 다음과 같이 기록하고 있다.

> 소련과 동구권의 변화 이후 국제적으로 강화된 보수화의 물결은 세계 진보 운동을 압박해 왔으며, 그에 따라 국내 진보적 사회변혁운동 진영과 노동운동도 상당한 혼란 속에서 새로운 활로를 모색해야 할 시점에 와 있었다. 또한 '합리주의적 노사관계'를 안착시키기 위한 자본과 정권의 노동 통제 및 이념 공세의 강화는 노동운동 진영 내부에 상당한 혼란과 고통을 안겨주었다. 더구나 김영삼 정권은 임금 및 노동 통제 정책을 한층 더 강화하고 각종 기만적 개량 조치에 의한 회유와 민주노조운동의 고립, 분산 정책을 병행하여 민주노조 진영은 더욱 어려운 도전에 직면해 있었다(『전노협 백서』 6권, 22).

이러한 자본과 정권의 공세와 이에 따른 노동운동 내에서의 사상·이념적 동요와 혼란 속에서, 전노협 한계론으로 대표되는 합법·개량(혁)주의 운동노선은 전노협의 전투적이고 변혁지향적인 운동노선에 대한 본격적인 공세를 시작한다. 우선 이들은 ILO공대위 내에서 전노협 노선을 확대·강화시켜 나가는 데 중심적인 역할을 하고 있는 노동운동단체들을 배제하는 것이, 이후 노동운동의 주도권을 잡아 나가는 데 있어 관건적인 것이라 보고 ILO공대위를 해체하는 데 총력을 기울인다. 그 결과 ILO공대위는 해체되고 전노대가 만들어진다. 이런 점에서 전노대는 사실상 전노협 청산의 신호탄이었다. 이러한 전노협 한계론의 공세에 대해 전노협 강화론은 단호하게 맞서지 못하고 사상·이념적으로 동요와 혼란을 거듭하다가 전노대가 대세로 되어 가자 결국 전노협 노선을 포기하게 된다. 이리하여 전노협 상층 지도부들 가운데 다수는 '전노협을 확대·강화하여 산별 노조와 민주노총을 건설해 간다'고 하는 전노협 노선을 1993년 말부터 일찍이 포기한다. 그리고는 그들은 합법·개량(혁)주의로 가는 것이 분명해진 민주노총 내에서의 주도권을 놓고 치열한 분파투쟁으로 들어간다. 제조업 노조의 산업·업종별 조직 재편을 놓고 전노협 한계론과 전노협 강화론 사이에서 벌어졌던 내부 투쟁은 바로 이런 주도권 투쟁의 반영이었다. 이처럼 전노협은 전노협 한계론이든 전노협 강화론이든 다수의 전노협 상층 지도부 내에서는 이미 일찍부터 청산이 예정되어 있었다. 다만 그 청산 시점에 대해서만 약간의 차이가 있을 뿐이었다.

제2장 전노협 강화론과 전노협 한계론의 대립

1. ILO공대위의 확대·강화

1990년 전노협 결성과 함께 무자비하게 진행된 총자본의 전노협 와해 공작에도 불구하고, 1990년과 1991년 두 차례에 걸친 '전국 총파업 투쟁'과 '고 박창수 위원장의 죽음을 불사한 투쟁'으로 전노협은 사수되었다. 하지만 이 과정에서 전노협은 탄압과 휴·폐업의 증가로 가입 노조가 절반으로 줄어들고, 7백여 명 이상의 노조 간부들이 구속·수배·고소·고발되는 등 지도력이 약화되는 아픔을 겪기도 했다. 그러나 이러한 전노협의 불굴의 투쟁정신은 많은 노동자들에게 자신감과 용기를 주어, 대공장에서 민주노조가 속속 들어서는 등 많은 노동조합들이 민주노조 대열로 합류하고 있었다. 그 결과 7백여 개 노조에 30만 명을 상회하는 조합원들이 전노협에 참관하거나 교류·연대할 정도로 민주노조운동의 폭은 매우 넓어졌다. 이러한 성과 위에서 1991년 하반기에는 정부의 ILO 가입과 노동법개악 발표를 계기로 전노협, 업종회의, 노동운동단체가 함께 참여하는 한시적인 공투체로서 "ILO 기본조약 비준 및 노동법개정을 위한 전국노동자 공동대책위원회"(이하 ILO공대위)가 구성되었다. ILO공대위를 통해 비로소 전체 민주노조 진영은 전노협 결성시 참가하지 못했던 사무·전문직 업종 노조와의 결속도 강화되었고, 노동악법 철폐투쟁을 중심으로 민주노조 총단결이 본격적으로 추진되기 시작했다.

ILO공대위는 '자주적 단결권 확보를 중심으로 한 노동법의 실질적 개정'과 '민주노조 총단결 투쟁을 통한 민주노조운동의 조직발전'을 목표로 출범했다. 이와 함께 1991년 11월 6만 명의 노동자들이 참가한 가운데 "전태일 열사 정신계승과 노동법개정을 위한 전국노동자대회"를 성공적으로 개최함으로써, 전노협 결성 이후 자본과 정권의 탄압으로 침체되어 있던 민주노조운동의 분위기를 일거에 쇄신하는 성과를 거두었다. 이를 바탕으로 ILO공대위는 1992년 상반기 사업계획을 수립하면서, 노동법개정뿐만 아니라 임금억제, 노동탄압, 고용문제, ILO제소 등 국제사업, (가능한 범위 내에서의) 정치투쟁 등의 '공동투쟁 사업'과 지역공대위 확대 구성·강화, 대공장의 공대위 가입 추진 등의 '조직 사업'을 포함하는 실질적인 민주노조 총단결 투쟁의 구심체로서 움직이기 시작했다. 이리하여 ILO공대위는 한국 정부를 ILO에 제소하여 '노동법을 개정하라'는 ILO의 권고도 끌어내고, "총액임금제 저지를 위한 전국노동조합 대책위원회"(이하 총액대책위)를 구성하여 총액임금제 분쇄투쟁을 전개하기도 하며, 9개 지역에 지역공대위를 구성하는 등 활발한 활동을 벌여 나갔다.

그러나 이처럼 ILO공대위가 민주노조 총단결 투쟁의 구심체로 점차 그 위상이 강화되어 나가자 업종회의 쪽에서 제동을 걸기 시작했다. 원래 ILO공대위는 1992년 상반기 사업계획을 수립하면서 전국공대위의 대중적 토대를 강화하기 위해 지역공대위를 확대·조직하고, 대공장들의 가입을 적극적으로 추진하기로 결정했었다. 이에 따라 ILO공대위는 다수 조합원을 주체적으로 참여시키고 지역공대위를 강화한다는 원칙에 따라 세계노동절대회를 지역공대위가 주관하게 했다. 그리고 ILO공대위는 이를 계기로 지역공대위를 확대·강화하고, 전국공대위와의 결합력을 높이기 위한 목적으로 6개 지역에서 순회간담회를 갖기도 했다. 그러나 이처럼 활발하게 추진되던 지역공대위의 확대·강화 사업은 업종회의의 문제 제기로 중단되어 버린다. 표면적으로는 '업종회의의 지역구조가 형성되어 있지 못한 상태에서는 지역공대위 강화가 어렵기 때문에 먼저 업종회의의 지역구조의 구성과 강화가 선행되어야 한다'(『전노협 1992년도 사업보고』, 178)는 것이 그 이유였다. 하지만 실질적인 이유는 지역공대위가 강화되면 지역연대 활동으로 업종연맹과는 다른 전투적 기조가 형성되어 소속 조직에 대한 업종연맹의 통제력이 약화될 것을 우려했기 때문이다. 실제로 병원노련의 경우 지노협 소속 노조의 전투적 기조와 연맹 중앙의 사업 기조가 대립함으로써 지역과 중앙 사이에 많은 갈등을 가져오기도 했다.

이러한 업종회의 주장에는 그 저변에 전노협을 민주노조운동의 전국적 구심으로 인정하지 않으려고 하는 업종회의 쪽 지도부의 생각이 깔려 있었다. 지역공대위의 강화는 실질적으로는 전노협 강화를 의미하기 때문에 이후 민주노조운동의 조직발전 전망과 관련하여 전노협에 일방적으로 끌려갈 가능성을 우려하지 않을 수가 없었던 것이다.

이러한 업종회의의 전노협에 대한 견제는 국제사업과 관련해서도 노골적으로 나타나고 있었다. 업종회의는 전노협이 한국의 '내셔널 센터'로서 국제적으로 인정받는 것을 견제하여, 1992년 ILO 총회 때 전노협 활동에 대해 실무적인 협조조차 하지 않았던 것으로 보고되고 있다(『전노협 1992년도 사업보고』, 271). 이러한 입장은 전노협의 ICFTU(국제자유노동조합연맹) 가입 승인 여부를 판단하기 위해 ICFTU 집행위원회가 한국에 조사단을 파견했을 때, 업종회의가 전노협의 ICFTU 가입 신청은 시기상조라며 부정적인 의견을 피력하고 있는 데에서 단적으로 드러나고 있다.

> 업종회의는, 전노협의 가입신청은 독립노조들의 아직 유동적인 구조와 한국노총과의 관계개선을 위해 더 노력해야 할 필요성에 비추어 시기상조였다는 의견을 제시하였다(『ICFTU 한국조사단 보고서』).

이런 분위기에서 업종회의가 업종회의 내에서의 조직발전 전망에 대한 이견, 집행위원회의 계속적인 유회 등으로 정상적인 조직운영이 이루어지지 않으면서 ILO공대위는 몇 달간 공동사업이 거의 진행되지 않는다. 특히 민주노조운동의 조직발전 전망을 둘러싼 의견 대립은 ILO공대위 사업을 제약하는 주요 요인이었다. '한국노총을 제외한 유일 민주노총'에 대한 합의가 이루어지지 않고 있었으며, 이에 따라 ILO공대위의 위상과 역할 설정에 대한 의견은 계속 대립하고 있었다(『전노협 1992년도 사업보고』, 181). 이런 가운데 업종회의는 "전노협 제8차 대표자회의"(1992년 8월 28일)에서 "ILO공대위 조직발전 관련 기본방침"을 다음과 같이 결의한다.

1. 조직발전에 대하여 …… 자주적이고 민주적인 모든 노동조합은 하나의 조직으로 통일되어야 함을 재확인하며, 업종회의와 전노협은 이를 위해 노력해야 할 것이다. …… 이러한 과정의 하나로 업종회의 조직은 보다 강화되어야 한다. …… 업종회의는 조직 강화를 조속히 이루어 내고 실천적인 사업을 통하여 자주적이고 민주적인 노동조합의 총단결을 이루어 내는 데 주도적인 역할을 다하여야 할 것이다. …… 자주적이고 민주적인 산업별연합체의 총연합단체를 건설하는 데 있어서 업종회의와 전노협은 …… 기업별 노조를 극복하고 …… 산업별 체제로 발전하는 것이 바람직하다고 본다. ……
2. ILO공대위 개편에 대하여 …… 대표자회의를 업종회의 의장과 전노협 위원장 2인 협의로 대체하여 보다 긴밀하고 기동성 있는 협의와 조정이 이루어질 수 있도록 한다. …… ILO공대위의 위상은 문자 그대로 노동법개정과 ILO 기본조약의 쟁취를 위한 공동투쟁체 이상도 이하도 아님을 다시 확인한다. 만일 민주노조 총단결을 위한 논의의 필요성이 있다면 ILO공대위가 아닌 별도의 논의의 장을 마련하는 것이 타당할 것이다(『전노협 백서』 5권, 301-2).

업종회의는 '민주노조 총단결'에 대해서는 입장을 같이하지만, 이를 위해서는 전노협과 업종회의는 각각 자기 조직을 강화하는 것이 우선적으로 이루어져야 한다고 보고 있다. 즉, 업종회의는 각각 자기 조직들이 강화된 연후에 ILO공대위가 아닌 별도의 장에서 민주노조 총단결을 논의해야 한다고 보는 것이다. 그러면서 업종회의는 지금은 조직발전에 대해 논의할 때가 아닐 뿐만 아니라 ILO공대위는 조직발전을 논의할 수 있는 장이 아니라고 보았다. 그래서 업종회의는 현재의 ILO공대위의 위상을 한시적 공투체를 넘어 민주노조 총단결의 조직적 구심으로 보아서는 안 된다고 주장한다. 오히려 업종회의는 ILO공대위를 강화하기보다는 노동법개정과 ILO 기본조약 비준 사업에만 한정하고, 노동운동단체는 빼고 전노협과 업종회의 대표 양자 간의 협의구조로 축소해서 운영하자는 제안까지 하고 있었다. 이미 이때부터 업종회의는 노동운동단체가 포함되어 있는 ILO공대위에 대해 많은 부담을 느끼고 있었다고 볼 수 있다. 결국 업종회의는 전노대를 만들 때 '노동운동단체를 뺀 노동조합들만의 공투체를 만들자'고 강력하게 주장한다. 이러한 업종회의 대표자회의의 결정에 대해 전문노련 정책위원회는 다음과 같이 비판한다.

> ILO공대위를 노동법개정과 ILO 기본조약 비준 활동으로 국한하자는 주장은 ILO공대위의 역사성과 현실적 여건을 무시하고 과소평가하는 것이다. ILO공대위는 91년 하반기 이래 민주노조운동의 상징적 구심으로서의 역할을 수행해 왔으며, 전노협이나 업종회의가 포괄하지 못한 대공장, 중간 노조의 상당수를 포괄하고 있다. 그리고 노동운동단체를 ILO공대위에서 배제하는 것은 자기모순이다. 노동법개정 투쟁의 의의는 법조문 개정에 앞서 민주노조 총단결과 장애물을 제거하는 것이고, 노동법개정의 최종 목표는 민주노총의 건설이다. 따라서 민주노조 진영의 중요 지원자인 노동운동단체 배제는 자기모순이다. 대공장, 중간 노조에 대한 영향력 있는 노동운동단체의 배제는 바로 ILO공대위의 역량 약화와 노동법개정 투쟁 역량의 약화를 가져올 것이다(허영구 1993, 59-60).

그러나 이러한 비판은 전노대를 건설할 당시 전혀 반영되지 않는다. 정책위원회의 의견과는 정반대로 ILO공대위의 확대·강화가 아닌 노동운동단체를 배제한 노동조합들만의 조직으로 전노대는 만들어진다.

그리고 전노협도 "전노협 제27차 중앙위원회"(1992년 9월 3일)에서 "ILO공대위 조직발전 관련 업종회의의 방침에 관한 전노협의 견해"를 채택하여 다음과 같이 업종회의에 문제 제기한다.

> 1. 조직발전에 대하여 …… 조직발전 전망을 가능한 빠른 시일 내에 성취하기 위해서는, 전노협과 업종회의 각각의 내부적인 조직강화 사업뿐만 아니라 동시에 전노협과 업종회의가 결합하여 민주노조운동의 조직적 구심력을 강화하고, 공동의 노력을 경주해 나가는 것이 보다 효과적이고 올바른 방도라는 점을 강조하고자 하며, 이를 위하여 가능한 빠른 시일 내에 이에 대한 구체적인 논의와 실천방안을 마련해야 할 것이다.

2. ILO공대위 개편에 대하여 …… ILO공대위는 그동안의 사업과 투쟁 속에서 민주노조 총단결 투쟁의 구심체로서 객관화되면서 노조운동의 당면한 전국적 과제들을 포괄하도록 대중적으로 제기되어 왔던 것이 사실이다. …… 이러한 점에서 ILO공대위의 위상과 역할은 보다 강화되어야 한다. …… 전국적인 민주노조그룹을 조직적으로 포괄하여 ILO공대위를 확대하도록 노력하며, 지역공대위를 강화하고, 이러한 조직적 성과가 의결구조에 반영되도록 하여 ILO대표자회의를 강화한다는 것이다(『전노협 백서』 5권, 303-4).

전노협은 업종회의와는 달리 ILO공대위를 사실상 민주노조 총단결 투쟁의 구심체로 보면서 이를 더욱 확대·강화해 나가야 한다고 보았다. 그리고 전노협은 가능한 빨리 조직발전 전망에 대한 구체적인 논의와 실천 방안 마련에 들어가야 한다고 주장했다. 이때까지만 해도 전노협은 민주노조운동의 조직발전 전망에 대해 매우 적극적이었고, 반면에 업종회의는 매우 부정적이었다는 것을 알 수 있다.

이처럼 전노협과 업종회의 간의 조직발전 전망을 둘러싼 이견과 이에 따른 ILO공대위의 위상과 역할에 대한 입장 차이로 ILO공대위는 한동안 사업 추진이 불가능했다. 그러나 1992년 하반기 들면서 ILO공대위는 MBC투쟁 지원, 노동법개정 투쟁, 전국노동자대회, 대통령 선거 등 당면투쟁을 중심으로 공동사업을 진행해 나간다. 그리고 "전국노동자대회 조직위원회"를 구성하여 노조위원장 선거에서 민주파가 대거 당선된 대공장 노조와 중간 노조 들을 참여시킴으로써 전체 민주노조운동의 범위를 더욱 확대시켜 나간다. 이 과정에서 ILO공대위는 민주노조운동의 조직발전 전망에 대한 원칙적인 수준의 합의를 이끌어 냄으로써 이후 민주노조 총단결을 위한 사업을 구체적으로 추진할 수 있게 되었다. 그리고 이 내용은 1992년 전국노동자대회에서 대중

1 1,071개 노조 40만 조합원과 47개 노동운동단체가 참여하여 전국노동자대회 조직위원회가 구성되었다.

적으로 공표되었다.

　1992년 11월 8일 개최된 전국노동자대회는 "노동법개정 투쟁, 민주대개혁, 산별 노조 건설"을 핵심 요구로 내걸었다. 이는 산별 노조를 건설하려면 노동법개정 투쟁과 민주대개혁 투쟁과 같은 정치투쟁 또한 적극적으로 수행되어야 함을 의미하는 것이었다. 그것도 단순히 체제 내적 개선을 추구하는 데 머무는 개량주의적 개혁이 아니라, '국가보안법, 집회시위법 등 반민주악법 철폐, 자주경제 확립, 독점재벌 해체(「전국노동자대회 선언문(1992년 11월 8일)」)' 등 파쇼체제 자체를 부정하는, 변혁적 개혁을 그 내용으로 하는 '민주대개혁 투쟁'이 과제로 제시되었다. 이처럼 대중적으로 공표·결의된 내용은 추상적이긴 하지만 대단히 진취적이고 변혁지향적인 내용이었다.

　이러한 산별 노조 건설 투쟁과 변혁적 개혁을 지향하는 민주대개혁 투쟁은 노동조합과 노동운동단체들을 망라한 총노동전선을 형성하여 대항하지 않으면 안 되는 것이었다. 이런 점에서 조직발전 전망과 관련하여 ILO공대위를 확대·강화하여 공동투쟁을 하고, 이 성과를 모아 민주노조 총단결과 산별 노조 건설로 나아간다는 전국노동자대회의 기조는 기본적으로 올바른 것이었다.

　　…… 우리는 민주노조 총단결과 자주적이고 민주적인 산별노동조합의 총연합단체 건설을 위해 총력을 다 해 투쟁한다. 이를 위해 전국노동조합협의회와 전국업종노동조합회의 그리고 여타 대기업노동조합과 지역별, 재벌별, 업종별 협의체 등 오늘의 노동자대회 조직위원회로 결집한 민주노조 진영은 대회의 성과를 이어받아 총력을 집중해 그 구체적인 노력을 시작함과 더불어, 그 일환으로 우리는 산별 노조 건설을 위한 조사연구활동, 업종별 공동사업 및 투쟁을 강화할 것이다. 이를 토대로 우리는 'ILO 기본조약비준 및 노동법개정을 위한 전국노동자공동대책위원회'를 강화하고 그를 통해 수행되는 공동투쟁의 성과를 드높여 민주노조 총단결을 한층 더 발전시키도록 총력을 다 해 투쟁할 것을 이 자리에 모인 전국노동자들의 결의를 모아 엄숙히 선언하는 바이다(「전국노동자대회 선언문(1992년 11월 8일)」).

전국노동자대회에서 조직발전 전망과 관련하여 결의된 내용은 ① 민주노조 총단결의 강화·발전을 통한 산별 노조 건설 ② 이를 위한 전노협과 업종회의의 자체 조직력 확대·강화와 산별 노조 건설을 위한 구체적인 사업 전개 ③ ILO공대위의 확대·강화·발전 등으로 요약할 수 있다. 이 중에서도 중요한 것은 ILO공대위를 확대·강화하기로 한 결정이다. 왜냐하면 공동투쟁을 수행하고 이 투쟁의 성과를 모아 민주노조 총단결과 산별 노조 건설의 토대를 만들어 나갈 수 있는 조직 주체는 바로 ILO공대위이기 때문이다. 1992년 10월 20일 개최된 "전국노동자대회 조직위원회 대표자회의"는 ILO공대위를 더욱 확대·강화하기로 결정한 배경에 대해 다음과 같이 설명하고 있다.

> ILO공대위는 노동법개정과 ILO 기본조약의 비준을 위한 공동투쟁체로 출발하여 그동안 많은 사업과 투쟁 속에서 민주노조 총단결의 토대를 마련하여 왔다. 특히 현재와 같은 총자본과 총노동 간의 힘 관계나 제조업-사무·전문직 간의 낮은 연대 수준을 고려할 때 ILO공대위를 통한 공동투쟁의 성과로서 민주노조 총단결을 강화시켜 나갈 필요성은 더 한층 요구되고 있다. 이를 위해 ILO공대위는 지속적인 공동 일상 사업과 투쟁을 통해 연대 수준을 높여 나가고 전국노동자대회 조직위원회를 이후 지역 및 전국 공대위의 확대·강화로 수렴하고, 이를 바탕으로 93년 임투 및 노개투를 힘 있게 전개해 나갈 수 있도록 적극 노력하여야 한다. 아직 ILO공대위에 참여하고 있지 못한 광범한 미가입 노조 및 노조단체들은 시급히 공대위에 참여하여 노동법개정 투쟁과 민주노조 총단결을 위한 조직발전에 동참하도록 노력한다(허영구 1993, 119-20).

이처럼 'ILO공대위 확대·강화와 공동투쟁을 통한 민주노조 총단결과 산별 노조 건설'이라는 조직발전 전망은 민주노조운동 내에서는 일반적으로 공유·동의된 내용이었다. 이제는 전국노동자대회에서 결의된 대로 ILO공대위가 주체가 되어 1993년 임금인상·노동법개정 투쟁을 중심으로 공동투쟁을 열심히 벌여 내면서, 이를 토대로 민주노조 총단결과 산별 노조 건설 사업을 구체적으로 진행시켜 가기만 하면 되는 것이었다. 그런데 이를 위한 구체적인 사업계획을 마련하기 위해 열린 "전국노동자대회 조직위원회 수련회" 과정에서 이러한 조직발전 전망은 완전히 부정·폐기된다. 전체 노동운동 진영이 공동투쟁을 통해 연대 수준을 높이고 이를 토대로 산별 노조 건설로 나아가는 것이 아니라, 전노협, 업종회의, 대공장 노조, 중간 노조 들을 조직형식적으로 빨리 합쳐서 기업별 노조들의 총연합단체에 지나지 않는 민주노총으로 가자는 방향으로 갑자기 전환하게 된 것이다.

이 결과 ILO공대위는 하루아침에 해체되고 민주노총 조기 건설의 임무를 띤 전노대가 새롭게 급조되었다. 'ILO공대위가 해체되고 전노대가 결성되었다는 것'은 역사적으로 매우 중요한 의미를 갖는다. '전노대는 한국 노동운동이 전투적이고 변혁지향적인 노동운동으로부터 온건·타협적인 합법·개량(혁)주의 노동운동으로 변화해 가는 데 있어 결정적인 분기점'이 된다. 그러나 이러한 전환은 '정상적'으로 이루어지지 않았다. 전체 노동자들과 조합원들은 완전히 배제된 가운데 20명도 채 안 되는 상층 지도부에 의해서 음모적이고 파행적으로 진행되었다. 전노대 결성으로 사실상 노동자 대중의 계급적 대중조직으로서의 산별 노조 건설은 물 건너갔다. 한국 노동운동의 비극이 시작된 것이다.

2. 전노대 결성(1993년 6월 1일)

전개 과정

1993년 2월 26~27일 총 45명의 대표들은 "전국노동자대회 조직위원회 수련회"에서 임금인상, 노동법개정, 고용안정 투쟁 등 당면 투쟁들을 공동으로 실천해 나갈 수 있는 "공동사업 추진체"를 구성하기로 합의한다. 그러나 이를 어떻게 구성할 것인가를 놓고, 'ILO공대위를 확대·강화하자'는 안과 '새로운 민주노조운동의 틀을 만들자'는 안 등 두 가지 방안이 제출된다. 이에 따라 대표자들은 공동사업과 민주노조 총단결 주체 구성 방안 마련을 위한 "위임위원회"를 구성하여 구체적인 사항을 일임한다. 위임위원회는 전노협, 업종회의, 현총련, 대우자동차노조, 대우조선노조, 풍산금속노조 등으로 구성되었는데, 두 차례 회의를 거쳐 ILO공대위 확대·강화가 아닌 '새로운 틀'로서 "전국노동조합대표자회의"를 제안한다.[2]

이에 대해 3월 15일 업종회의 대표자 수련회에서는 "노동법개정과 생존권확보를 위한 전국노동자공동대책위원회"[3]로 할 것을 결정하고, 만약 19일 조직위원회 대표자회의에서 다른 결정이 날 경우, 30일 업종회의 대표자회의를 열어 다시 논의하기로 결정했다. 19일 열린 "제2차 조직위원회 대표자회의"에서 위임위원회 안과 업종회의 안을 놓고 12시간에 걸친 장시간 토론에도 불구하고 합의가 되지 않자, 표결에 부쳐 10 대 9로 "전국노동조합대표자회의"로 결정되었다.[4] 이렇게 되자 업종회의에서는 30일 대표자회의를 열어 표결식 결정의 문제, 각 조직이 처한 현실을 고려하지 않고 있다는 점, 외부적 탄압의 우려,[5] 성급한 조직 건설론의 문제 등을 들어 "노동법개정과 생존권확

---

2 위임위에서는 단위노조 의견 수렴의 어려움 및 대공장 노조 등을 포괄하기 어렵다는 점, ILO공대위 발족시의 정세 등에 따른 제한된 과제(노동법개정 등)에 머물러서는 안 된다는 점, ILO공대위는 전노협과 업종회의로 구성이 제한되어 있고 노동운동단체와의 관계가 재정립될 필요가 있다는 점 등 ILO공대위 활동의 한계를 확인한 위에 새로운 틀의 필요성을 제안했다. 위임위는 명칭으로 "전국노동조합대표자회의" 또는 "○○를 위한 전국노동조합대표자회의"라는 두 개의 안을 제출했다(허영구 인터뷰 1993, 102; 『산별노조운동 관련 자료모음(5)』, 192).

3 그 성격은 'ILO공대위의 양적 확대·발전이며, 민주노총 건설을 위한 전 단계 기구는 아니다. 그러나 민주노조 총단결을 위한 논의, 조사연구 등은 할 수 있다'고 결정한다.

4 위임위원회 안이든 업종회의 안이든 그동안 ILO공대위에 같이 참여해 왔던 전국노운협, 전국노련 등 노동운동단체는 제외하는 것으로 되어 있다.

5 사무금융노련과 병원노련은 과격하다고 인식되는 전노협과 하나의 조직으로 묶일 때 탄압받을 가능성을 우려했고, 전교조는 민주노조 진영이 하나의 조직으로 묶일 때 전교조의 협상과

보를 위한 전국노동조합 대책회의"로 수정 제안한다. 현총련도 '새로운 틀'의 성격을 상급 조직으로서가 아니라 전국단위의 공동사업 추진체적 성격으로 제한하고, 의무금 대신 사업별 분담금을 내는 방식으로 할 것을 제안한다 (「1993년 4월 14일 현총련 중앙위원회 결정사항」).

이에 따라 4월 중 두 차례에 걸쳐 전노협, 업종회의, 대공장 노조 대표자 간담회를 가진 끝에 4월 22일 다음과 같은 내용의 합의문을 작성하여 일단 매듭을 짓는다. 대표자들은 공동사업 추진체 명칭을 "전국노동조합대표자회의"로 하되, 그 성격은 '공동사업 추진체다. 상급 연합조직이 아니다. (상급 조직이 아니기 때문에) 재정은 의무금이 아니라 사업별 분담금 형태로 충당한다'는 것으로 합의한다. 그러나 그 뒤에도 조직 체계와 관련하여 상당한 논란이 있었지만 운영위원회를 폐지하고 대신 대표자회의 밑에 집행위원회를 두는 체계로 합의함으로써, 마침내 6월 1일 전노대가 발족된다.

전국노동조합의 공동사업 추진체 위임위원회 합의문

전국노동조합의 공동사업 추진체 위임위원회에서는 명칭과 성격에 대해 아래와 같이 합의한다.

첫째, 공동사업 추진체의 명칭은 '전국노동조합대표자회의'로 한다.

둘째, 전국노동조합대표자회의의 성격은 다음과 같이 규정한다.

　가. 전국노동조합대표자회의는 공동사업 추진체이다.

　나. 전국노동조합대표자회의는 각 조직의 상급 연합조직이 아니다.

　다. 전국노동조합대표자회의의 재정은 의무금의 형태가 아닌 사업별 분담금으로 충당한다.

1993년 4월 22일
전국노동조합협의회, 전국업종노동조합회의,
현대그룹노동조합총연합, 대우그룹노동조합협의회

정에 어려움이 있지 않을까를 염려했다(허영구 인터뷰 1993, 116).

소 속	참 가 자
전노협	단병호(위원장), 문성현(부위원장), 김영대(사무총장)
업종회의	권영길(의장), 최재호(사무노련 위원장), 허영구(전문노련 위원장), 배석범(건설노련 위원장), 양건모(병원노련 위원장), 유상덕(전교조 수석부위원장)
현총련	김동섭(의장), 이홍우(수석부의장), 윤성근(현대자동차노조 위원장)
대노협	김종렬(의장)

전노협의 입장

　전노협은 위임위원회에 참석하여[6] '전국노동조합대표자회의 안'에 합의했고 이 안이 3월 19일 조직위원회 대표자회의에서 통과되자, "전노협 제1차 대표자회의"(1993년 3월 31일)에서는 원안대로 '전국노동조합대표자회의'로 하되, 업종회의나 대공장의 의견을 검토하여 유연하게 대처하기로 결정한다. 그리고 조직 체계와 관련해서도 원안대로 운영위원회를 두고 집행위원장을 선임하는 것에 동의한다. 그러나 집행위원장을 둘 경우 새로운 전국조직을 결성하는 셈이 되므로 회의체 수준으로 두는 게 바람직하다는 수정안이 제안되었지만, 집행 체계가 분명해야 책임 있는 사업 집행이 가능하다는 다수의 의견에 따라 원안대로 결정된다. 이에 대해 1993년 5월 14일 개최된 "전노협 제4기 1차(33차) 중앙위원회"는 전노대 구성 취지에는 동의하지만, 전노협과 지노협의 방침 없이 진행되고, 지역 차원의 의견 수렴이 부족하다는 문제들

---

6 "전노협 제31차 중앙위"(1993년 2월 27일)는 위임위원회 파견 대표로 단병호, 김영대, 문성현을 선임하고, 이들에게 당면 사업의 효율적인 수행과 '민주노조 총단결의 강화'라는 방향에서 전노협의 입장을 반영할 것을 요구하면서 전권을 위임한다.

을 지적하면서 '발족식 일정 재검토'를 요청한다.[7] 이에 따라 발족식은 5월 20일에서 6월 1일로 연기되고 명칭도 '결성대회'가 아니라 '결성회의'로 바뀌게 된다.

대표자회의나 중앙위원회 결정사항으로 보았을 때 전노협은 업종회의와는 반대로 전노대 안에 대해 크게 반대하지 않았다.[8] 단지 중앙위원회에서 전노협과 지노협의 방침과 의견 수렴 없이 성급하게 진행된 것에 대해 문제 제기하는 정도였다. 현총련도 4월 14일 중앙위원회[9]에서 명칭에는 개의치 않겠다는 태도를 보인 것을 볼 때 전노협이 업종회의 안에 동의해 주었다면 명칭은 쉽게 바뀔 수 있었을 것이다. 그러나 그렇지 않은 것을 보면 전노협 대표자들은 전노대 안을 지지했다고 볼 수 있다. 그리고 전노협은 몇 개월 뒤에 '전노협 강화'와 '전노대 강화'가 서로 상충하기 전까지는 전노대에 대해 별 문제의식이 없었던 것 같다. 오히려 '전노대를 전노협이 주도할 수 있을 것'이라고 생각하여 운영위원회(원안에는 일상적인 지도집행기관으로 되어 있음)를 두는 등 지도집행 체계를 강화하려고까지 했다. 반면에 업종회의 내에서 완강하게 반대했던 부문들 — 사무금융노련과 병원노련 — 은 전노대가 단순히 공동사업 추진체에 머무르지 않고 상급 조직화하면서 전노협 노선[10]으로 끌려가지

---

7 지역 차원의 의견 수렴도 없이 상층 중심으로 전노대가 추진된 결과, 전노대 결성 때는 총 13개 지역 중 서울, 인천, 경기, 부천, 성남 등 5개 지역만 참가하고, 마창, 부산, 대구, 진주, 광주, 전북, 경주, 포항 등 8개 지역은 참가하지 않았다(『전노협 백서』 6권, 162, 164).

8 당시 투표에 참가했던 19명 중 전노협 9명, 업종 5명, 대공장 3명, 노동운동단체 2명의 구성으로 보았을 때 전노대 안으로 결정된 것은 전노협이 주도한 것으로 볼 수 있다. 전노협 조직부장이었던 한석호에 의하면 단병호 위원장도 전노대 안에 찬성했던 것으로 증언하고 있다(한석호 면담, 2006).

9 현총련은 이 회의에서 전노대의 성격에 대해 "공동사업추진체다. 상급조직이 아니다. 의무금이 아닌 분담금으로 한다"는 것으로 결정하고 명칭은 의장단에 위임한다.

10 업종에서는 전노협이 전노대를 산별 노조로 가기 위한 과정, 과도적 단계로 설정하고 있다고 보고 있었다. 반면에 업종회의는 업종 내에 다양한 편차가 있기 때문에 바로 수준 높은 조직 건설을 목표로 하기보다는 연대를 더욱 확대하고 심화시키는 계기로서 전노대를 바라보고

않을까하는 우려가 있었던 것으로 보인다.[11] 그러나 이러한 전노대에 대한 전노협과 업종회의의 생각은 몇 개월 지나지 않아 서로 역전된다.

전노대 결성 과정의 문제점

▌1992년 전국노동자대회 결의사항 번복

1992년 전국노동자대회에서 발표된 결의문에 의하면 "민주노조 총단결과 산별 노조 건설, 전노협과 업종회의 강화, ILO공대위 강화, 공동투쟁" 등이 "전국노동자대회 조직위원회"로 결집된 민주노조 진영의 과제로 설정되었다(『전노협 백서』 12권, 765). 그리하여 그 구체적인 노력의 일환으로 "산업별 노조 건설을 위한 조사연구 활동, 업종별 공동사업 및 투쟁을 강화해 나갈 것"임을 선언문을 통해 밝히기도 했다. 그러나 이렇게 대중적으로 결의된 내용이 "제1차 조직위원회 수련회"에서 'ILO공대위 확대·강화가 아닌 새로운 조직틀을 만들자'는 안이 제출되면서, 공동 실천의 문제에서 조직 건설의 문제로 그 초점이 바뀌어 버리게 된 것이다. 이렇게 되면서 ILO공대위는 전국노동자대회에서 'ILO공대위 확대·강화'를 결의한 지 석 달 만에 역사의 무대에서 갑자기 사라져 버리고 만다.

그런데 이러한 '새로운 조직 건설의 문제'는 각 조직에서 전혀 논의도 안

있었다(허영구 인터뷰 1993, 118).

11 이러한 업종회의의 태도는 ILO공대위 때에도 분명하게 나타나고 있다. 앞에서 이미 인용한 바 있는 "ILO공대위 조직발전 관련 기본방침"에 잘 나와 있듯이, 업종회의 자체가 강화되지 않은 상태에서 조직발전 전망을 논의하는 것에 대해 매우 경계하고 있다.

된 상태에서 불쑥 제기되어 토론될 수 있는 성질의 것이 아니었다. 이는 ILO 공대위 사업을 하면서 전노협과 업종회의 사이에서 끊임없이 갈등해 왔던 문제이고, 그 문제 때문에 몇 개월 동안 공동사업이 중단되는 경험을 가지고 있는 매우 예민한 문제였다. 1992년 전국노동자대회를 계기로 겨우 원칙적인 방향에 합의하여 대중적으로 선포하고, 이제 힘을 모아 새롭게 출발하려는 마당에 새로운 조직 건설의 문제를 끄집어냄으로써 민주노조 진영은 커다란 혼란에 휩싸이게 된다. 그리고 이처럼 중요한 문제를 각 조직에서 의견을 수렴하여 다시 논의하는 절차도 거치지도 않고, 당장 그 자리에서 "위임위원회"를 구성하여 새로운 조직 건설 안 수립의 역할을 맡긴다는 것 또한 조직 체계를 무시한 독단적 결정이었다.[12]

더구나 2년 동안 전국적으로 많은 공동사업을 통해 대중적으로 인정받아 온 조직을 평가 한번 없이 하루아침에 없애 버린다는 것은 '대표자들이 얼마나 조직을 관료주의적으로 바라보고 있는가'를 단적으로 보여 주는 것이다. ILO공대위는 전국적으로 이미 9개 지역 이상에서 지역공대위가 구성되어 점차 확대 추세에 있는 조직이었다. 이러한 조직을 지역공대위와의 토론이나 의견 수렴 한번 없이 일방적으로 대표자들 몇 명이 없애 버리기로 결정한 것은, 민주적 조직 운영이라는 기본원칙을 어긴 잘못된 결정이었음이 분명하다. 사정이 이러함에도 그 당시 수련회에 참석한 대표자들은 이러한 잘못된 결정에 동의했다. 이러한 '상층 간부 중심의 관료주의적 사업 작풍'은 이후 민주노조운동에 지속적으로 엄청난 폐해를 가져오는 출발점이 된다.

---

12 이에 대해서는 전노협 중앙위원회에서 문제 제기가 있었다고 이미 앞에서 언급한 바 있다.

▌조직적 결정이 아닌 개인적 결정의 문제

위임위원회는 각 조직의 입장을 수렴하고 조정하여 안을 제출한 것이 아니라, 위임위원회에 참가한 '대표자 개인의 의견'을 제출한 것에 불과했다. 업종회의는 3월 15일 업종회의 대표자 수련회에서 결의하여 '조직적 입장'으로 대책위원회 안을 제시했음에도 위임위원회 안에 전혀 반영되지 않았다. 위임위원회 안은 '전노대' 또는 '○○를 위한 전노대'라는 두 개 안만이 제출되었다. 전노협도 3월 19일 "제2차 조직위원회 수련회"에 참석한 대표자들의 의견이 각각 다른 것을 보면,[13] 전노협의 조직적 입장이 아니라 위임위원회에 참석한 대표자 개인 의견이라고 볼 수 있다. 조직적 입장이라고는 전혀 반영되지 않은 이러한 위임위원회 안은 "제2차 조직위원회 수련회"에서 커다란 문제를 야기하게 된다.

그리고 "제2차 조직위원회 수련회"에서 무기명 비밀투표에 의해서 10 대 9로 결정된 것 자체가 조직적 결정이 아니라 참석자 개인의 결정이라는 것을 단적으로 말해 주고 있다. 조직적 결정이라면 각 조직의 입장을 내놓고 공개적으로 토론하여 결정해야 하는 것이지, 그것을 무기명 비밀투표에 의해서 개인적으로 결정할 사항은 아닌 것이다. 더구나 같은 조직 내에서의 결정도 아니고 각각 다른 조직들이 모여서 공동사업을 하자고 논의하는 자리에서, 공개적인 토론과 합의에 의해서가 아니라 참석자 개인 투표로 결정했다는 것은 좀 황당하기조차 하다.

이처럼 조직적 입장이 반영된 결정이 아니라 개인적 의사에 따른 결정이

---

13 당시 회의록을 보면 김영대, 문성현, 단병호의 의견이 각각 다 다르다. 김영대는 '대표자회의', 문성현은 '대책위원회', 단병호는 입장 표명은 하지 않고 '중앙과 지역 간의 효율적인 집행 체계 수립 문제'를 거론하고 있다(「전국노동자대회 조직위원회 대표자회의(1993년 3월 19~20일) 회의록」).

었기 때문에 업종회의에서는 이 결정을 받아들이지 않고 다시 재론을 요구하게 된다. 그러나 업종회의와는 달리 전노협 대표자회의에서는 이러한 결정에 아무런 문제 제기가 없었다. 그동안 전노협은 모든 의사결정을 투표가 아니라 상호 합의정신에 의해서 운영해 왔기 때문에, 이처럼 아무런 문제 제기가 없었다는 것은 다소 의외다. 그럼에도 이런 방식이 용인된 것은 조직운영 원칙보다는 '전노대로 가는 것을 선호'했기 때문에 침묵을 지켰다고 볼 수 있다. 이러한 무원칙한 개별 투표에 의한 결정 방식은 이후 전노대와 민주노총 준비위원회의 의사결정 과정에서 (부메랑이 되어 돌아와) 전노협을 무력화시키는 데 결정적으로 작용하게 된다.

▌노동운동단체 배제의 문제

대중적으로 인정받은 ILO공대위가 19명[14] 의 노동운동 지도자들의 개별 투표를 통해서 하루아침에 해체되어 버린 것에 대해서는 엄정한 역사적 평가가 필요하다. 앞에서도 언급한 바와 같이 ILO공대위가 단 한 번의 평가와 토론도 없이 표결에 의해서 해체되어 버린 것은 바로 '전노대의 정치적 방향성'과 매우 밀접한 관련이 있다.

(이에 대해 다음 절에서 자세히 분석하겠지만) ILO공대위를 해체하고 새로운 조직틀을 만드는 데 있어서 핵심적인 내용은 전노대냐 대책위냐 하는 조직의 명칭이 아니라, 노동운동단체를 노동조합으로부터 분리하는 데 있다. 전노대

----

14 전노협 9명 : 단병호, 문성현, 양규헌(경기노련), 김영대(서노협), 최동식(인노협), 한경석(부노협), 성남노련, 전북노련, 대구노련; 업종회의 5명 : 권영길, 허영구(전문노련), 전교조, 건설노련, 대학노련; 대공장 3명 : 현총련, 대우자동차, 대우조선; 노동운동단체 2명 : 전국노운협, 전국노련 (「전국노동자대회 조직위원회 대표자회의(1993년 3월 19~20일) 회의록」에서 재구성함).

안이든 대책위원회 안이든 노동운동단체가 배제되고 있다는 점에서는 동일하다. 단지 조직 건설에 대한 시기와 방법상에서 약간의 차이가 있을 뿐이다. 빨리 만들 것이냐 아니면 정부의 태도나 이쪽의 준비 상태를 고려하면서 천천히 만들 것이냐의 차이일 뿐이다. 노동운동단체를 뺀 것은, 그 방점이 공동사업보다는 조직 건설에 가 있었기 때문이다.[15] 정말로 공동사업을 통해서 각 조직들의 조직·투쟁 역량을 강화하는 게 초점이라면, 오히려 노동조합들만의 공투체가 아니라 노조민주화추진위원회와 노동운동단체까지 모두 포함하는 총노동전선이 되어야 할 것이다. 울노협과 대기업 연대회의의 사례에서 보듯, 자본과 정권의 정치적 대응에 반해 노동운동은 조합주의적으로 대응한 것이 실패 이유였다. 이런 점에서 볼 때 노동운동단체와 노동조합의 결합은 더욱 강화되어야 하는 것이다.

그러나 이와 상관없이 양적으로 최대한 많이 모아서 형식적으로라도 빨리 새로운 전국조직을 만들려고 한다면 노동조합들끼리만 모이는 것을 더 선호하게 될 것이다. 노동운동단체를 배제한 노조들만의 조직을 만들려고 하는 이면에는, 이처럼 전노대로 노조들을 최대한 끌어 모은 뒤 그것을 그대로 조직형식만 바꾸어서, '합법·개량(혁)주의적인 민주노총으로 가져가려는 조직 건설론'이 그 속에 숨어 있는 것이다.[16] 그러나 이러한 조직 건설 방식으로는 산별 노조를 만들어 나갈 수 없다. 산별 노조를 지향한다면 더 많은 조직·투쟁 역량이 요구되는데, 공동투쟁을 통해 역량을 키우고 검증할 기간도 없이

---

15 "특별한 정치적 사안이 아닌 한 노동조합과 노동운동단체의 직접적 결합은 불필요하며 …… ILO공대위를 통한 사업과 투쟁이 민주노조 총단결 나아가서 민주노총의 전망으로 직접 연결될 수 없다 …… 조직 전망이 분명하지 않은 곳에서 사업과 투쟁이 적극적으로 수행되기 어렵다"(이목희 1992, 57).

16 이에 대해서는, 뒤에 설명하게 될 김영대의 "민주노조 총단결론"과 이목희의 "전국(민주)노동조합(대표자)회의론"에 구체적으로 명시되어 있다.

속성으로 조직을 만드는 방식으로는, 조직을 만들기도 어렵겠지만 설령 만든다 하더라도 쉽게 개량화되거나 자본과 정권의 탄압으로 유지가 쉽지 않을 것이다. 결국에는 한국노총처럼 자본과 정권에 협조하거나 아니면 그들의 탄압 앞에 무력한 조직이 되어 버릴 가능성이 크다.

따라서 이러한 관점에 서면 산별 노조를 건설하더라도 '어떠한 지향을 가진 산별 노조를 만들 것인가'에 대한 생각은 없게 된다. 어용적인 산별 노조를 만들려면 노동조합을 양적으로 최대한 많이 모아서 산업별로 조직형식만 바꾸면 된다. 그러나 자주적·민주적인 산별 노조를 만들려면 전노협보다도 더 엄청난 탄압이 예상되는 것이고, 그것에 대항하여 조직을 건설해 나가려면 훨씬 더 강고한 조직·투쟁 역량이 준비되어야 한다. 이런 점에서 중요한 것은 어떻게 하면 노동운동 역량을 총동원하여 자본과 정권의 공격을 정치적으로 엄호하면서, 전체 노동자계급의 역량을 확대·강화하여 산별 노조를 만들어 갈 것인가 하는 것이 된다. 이렇게 생각한다면 노동조합과 노동운동단체를 분리할 것이 아니라 오히려 더욱 긴밀하게 결합하여 공동투쟁 전선을 형성하는 것이 시급히 요구된다고 할 것이다.

사정이 이러함에도 불구하고 그동안 아무런 문제없이 운영되어 왔던 ILO 공대위를 해체하면서 노동운동단체를 빼자고 한 것, 그것도 그동안의 활동에 대한 평가와 토론 한번 없이 상층 지도부들만의 개별 투표로 마치 쿠데타식으로 결정해 들어간 이면에는 분파적 이해관계, 소위 '민주노조 총단결론'[17]으로의 조직 재편 문제가 숨어 있는 것이다. 그렇지 않다면 전국노동자대회에서 대중적으로 선언하고 결의한 내용을 무시하고, 편법과 비정상적인 방법으로 전노대를 졸속적으로 만들어 간 것에 대해 도저히 설명할 수가 없기 때문이다. 그러나 이러한 분파적 이해관계의 근저에는 이후 전노대와 민주노총

....

17 다음 절에 나와 있는 김영대의 '민주노조 총단결론' 참조.

건설 과정에서 구체적으로 드러나고 있는 바와 같이[18] 근본적으로 '합법·개량 (혁)주의적인 노동운동 노선'이 자리 잡고 있었다고 볼 수 있다. 앞에서 이미 언급한 바 있듯이 1992년 전국노동자대회에서 핵심요구로 제시된 '산별 노조 건설, 민주대개혁 투쟁'은 기본적으로 체제 변혁적인 내용을 담고 있었다. ILO공대위가 주체가 되어 '산별 노조 건설과 노동법개정 투쟁, 민주대개혁 투쟁'을 주도해 나간다면 합법조직으로서의 민주노총 건설은 단기간에 이루어질 수 없는 것이었다. 이런 점에서 '민주노조 총단결론', 즉 민주노총 조기 건설론의 입장에서 보면 노동운동단체는 배제하고, 노동조합들만으로 빨리 합법 민주노총을 만들어 가자고 주장하지 않을 수 없었을 것이다. 그래서 그들은 일찍이 1992년부터 대중투쟁을 중심으로 하는 아래로부터의 '조직 건설론'보다는, 노동조합의 조직 형태 변화를 중심으로 하는 위로부터의 '조직 재편론'을 집중적으로 제출하고 있었던 것이다.[19]

....

18 이 책의 제2장 6절 「전노대 활동」과 제3장 「전노협 청산」의 분석 내용을 참고.

19 이미 앞에서 참고자료로 인용한 이목희와 김영대의 글 외에 이러한 조직 재편론의 이론적 토대를 제공하고 있는 최초의 글로는 김금수의 「민주노조 총단결을 위한 조직형태의 발전」(1992년 4월, 한국노동교육협회)을 들 수 있다. 김영대가 제출한 '민주노조 총단결론'의 조직발전 단계에 대한 내용은 김금수의 주장을 그대로 옮겨 놓은 것이고, 이후 전노협 위원장 선거 홍보물(김영대 후보 선거대책본부 1994, 22)에서도 김금수의 글을 그 근거로 인용하고 있다. 그리고 이들은 이론적으로뿐만 아니라 실천적으로도 현재 노무현 정권의 노동정책 입안과 집행에서 중요한 역할을 하고 있다.

분파적 개입의 문제

▌전노협 확대·강화를 부정하는 '민주노조 총단결론'

"전국노동자대회 조직위원회 수련회"가 열리기 10일 전인 1993년 2월 16일 전노협 중앙위원회에 "민주노조 조직발전 계획(안)"(이른바 김영대 안)이 제출되었다. 1992년 전노협 중앙위에서 확정된 전노협의 조직발전 전망(안)을 수정하자는 내용이었다. 그 안의 핵심을 요약하면 다음과 같다.

> 전노협의 확대·강화를 통해서 산별 노조를 건설하고, 민주노조 진영 전체의 조직발전을 이루려고 하는 것은 현실적으로 불가능하다. …… 전노협 직접가입을 통한 조직 확대에 집착하거나, 민주노조 총단결은 사안별, 시기별 공동투쟁으로 국한하고, 업종분과 사업을 통해 산별 노조를 건설하고, 이를 바탕으로 전노협이 주도적으로 민주노총을 건설하겠다는 생각을 바꾸어야 한다. …… 전노협을 확대 강화하려고 애쓰기보다는 오히려 전노협의 모든 힘을 민주노조 총단결에 아낌없이 쏟아 붓고 이를 바탕으로 산별 노조 건설에 힘 있게 나서야 한다. …… 이를 위해서 ILO공대위를 확대 개편하여 전체 민주노조 진영을 망라하는 공동투쟁체로서 가칭 '고용안정보장과 노동법개정을 위한 전국노동조합대표자회의'를 구성한다. …… 이 안을 2월 26~27일 조직위 수련회에서 개괄적으로 검토한 후 3월 대표자회의에서 확정하여 즉각 추진한다. …… 그리고 이러한 공동투쟁의 성과를 모아 9월에 '민주노조 총단결 조직 건설 준비위원회'를 구성하고 11월 전국노동자대회에서 '민주노조 총단결 조직'을 건설한다(김영대 1999, 42-7. 강조는 필자).

김영대 안은 전노협을 확대·강화하여 산별 노조를 만들고 민주노총을 건설하는 것은 불가능하기 때문에, 우선 공투체인 전노대를 만들고 전노대의 성과를 모아 '민주노조 총단결 조직'을 건설한 후 나중에 산별 노조로 재편해 가야 한다는 것이다. 위임위원회가 제안한 '○○를 위한 전국노동조합대표자회의' 안과 거의 같은 내용을 주장하고 있는 이 안은 검토되지 못하고 차기 회의로 넘겨진다. 김영대 안은 "2월 26~27일 조직위 수련회에서 개괄적으로 검토한 후……"라고 명시되어 있듯이 조직위원회 수련회를 위해서 작성된 안임을 쉽게 알 수 있다. 기존의 전노협 조직발전 전망(안)과 완전히 배치되고 1992년 전국노동자대회에서 발표된 조직 건설의 원칙적 방향과도 배치되는 이 안은, 조직위원회 수련회에 그대로 제안되어 수개월 동안 많은 논란을 불러일으킨 끝에 결국 '전노대 안'으로 관철된다.

앞서 지적했듯 전노대 안은 전노협 조직발전 전망(안)과는 전혀 다르다. 전노협의 기존 안은 김영대 안이 제안하고 있는 '전노대 방식의 조직형태에 대해서는 부정적'이다.

> …… 중요한 점은 조직형식에 중점을 두기보다는 ILO공대위 사업이나 기타 다른 여러 사업을 통해 민주노조 총단결의 내부적 조건을 강화해 내는 것이며, 조직적 틀은 이를 바탕으로 한 내용에 걸맞게 검토해 나가야 한다는 것이다(이 점이 전제되지 않고 가령 업종회의와의 회의체 구성 제안 등은 다소 성급한 것이다). 다시 말하면 양자의 내부준비(전노협은 지노협 강화와 업종분과사업, 업종 노조회의의 조직강화 등)와 민주노조 총단결운동의 성과를 축적시켜 내면서, 전국과 지역 차원에서 노동자의 자주적 단결권에 기초한 아래로부터의 자주적 민주적 산업별 노조 건설운동을 전개해 내야 한다는 점을 다시 강조한다(「전노협의 확대강화와 민주노조 총단결의 발전을 위한 사업계획」, 668-9. 강조는 필자).

민주노조 총단결 조직에 대한 전노협의 이러한 견해는 업종회의도 동의하는 내용이다. 업종회의가 전노대 안을 부정하고 대책위 안을 주장한 핵심적인 이유는 "민주노조 총단결 과제에 동의하나 성급하게 조직발전 전망을 갖는 것은 올바르지 않다. 전노대로 할 경우 조합원의 결의를 모아야 하는 점과 탄압의 빌미를 줄 수 있다는 점에서 대책위로 하는 것이 바람직하다"(『산별 노조운동 관련 자료모음(5)』, 54)는 것이다. 전노대 안을 부정하는 이유는 다르지만 너무 성급하게 조직형식주의에 빠지지 말자고 주장하는 점에서는 전노협이나 업종회의나 동일하다. 그런데 이처럼 양대 조직의 공식적인 입장이 전노대 안에 대해 부정적이었음에도 불구하고 전노대 안이 끝까지 주장되고 우여곡절을 거친 끝에 관철된 이유는 무엇일까?

▋ 대우자동차노조 등 대공장 노조의 역할

전노대 안이 관철되는 데 큰 역할을 한 것은 '전노협 중심성을 부정'하는 민주노조 총단결론 지지 세력들과 대우자동차노조를 비롯한 대공장 노조들이었다. 특히 대우자동차노조 김종렬 위원장은 전노대 안을 강력하게 주장했다.

> 사업을 중심으로 한시적 공투체를 만들 때 공동사업 과제가 없어지면 조직이 해체되는 것은 필연적이다. 중간 노조를 포괄할 수 있다면 '대표자회의'가 부담 없이 참여할 수 있다. 민주노조라하면 머리띠 싸움이 아니다. 중간 노조를 광범위하게 끌어들여 힘을 결집시켜야만 자본과 정권의 탄압을 돌파할 수 있다. 민주노조 총단결의 전망을 갖는 데 있어 대공장의 역할과 기여도가 클 수 있다(『산별노조운동 관련 자료모음(5)』, 54. 강조는 필자).

그런데 이러한 김종렬 위원장의 주장은 당시 인천지역 노동운동과 대공장 노조에 많은 영향력을 미치고 있던 "한국노동운동연구소" 지도위원 이목희의 주장과 거의 일치한다.[20]

> 특별한 정치적 사안이 아닌 한 노동조합과 노동운동단체의 직접적 결합은 불필요하며 …… ILO공대위를 통한 사업과 투쟁이 민주노조 총단결 나아가서 민주노총의 전망으로 연결될 수 없다 …… 조직전망이 분명하지 않은 곳에서 사업과 투쟁이 적극적으로 수행되기 어렵다 …… ILO공대위로서는 민주노조 총단결의 핵심인 대규모 전략사업

....

20 당시 대공장 노조에 상당한 영향력을 가지고 있던 이목희는 윤성근(현대자동차노조 위원장)과 김종렬(대우자동차노조 위원장)을 만나서 전노대를 만들 것을 강력하게 요구했다고 증언하고 있다(이목희 면담, 2006).

장 노조를 포괄해 낼 수 없으며, 기타 유의미한 중간 노조의 참여 역시 이루어 낼 수 없다 …… 민주노조운동의 새로운 주체, 전노협, 업종회의, 주요 대규모 전략사업장의 민주노조 및 기타 유의미한 중간 노조 등을 망라하는 민주노조의 상설협의체, '전국(민주)노동조합(대표자)회의' 형성을 시도하고 현실화해야 한다 …… 93년 임투의 성과를 모아 '대표자회의'를 확대 강화해 나간다. '대표자회의'의 양적 질적 확대 강화의 수준, 노동조합법 제3조5호의 철폐 등의 조건을 종합 판단하여 93년 하반기에는 민주노총을 향한 획기적 전진을 이룩할 수 있을 것이다(이목희 1992).

이목희 또한 ILO공대위와 같은 한시적 공투체를 넘어서서 중간 노조까지도 망라할 수 있는 광범위한 민주노총을 전망하는 과도기적 조직으로서, 상설협의체 성격의 '전국(민주)노동조합(대표자)회의'를 주장하고 있는 것이다. 이는 서노협 의장 김영대가 주장한 민주노조 총단결론과 거의 비슷하다. 그리고 "인천지역노동조합협의회"(이하 인노협) 의장 최동식 또한 같은 의견을 표명하고 있다(「중간 노조까지 포괄하는 민노총단결을 이루고 단체와의 관계를 재정립해야 한다」[21]). 모두 머리띠를 매고 투쟁하는 민주노조에 대한 강조보다는 부담 없는 중간 노조의 참여와 부담스러운 노동운동단체 배제를 강조하고 있다는 점에서 공통적이다.

> 최동식은 이목희 그쪽의 영향을 받았고 그때 전노대 만들기 전에 우리 좌담회도 같이 하고 그랬었어요. 그때 노동조합 중심으로 가야 된다 …… (필자 : 그때 민주노조 총연합론 제안하지 않았었어요?) 예 그랬었죠. 그때 연구소 있었잖아요? 노동연구소. 나도 오라 그래서 가서 좌담회도 하고 그랬어요. 그랬을 때 굉장히 그런 걸 강조했죠. 나는 인천 쪽을 잘 모르니까. 그 사람이 인천 쪽 영향력을 갖고 있었으니까 …… 단체 배제하고 가야 된다 …… 최동식 이런 쪽 다 그런 영향을 받아서 …… (필자 : 전노대 안은 어디서 내놓은 겁니까? 대우자동차 김종렬 위원장?) 예! 맞아요! 매우 적극적으로 했었죠. 그때 노동 연구소 좌담회 가서 토론해 보면 이목희가 소장인가 지도위원인가 그랬지 아마. 나도 막 설득하고 그랬어요. 그땐 나도 같이 자주 만나고 그랬으니까 …… 단체 배제하고

---

21 『산별 노조운동 관련자료 모음(5)』, 53면.

가야된다, 굉장히 강조 많이 하고. 나도 그때는 업종회의 입장을 반영하고 그러니까 거기에 동의한 거죠. 그래서 전노대로 가는 걸로 …… 지금 생각해 보니 그러내요. 김종렬 열심히 결합했고 …… (필자 : 최고 열심히 했던 것 같아요, 대노협도 식물상태에 있다가 갑자기 복구했고) …… 예! 맞아요 (허영구 면담, 2005).
논리가 좋고 많은 토론을 해도 조합원을 움직일 수 없다면 소용없다 …… 지난 과정의 투쟁에서 노조위원장이 느끼는 고민이 무엇이었는가? 원칙과 논리는 다 알고 있지만 노동단체까지 포함하는 회의체를 가짐으로써 현장에 돌아가면 잘 집행되지 않는 문제 가 있었다 …… 현재 민노총단결을 위해서는 민주노조를 지향하는 노조가 총단결해야 하며 단체는 노조위원장이 현장에 매몰되지 않도록 확대된 전망으로 교육 등을 통해 각성시키며, 지도하는 것으로 노조와 단체가 사업에 있어 각각이 분화해 나가는 것이 바람직하다 (김종렬 대우자동차노조 위원장 발언 요지. 『산별노조운동 관련 자료모음(5)』, 52).

이렇게 본다면 대우자동차노조 김종렬 위원장이 전노대 안을 조직위원회 수련회에서 강력하게 제기하고, 전노협, 업종회의, 대공장들의 같은 입장들 이 적극 동조하여 하나의 세력을 형성하면서 전노대 방향으로 몰아간 것으로 볼 수 있다. 소속 조직의 공식적 입장을 따르기보다는 동일한 입장을 가진 조 직들끼리 하나의 세를 형성하여 입장을 관철해 가는 이러한 은밀한 분파적 개입은 이후 전노협 위원장 선거와 전노대, 민주노총 준비위원회 활동에서 더욱 노골적으로 드러나게 된다.

대우자동차노조 김종렬 위원장은 전노대를 적극적으로 추진하기 위해 1991년 1월 이후 활동정지 상태에 있던 "대우그룹노동조합협의회"(이하 대노 협)를 2년 만에 재건하기 시작한다. 사실 대노협은 현총련과는 달리 다양한 업종이 지역적으로 광범위하게 분산되어 있어서 그 존재의 필요성과 역할이 의심되는 조직이었다. 그리고 그동안 아무런 활동도 없었기 때문에 규모가 크다는 이유만으로 바로 전국조직에 참가할 자격이 되는지도 의문이었다. 그 럼에도 불구하고 김종렬 위원장은 1993년 3월 30일 "대노협 활성화를 위한 대노협 운영위원회"를 2년 만에 열고, 4월 17일 "대우그룹노동조합협의회 대 의원대회"를 열어 대노협을 급조한다.[22] 3월 19일 전노대 안을 결정한 후 꼭

한 달 만에 대노협을 만든 것이다. 이렇게 급조된 대노협은 4월 22일 위임위원회에 참석하여 전노대 안을 통과시키는 데 큰 역할을 한다. 그것도 당당하게 '대노협' 이름으로 서명까지 하면서. 그러나 이처럼 전노대를 만드는 데 큰 역할을 했던 대노협은 전노대가 만들어지고 난 후에는 공동대표회의에도 참석하지 못할 정도로 활동은 극히 부진했다(『전노협 백서』 6권, 165). 이런 점에서 대우자동차노조 김종렬 위원장이 보름 만에 대노협을 급조한 것은 전노대를 성사시키기 위한 것이라는 점은 부인할 수 없을 것이다. 이처럼 노동운동의 기풍은 전노대를 만드는 과정에서부터 무너져 가기 시작했다.

소결

전노대 결성 과정은 일반적인 조직 건설 원칙에 따르지 않고 매우 음모적이고 파행적인 방식으로 진행되었다. 전노대를 추진하는 부분에서 사전에 치밀하게 준비하여 공동 보조를 취하면서 강력하게 밀어붙였기 때문이었다. 민주노조운동의 조직 재편을 둘러싼 치열한 노선투쟁의 서막이 시작되었던 것이다. 노선투쟁은 크게 보면 '전노협이 주도하여 민주노조 총단결을 이루어 나가고, 동시에 전노협을 확대·강화하여 산별 노조를 먼저 건설한 후 민주노총으로 나가자'는 입장과 '이제 전노협 가지고는 안 되기 때문에 전노협, 업종회의, 대공장 노조, 중간 노조 등을 총결집하여 민주노총을 먼저 만들고, 그

---

22 1993년 3월 19~20일 열린 "제2차 조직위원회 대표자 수련회"에서 전노대 안으로 결정될 때 공동대표는 단병호, 권영길, 김동섭으로 결정되었다. 그리고 4월 9일에 열린 전노협 대표자회의 때, 노동절대회를 전노협, 업종회의, 현총련의 3자 합의에 기초한 공동사업 추진체 명의로 개최할 것을 고려한 점을 보면, 처음에는 대노협을 전노대 참가 조직으로 생각하지 않았던 것으로 보인다.

후에 산별 노조[23]로 재편해 나가자'는 입장으로 나눌 수 있다. 소위 '전노협 강화론'과 '전노협 한계론'의 대립이다.

전노협의 주도성이나 중심성을 부정하는 입장에서는 노동운동단체가 참가하는 공투체로는 조직 재편을 하여 바로 민주노총으로 갈 수 없기 때문에 노동운동단체가 빠진 노동조합들만의 조직으로서 전노대를 주장하게 된다. 반면에 전노협이 중심이 되어 산별 노조를 만들어 나가야 한다고 보는 입장에서는 자본과 정권의 탄압과 방해를 물리치고 산별 노조를 만들어 나가려면 상당한 조직·투쟁 역량이 준비되어야 하는데, 바로 이러한 역량을 민주노조 총단결 운동을 통해 축적해 나가면서 산별 노조를 건설해 나가야 한다고 주장하게 된다. 이런 점에서 보면 민주노조 총단결 운동에 노동운동단체가 참가하는 것은 전노협의 전투성과 변혁지향성을 강화할 뿐만 아니라, 신규 노조 건설, 어용노조 민주화를 통한 조직 확대에도 상당한 역할을 하고 있다는 점에서 필수적으로 요구되는 것이었다.

그러나 이러한 원칙에도 불구하고 현실에서는 노동운동단체가 배제되었다. 전노협 확대·강화론 입장에서는 이런 점을 인식했는지 모르지만 노동운동단체가 배제되는 것에 대해 크게 반대하지 않았다. 이러한 결정은 이후 전노협 확대·강화론의 입장에서는 결정적인 패착이 된다.[24] 산별 노조는 노동조합들만이 만드는 것이 아니다. 외국의 사례를 보더라도 변혁적 이념을 가진 모든 활동가들과 선진적인 노동자들이 총결집되면서 산별 노조의 추진력

---

23 그러나 전노협 한계론이 주장하는 산별 노조는 계급적 대중조직으로서의 산별 노조가 아니라 기업별 노조들의 산업별 단일 체계에 지나지 않는다. 그렇기 때문에 '조직 건설'이 아니라 '조직 재편'이라고 부르는 것이다.

24 전노협 강화론은 산별 노조 건설 문제를 놓고 1안과 2안 사이에 입장 차이가 분명해지자, 뒤늦게 "노동조합만이 아니라 모든 노동진영이 총동원되어 민주노총을 만들어 가야 우리나라의 노동운동을 올바르게 세울 수 있다"라고 주장한다(단병호 발언, 『연대와 실천』 1994년 창간호, 48-9).

을 만들어 내었지 노동조합들만의 힘으로 산별 노조를 건설했던 것은 아니기 때문이다. 예를 들면 미국의 경우 산별 노조인 산별조직회의CIO가 만들어진 것은 미국현대사에서 계급투쟁이 최고조에 달했던 1933~37년에 걸쳐 전국적으로 일어났던 대파업 투쟁 과정에서였다. 그런데 이러한 대파업 투쟁을 주도하고 지도했던 세력들은 공식적인 노조 조직인 미국노동조합총연맹AFL이 아니라 이들과 완전히 독립되어 있던 현장조직인 산업별 공장위원회와 민주파 지부조합, 그리고 '공장의 핵'으로 심어 놓은 혁명적 기간요원들인 공산당의 공장세포들, 노동조합통일연맹 소속의 적색노조 그룹, 공산당의 언어동맹 및 문화단체, 구사회당 소속 노동조합원들, 트로츠키파, 세계산업노동자연맹원들, 미국노동자당 당원들, 급진적인 신생디칼리즘적 직능조합의 고숙련 노동자들, 이민 노동자 2세인 반숙련 노동자들의 전략적 그룹들과 이들과 연계되어 있던 비공식적인 작업장 그룹들, 민족별 연계 조직망 등이었다(마이크 데이비스 1994, 74-92). 특히 기업별 노조가 중심인 우리나라와 같은 상황에서는 기업별 조합주의를 철저히 비판하고 극복하는 과정 없이는 산별 노조 건설은 불가능하다. 이런 점에서 노동조합과 노동운동단체를 분리시키는 관점은 기업별 조합주의를 더욱 강화할 우려가 있는 결정이었다. 노동조합들만의 조직에서 그것도 기업별 노동조합들만의 조직에서 전노협이 추구하는 산별 노조의 질적 내용은 담보될 수 없었고 이 때문에 결국 전노협 강화가 아니라 전노대 강화로 중심이 이동되지 않을 수 없었던 것이다. 이런 점에서 전노협 강화론의 패배는 이미 예정된 것이었다.

그런데 여기서 한 가지 짚고 넘어가야 할 것은 전노대 결성을 둘러싸고 벌어진 대립·갈등은 궁극적으로는 전노협 강화론과 전노협 한계론의 대립이 아니었다는 사실이다. 사실상 그것은 전노협 한계론 내에서의 갈등이었다. 물론 일반적으로 '전노대를 주장하는 것은 전노협 한계론'이고, '전노대를 반대한 것은 전노협 강화론'으로 알려져 있다. 민주노조 총단결론을 주장했던 김영대도 그렇게 분석하고 있다.

> 전자(전노협 강화론)는 전노대를 만든다면 내실을 갖추지 못하는 조직의 형태로 투쟁성과 변혁성을 담보할 수 없으므로 전노협의 질적 저하를 가져온다는 견해가 내면에 깔려 있었으며, 후자(전노협 한계론)는 전노대를 만드는 것은 민주노조운동의 총단결 조직 건설로 나아가는 정상적인 조직발전 과정일 뿐만 아니라, 정권의 교체와 정권의 성격 변화 등 변화된 정세에 대응하여 종합적인 대책 수립과 강화된 총노동전선을 쳐낼 필요성을 내세웠다(김영대 1994b, 142).

그러나 이는 사실과 다르다. 앞에서도 분석했던 바와 같이 전노협은 전노대를 반대하지 않았다. 전노협 강화론이든 전노협 한계론이든 적극적으로 반대하지 않았다. 오히려 긍정적으로 평가했다. 격렬하게 반대했던 부분은 전노협 한계론 쪽 입장에 있던 업종회의 소속 일부 연맹들 — 병원노련과 사무금융노련 — 이었다. 즉, 전노협 한계론 내에서의 대립이었다. 전노협 한계론 내에서 정치 정세와 전노협에 대한 판단 차이 때문에 생긴 것이었다. 전노대를 반대했던 부분들이 주요하게 우려한 것은 지금 전노대와 같은 조직을 만들면 탄압이나 불이익을 받지 않을까 하는 것이었다. 그리고 지금의 업종회의 역량으로는 전노협의 전투적 노선에 끌려 다니면서 피해를 보지 않을까라는 우려 때문이었다. 그러나 이러한 우려가 전노대를 결성한 지 몇 달이 지나지 않아 기우라는 사실이 밝혀지면서 오히려 업종회의는 전노협과는 달리 적극적으로 나서기 시작한다. 전노협 내에서 전노협 강화론과 전노협 한계론이 대립하면서 업종회의가 전노협에 끌려 다니는 것이 아니라 오히려 전체 판을 주도할 수 있겠다고 생각했기 때문이다.

아무튼 전노협 한계론의 입장에서 제출된 전노대 안은 전노협 한계론 내에서의 반발을 무마하면서 그대로 관철된다. 그러나 전노대 안에 대해 전노협 강화론의 입장에서도 크게 반대하지 않았다. 그것은 더욱 확대된 전노대를 통해 전노협을 확대·강화할 수 있을 것이라고 생각했기 때문이다. 즉, 자기들이 주도권을 쥘 수 있다고 생각했기 때문이다. 결국 전노협 강화론과 진노협 한계론은 동상이몽이었던 것이다. 이러한 동상이몽은 이후 1993년 10월 15일 개최된 "전노협 제35차 중앙위원회"에서 전노협 강화론이 패배할 때까지 내부적으로 치열한 투쟁이 벌어지는 원인이 된다. 전노협 강화론이 패배하고 전노협 한계론이 승리하게 되자 합의문까지 써가면서 그렇게 강조했던 "전노대는 상급 조직이 아니다"라는 문구는 휴지조각이 되어 버린다. 전노대는 단순히 공동사업 추진체로 머무른 것이 아니라 상급 조직이 되어 버린 것이다.[25]

3. 전노협 제35차 중앙위원회(1993년 10월 15일)

전개 과정

1993년 2월 16일 중앙위원회에 제출된 김영대의 "전노협 조직발전(안)"에 대한 수정 요구는 "전노협 제2차 대표자회의"(1993년 5월 6~7일)에서 토론한 결과, 전노협 확대·강화와 민주노조 총단결의 중요성에 동의하면서 "전노협 제33차 중앙위원회"에 재심을 요청하는 것으로 결정된다. 토론 주제 "전노협 확대·강화를 어떻게 볼 것인가?"에 대한 의견 요지는 다음과 같다.

....

25 전노협 강화론을 주장했던 사람들은 이렇게 전노대가 상급 조직이 될 것이라는 것을 정말 몰랐을까? 정말 모르고 서명했을까? 반면에 전노협 한계론을 주장했던 사람들은 문서로 아무리 상급 조직이 아니라고 서명을 했어도 곧 상급 조직이 될 것이라고 생각했던 것은 아닐까?

① 문성현 부위원장이 발제한 '전노협 조직발전(안)'의 요지는 "민주노조 총단결을 이루기 위해서는 전노협의 확대·강화가 전제되어야 한다. 현재 정도의 수준에서는 민주노조의 총단결 조직으로서 필요한 질적 내용을 제대로 담보하지 못하기 때문에 공동사업 추진체로서의 전체적 틀은 유지하고 강화하되, 내용을 실질적으로 강화하기 위한 사업, 즉 전노협 자체의 확대·강화 사업과 주요 대공장 노조와의 결합력을 높이기 위한 업종 분과 사업을 주요사업으로 배치해야 하는 것이다. 이러한 방안만이 전노협의 역사성, 변혁성을 공동사업 추진체에서 관철시켜 내면서도 기업별 노조의 한계를 극복할 수 있는 방안이다.

② 김영대 사무총장이 발제한 '전노협 조직발전(안)에 대한 이견' 요지는 "전노협으로의 가입을 통한 확대·강화는 현실적으로 많은 어려움을 가지고 있다. 정부와 자본의 이데올로기 공세와 탄압에 대한 전노협의 적절한 대응력이 부재하였고, 폭넓은 대중사업을 전개하지 못함으로써 전노협의 역량은 취약해질 수밖에 없었다. 그럼에도 전노협의 강화는 중요한데 그것은 전노협의 정통성을 민주노조 총단결 속에 내용적으로 관철시키는 것이다. 일각에서 민주노조 총단결이 그간의 전노협의 정통성과 투쟁성을 약화시킨다고 주장하지만, 오히려 광범위한 대중과 결합될 때만이 높은 수준의 요구투쟁을 전개해 나갈 수 있고, 그 요구의 실현 가능성도 높아질 것이다. 따라서 전노협은 지난 4월 22일 구성을 합의한 '전국노조대표자회의'에 대해 중요한 의미를 부여함으로써, 전노협의 조직 강화와 발전을 위해 추진하고 있는 업종 분과 사업과 함께 또 하나의 주요한 사업임을 확인해야 할 것이다(「제2차 전노협 대표자회의(1993년 5월 6일)」).

두 의견 모두 외형상으로는 '전노협 확대·강화'와 '전노대 강화'를 주장하고 있는 것처럼 보이지만 어디에 중점을 두느냐 하는 점에서 차이가 있다. 전자는 전노협이 먼저 확대·강화되어야 전노대를 강화할 수 있다고 보는 반면, 후자는 전노대를 먼저 강화시켜야 전노협도 확대·강화될 수 있다고 보는 점에서 전혀 다르다. 실천면에서도, 제한된 역량과 사업의 중점을 전노협을 확대·강화하는 데 우선적으로 배치할 것인가, 아니면 전노대를 강화하는 데 우선 배치할 것인가라는 차이가 있다. 이 논의는 1993년 5월 14일에 개최된 "전노협 제33차 중앙위원회"에서 다음과 같이 결정된다.

전노협 확대·강화나 민주노조 총단결만을 강조하는 것이 아닌 전노협의 확대강화와 민주노조 총단결 사업이 주요하게 전노협 조직발전을 위한 사업으로 배치되어야 함을 다시 한번 확인하고, 현재 진행되고 있는 전국노조대표자회의 사업 등 민주노조 총단결 사업을 전노협이 책임 있게 전개한다는 기조로 민주노조 총단결에 대한 구체적 사업계획을 기존 전노협 조직발전전망(안)에 보완한다(『전노협 백서』 6권, 415. 강조는 필자).

"전노협 제33차 중앙위원회"는 전노협 강화 사업과 전노대 강화 사업을 동시에 진행하되 그 사업들이 '궁극적으로는 전노협 조직을 발전'시키는 방향으로 수행되어야 한다고 결정했다. 즉, 전노협 강화론을 재확인하고 그 기조에서 민주노조 총단결에 대한 구체적인 사업계획을 기존 조직발전(안)에 보완하기로 결정한 것이다.

이러한 기조는 "전노협 제34차 중앙위원회"(1993년 7월 23일)에서도 계속된다. 하반기 노동법개정 투쟁을 위해 전노대 집행 체계를 강화하자는 전노협 대표자회의의 제안에 대해 중앙위원회에서는 전노대 산하에 운영위원회를 설치하는 것도 노동법개정 투쟁본부를 두는 것도 모두 부결시킨다. 대신에 다음과 같이 결정한다.

논의 결과 지역의 참여와 의견 수렴을 높이고, 업종회의와 현총련이 결합하여 노개투를 수행하기 위해서는, 전국노조대표자회의 구조로 하반기 노개투를 집행하기 위해, 미참가 지역을 포함한 지역대표의 참여를 높이고, 전노대 회의를 자주 개최하도록 한다. 그리고 제출된 노개투 계획이 전노대 차원에서 집행하기 어려울 경우 전노협 차원에서 반드시 집행할 것을 결정한다(『전노협 백서』 6권, 417).

전노대 소속 노조들의 조직력이 취약한 상태에서 전노대 집행 체계를 강화하게 되면, 사실상 소속 지역이나 사업장들이 참여하고 의견을 반영시킬 수 있는 기회가 줄어들기 때문에, 가능한 모든 지역과 업종연맹들이 참여할 수 있게 대표자회의 구조로 가져가자는 취지였다. 이러한 결정은 아직까지 중앙위원회가 전노협 강화론의 기조를 유지하고 있다는 것을 의미한다. 전노대 집행 체계를 강화하게 되면 전노협의 사업 기조가 반영되기보다는 하향 평준화될 가능성이 크다고 본 것이다. 그동안 김영삼 정권에 대한 전노대 지도부의 태도를 볼 때 투쟁보다는 타협이나 합법적 행사 중심으로 흐를 수 있다고 본 것이다. 그래서 지역이나 사업장 대표들이 직접 참가하는 대표자회의 구조 속에서 전노협 주도하에 노동법개정 투쟁을 벌여 나가지 않으면 투쟁이 제대로 되지 않을 것이라고 보는 것이다. 그럼에도 불구하고 전노대 차원에서 받아들이기 어려울 경우에는 전노협 단독으로라도 반드시 집행하겠다고 결정한 것이다.

그러나 전노대가 현총련 투쟁 지원, 금융실명제, 경제개혁, 전국단위노조 대표자 수련대회, 노동법개정 투쟁 등 거의 모든 당면 사업들을 '전노대' 이름으로 수행하면서 전노협의 지위는 상대적으로 약화되기 시작한다. 전노대가 단순한 공동사업 추진체가 아니라 민주노조운동의 투쟁 구심, 조직적 구심으로 떠오르기 시작한 것이다. 이는 전노대가 출발할 때부터 이미 예상된 것이었지만 너무 빨리 찾아온 것이었다. 이런 상황에서 추상적으로 전노협 강화냐 전노대 강화냐라고 하는 것은 실천적으로 아무런 의미가 없는 것이었다. 더구나 이미 전노협 내부에서는 실천해야 할 사업들이 전혀 이루어지지 않고 있었고, 당면한 사업의 운영에 있어서도 심각한 대립 양상을 보이고 있었다.[26] 김영삼 정권을 바라보는 시각, 현총련 투쟁에 대한 대응, 임금인상 투쟁 평가, 전국노동자대회 기조 등등 모든 면에서 대립하고 있었던 것이다. 이제 더는 전노협 내에서 전노대에 대한 입장을 정리하지 않으면 전노협 자체가 아무런 사업을 할 수 없는 상황이 된 것이다. 이런 상황에서 "전노협 제4기 3차(35차) 중앙위원회"가 열렸고, 여기서 전노협은 기존의 전노협 조직발전 안

----

[26] "전노협 제4기 3차(35차) 중앙위원회"에 제출된 '단병호 위원장 메시지'(「민주노조 발전 전망과 당면한 사업에 대하여」).

을 전면 수정하는 결정을 내리게 된다. 전노협은 전노협 확대·강화론에서 김영대가 주장하는 민주노조 총단결론으로 완전히 방향 전환하게 된 것이다. 결국 전노협 강화론은 패배하고 전노협 한계론이 승리하게 되었던 것이다.

결정사항 요약

…… 전국중앙조직 건설은 민주노조운동이 처해 있는 구체적인 조건과 역량을 토대로 끊임없는 실천을 통해 추진될 수밖에 없으며, 따라서 현 단계 민주노조 진영의 결집체인 전국노동조합대표자회의를 어떻게 변화 발전시킬 것인가에서 출발할 수밖에 없다. …… 현 단계에서 기업별 노조를 곧바로 산업별 노조로 재편하는 것은 불가능하고 비현실적이며, 산업별 노조 건설의 전 단계로 기업별 단위노조의 산업(업종)별 연맹(협의회) 건설을 추진하는 것이 현실적이다. …… 전노협은 조선과 자동차연맹(협의회) 건설을 최우선적으로 추진해야 한다. 그것은 조선과 자동차 산업에서 주도적 위치를 점하고 있는 노동조합을 전노대가 다수 포괄하고 있기 때문이며, 조선과 자동차 산업의 업종별 동질성이 매우 강하기 때문이다. …… 제조업 내에서 일정 수의 산업별(업종별) 연맹이 결성되고 노동조합법 제3조 5호가 폐지되면, 업종회의 산하 비제조업 업종별 연맹의 노총체계로부터의 이탈을 추동하면서, 전국노동조합대표자회의를 산업별(업종별) 연맹을 주축으로 지역별, 그룹별 조직을 보조축으로 하는 전국중앙조직으로 재편하기 위한 작업에 착수하여야 한다. 전국중앙조직 건설을 전후해서는 산업별 연맹 소속 단위노조의 지역조직 가입을 의무화해야 하며, 전국중앙조직 건설이 완료되면 전노협과 업종회의는 발전적으로 해소해야 한다. …… (「민주노조 총단결과 산업별 연합단체 건설을 위하여」).

역사적 의미

우선 "전노협 제35차 중앙위원회" 결정이 갖는 의미에 대해 이 안을 기초했던 김영대의 평가를 보자.

이 결의안은 매우 중요한 의미를 내포하고 있다. 그 첫 번째는 그간 일부에 존재해 왔던 전노대를 모체로 민주노조 총단결 조직의 건설 경로가 아닌 별도의 경로를 설정하는 것은 비현실적인 것이라는 점. 둘째 연맹건설에 있어 업종별 동질성을 바탕으로 산업별이 아닌 업종별 조직 사업을 추진하기로 한 점과 산업별 연맹과 산별 노조를 조직 형태상 및 조직발전 단계상으로 명확히 구별하고 있다는 점. 셋째는 제조업 노동조합들이 산별 연맹으로 전면, 완전 재편되지 않은 상태에서도 '제조업 내에서 일정 수의 산업별(업종별) 연맹이 결성'되면 민주노조 총단결 중앙조직을 건설하는 것으로 되어 있다는 점 등이다(김영대 1994b, 142-3).

"전노협 제35차 중앙위원회" 결정에서 가장 중요한 점은 '전노대를 단순한 공동사업 추진체가 아니라 상급 조직으로 인정하고 있다'는 점이다. "전국 중앙조직 건설은 …… 현 단계 민주노조 진영의 결집체인 전국노동조합대표자회의를 어떻게 변화 발전시킬 것인가에서 출발할 수밖에 없다"는 것은 바로 이를 뜻한다. 전노대를 상급 조직으로 인정한다는 것은 전노대를 민주노조운동의 투쟁과 조직의 구심으로 인정한다는 말이 된다. 따라서 이 말은 '전노협이 민주노조운동의 구심으로서의 지위와 역할을 포기한다'는 의미로 해석할 수 있다. 그래서 '전노협의 확대·강화를 통해서 산별 노조를 만들고 민주노총을 만들어 간다'는 기존의 노선은 완전히 폐기될 수밖에 없는 것이다. '기업별 노조를 곧바로 산별 노조로 만들어 가는 것은 불가능하고 비현실적이다'는 것은 바로 이러한 전노협 노선의 완전한 폐기를 의미하는 것이다. 이 점에 대해서는 전노협 확대·강화를 주장했던 단병호 위원장도 "전노협 제35차 중앙위원회"를 앞두고 발표한 메시지에서 같은 입장을 표명하고 있다.

우리의 최종 목표는 천만 노동자계급의 단일한 대오인 산별 노조에 기초한 전국 중앙 조직 건설입니다. 그러나 이것은 우리의 지난한 투쟁과 장기적인 실천의 성과물로 최종적으로 획득될 수 있는 이상적인 조직입니다. …… 따라서 우리의 현실적인 목표로 …… 현재의 전노대가 발전된 모습, 즉 산업 및 업종별 연맹 또는 협의회를 토대로 한 민주노조 진영의 전국적 연합조직입니다. 이는 사실상 제2의 노총입니다. …… (이것은) 여전히 기업별 노조에 근거한 것일 수밖에 없습니다(『전진하는 노동자』 1993, 30).

　김영대가 주장하는 내용과 동일하다. 다만 차이가 있다면 "현재의 조건에서 전노대의 역할을 과도하게 설정하면 안 된다"는 것이다. "실천 부분은 각급 조직에 대폭 위임하고 향후 건설할 중앙조직의 이념과 노선, 정책 등을 준비해 나가는 정도로 전노대의 역할을 제한해야 한다"는 것이다. "제조업 진영이 산업별 연맹으로 재편될 때까지 과도기적으로 전국조직의 센타 역할을 담당하면 된다"는 것이다(『전진하는 노동자』 1993, 31).

　이런 점에서 전노협 강화론은 전노협 한계론과의 노선투쟁에서 일찍부터 패배했다고 볼 수 있다. 이제부터는 전노협 강화론조차도 전노협 자체를 확대·강화해 나가는 방식이 아니라, 전노협이 추구하는 정신과 내용을 '어떻게 전노대 속에 반영시켜 나갈 것인가' 하는 방식으로 바뀌게 되었다.

　　그런 양대 의견들은 전노협 해산되기까지 내부에 있었는데 사실상 그게 팽팽하게 간 거는 93년 말까지라고 보여지고 …… 93년 말이 지나면서(부터는) 대체적으로 전노협 중심으로 모으기는 어렵다. 그렇다면 빨리 새로운 조직으로 전환을 시키자. 대신 전노협 사업의 기풍이라든가 내용을 어떻게 반영시킬 것인가. 94년 이후부터는 고민이 그쪽으로 이동을 하는 거죠. 93년도까지는 그 부분이 팽팽하게 있었던 거 같아요. 그 무렵까지는 조직 내에 긴장이 있었어요(단병호 면담, 2006).

　그래서 전노협은 이후 전노협의 확대·강화가 아닌 제조업을 중심으로 하는 산업·업종별 분화 사업에 집중하게 된다. 그런데 이에 있어서 중앙위원회 결정은 김영대의 평가와는 달리 분명하지 않다. 김영대는 산업별이 아닌 업종별로 조직하는 것을 분명히 했다지만 산업과 업종이 병기되어 있는 것을 보면 확실하게 구분된 것은 아니다. 이런 점에서 이후 금속산업노조 재편 문제와 관련하여 산업별·업종별 조직 간 대립의 불씨는 남아 있었다고 볼 수 있다.

평가 분석

"전노협 제35차 중앙위원회" 결정에 대해 대의원대회에서 문제 제기가 이루어진다. 경기노련 대의원은 "조직발전 논의가 1992년부터 진행되었음에도 하부에서의 토의 과정이 전혀 없었다. …… 중앙에서는 1년 내내 두 가지 의견이 대립하여 왔음에도 하부에 알리지 않고, 중앙에서 두 의견을 일방적으로 절충해 하부에 따르라는 식으로 사업한 것은 명확히 평가되어야 한다"(「전노협 5차 정기대의원대회 결과보고」)고 비판한다. 당연한 문제 제기로 보인다. 전노협의 위상과 사업 기조를 전면적으로 폐기하는 이러한 내용들이 조합원들에게 알려지지도 않고, 중앙위원들 선에서 결정되어 버렸다는 것은 이후 전노협의 진로와 관련하여 심각한 문제를 발생시킨다. 이러한 사업 작풍은 1994년 조직발전 논의 때 1안(전노협 강화론)과 2안(전노협 한계론)이 중앙위원회에서 절충적으로 결정되는 과정에서도 마찬가지로 반복되고 있다. 전노협의 진로가 걸린 이러한 중요한 사항은 최소한 대의원대회를 열어서 의견을 모아 내어 하나의 방향으로 사업을 집행해야 하는데, 중앙위원회에서만 논의하고 적당하게 타협하여 결정하는 식으로 끝내 버리고 있는 것이다.

그리고 "전노협 제35차 중앙위원회" 결정은 전노협 조직발전 안의 기조를 유지·보완하기로 한 "전노협 제33차 중앙위원회" 결정사항을 완전히 무시하고 있다. "전노협 제33차 중앙위원회" 결정은 분명하게 '전노협 확대·강화와 민주노조 총단결 사업이 주요하게 전노협 조직발전을 위한 사업으로 배치되어야 한다'라고 규정하고 있다. 그런데도 "전노협 제35차 중앙위원회" 결정사항 어디에도 '전노협 확대·강화'라는 문구는 보이지 않는다.

이처럼 결정된 내용들이 지켜지지도 않고 몇 달 동안 수시로 번복되는 현상은 중앙위원회만 아니라 전노협 사업 전반으로까지 나타났다. 이는 1993년 전국노동자대회에서 노골적으로 나타났는데 '대회 후 국회 앞 농성투쟁을 전노대가 못 하면 전노협만이라도 반드시 실시한다'라고 결정해 놓고도 당일 날 임의적으로 취소해 버렸다. 심지어는 임금인상 투쟁 평가와 관련하여 지적된 사항들이 전혀 수정·보완되지 않고 그대로 중앙위원회에 제출됨으로써 임금 인상 투쟁 평가서 자체가 부결되는 상황까지 나타났다(「제35차 전노협 중앙위원회 회의록」).

그러나 이러한 전노협 상층 지도부의 관료적이고 무책임한 행동과는 달리 일반 노동자 대중과 전노협 조합원들의 분위기는 전반적으로 고조되고 있었다. 1992년 노동자 의식 조사 결과에 의하면 전노협에 대해 긍정적인 의견이 93%나 된다(『전국노동자신문』 68호, 1, 3). 특히 1천 명 이상의 대기업 노동자들이 전노협에 대해 가장 긍정적으로 바라보고 있었다. 산별 노조에 대한 지향도 73%가 넘었다. 1993년도에도 전노협에 대한 긍정적인 의견이 90%를 넘고 있다(『전국노동자신문』 98호, 4). 전노협 미가입 노조나 지역에서 전노협 중앙위원회나 대표자회의에 참관하는 조직들이 늘어나고 있다. 1993년에만 서울, 부천, 경기남부, 전북, 성남, 마창, 부산 등 7개 지역에서 16개 노조가 전노협에 가입했다. 대전, 천안, 목포, 광양, 제주 등 미가입 지역과 전노협 사이의 교류도 활발해지고 있었다. 그리고 전노협 위원장 선거 결과 전노협의 확대·강화를 주장하는 양규헌 후보가 당선되었다. 1993년 지역 공동투쟁을 모범적으로 벌여 그 성과로 8개 노조를 가입시킨 부양노련에서는 '전노협의 역할을 축소하면서 전노대를 조직적으로 강화하려는' 일부의 흐름에 대해 강력하게 항의하기도 했다(「전노협 대의원대회에 임하는 부양노련 성명서(1994년 1월 5일)」). 전국노동자대회의 전술기조를 놓고 일관되게 도심관통의 '전투적 시위투쟁 기조'를 주장했고 이를 관철시켰다.

이처럼 전반적으로 전노협과 산별 노조에 대한 일반 노동자·조합원 들의 요구와 지향이 높아지고 있는데도, 전노협 상층 지도부가 '전노협 확대·강화와 산별 노조 건설'의 기조를 포기한 것은 무엇 때문인가? 이는 전노협 강화론과 전노협 한계론이 서로 동상이몽인 상태에서 전노대를 만들어 주도권 경쟁을 벌였지만, 전노대가 상급 조직화하면서 전노협 한계론이 주도권을 잡아나가자, 전노협 강화론도 대세를 좇아서 전노협 노선을 포기하고 노선을 전환했기 때문이다.

그러나 전노대를 '공동사업 추진체'로 본다면 '전노협 확대·강화를 통한 산별 노조 건설' 노선을 포기할 이유가 없다. 오히려 공동사업과 공동투쟁을 통해 전노협을 확대·강화함으로써 산별 노조로 나아갈 수 있는 가능성이 더욱 커질 수 있기 때문에 전노협 노선은 더욱 강화되어야 하는 것이다. 이 점은 공투본 활동 등을 통해 전노협 가입의 성과를 올린 경기노련이나 부산노련의 예를 보면 충분히 이해할 수 있다. 하지만 전노대를 '상급 조직'으로 본다면 조직 세勢를 확보하여 의사결정이나 집행에서 주도권을 잡는 것이 중요한 목표가 된다. 상급 조직이 되면 합의보다는 표결에 의한 다수결 방식이 주요한 의사결정 방식이 된다. 민주노총 준비위원회의 다수파가 모든 사안을 합의가 아니라 표결에 의한 의사결정 방식을 통해 독점적인 주도권을 행사했던 것은 바로 이러한 예다.

이런 점에서 전노대를 상급 조직으로 보게 되면 의사결정에서 주도권을 잡기 위해서 투쟁보다는 머릿수를 확보하는 데 중점을 둘 수밖에 없고, 머릿수 확보에 중점을 두는 한 상층을 중심으로 한 조직 사업에 총력을 기울일 수밖에 없는 것이다. 전노협이 1993~95년에 걸쳐 전국적으로 일었던 투쟁에 대한 요구나 움직임들에 대해, 상층에서의 조직형식 논쟁과 주도권 경쟁에 집중하면서 투쟁에 대해 아무런 지도력이나 영향력을 발휘하지 못한 것은 바로 이러한 이유 때문이다.[27]

....

[27] 부산양산노동조합총연합은 1995년 사업평가에서 "전노협 건설 시기와 같은 대중적 에너지가 분출되었다기보다는 지도부의 논의와 간담회 등을 중심으로 조직 건설이 진행되다 보니

이런 점에서 전노협 상층 지도부가 이러한 요구에 부응하지 못하고 전노협 노선을 포기해 버린 이유는, 바로 전노대를 상급 조직으로 인정한 속에서 주도권 싸움으로 간 데 있다라고 볼 수 있다. 하지만 이러한 분석은 현상적인 분석에 지나지 않는다. 좀 더 근본적으로는 전노협 상층 지도부가 '전노협 확대·강화를 통해 산별 노조를 건설해 나간다'는 전노협 노선에 대한 확신이나 의지가 흔들렸던 데 있다. '1993년 말이 지나면서 전노협 중심으로 모으기는 어렵기 때문에 빨리 새로운 조직으로 전환시키자'라고 판단했던 전노협 강화론의 입장 변화는 이러한 사실을 분명하게 보여 주고 있다. 소위 대세론이다. 정말로 전노협 노선을 확신했다면 대세에 밀린다고 자신의 신념을 포기하지는 않았을 것이다. 전노협 지도부는 '운동하는' 사람들이지 '사업하는' 사람들이 아니기 때문이다. 1970, 80년대 민주화운동을 했던 사람들도 자기 확신과 신념 때문에 투쟁했던 것이지 대세에 따라 투쟁하다가 또 대세에 따라 투쟁을 포기했던 것은 아니다. 이와 같은 대세론적 입장으로는 자본과 정권의 탄압에 맞서 '전노협 확대·강화와 산별 노조 건설'을 추진해 나갈 수 없다. 이런 점에서 전노협 강화론이 전노협 노선을 포기한 것은 결국 노동운동 위기론의 재판에 불과한 전노협 한계론에 굴복한 것이고, 이는 바로 전노협 한계론의 합법·개량 (혁)주의 노선에 실질적으로 동조한 것으로 해석할 수 있다. 전노협 강화론이 전노협 노선을 포기할 수밖에 없었던 이유로 '사무·전문직 업종연맹의 합법화와 복수노조금지조항 철폐 가능성'[28] 등을 주요하게 거론하고 있는 것을 보면

....

민주노총, 산별 연맹 건설이 대중적 투쟁으로 배치되지 못하고 있다'라고 지적하고 있다(『1996년 대의원대회 자료집(1996년 1월 27일)』).

28 『전노협 조직발전 제1안』, 590; 『월간자료』 1995년 7월호, 109-10. "전노협 조직발전 1안과 2안 모두 노동조합법 3조 5호(복수노조 금지) 개정이 당연히 이루어질 것으로 생각하고, 이를 근거로 조직발전 계획을 세우는 잘못을 범하였다. BR(Blue Round) 대두라는 조건, 정부 측에서 흘러나오는 얘기가 판단의 근거로 작용했다. 전지협 투쟁에 대해 '파업하면 노동법개정 물 건너가고 민주노총 건설도 물 건너간다'는 얘기가 나올 정도였다."

이러한 합법·개량화에 대한 기대가 크게 작용했던 것으로 볼 수 있다. 이처럼 합법·개량화에 중점을 두게 되면 자연히 전투적 대중투쟁에서 이탈해 나갈 가능성이 커지게 되고, 노동자들을 투쟁과 조직의 주체로 세워 나가기보다는 상층의 지위를 둘러싼 개인적·집단적 투쟁으로 빠져들기 쉽게 된다. 이렇게 되면 투쟁과 조직 건설의 원칙보다는 분파적 이해관계에 따라 적당하게 타협하고 절충하는 방식으로 나가지 않을 수 없게 된다. 전노협이 거의 모든 사항을 중앙위원회 중심으로 결정해 나가면서 조합원들의 참여와 결정을 배제한 것이나, 투쟁을 조직하기보다는 조직형식 재편 논쟁을 중심으로 전노협 사업을 진행한 것이나, 민주노총 만들 때 강령·규약이나 지역조직의 성격에 관하여 적당하게 타협한 것 등, 이후 전노협이 취한 상호 모순되는 이해할 수 없는 많은 행동들은 바로 이러한 관점에서 볼 때 비로소 이해될 수 있는 것이다.

4. 전노협 위원장 선거(1994년 1월 23일)

배경

전노협이 조직발전에 대한 입장 차이로 당면 사업과 실천조차 제대로 이루어지지 않는 상황에서, 단병호 위원장은 1993년 12월 3일 "전노협 제4기 4차(36차) 중앙위원회"에서 최종적으로 불출마 의사를 밝힌다.

> 첫째, 전노협, 전노대 사업의 발전을 위해 전력 매진, 조직강화를 꾀해야 할 시점에 수배 중이라는 조건을 고려하면 실질적인 지도력 행사가 어렵다는 점. 둘째, 전노협과 민주노조 발전 전망과 관련한 견해의 차이가 존재한다. 이를 차기 지도력 구축과정에

서 대중적으로 확인하고, 민주적으로 결정하여 조직의 입장을 통일시켜야 한다. 그러나 단 위원장 본인의 출마는 이러한 사실을 잠복시킬 수 있다는 점(「전노협 제4기 5차 (37차) 중앙위원회 회의」).

핵심적 이유는 '전노협 조직발전 전망'과 관련된 것이었다. 이 문제는 전노대 결성 이후 전노협 내부에서 일어나고 있는 모든 대립·갈등의 핵심 지점이었다. 이를 해결하지 않고는 이제 더는 전노협은 유지되기 어려울 정도의 상황으로까지 치닫고 있었다. 이런 상황에서 그동안 잠복되어 왔던 입장 차이들을 공론화시켜 대중적인 논의를 통해 대중적으로 검증받고, 조직의 입장을 통일시켜 갈 필요가 있었다. 이에 따라 전노협은 '전노협 지도력 구축과 조직의 확대·강화'라는 선거목표를 설정하고, 전노협 결성 이후 처음으로 자유경선에 의한 전노협 위원장 선거를 실시하기로 결정한다.

그러나 위원장 선거가 경선으로 치러지게 된 배경에는 이러한 정세적인 면만 있었던 것은 아니었다. 오히려 그동안 전노협 강화론에 반대하고 전노협 한계론을 주장하는 쪽에서 위원장 경선을 압박한 측면이 더 강했다고 볼 수 있다. 특히 이러한 요구는 김영대가 강하게 주장했다. 김영대의 증언에 의하면 중앙위원회에서 선거관리위원회 구성을 제안했을 때 다수가 이 제안에 동의하면서 결국에는 경선으로 가는 분위기가 형성되었다는 것이다.

내가 중앙위 때 선관위를 구성하자(고 하자), …… 무슨 선관위냐? 하던 대로 하지! 그랬는데 표결로 해서 선관위 구성하는 게 이겼어요. 표결인지 뭔지 하여간 다수가 선관위로 가자는 게 …… 결국 단위원장이 나와도 누구라도 나오겠구나, 이게 본인으로서는 부담스럽고 …… 왜냐하면 다 추대하는 분위기 속에서 살았는데 …… 더군다나 선관위를 구성하자는 게 다수였으니까 중앙위에서 …… 경선으로 가자는 분위기였던 거지요. 단위원장이 나오더라도 경선 가능성을 내포한 거죠. (필자 : 선거를 통해서 입장을 확인해 보자 그런 분위기가 강했다는 거지요?) 그렇죠. 단위원장이 나오면 누구라도 이긴다고 생각했겠어요? 그때 분위기로는 …… 단지 그때 목표는 누구라도 이런 국면을 오픈해서 …… 맨날 얘기되는 사람하고만 얘기되니까. 요새처럼 인터넷에 올리면 전 세상에 나가지만 그때 무슨 인터넷이 있었어요?(김영대 면담, 2006)

선거관리위원회가 구성된다는 것은 위원장 경선을 하자는 의미였다. 이는 '단병호 위원장 노선'에 반대한 부분들이 소위 '반反단(병호) 전선'으로 결집하면서 조직적으로 대항하기 시작했다는 것을 의미한다. 이런 면에서 보면 전노협 위원장 선거는 전노협 강화론의 주도하에 이루어진 것이 아니라 전노협 한계론의 공세와 주도 속에 치러진 것으로 볼 수 있다. 이처럼 위원장 선거가 전노협 한계론의 공세 속에서 치러졌다는 사실은 이후 전노협 내에서 노선투쟁과 주도권투쟁이 결합된 분파투쟁이 본격적으로 시작됨을 예고하는 것이었다.

진행 과정

위원장 선거는 1번 김영대, 2번 이홍석, 3번 양규헌 삼파전으로 치러졌다. 원래 선거는 양규헌과 김영대 간의 이파전으로 예상되었다(전노협 강화론과 전노협 한계론의 대립 구도로 선거가 치러질 것으로 보았기 때문이다). 처음에는 전노협 한계론 내부에서 단일 후보를 내기로 합의하여 표결 결과 김영대가 1표 차이로 이겼지만 여기에 이홍석이 승복하지 않고 독자 출마했다(김영대 면담, 2006). 이홍석은 독자 출마하는 과정에서 마창노련과 전혀 상의하지 않음으로써 이후 마창노련을 분열의 위기로까지 내몰리게 하는 원인을 제공하게 된다(김하경 1999, 615-21).[29]

이렇게 삼파전이 치러지게 된 이면에는 민주노조운동 내부의 상이한 세 가지 운동 기조와 흐름이 놓여 있었다. 양규헌 후보가 기존의 전노협 노선을

---

[29] 또한 마창노련은 전노협 위원장 선거 후유증으로 공투본조차 구성하지 못할 정도로 그동안 준비해 온 모든 계획들이 무산되는 아픔을 겪었다(김하경 1999, 622-3).

지향한다면, 김영대 후보는 "진보정당추진위원회"(이하 진정추, 구인민노련 세력 중심으로 구성됨)로 대표되는 PD적 흐름을, 그리고 이흥석 후보는 범NL적 흐름을 대표하는 것으로 일반적으로 평가되고 있었다. 그러나 NL과 PD는 기존의 전노협 노선에 대해 반대하는 점에서는 일치했다. 이런 점에서 이후 선거 과정에서 김영대와 이흥석 후보 간의 '후보 단일화' 작업을 시도했지만 결국 실패하여 1차 선거까지 간다.

> …… 당시에 이흥석하고 김영대하고 통합시키려고 했어요. 그래서 인천으로 내려가서 만났어요, 단일후보 하자. 난 이흥석이 안 된다고 했어요. 김영대로 해야 된다, 이흥석이 거의 동의했는데 최종적인 것은 자기 진영에서 의논해서 다음 날 통보해 주겠다. 그런데 다음 날 안 된다고 하는 거야. 그래서 또 보자, 다음 날 또 만났는데, 이목희 하고 그쪽 몇하고, 이쪽 진영에 김영대 하고 나하고. …… 이쪽이 표가 적어요, 김영대가. 지지세가 너무 없더라구. 현실적으로 저쪽이 센데 …… 이흥석을 왜 동의하지 않았냐면 …… 책임감이 없다, 나이도 어리고. 그래서 이흥석이 안 된다고 그랬어요. 그래도 연합은 해야 되니까 …… 좋다, 부족하지만 뒤에 참모들 이렇게 해서 진영을 짜면 되지 않겠느냐, 밀어 보고 안 되면 양보한다, 이런 생각을 가지고 갔는데 …… 이목희! 굉장히 오만하데, 완전히 깔아뭉개는 식으로 …… 그러니까 이래 되겠느냐, 안 된다 그랬어. 그래 3등 했는데, 그때 이흥석을 2차에서 밀어주기로 했는지는 잘 모르겠네…… 아, 밀어주기로 안 했다, 너무 실망해서 …… (정윤광 면담, 2005).

선거 과정에서 핵심 쟁점은 민주노총 건설에 대한 입장 차이였다. 공식적으로 내걸고 있는 내용은 거의 비슷했다. 공통적으로 '혁신'을 내걸고 있었으나 제시된 혁신의 내용은 주로 기존의 사업방식, 조직 체계의 부분적 개선에 중심을 두고 있었다. 심지어는 조직발전 문제에 있어서도 세 후보 공통적으로 '전노협 강화'와 '전노대 강화'를 주장하고 있었다. 그래서 "그동안 사업 속에서 대립되었던 쟁점들이 제시되기보다 도리어 불분명해져 '무엇이 다른지 모르겠다'는 의문이 현장에서 제기"(「주장」)될 정도였다. 그럼에도 조직발전 문제와 관련해서는 분명한 차이가 있었다.

세 후보 모두 산별 노조에 기초한 전국중앙조직 건설을 민주노조운동의 궁극적 목표로 설정하고, 그 과도기적 형태로서 기업별 노조의 전국적 총연합단체의 성격을 가지는 민주노총을 상정하고 있다는 점에서는 동일했다. 그러나 민주노총 건설의 시기와 경로에서는 차이가 있었다. 김영대 후보는 전노대의 활동을 강화하면서 제조업의 업종분화가 완결되지 않더라도 1994년 하반기에 민주노총을 먼저 만들고, 이후에 산업별·업종별 분화를 이루어 산별 노조로 나가자는 것이었다. 양규헌 후보는 전노대의 전노대의 활동을 강화하는 것과 함께 전노협이 중심이 되어 제조업의 산업별·업종별 연맹을 먼저 세운 후에 이를 토대로 민주노총을 만들어 나가자는 것이었고, 민주노총 준비위원회 발족 시기를 1995년 11월 13일로 잡고 있었다. 이흥석 후보는 두 후보와는 달리 민주노총의 상과 건설 시기와 경로에 대해서는 명확한 내용을 제시하지 않았고, 대신 민주노총 건설을 위한 활동을 내실 있게 전개해야 한다는 데 초점을 두고 있었다.

1차 투표 결과 총투표자 325명 중 양규헌 151표(46.6%), 이흥석 100표(30.9%), 김영대 73표(22.5%)로, 과반수를 얻은 후보가 없어 2차 투표로 들어갔다. 2차 투표 결과 총투표자 322명 중 양규헌 172표(53.8%), 이흥석 148표(46.3%)로 양규헌이 전노협 위원장으로 당선되었다. 김영대가 1차 투표에서 얻은 73표 중 48표가 이흥석에게, 21표가 양규헌에 2차 투표한 것이다.

평가 분석

전노협 위원장 선거는 거의 쟁점이 형성되지 않았다. 선거 과정을 통해서 사실상 각 후보가 주장하는 내용의 차이가 없었기 때문이다. 전노협과 민주노조운동의 조직발전 전망과 관련해서는 세 후보 모두 '전노협 강화와 전노대 강화'를 주장했다. 이흥석은 "세 후보 사이에 정책의 차이가 없다는 대의원들의 지적에 대해 자신의 위원장 출마가 각 후보 진영들 간의 정책을 통합시키는 데 일조했다고 자부한다"(이흥석 후보 선거대책본부 1994, 6)며 자신의 위원장 출마를 정당화하기도 했다.

이처럼 전노협 위원장 선거가 쟁점 없이 치러진 것은 무엇 때문인가? "전노협 제35차 중앙위원회"에서 이미 '전노협의 확대·강화를 통한 산별 노조 건설'이라는 전노협 노선을 포기한 상태에서는 '전노협 강화'든 '전노대 강화'든 그 차이는 오십보백보였다. 그렇기 때문에 전노협 한계론을 주장하는 김영대가 '전노협 강화'를, 전노협 강화론을 주장하는 양규헌이 '민주노총 건설'을 슬로건으로 내걸 수 있었던 것이다. 산별 노조를 건설해 나가려면 투쟁과 조직에서 중심 역할을 할 수 있는 전노협과 같은 구심조직이 절대적으로 필요하다. 이런 점에서 전노협의 확대·강화는 전노협이 구심조직으로서의 역할을 분명히 하면서 산별 노조 건설을 추진해 나갈 경우에만 실제로 의미가 있는 것이었다. 그러나 산별 노조 건설을 포기하고 기업별 노조에 근거한 민주노총 건설을 목표로 하는 한 전노협 강화는 단순한 수사에 지나지 않는다. 산별 노조 건설을 위한 구심조직으로서의 역할을 포기한 상태에서 민주노총이 만들어지면 전노협은 자연히 해산될 터인데, 해산되는 조직을 강화한다는 것은 이치상 앞뒤가 맞지 않기 때문이다. 따라서 '전노협 강화를 통한 전노대 강화'란, 민주노총이 만들어질 때까지 일시적으로 제조업 노조 조직 재편을 강화하고, 실무적인 뒷받침을 강화한다는 정도의 의미밖에 안 된다. 그렇기 때문에 민주노총 준비위원회에서 "민주노총 준비 정도는 조합원의 주체적 참가 정도가 아니라 실무적 준비 정도에 불과하다"(박태주 전문노련 위원장 발언,『전국노동자신문』160호, 3)라는 주장이 나올 수 있었던 것이다.

이런 점에서 전노협 강화론이든 전노협 한계론이든 '산별 노조 건설을 위한 구심조직으로서의 전노협 강화'가 아니라, '민주노총 건설을 위한 일시적 역할로서의 전노협 강화'였기 때문에 사실상 내용적으로는 차이가 있을 수 없었다. 단지 그 시기와 방법을 놓고 어느 것이 자기 분파에게 유리한가라는 관점에서 상호 대립·갈등하고 있었을 뿐이다. 그래서 전노협의 조직발전 전망에 대한 쟁점이 형성될 수 없었고, 이런 속에서 선거는 주도권을 잡기 위해 서로 이합집산하는 분파투쟁으로 나타날 수밖에 없었던 것이다. 사례로, '반反단병호 전선'으로 선거가 치러졌다는 것은 바로 이러한 분파투쟁적 성격을 분명하게 보여 준다. 또한 김영대와 이홍석 간의 원칙 없는 후보단일화 협상과 결렬, 2차 투표에서 김영대 표가 분산된 것 역시, 전노협 위원장 선거가 노선·주도권 투쟁이 결합된 분파투쟁적 성격을 나타내 주고 있는 것으로 볼 수 있다.

이처럼 전노협 위원장 선거가 전노협의 조직발전을 위한 노선투쟁이 아니라 분파투쟁으로 치러짐으로써, 이후 전노협은 '새로운 지도력을 구축하고 조직을 확대·강화'해 나가기보다는 대립·갈등이 더욱 심화되는 방향으로 나가게 된다. 특히 전노협 위원장 선거를 계기로 그동안 산재되어 있던 NL적 흐름들이 하나의 세력으로 결집됨으로써[30] 전노협 내의 분파투쟁은 더욱 가속화된다.

김금수 선생 그쪽에서 낸 거지. 김유선 이쪽에서 낸 거지. 그리고 급작스럽게 급조했어요. 김영대는 나온다고 돼 있던 상태였고, 이홍석은 급조되었는데, 문성현은 배신감을 느낄 수밖에 없는 거고 …… 이홍석 카드를 쓰면서 선거를 계기로 그쪽 진영이 세력화가 된 거죠. 그 전에는 물밑에 있었다 이렇게 판단되는데요. 여기에 反단(병호) 진영에 있던 사람들이 결집하면서, 전투적이다 하는 사람들 나나, 문(성현)이나 이런 사람들에 반대하는 부분들이 결집하는 계기가 됐으니까. 예를 들면 허연도 등등. 김영대는 별개의 흐름이고 김영대가 그 당시 손을 잡았던 쪽은 지금으로 보면 노연[31] 이런

<hr>

30 NL 진영은 바로 이러한 목적 때문에 마창노련의 조직 분열을 감수하면서까지 이홍석을 내세워 선거를 치렀다고 볼 수 있다.
31 현 민주노총 내의 분파 구도로 보면 강승규 전 민주노총 수석부위원장이 소속되어 있는 노동

쪽. (필자 : 서노협의 업종 쪽하고 인민노련 쪽입니까?) 그렇죠(양규헌 면담, 2006).

전노협 위원장 선거에서는 졌지만 전노협 한계론이 다수를 차지하고 있다는 것이 확인됨으로써,[32] 선거를 계기로 오히려 전노협 한계론은 득세하게 된다. 이후 전노협 상층에서는 전노협 한계론의 공세하에 민주노총을 둘러싼 주도권 투쟁은 치열해진다.

> 내가 중앙위를 성대(성균관대)에서 하고 나서 느낀 건데, 재떨이를 던지고 싶은 생각이 들더라고. 문제가 전혀 아닌 걸 가지고 문제 제기를 하고. 도저히 안 되겠다 싶어 가지고 쉬었다 하자 이렇게 한 기억도 있는데 …… 논쟁 자체가 사안 사안별 조발(조직발전)하고 연관이 있죠. 전노협의 독자사업을 하려는 게 순조롭게 진행되는 게 아니고, 이거 전노대 가서 제안해 봐야 한다, 이런 식으로 흘러가고 …… 그때 전노협은 선거에(서) 떨어진 사람이 빠져 있는 것이 아니고, 부위원장으로 되잖아요? …… 나는 1차 중앙위인가, 2차 중앙위인가 하고 나서, 혼자 이게 청소하러 온 거였다 이런 생각이 들었어요. 이해 가요? 무슨 이야기인지? 전노협 해산하러 왔구나! 이런 생각을 했는데 …… (양규헌 면담, 2006).

이런 분위기에서 "전노협의 독자적인 사업을 강화하는 속에서 각 지노협의 결속력을 높여 내고 전노대 사업에 힘을 싣기보다는, 모든 사업을 전노대 속에서 집행하려는 문제점이 나타났다. 이러한 결과 1994년 임단투 시기에 전노협의 존재는 조합원들에게 사라지는 결과를 초래했다"(김하경 1999, 670-1, 마창노련의 평가 부분에서 인용)라고 평가될 만큼, 이후 모든 사업의 중심은 급속하게 전노대로 이동하고 있었다. 그 결과 전노협은 "전국지하철노조협의회"

운동전략연구소를 말하는데 흔히들 '벽제파'라 부른다.
32 2차 투표에서는 전노협 강화론을 주장하는 양규헌이 이겼지만, 1차 투표에서 전노협 한계론을 주장하는 김영대와 이흥석이 얻은 표를 합치면 151표 대 173표로 양규헌보다 22표가 더 많다.

(이하 전지협) 투쟁을 중심으로 폭발적으로 터져 나오는 대중투쟁들을 전국적으로 집중시키고 확산시켜 낼 수 없었다. 왜냐하면 그 당시 전노협은 단위노조 및 지역, 업종, 그룹 단위의 임금인상 투쟁 준비 과정을 면밀하게 점검하고, 이에 대한 적극적 평가 속에서 능동적인 자기 역할을 수행하려고 하는 의지도 노력도 부족했기 때문이었다(『전노협 1994년 사업보고』, 81).

전노협 상층 지도부의 모든 관심은 전노협 한계론의 주도하에 민주노총 건설에 집중되어 있었다. 전노협 상층 지도부는 투쟁·조직 사업보다는 민주노총 건설을 둘러싼 조직발전 논쟁에 전력투구하고 있었다. 전노협은 1994년 4월 20일 "전노협 제5기 3차 중앙위원회"에서 지도부 10명으로 "조직발전특별위원회"(이하 조발특위)[33]를 구성하여 본격적으로 조직발전 논의에 들어간다. 임금인상 투쟁이 한창 진행되던 시기에 조발특위는 5월 4일, 13일, 19일, 6월 3일, 15일까지 다섯 차례에 걸쳐 전지협 투쟁으로 더는 논의에만 몰두할 수 없을 때까지 논의에 논의를 거듭했다.

이리하여 전노협은 위원장 선거를 통해 하나의 통일된 입장을 가지고 투쟁·조직 사업을 벌여 냄으로써, "조직력을 강화하고, 아울러 전국노동조합대표자회의를 강화하며, 산별 노조 건설과 민주노총 건설의 튼튼한 토대를 마련하기 위해 노력한다"(「5차 정기대의원대회 결의문」)라는 대의원대회 결의 내용을 지킬 수가 없게 되었다. 반면에 전노협 위원장 선거는 내부의 대립을 통합하는 계기가 되기보다는 오히려 전노협을 더욱 분열·무력화시키는 방향으로 나가는 계기가 되었다.

---

33 조발특위는 양규헌(위원장), 김영대(수석부위원장), 최동식(부위원장), 이흥석(부위원장), 문영만(부위원장), 문성현(사무총장), 단병호(중앙위원), 현주억(중앙위원), 정윤광(중앙위원), 천영세(지도위원) 등 10인으로 구성되었다.

5. 전노협 제5기 5차(44차) 중앙위원회(1994년 8월 25일)

전개 과정

　1993년 전국노동자대회가 기조, 명칭, 장소 등에 대한 각 조직들 간의 의견 차이로 여러 혼선을 빚게 되자, 이에 따라 전노대는 1994년 1월 8일 전노대 대표자회의를 열어 각 조직의 대표자 총 14인으로 운영위원회를 구성하고, 집행위원회를 확대하는 등 전노대 사업을 확대·강화해 나가기로 결정한다. 이러한 결정은 운영위원회 중심이었는데, 이는 각급 단위의 대표자들이 참여하는 대표자회의 중심으로 운영하기로 결정했던 이전의 전노협 중앙위원회 결정과는 배치되는 것이었다. 그러나 전노협은 위원장 선거 후 처음 열린 "전노협 제5기 1차 중앙위원회"(1994년 2월 18일)에서, 전노대 결정에 따라 운영위원회 구성을 받아들이기로 하고 운영위원으로 4명[34]을 선출한다. 3월 11일 열린 전노대 운영위원회에서는 조직발전 전망을 구체화하기 위한 '실무소위원회' 구성에 합의하고, 이후 활동으로 조직발전 방침 수립에 대한 조사연구, 정리사업 들을 해 나가기로 결정한다.

　이처럼 전노대로부터 시작된 조직발전 논의는 바로 전노협으로 옮겨져 전노협은 4월 20일 열린 "전노협 제5기 3차 중앙위원회"에서 조발특위를 구성하여 본격적인 논의로 들어가게 된다. 업종회의도 5월 6~7일 개최된 대표자 수련회에서 토론된 내용을 종합하여 20일, 전노대 대표자회의에 민주노총 건설에 대한 업종회의의 의견을 제출한다. 이러한 각 조직의 상층 단위에서의 조직발전 논의는 한국노총과 경총 간의 임금 밀실합의를 계기로 터져 나

---

34 양규헌 위원장, 문성현 사무총장, 김영대 수석부위원장, 이홍석 부위원장.

오기 시작한 한국노총 탈퇴 운동이 "전국 구속수배해고노동자 원상회복 투쟁
위원회"(이하 전해투)의 한국노총 점거와 이에 대한 한국노총의 폭력 진압을
계기로 어용 노총 해체 투쟁으로 발전되어 나가자, 민주노총 건설에 대한 구
체적인 방향과 계획이 대중적으로 요구되면서 급속도로 전개된다. 이런 속에
서 전노협 조발특위는 5월 4일 1차 모임을 가진 후 6월 15일까지 다섯 차례에
걸쳐 두 개 안을 놓고 집중적으로 치열한 토론을 벌였지만 합의에 이르지 못
한다.

　두 가지 안의 핵심적인 차이점은 다음과 같다. 첫째, 민주노총의 조직 체
계에서 "산업별 연맹(협의회)를 기본으로 하여 그 안에 업종별 협의회 내지
분과위를 설치하자"는 안(1안)과 "산업별 연맹을 지향하되 업종별 연맹(협의
회)을 기본 축으로 하자"는 안(2안). 둘째, 준비위원회 구성에서 "산업별 준비
위원회를 토대로 전국준비위원회를 구성하자"는 안(1안)과 "전노대 구성 체계
를 그대로 두고 명칭을 개칭하는 형태로 준비위원회를 구성하자"는 안(2안).
셋째, 결성 시기에서 "가급적 빨리 건설하는 데 동의하되 일정을 성급히 결정
하지 말고 1995년 상반기 중에 건설하자"는 안(1안)과 "1995년 2월경으로 분
명하게 일정을 설정하자"는 안(2안)으로 정리할 수 있다(「전노협 조직발전 제1안
보론」). 이 중에서 핵심적인 것은 금속산업의 기본 조직형태를 산업별 연맹으
로 할 것인가, 아니면 업종별 연맹으로 할 것인가의 문제였다. 물론 이러한 차
이는 근본적으로는 민주노총 건설을 바라보는 입장 차이에서 비롯된 것이었다.

　그러나 6월 중순부터 전지협 공동투쟁이 본격화됨에 따라 더는 논의에만
몰두할 수 없게 된 전노협은 시간을 갖고 지역 의견을 수렴한 뒤 전노협 방침
을 확정하기로 한다. 그러나 상반기 투쟁이 길어지면서 지역 내 논의는 제대
로 이루어질 수 없었고, 이런 상태에서 9월 2일 개최되는 전노대 수련회 1주
일 전 8월 25일 "전노협 제5기 5차 중앙위원회"가 개최된다. 중앙위원회는 먼
저 합의가 안 될 경우 대의원대회로 넘길 것인지 여부를 검토했는데, 표결을

통해서라도 중앙위원회에서 안을 결정한다는 것으로 의견을 정리했다. 그러나 이러한 결정은 "전노협의 합병, 분할, 해산에 대한 결의 등과 같은 중요한 사항"(규약 제17조)은 조합원총회나 대의원대회에서 결정하기로 되어 있는 규약을 완전히 무시한 것이었다. 안건 심의 결과 건설 시기와 일정, 추진위원회와 준비위원회 구성 방식에는 쉽게 합의가 이루어졌으나 '금속산업의 조직형태'에 대해서는 합의가 이루어지지 않았다. 1안과 2안을 놓고 표결에 들어갔으나 '둘 중 하나를 결정하자'와 '결정을 유보하자'라는 의견 모두 과반수를 얻지 못하여 두 안 모두 폐기되었다. 이런 상황에서 2안을 토대로 1안을 절충한 새로운 안을 합의해 냄으로써 '전노협의 민주노총 건설 계획 안'은 최종적으로 확정되었다.

이처럼 전노협이 수개월에 걸쳐서 조직발전 안을 놓고 논란을 벌이고 있는 동안 다른 조직들은 어떻게 하고 있었을까?

업종회의는 7월 15일 중앙위원회에서 업종회의 안을 토론 자료로 채택하여 각 업종연맹에서 토론한 후 결정하기로 했다. 그러나 업종회의 또한 각급 단위에서의 토론이 제대로 이루어지지 않은 상태에서 9월 2일 전노대 수련회장에서 임시 중앙위원회를 열어 공식적인 조직발전 계획 안을 확정했다. 내용은 전노협 2안과 거의 같았다.

대노협은, 일상적인 회의조차 잘 이루어지지 않는 상태에서 8월 19일 운영위원회를 열어 토의된 내용을 정리하여 대노협의 입장으로 발표했다. 대노협 안 또한 전노협 2안과 동일한 내용이었다. 그러나 9월 24~25일 열린 "대노협 대의원대회"에서 운영위원회에서 결정할 수 있는 내용이 아니라는 점이 지적되면서 대노협의 조직발전 안은 폐기되고 만다. 그 이후 대노협 차원에서 별도로 토의되거나 채택된 내용이 없었기 때문에 공식적인 대노협 안은 없었다고 할 수 있다.

현총련은 임금인상 투쟁이 8월 말까지 계속되면서 조직발전 문제에 대한 논의를 전혀 하지 못했다. 그리하여 전노대 수련회 뒤인 9월 12일에야 현총련 중앙위원회를 열어 '민주노총 건설에 대한 현총련 중앙위원회의 입장'을 발표한다. 현총련은 '각급 조직의 논의와 결의 수준을 반영하는 것을 전제로 민주노총 건설에 원칙적으로 동의하며 추진위원회 구성에 동참할 것'이라는 입장을 표명하면서도, 현재 진행되고 있는 민주노총 건설 논의에 대해 근본적인 문제를 제기한다.

> …… 우리는 11월 준비위 구성, 1995년 상반기 '민주노총 건설'이라는 일정으로 민주노총에 걸맞은 내용을 준비할 수 있는가라는 의문을 가지고 있다. 객관적 정세를 감안하는 것은 매우 중요하다. 그러나 주체역량의 준비 정도, 특히 현장 조합원의 결의와 참여를 감안하는 것은 더 중요한 일이다. 가능한 공동투쟁과 공동사업을 조직하고 이에 기초하여 조직을 정비해 나가야 하며, 이 과정에서 지도력과 재정을 확보해 나가야 한다. 즉 민주노총 건설은 일정을 미리 결정하는 것 이상의 실천과 인내를 …… 요구하기 때문에 일정에 얽매이지 않기를 희망한다. …… 현실의 기업별 노조를 산업별, 혹은 업종별, 지역별로 조직화하되 …… 그룹조직도 같은 비중으로 존중되어야 한다. …… 우리는 현장 조합원들이 민주노총 건설의 대상으로 전락하지 않고, 주역으로 나서는 것이 민주노총 건설의 중심적 토대임을 확신한다. 그러나 현재의 논의는 각급조직 상층부에 국한되어 있는 것이 현실이다. 이를 확산시켜 현장 조합원들까지 공유할 수 있도록 해야 한다. 더불어 전국적 차원의 논의와 실천은 현장 조합원들의 논의 수준과 절차를 감안하여 추진해 줄 것을 전노대 각급 조직에 간곡히 호소하는 바이다 ……(『전노협 백서』 7권, 656-8).

현총련은 조합원들의 의견은 아예 무시하고 민주노총 건설 일정을 미리 정해 놓은 상태에서, 상층 중심으로 논의가 이루어지고 있는 것에 대해 강력하게 제동을 걸고 나선 것이다.

결정사항 요약

가) 건설 시기

    ① 8월 말~9월 초 민주노총 건설 추진위원회 구성

    ② 11월 민주노총 건설 준비위원회 구성

    ③ 1995년 상반기 민주노총 건설(결성 시기는 추진위원회에서 검토하여 준비위 결성 직후에 결정하되 구체적 일정은 대중적 장을 통해 공포한다.)

나) 조직 형태

    ① 추진위원회 구성 : 전노대 구성조직은 물론 포괄되지 않은 부분까지 포함하여 각급조직의 주요 책임자급을 일정수의 비율로 조직한다. 인원배정 등 구체적인 사항은 전노대에서 검토한다.

    ② 준비위원회 구성 : 업종별(산업별), 지역, 그룹별 등으로 구성, 전노대가 포괄하고 있지 못한 노조 등도 포괄하여 구성한다.

    ③ 지역조직이 민주노총 중앙조직에 참가하는 방식(의결구조 결합방식)은 추후 논의한다

    ④ 민주노총 건설 후(또는 과정)에 민주노총 지역본부(가칭) 건설을 추진한다.

    ⑤ 조직 형태 : ㉠ 업종연맹을 기본단위로 민주노총을 건설한다. ㉡ 금속산업 내 업종별 조직화를 추진한다. ㉢ 건설된 업종별 대표를 중심으로 금속산별 추진위원회를 구성한다 ㉣ 금속산별 추진위원회는 민주노총 건설과 동시에 금속산별 준비위원회로 전환한다(『전노협 백서』 7권, 429. 강조는 필자).

역사적 의미

1안과 2안 논쟁에서 중심이 된 것은 '금속산업노조의 재편을 산업별로 할 것이냐 업종별로 할 것이냐'의 문제였다. 그러나 그 이면에는 '산별 노조를 어떻게 건설할 것인가에 대한 입장 차이'가 있었다. 1안은 금속산업을 중심으로 한 산별 노조의 중심이 전노협이라는 점에서 '전노협 중심성을 강조'하는 것이라면, 2안은 '전노대 중심성을 강조'한 것이라고 볼 수 있다(유범상 2005, 369).[35] 2안을 제안했던 김영대도 1안을 "전노협 확대·강화론의 연장선상에

있다. 상황변화에 따라 '전노협 중심주의'가 '금속산업 중심주의'로 바뀌었을 뿐이다"(김영대 1994b, 144)라고 비판하고 있다. 이런 점에서 중앙위원회 결정은 전노협 강화론의 완전한 패배를 의미한다고 볼 수 있다. 산업별 준비위라는 새로운 조직을 토대로 하는 것이 아니라 기존의 전노대를 확대 개편하는 수준에서 민주노총 준비위원회를 구성하기로 한 것은 이러한 사실을 더욱 확실하게 증명해 준다.

1안이 민주노총 준비위원회를 산업별 준비위원회 중심으로 꾸리자고 주장했던 것은 최소한 금속산별 연맹이라는 중심조직이 있어야 '민주노총을 계급적 노동운동을 확고히 견지하는 조직으로' 만들어 갈 수 있다고 생각했기 때문이었다. 1안은 "앞으로 건설하고자 하는 민주노총이 자본의 착취로부터 노동자의 해방과 이 사회의 진정한 민주화와 통일을 이룩하는 것을 자기 임무로 규정"(『전노협 백서』 7권, 601)하고 있다. 1안은 이러한 임무를 수행하기 위해서는 노동자들의 폭넓은 단결과 계급성을 확보할 수 있는 조직 체계로서 산업별을 주장해 왔다.

업종별로는 전체 노동자들의 계급적인 문제를 고민하기보다는 자기 업종의 문제로 되기 쉽고, 단결의 폭도 상당히 축소될 것이라고 보았기 때문이다. 따라서 금속산별로 조직되느냐 안 되느냐는 어떤 민주노총을 만드느냐하는 문제와 직결된 것으로 보았다(단병호 대담 1994, 163). 전노협적인 내용이 더욱 확대·발전된 형태로서의 민주노총이냐, 아니면 한국노총과 서로 경쟁하는 수준의 제2노총으로 하향 평준화된 민주노총이냐를 결정짓는 매우 핵심적인 문제라는 것이다. 그렇기 때문에 '업종연맹을 기본단위로 민주노총을 건설한다'라는 결정은 단순한 조직형식(산업별이냐 업종별이냐)의 문제가 아니라, 전노협으로 대표되는 전투적이고 변혁지향적인 노동운동 노선의 완전한 폐기를

---

35 1안과 2안에 대한 구체적인 분석은 유범상, 같은 책, 359-73면 참조.

의미하는 것이 된다.

이런 점에서 "전노협 제44차 중앙위원회" 결정은 전노협 강화론이 이제 더는 민주노총 건설을 주도할 수 없게 되었다는 사실을 최종적으로 확인한 것으로 볼 수 있다.

그리고 이러한 중앙위원회 결정은, 전노협의 운명은 물론 민주노조운동의 정신과 역사성마저 훼손할지도 모르는 중대한 결정을 불과 수십 명에 지나지 않는 상층 지도부만의 논의로 결정했다는 점에서, 전노협의 가장 중요한 정신이라고 할 수 있는 민주성을 전면적으로 부정하는 역사적 과오였다.[36] 더구나 전노협의 존폐 여부를 결정하는 문제에 대해 규약에 규정된 조합원들이나 대의원들에 의한 토론과 결정 권한마저도 사전에 완전히 봉쇄한 채, '중앙위원회 결정'만으로 중대한 방침을 확정한 사업 작풍은 심각한 문제점으로 비판받아야 한다.

대노협도 대의원대회 결정사항임을 들어 운영위원회에서 일방적으로 결정한 '민주노총 건설에 대한 대노협의 입장 안'을 폐기했다. 현총련도 임시 대의원대회까지 열어 가면서 현총련 안을 논의했다. 10여 개 분임조로 나누어 토론한 결과 상당수 분임조에서 11월 13일 민주노총 준비위원회를 출범시키는 것은 무리라는 결론이 나왔다. 그렇기 때문에 현총련은 '현재의 논의는 상층부에 국한되어 있다. 이를 확산시켜 조합원들까지 공유할 수 있도록 해야 한다'라고 주장할 수 있었던 것이다.

이에 비하면 전노협은 어떠한가? 단위사업장의 임단협까지도 전 조합원

---

36 "전노협 제6차 중앙위원회"(1995년 1월 12일)에서는 이와 관련하여, 하부단위의 의견을 수렴하지 못한 채 '내리꽂기'식에 그쳤다는 지적과 함께, 제5차 중앙위에서 결정한 조직발전 방침을 임시대의원대회를 열어 심의 결정해야 했다는 지적도 나왔다. 중앙위원들은 이에 대해 중앙위가 결정하는 게 관행이나 대중의 활발한 토론을 근거로 방침을 이끌어 내지 못한 점과 이를 집행하지 못한 점은 중앙의 책임이라는 평가를 내렸다(『전국노동자신문』 157호, 3).

의 의견을 물어 결정하는 상황에서, 조직의 존폐를 결정짓는 중대한 사안을 대의원대회조차 열지 않고 중앙위원 33명만으로 결정하기로 합의했다는 사실은 무엇을 의미하는가? "대중주체의 민주성이 확실하게 담보되는 조직이어야 합니다. 단순히 절차적인 민주주의가 아니라 현장 대중의 고민과 창발성을 살려 낼 수 있도록 밑에서부터 요구와 실천들이 올라오는 조직이 되어야 합니다"(단병호 대담 1994, 161)라고 주장하면서도, 실제로는 조합원들은 물론 대의원들조차도 완전히 배제되었다. 이는 전노대가 출범할 때부터 이미 전노협 내부에서 서서히 무너져 내리기 시작했던 전노협 정신과 기풍이 이때쯤 와서는 거의 완전히 무너져 버렸다는 사실을 상징적으로 나타내 주는 것이었다. 1안, 2안 모두 '대중토론의 활성화와 대중투쟁을 통한 민주노총 건설'을 주장하고 있지만, 단위사업장 위원장들도 잘 이해가 가지 않고 헷갈린다고 불평하는 내용으로 어떻게 조합원들을 민주노총 건설의 주체로 세울 수 있다는 것인지? 더구나 8월 말에 방침을 결정해서 11월에 민주노총 준비위원회를 구성하겠다는 것은, 누구에게나 '대중토론과 대중투쟁을 통해 민주노총을 건설하겠다'는 말이 공허하게 들릴 수밖에 없었을 것이다.

상층에서의 논의만 무성하고 대중 실천에 대해서는 아무런 책임도 지지 않는 이러한 사업 작풍은 민주노총 준비위원회가 만들어지면서 극에 달하여, 이후 전노협 사업은 거의 공백 상태에 이르게 된다. 1995년도 전노협 중앙위원회는 1995년 8월 11일에 가서야 처음으로 개최되었고,[37] 그것도 거의 모든 안건을 대표자회의에 위임하다시피 하는 무책임한 결정으로 일관하다가 이후 전노협 청산 절차로 들어가 버리고 만다. 이처럼 전노협은 "전노협 제5기 5차(44차) 중앙위원회" 결정을 끝으로 사실상 활동 불능 상태가 되면서 각자 자기 행보를 시작하게 된다. 전노협 중앙위원회는 1995년 1월 12일 전노협

---

37 이 회의도 성원이 미달하여 간담회로 처리되었다.

대의원대회 준비를 위한 "전노협 제5기 6차(45차) 중앙위원회"가 소집될 때까지 1994년에는 더는 소집되지 않았다. 이 기간 동안 진행된 1994년 하반기 노동법개정 투쟁은 민주노총 준비위원회 건설 때문에 제대로 이루어지지 못했다는 비판이 전국적으로 제기되었다(『전노협 1994년도 사업보고』, 94-5; 「특집 좌담 : 대구 민주노총의 전망과 과제」). 대중투쟁을 통한 민주노총 건설은 1안, 2안 이라는 '논의 속에서만' 존재하고 있었던 것이다.

그런데 "전노협 제44차 중앙위원회" 결정은 역사적으로 대단히 중요한 의미를 갖는다. 일반적으로는 금속산업노조의 산업·업종별 재편 방식에 대한 입장 차이가 가장 핵심적인 문제라고 알려져 있지만, 이는 잘못된 것이다. 분파적인 입장에서는 이 문제가 가장 중요할 수 있다(금속산업노조의 주도권을 누가 잡느냐하는 관점에서 보면 그렇다는 것이다). 그러나 계급운동적인 입장에서 보면 이 문제는 부차적인 것에 지나지 않는다. 계급운동적으로 보았을 때 중앙위원회 결정사항 중 가장 중요한 내용은 11월에 민주노총 준비위원회를 구성하기로 했다는 사실이다.

민주노총 준비위원회를 구성한다는 것은 사실상 전노협 청산을 의미한다. 실제로 민주노총 준비위원회가 구성되면서 전노협은 거의 공동화되어 버린다. 이러한 중요한 결정을 전노협 중앙위원회가 조합원들은 물론이고 대의원들과의 토론 한번 없이 처리했다는 것은 결정적인 역사적 과오로 엄중하게 비판받아야 한다. 전노협이 앞장서서 민주노총 준비위원회 구성을 결정함으로써 어떠한 조직도 민주노총 건설을 위한 의식적·조직적 준비가 전혀 안 되어 있는 상태에서[38] 졸속으로 민주노총을 만들어 가는 데 결정적인 역할을 하

---

38 업종회의는 1994년 7월 15일 업종회의 중앙위원회에 제출한 '업종회의의 민주노조 조직발전 전망 안'에서 업종회의의 조직 상태에 대해 다음과 같이 진단하고 있다. "간부 중심의 활동이고 상층 중심에 머물러 있다. 집행력이 취약하다. 대중적 투쟁력이나 조직력을 갖지 못하고 있다"(『전노협 백서』 7권, 640). 특히 '대중적 투쟁력이나 조직력을 갖추지 못하고 있다'는 점을

게 되었기 때문이다. 당시 민주노조운동 내에서는 대다수가 의식적·조직적으로 전혀 준비되지 않은 상태에서 민주노총이 졸속으로 추진되는 것에 대해 대단히 비판적이었다.[39] 만약 전노협에서 이러한 결정을 하지 않았더라면 민주노총은 충분한 대중토론과 대중투쟁을 통해 아래로부터 건설되어 나갈 수 있었을 것이다. 그랬더라면 비록 기업별 노조들의 연맹체 수준에 불과하다 하더라도 전노협 정신은 청산되지 않고, 민주노총에 상당 부분 계승·발전되어 이후 산별 노조 건설을 기약할 수 있었을 것이다. 이런 점에서 전노협 강화론과 전노협 한계론은 서로 담합하여 민주노총 조기 건설을 추동해 나감으로써 전노협을 청산했다는 역사적 평가를 받지 않을 수 없었다.[40]

그들이 '전노협 청산' '대중토론과 대중투쟁을 통한 민주노총 건설'과 같은 중요한 문제들에 대해서는 상층에서 적당하게 타협하거나 무시해 버리면서, 유독 금속산업노조 재편 문제에 대해서는 치열하게 투쟁했던 것은 무엇 때문이었을까? 그것은 전노협 청산보다는 금속산업노조 재편 문제에 서로 첨예한 이해관계가 걸려 있었다는 사실을 역설적으로 보여 주는 것이라 할 수 있다. 그들에게는 분파적 이해관계가 전노협이 청산되고 민주노총이 대중토론과 대중투쟁에 의해서 건설되는 것보다 더 중요한 것이었다. 이것이 "전노협 제44차 중앙위원회" 결정이 우리에게 주는 역사적 의미이며 객관적 사실 그 자체다.

....

인정함에도 불구하고, 민주노총을 빨리 만들자라고 제안하고 있는 업종회의의 조직발전 안은, 기본적으로 민주노총을 대중투쟁에 의해서 만들어 가기보다는 상층에서 조직형식적으로 만들어 가는 것을 상정하고 있었다고 볼 수 있다.

39 이 책의 제3장 1절 「민주노총 준비위원회 결성」 부분 참조.

40 부노협 백서는 1안과 2안에 대해 다음과 같이 평가하고 있다. "두 가지 안 모두 기존안인 1993년 조발전망의 내용인 '전노협 강화를 통한 산별체계 중심의 민주노총 건설'이라는 안에서 벗어나 있었다. 두 안 모두 민주노총 건설을 시급하게 제기하고 있는 것이었다. 전노협 중앙위의 단일 안 마련은 두 안의 절충안이었다"(부천지역노동조합협의회 1996, 106).

6. 전노대 활동

전노대 사업과 관련하여 대립되는 핵심 지점은, '전노협'에 사업의 중심을 둘 것인가 '전노대'에 사업의 중심을 둘 것인가에 있다. 전노대 중심으로 가자는 입장은 가능하면 빨리 민주노총을 만들자는 것이고, 전노협 중심으로 가자는 입장은 가더라도 내용을 채우면서 가자는 것이다. 그렇기 때문에 전자는, 전노대를 확대·강화하여 상급 조직화하는 방향으로 추동하려고 하고 후자는, 전노대를 공동사업 추진체로 보면서 전노대가 아닌 새로운 조직적 결합[41]을 통해서 민주노총으로 가려고 한다. 그래서 전노협 한계론 쪽에서 전노대의 지도집행력을 강화하자고 주장하는 것에 대해, 전노협 강화론 쪽에서는 '조직의 지도집행력은 실무집행력이 아니라 소속 노조들의 인식과 결의가 높아져야 가능하다'라고 주장한다. 전노협 한계론이, 민주노총의 필요성을 의결집행구조를 강화하고 재정을 강화하여 상층으로 권력을 집중시키는 데 중점을 둔다면,[42] 전노협 강화론은, 각급 단위조직들의 의식, 투쟁, 조직 역량을 확대·강화하는 데 중점을 둔다.

전노협 한계론과 전노협 강화론은 이처럼 실천적 지향점이 틀리기 때문에 자연히 정세를 보는 관점도 다르다. 전노협 한계론은, 김영삼 정권의 이인제 노동부 장관을 '개혁세력'의 하나로 본다. 그래서 전노협 한계론은 1993년

---

41 1안(전노협 강화론)에 의하면 기존의 조직인 전노대는 해소하고 새로운 조직틀로서 산업별 준비위원회를 구성하여 이를 토대로 새롭게 민주노총 준비위원회가 꾸려져야 한다고 주장한다. 그러나 이러한 전노협 강화론 쪽의 주장에 대해 전노협 한계론 쪽은 '전노협이 중심이 되어 산별 연맹을 건설한다든지 전노대는 공동사업 추진체로 그 위상을 한정짓고 민주노총은 이와 다른 경로로 건설한다든지 또는 산별 노조를 바탕으로 민주노총을 건설한다든지 하는 주장들'을 비현실적인 주장이라고 비판하고 있다(「전노협 조직발전 전망 제2안 보론」, 621).
42 전노대의 한계로 첫째, 공동사업 추진체이기 때문에 조직적 결속력이 약하다. 둘째, 상근간사 1명과 재정부족으로 안정적 사업이 안 된다. 셋째, 의결·집행 구조상 단일한 지도집행 체계가 형성되지 않아 상설적 집행력이 취약하다 등을 들고 있다(『전노협 1994년도 사업보고』, 69).

노동법개정 투쟁 사업계획에서 "김영삼 정권 내에 압도적인 세력으로 존재하는 수구세력들의 대대적인 공세 속에서 이인제 노동부 장관을 비롯하여, 집단적 노사관계법을 추진할 의지가 있는 이른바 '개혁세력'들의 입지는 더욱더 축소될 수밖에 없었으며"라는 식의 정세인식을 하고 있다. 이에 대해 전노협 강화론에서는 "하반기 노동법개정 투쟁이 정부 내의 보수, 온건파 들의 역관계에 의해 주어지는 것이 아니라, 노동자들이 더욱 주체적으로 대중적으로 투쟁에 참여했을 때만이 가능하다"라는 식의 정세인식을 보여 주고 있다(「제5차 전노협 대표자회의 결과보고」).

이러한 정세인식의 차이는 바로 '복수노조를 바라보는 관점'과 연결된다. 김영삼 정권 내부에 온건파와 강경파가 대립한다고 보는 전노협 한계론의 입장에서는 노동법개정으로 3조 5호[43]가 곧 폐지될 것으로 보았다. 그래서 이러한 정세 변화에 맞추어서 '빨리 민주노총을 건설해야 한다'고 보았다. 반면에 전노협 강화론은 복수노조가 인정될 가능성이 크긴 하지만 오히려 '주체적인 준비' 정도가 더 중요하다고 보았다. 그래서 전노협 한계론에서는 1993, 1994년 노동법개정이 연기될 때마다 민주노총 건설이 어려워졌다라고 생각하는 경향이 강했다. "1993년 노동법개정 투쟁이 힘차게 이루어지지 못한 것은 정부가 법개정을 연기했기 때문"이라고 보는 김영대의 평가(김영대 1994a, 21)는 전노협 한계론의 생각이 어떠한가를 잘 대변해 주고 있다. 1993년 현총련 투쟁 때 '조기종결론, 긴급조정권 수용', 그리고 1994년 전지협 파업 때 '조건부 파업 유보 안'[44] 등과 같은 제안이 나올 수 있었던 배경에는, 투쟁이 장기

---

43 이 조항은 "기존의 노동조합과 조직대상을 같이하거나 그 정상적인 운영을 저해할 목적으로 하는 경우" 노동조합이 아니라고 규정하고 있다.

44 "전노협 제6차 중앙위원회"(1995년 1월 12일)에서는 전지협 파업 돌입과 관련하여 전노대 대표자회의가 '조건부 유보 안'을 마련해 전지협 지도부에게 제안한 점에 대해, 중앙위원들은 대체로 유보 제안은 투쟁에 혼선을 부른 분명한 오류라고 평가하고 있다(「전국노동자신문」

화되면 정부 내 강경파가 득세하면서 민주노총 건설이 물 건너갈 수 있다는 정세인식이 깔려 있었다(『월간자료』 1995년 7월호, 110).

> 93년 현총련 투쟁 때 전노대 지도부들이 와 가지고 저를 부르더라고요. 갔더니 상황을 이야기하면서 민주노총 조직 일정을 보았을 때 잘못해서 정부가 칼자루를 확 쳐들면 상당히 조직적 타격을 입을 텐데 그리되면 민주노총 건설 일정에 차질을 빚을 수 있다라고 이야기하더라고요. 그래서 내가 …… 이미 전쟁은 붙었는데 여기서 그냥 적당한 타협이란 건 없다. 어느 정도 결론을 봐야 된다. 장렬하게 깨지든 일정하게 성과를 내든 …… 항복했다 하면 조직 내부가 분열된다. 밑으로부터 무너진다. 그러면 현총련 내부가 무너지는 거고 현총련 지도력이 상실되면 오히려 민주노총이 더 어려워지는 거다 그렇게 이야기했죠(박준석 면담, 2005).
>
> 그때 그런 흐름[정부 측에 조건부 파업유보 안을 제시했던 것을 말함 - 필자]이 있었다는 거를 전지협에 공권력이 투입되고 나서 언론노조에서 긴급하게 대표자회의를 소집했을 때 알았어요. 가보니까 얘들이 이렇게 약속을 했는데 쳤다, 이걸 가지고 어떻게 해야 되냐? 뭐! 총파업이지 뭐냐. 이렇게 갔던 거거든요. 오히려 그 때 그런 과정이 없었다고 한다면 총파업이 전지협하고 지하철하고 쉽지 않았어요. 왜냐하면 전지협 내에서 끊임없이 그랬지만 지하철이 거기에 대해 그렇게 적극적이지 않았거든요. 전지협에 공권력이 투입되고 나서부터 뒤통수쳤다 이런 식으로 해서 파업으로 가는 거고 …… 뒤에 법정에서 남재희 장관 진술한 거 보면 …… 전지협 공권력 투입은 불법이었다. 공권력을 투입하기 위해서는 노동부 장관인 나하고 이야기해야 하는데 난 전혀 몰랐던 사실이다. 그런 점에서 권위원장한테 미안하게 생각한다. 이게 법정진술이거든요 …… 96년에 재판받을 때 …… (양규헌 면담, 2006).

바로 이러한 정세인식 및 정부에 대한 우호적인 태도[45]는 전노대 집행위가 1994년 9월 2~4일 전노대 수련회 때 노동부 관리들을 초청하여 숙소까지

157호, 3).

45 "그 당시에 업종 위원장들하고 남재희 장관하고 좋았어요. 사실 좋았어. 좋았지만 장관이 갖고 있는 영향력이 그렇게 크지 못한 시기였다. 남재희 장관은 어떻게 해 보겠다고 생각했고, 실지로 풀어 보려고 했지만 남재희 장관이 발휘할 수 있는 영향력은 굉장히 제한된 상황이었다"(박태주 면담, 2005).

배정했던 사실에서 단적으로 드러난다.[46]

> 전노대 집행위에서 남재희 노동부 장관을 수련회 축사 연사로 초청하였는데 남 장관
> 은 참석치 않았고, 대신에 노동부 관리들이 참석하여 입소식 때 공식적으로 소개되었
> 고 숙소배정까지 받았다 …… 나중에 이 사실을 알게 된 수련회 참석 노조 간부들의
> 항의로 대표자회의에서 이들을 수련회에 참석시키지 않기로 결정하여 둘째 날 노동부
> 관리들은 돌아갔다(『주간정세동향』 1994년 9월 5일자).

또한 전국 민주노조의 선봉으로 자타가 공인하는 마창노련의 세일중공업
노조 위원장(조철우)이 회사 측에 무쟁의無爭議 각서를 써주고 노동부 장관 표
창까지 받았다는 사실은(김하경 1999, 603-8), 이러한 정세인식이 전노대 상층
뿐만 아니라 단위노조에까지 일정한 영향력을 미치고 있었다는 것을 나타내
주는 것으로 볼 수 있다.

이러한 차이는 사업 기조를 둘러싸고도 나타났다. '합법적인 사업' 중심으
로 할 것인가 아니면 '투쟁'을 중심으로 할 것인가를 놓고 끊임없이 대립한다.
단적으로 드러난 것이 1993년 전국노동자대회였다. 대회 기조를 놓고 본대회
를 '서울 도심을 관통하는 가두행진 중심'으로 하자는 안과 '합법적 공간에서
집회 중심으로 하자'는 안이 첨예하게 대립하여, 대회 5일 전에야 기조와 장
소가 결정된다. 대회 명칭에 있어서도 '전태일 열사 정신계승'을 넣을 것인지
말 것인지를 놓고 끝없이 대립했다. 업종회의는, 전태일을 넣으면 너무 투쟁
적인 이미지가 풍겨서 조합원들이 참가하기에 부담스럽다는 것이 그 이유였
다. 그리고 대회 후 대표자들의 국회 앞 철야농성 계획을 둘러싸고도 대립했
다. 그러나 철야농성 계획은 이러한 기조상의 대립에 따른 저조한 참석률[47]과

---

46 **노동부 초청 참석 건** : 노동부 초청 건이 공동대표 차원에서 충분히 이해, 공유되지 못한 채 사
전에 추진되었다는 점, 반면에 수배자의 참석 여부 결정 건은 당사자에게 일임되어 수련회
개최 하루 전에 결정된 점 등의 문제를 종합해 볼 때 노동부 초청 참석 건은 문제가 있는 사
업 집행이었다(「제3차 전노협 대표자회의 결과보고」).

결의 부족으로 결국 취소되어 조합원들로부터 엄청난 비판을 감수해야 했다.[48] 김영대는 이에 대해 다음과 같이 말한다.

그날 문제가 된 게 뭐냐면 (단위원장) 메시지가 중앙위 때 오죠. 그러면서 투쟁 기조나 노동자대회 기조 문제 제기를 해요. 위협적 가두시위를 해야 한다. 총장인 나도 미리 보지 못한 걸 중앙위에서 (문제 제기)하니까 다른 사람들이 마치 내가 무슨 전노협 혼을 팔아먹는 거처럼 달려들더라고 …… 그래서 정말 내가 곤혹스러웠어요. 그래! 니네 결정하는 대로 해 봐라 했더니, 한 게 뭐냐면 고대에서 여의도까지 걸어왔어요. 여의도 와서 텐트 농성하는 거로 됐어요. 참! 황당해 가지고. 효창운동장 가서 거기서 여의도까지 걸어왔잖습니까? 그래서 조직해서 왔는데 문제는 여의도에 텐트 치면 쳤다고, 일정한 인원이 되면 치고, 안 되면 민주당사로 들어가기로 했거든요. 그런데 다 가 버린 거예요. 서노협하고 오히려 우리 편(만 남고), 지방에서 왈왈댔던 마창이니 뭐니 다 내려가 버리고 …… 그래가지고 의장들이 야! 이렇게 해선 안 되겠다. 그래서 그 전 중앙위까지 난 죽일 놈이 됐다가 그 대회를 치르면서 이건 또 아니지 않느냐 이렇게 된 거예요(김영대 면담, 2006).

이러한 차이는 1994년 전국노동자대회에서도 똑같이 반복된다. 자신감 있고 위력적인 투쟁 기조의 가두행진 중심으로 할 것인지, 아니면 안정적인 공간에서 민주노총 준비위원회 선포를 축하하는 합법적인 문화공연 중심으로 할 것인지에 대한 차이가 분명하게 나타났다. 그러나 1994년 전국노동자대회는 지도부가 행진대열에 참가하지 않음으로써 결국 문화 행사 중심의 대회가 되었다.[49]

....

47 전노협(71명) : 서울 22명, 경기 24명, 성남 6명, 부산 6명, 부천 8명, 인천 5명; 업종회의(25명) : 병노련 12명, 화물 6명, 민출 2명, 전교조, 언노련, 건설, 시설, 전일노 각 1명; 대노협(3명) : 대우조선 2명, 대우부품 1명; 단체 및 기타 10명 등 총 111명이 농성 대오로 참가했다(『전노협 1993년도 사업보고』, 106).
48 전노협 대표자회의는 이러한 조합원들의 항의와 비판에 대해 1993년 11월 24일 사과와 반성의 글을 발표한다(『전국노동자신문』 104호, 2).
49 지도부가 행진에 참여하지도 않았고, 사실상 행진코스를 너무 짧게 잡음으로써 집회장에서 참가자들이 다 빠져 나오기도 전에 목적지에 도달해 버리는 꼴이 되면서 일부 지역에서는

그리고 노총·경총 합의에 대한 대응 방안과 관련해서도, '노총·경총 합의 자체를 반대하면서 노총·경총 임금합의 반대투쟁 전선을 구축해야 한다'는 입장과 '노-경총 합의의 허구성을 폭로하기 위한 전술로서 정부 및 경총에 협상을 제안하자'는 입장으로 나뉜다. 이에 대해 전노협 중앙위원회(1994년 1월 8일)에서 '노사정 사회적 합의에 대해서는 모두 반대한다'라고 결정한다. 전노협은 이에 대해 다음과 같이 평가하고 있다.

결과적으로 볼 때 상반기 노-경총 합의 반대투쟁 조직화 및 노총탈퇴 투쟁과정에서, 투쟁과 조직의 중요한 명분으로 작용하였다는 점에서, 정부 및 경총에 협상을 제안하지 않고 반대투쟁 전선을 구축하기로 했던 방침의 결정은 매우 올바른 것이었다(『전노협 1994년도 사업보고』, 82).

그런데 이러한 방침이 실천적으로 검증되는 데 결정적인 역할을 한 것은 전해투의 노총 점거농성 투쟁이었다. 전해투의 노총타격투쟁과 이에 대한 노총의 폭력적 진압과 구속[50]은 전국적으로 노동자들의 분노를 불러일으켜 노총탈퇴와 해체투쟁을 대중적으로 확산시키는 데 결정적인 역할을 했다. 이는 투쟁 방침이 옳은가 그른가는, 과감한 투쟁으로 자본과 정권, 그리고 어용 노총의 본질이 폭로되지 않고 '협상'만으로 판단할 수 없다는 사실을 명확히 보여 준 사례라 할 수 있을 것이다.

그러나 이러한 전노대를 둘러싼 전노협 강화론과 전노협 한계론의 대립에도 불구하고 현실은 전노대 강화로 가고 있었다. 이는 전노대 출범 때부터 이미 예견된 것이었다. 아무리 위상을 공동사업 추진체로 규정하고 출발했다

행진을 거부하는 사태까지 벌어졌다(『부노협 백서』 1996).

50 한국노총과 산별 연맹 임직원 102명은 농성 노동자 45명을 강제로 끌어내어 경찰에 넘겼다. 그 결과 8명이 구속되고, 불구속 5명, 구류 41명, 벌금 1명 등의 형사처벌을 받았다(『전노대 특보』 1호, 1994년 5월 20일).

하더라도 이미 전노대는 실질적으로 상급 조직으로서의 역할을 할 수밖에 없게 되어 있었다. 특히 전노대는 상층 위주의 정치적·정책적 대응에 사업의 중심을 둠으로써, 각급 조직의 조직력 강화에 주력하기보다는 모든 성과를 전노대로 집중하는 사업 결과를 가져왔다. 이렇게 된 가장 큰 이유는 전노협 상층 지도부가 사업을 잘못했기 때문이다. 전노대로 결집하는 광범위한 노동자 대중을 독자적인 사업을 통해 전노협으로 모아 내는 작업을 하지 못하고, 모든 사업을 전노대 속에서 '전노대' 이름으로 집행하는 데 머물렀기 때문이다(『전노협 1994년도 사업보고』, 168). 그래서 전노협은 1993년 현총련 투쟁이나 1994년 전지협 투쟁 때, 사전에 착실하게 투쟁을 준비하고 조직하는 과정 없이 전노대라는 상층 중심의 사업에 매몰됨으로써, 실제로 투쟁이 일어났을 때는 아무런 영향력도 발휘하지 못하는 무기력한 존재로 되고 말았다.

이렇게 된 근본적인 이유는 전노협 강화론이든 전노협 한계론이든 그동안 상층 사업을 중심으로 서로 분파적으로 대립해 왔던 데 있다. 이는 마창노련에서 가장 첨예하게 나타났는데, 그 결과 마창노련은 1992년부터 1994년까지 지도집행부 구성도 제대로 못했을 뿐만 아니라, 1991년 이후 4년 동안 지역공투본조차 꾸리지 못할 정도로 그 폐해는 심각했다(김하경 1999, 520-2, 546, 622-3, 637-42). 그러나 전노협 상층 지도부가 이러한 분파투쟁을 지양하고 조합원들을 투쟁과 조직의 주체로 세우는 사업을 중심으로 전노협 사업을 해 왔더라면, 일부 지노협에서 공투본을 주도하면서 생긴 성과를 지노협 확대·강화로 수렴할 수 있었듯이,[51] 전노협도 전노대의 성과를 지노협과 산업·업종 조직화를 확대·강화하는 방향으로 모아 나갈 수 있었을 것이다.

전노대는 1994년 전지협이 본격적으로 투쟁에 돌입하고 난 이후에야 중

---

51 예를 들면 부양노련은 상반기 공투본의 성과로 참관 교류 노조 8개를 전노협에 가입시킬 수 있었다.

심 사업장 회의를 소집하여 대처하려 해 보았지만, 사전에 임금인상 투쟁 준비 과정부터 공동투쟁을 위한 사업들이 배치되고 준비되지 않았기 때문에 아무런 소용이 없었다. 오히려 지노협을 중심으로 투쟁하는 사업장들을 구체적으로 밀착하여 지원하고, 지도하는 사업을 집중적으로 펼쳐 나가는 것이 훨씬 도움이 되었을 것이다. 예를 들면 부산 지역은 전지협 투쟁시 전국적 투쟁 방침에 맞추어 부산지하철, 한진중공업, 병원 노조 등이 공동투쟁으로 집중했고, 한진중공업노조는 파업 사업장에 대해 거의 매일 연대 집회를 여는 등 총력 지원투쟁을 조직했다(『전노협 1994년도 사업보고』, 84). 그러나 전노협 상층 지도부는 이러한 관점에서 사업을 추진하지 못했다. 그 결과 전노대에서 공동 파업투쟁을 선포하고 결의했지만 실제 관철력은 대단히 취약할 수밖에 없었고 전노협 또한 마찬가지였다. 전노협 투쟁 평가서에서조차 "전노협은 전국투쟁에 치중하면서 지역 임투에 대한 관장력은 현저히 떨어졌다"(『전노협 1994년도 사업보고』, 91)라고 지적하고 있을 정도였다.

전노협 강화는 기본적으로 지노협 강화에 있으며, 산업·업종별 조직화 또한 전노협이 산업·업종을 전국 차원에서 직접 조직하는 것이 아니라, 지노협이 중심이 되어 지역에서 산업·업종을 조직할 수 있도록 지원하고 지도하는 것이어야 했다. 그리고 이러한 지역의 산업·업종별 조직을 토대로 전국적인 산업·업종별 조직을 만들어 나가야 했다. 이처럼 지노협이든 산업·업종별 조직이든 대중적 토대를 강화하는 사업은 상층 중심의 사업으로는 불가능한 것이었다. 전노협은 이러한 조직의 기본원칙을 방기함으로써 전노대의 성과를 전노협 조직 확대·강화하는 것으로 수렴할 수 없었다. 오직 전노협 강화냐 전노대 강화냐라는 관념적인 논의만이 상층을 중심으로 분파적 이해관계에 따라 끊임없이 진행되었다. 그 결과 전노협은 지노협 강화도 산업·업종별 조직화도 그 어느 것 하나 제대로 수행하지 못한 채 전노협 한계론의 주도하에 민주노총 건설로 떠밀려 갔다.

제3장 전노협 청산

1. 민주노총 준비위원회 결성(1994년 11월 13일)

상층 중심의 사업 작풍

民주노총 건설에 대한 전노협의 방침이 2안(전노협 한계론) 중심으로 결정되면서 민주노총 건설은 본격적으로 추진되었다. 그동안 전노협 방침이 결정되기만을 기다려 왔던 업종회의[1]도 1994년 9월 2일 전노대 수련회 장소에서 임시 중앙위원회를 개최하여 업종회의 안을 확정했다. 전노대 집행위는 전노대 단위노조 대표자 수련회에서 '민주노총 건설 추진위원회'를 공식 발족할 계획을 가지고 있었다. 그러나 현총련은 상반기 임금인상 투쟁이 늦어지면서 내부 토의가 전혀 안 되었다는 이유를 들어 추진위원회 발족 연기를 요청했다. 대표자들은 장시간 토론 끝에 여타 조직에서도 대중적 토의가 부족했음을 인정하고 현총련의 제안을 받아들이기로 결정했다.[2] 업종회의 내에서 논의 수

----

[1] 김영대는 만약 2안이 아니라 1안으로 전노협 방침이 결정되었다면, 업종회의에서는 민주노총 건설이 상당기간 늦어질 것으로 보고 별도로 행보했을 가능성이 컸다고 보고 있다. 그러나 김영대의 생각은 그 당시 업종회의가 그럴 생각이 전혀 없었고 그렇게 할 형편도 아니었다라는 점에서 사실과 다르다(사무금융노련조차 민주노총 준비위원회 결성에 반대했다). 그리고 권영길 당시 업종회의 의장도 "업종회의는 전노협 방침이 결정되기만을 기다리고 있었다"(권영길 면담, 2006)라고 증언하고 있다. 이렇게 보면 전노협에서 민주노총 준비위원회 건설에 대한 방침이 정해지면서 본격적으로 민주노총 건설이 추진되었다고 볼 수 있다.

[2] 이러한 대표자회의의 추진위원회 발족 연기 결정에 대해 업종회의 일부 간부와 서노협 의장(김영대), 인노협 의장(최동식)이 강력 반발하기도 했다(『주간정세동향』, 1994년 9월 5일). 이러한 행동에 대해 전노협 대표자회의에서는 '전노협 중앙 결정이 지역의 의견과 다르다 할지라도 전노협 차원에 근거하여 통일된 발언과 입장을 견지하여야 한다'라고 비판하고 있다(『전노협

준이 가장 높다는 전문노련조차도 전노대 수련회를 평가하면서 민주노총 건설에 대한 논의가 조직적으로 거의 이루어지지 않았음을 다음과 같이 보고하고 있다.

…… 〈전노대 수련회 평가 및 후속조치 건〉 …… 1. 평가 : 연맹 내부에서 민노총에 대한 논의가 조직되지 않았던 점을 반성. …… 회의 및 각종 토론에 성실하게 참석하지 않은 일부 위원장이 있었던 점과 술좌석에서 불미스러운 일이 있었던 점 등이 지적되면서 앞으로 조직적인 행사 참여시 연맹 내부 규율이 필요함을 지적. …… 2. 후속조치 : 가맹노조에 민노총 추진계획, 대표자 수련회 결정사항 등을 알려 주고 이를 토론해 볼 것을 요청하는 공문을 이근원 국장이 발송키로 함(「전문노련 33차 중앙집행위원회 (1994년 9월 6일) 결과보고(1994년 9월 9일)」).

현총련은 9월 12일 중앙위원회를 열어 '11월 준비위원회 구성, 1995년 상반기 민주노총 건설' 일정에 의문을 표시하면서, 조합원들의 논의와 실천이 이루어지지 않는 '일정박기식' 상층 논의 중심의 사업방식에 대해 강력하게 문제 제기한다. 이러한 비판은 현총련에 국한되지 않고, 경기노련도 "전노협의 전체 결정에 의한 추진 일정을 따르겠지만 현장 조합원들과 일선 노조 간부들 차원에서 좀 더 활발한 논의가 진행되어야 한다"고 비판했다. 사무금융노련도 9월 업종회의 안을 검토하는 중앙집행위원회에서 민주노총 건설 일정, 사업방식과 관련하여 집행위원 13명 중 10명이 반대 의견을 표명했다.[3] 이러한 현총련의 문제 제기에 따라 9월 30일 개최된 "전노대 제18차 대표자 회의"에서는 '민주노총 건설 추진위원회'를 구성하되 11월에 바로 준비위원회로 전환하는 것이 아니라, 추진위원회 활동성과를 보면서 전국노동자대회

백서』 7권, 438).

3 사무금융노련의 한 간부는 "참여는 극대화해야 한다. 그러나 지금까지의 논의가 집행간부 중심으로 날짜를 정해 놓고 끌려가는 문제점은 없었는지 냉정히 살펴야 한다"라고 비판하고 있다(『내일신문』, 1994년 11월 16일자; 『산별노조운동 관련 자료모음(4)』 125).

직전에 준비위원회 결성 시기를 결정하는 것으로 합의했다. 이렇게 결정한 이유는 지금 민주노총 건설 시기를 확정할 수 없다는 현총련의 강력한 반발 때문이었다. 그리하여 현총련은 10월 29~30일 대의원대회에서 '민주노총 건설은 95년 상반기 임단투의 투쟁적 성과 위에서 힘 있게 건설되어야 한다'고 결의했다. 현총련의 이러한 민주노총 조기 건설에 대한 부정적인 입장 때문에 11월 8일 개최된 "전노대 제19차 대표자회의"에서 발족 시기 문제를 놓고 격론이 벌어지게 된다.

토론 결과, 전노대는 현총련의 문제 제기를 받아들여 민주노총 건설 시기는 결정하지 않고, 다만 11월 13일 전국노동자대회에서 민주노총 준비위원회를 발족시키는 데에만 합의한다. 이처럼 민주노총 건설 시기에 대한 입장 차이로 전노대는 조직 체계 및 구성, 지도집행 체계, 사업계획 등 조직 건설의 기본적인 내용은 물론 조직 명칭조차도 결정하지 못한 채로, 민주노총 준비위원회를 전국노동자대회에서 일단 선포하는 것으로 결정하게 된다. '우선 선포부터 해 놓고 나중에 조직을 만들어 가자'는 편법적인 방식으로 민주노총 준비위원회를 출범시키기로 한 것이다. 이렇게 민주노총 준비위원회가 내용적으로 아무런 의식적·조직적 준비도 없이 조직형식적으로 만들어진 결과, "민주노총 준비위원회가 선포되고, 풍선이 올라갈 때도 참가자들이 준비위원회가 선포되었는지조차 모를 정도로"(『전노협 1994년 사업보고』, 142) 조합원들의 주체적인 참여와 결의 수준은 매우 낮았다. 더구나 "민주노총을 투쟁을 통해 건설한다면 노동법개정 투쟁과 전태일 열사의 투쟁정신이 올바로 살려져야 했을 것인데"(『전노협 1994년 사업보고』, 142), 대회의 명칭 ─ "민주노총 건설을 위한 전국노동자대회" ─ 에서조차 '노동법개정 투쟁과 전태일 열사 정신 계승'이 빠져 버렸다는 것은, 민주노총 준비위원회가 출발부터 얼마나 심각한 문제를 가지고 있었는가를 상징적으로 보여 주는 것이라고 할 수 있다. 그 결과 전국노동자대회 이후 민주노총 준비위원회 체계가 공식적으로 구성되는

12월 30일까지 약 한 달 반 동안 민주노총 준비위원회는 완전히 개점휴업 상태가 된다. 민주노총 준비위원회는 12월 20~21일 "1995년 임금인상·단체협약 갱신투쟁과 사회개혁투쟁 세미나"를 개최한 것 이외에는 아무런 사업도 하지 못했다.

11월 30일 개최된 "민주노총 준비위원회 제1차 대표자회의"에서 민주노총 준비위원회는 비로소 실질적인 준비위원회 체계로 전환되었다. 이 회의에서 조직 명칭과 조직 체계, 지도집행 체계를 결정하고 공동대표와 집행위원장을 선출했다. 그런데 집행위원장 선출과 관련하여 그 선출 방법에서부터 장시간 논란을 벌인 끝에 표결에 의해 25 대 15로 허영구를 집행위원장으로 선출했다. 집행위원장 경선에는 조선노협 의장인 최은석과 전노대 집행위원장인 허영구가 출마했는데, 이 표결 결과는 이후 민주노총 준비위원회의 활동 방향과 관련하여 매우 중요한 의미를 갖는다. 이는 향후 민주노총 준비위원회의 노선이 '25 대 15로 대표되는 다수파의 주도하에 정립되어 감'을 의미한다. 이는 전노협을 중심으로 한 제조업 노동자들의 전투적이고 변혁지향적인 흐름과 업종회의로 대표되는 온건·타협적인 합법·개량(혁)주의적인 흐름이 집행위원장 경선을 통해 본격적으로 나타나기 시작한 최초의 대립이라는 의미를 갖는 것이었다.

(필자 : 표 대결하면 무조건 지게 되어 있는 구도인데 그 때 최은석 의장이 왜 출마했어요?) …… 제조업 정서를 좀 반영하자 해 가지고 …… 그때 업종회의 사람들 못 믿겠다는 정서들이 있었죠 …… 민주노총이 소위 투쟁 중심이 아니라 타협 중심으로 갈거다라는 우려를 많이 한 거죠. 막연하나마 그런 생각을 가지고 있었죠 …… 그런 것들을 봤을 때 일방적으로 업종회의 중심으로 가면 한국 노동운동이 빨리 무너진다. 전투적 중심을 잃어버릴 가능성이 크다. 이런 우려가 있었죠(백순환 면담, 2005).

그리고 실질적으로 사업을 의결하고 집행해 나가는 지도부로서 운영위원을 선출하는 문제와 관련하여 또다시 격론이 붙었으나 결론을 내지 못하고 다음 회의로 연기되었다. 쟁점은 운영위원의 자격 문제였다. 운영위원을 현직 대표자회의 구성원 중에서만 뽑자는 것이었다. 이렇게 되면 그동안 투쟁 과정에서 해고되어 현재 조직의 대표를 맡고 있지 않거나, 전직 위원장 등 지도력 있는 동지들은 운영위원회에서 배제되는 것이었다. 구체적으로 단병호 전노협 전 위원장을 운영위원으로 포함시킬 것인가, 말 것인가의 문제를 놓고 치열한 공방이 벌어졌다. 반면에 전국조직의 경험도 투쟁의 경험도 없는 신생 조직들—"기아그룹노동조합총연합"(이하 기총련), "전국농업협동조합노동조합연합"(이하 전농노련) 등—은 조합원 수 비례를 주장하며 운영위원 배정을 요구했다.[4] 수년 동안에 걸친 자본과 정권의 탄압에도 불구하고 민주노조운동의 전국적 지도부 역할을 해 왔던 동지들을 민주노총 준비위원회의 집단적 지도력으로 세우고 만들어 가는 과정이 아니라, 단순히 조합원 수에 비례해서 운영위원을 배정하겠다고 하는 것은 민주노조운동의 정신과 역사성을 부정하는 행위였다.[5] 이는 전노협의 지도력 구성과 비교해 보면 극명하게 대비된다. 전노협은 소속 지노협의 대표자들뿐만 아니라 해고되거나 전노협 소속이 아닌 동지들 중에서도 "선출직 중앙위원"이라는 제도를 두어 지도력을 구성하고 있었다.[6] 이러한 지도력 구성에 대한 근본적인 입장 차이 때문에 이 또한 표결로 처리되었고, 집행위원장 선출시 나타났던 똑같은 비율로 운

---

4 기총련 준비위원회는 민주노총 준비위 대표자회의가 열리기 약 한 달 전인 1994년 11월 5일에 결성되었는데 운영위원으로 한 명이 배정되었다.

5 금속일반 노조 간부수련회(1994년 12월 3~5일)에서는 "중앙지도력 구축 문제와 관련하여 87년 이후 전개된 민주노조운동의 역사성과 투쟁정신을 계승하고, 그동안 성장한 지도, 집행력이 최대한 포괄되어야 한다"라고 지적하기도 했다(『전국노동자신문』 152호, 3).

6 현직 대표자가 아니면서 선출직 중앙위원으로 선출되어 활동했던 동지들로서 단병호, 현주억, 문성현, 정윤광, 권용목, 김진국, 이석행 등이 있었다.

영위원은 현직 대표자회의 구성원 중에서만 선출하는 것으로 결정되었다. 운영위원회는 지역 3명, 업종 7명, 그룹 4명, 공동대표 3명, 집행위원장 1명 등 총 18명으로 구성되었다. 조합원 2만 5천 명당 1명의 비율로 운영위원이 배정된 것이었다.

이는 자본과 정권의 탄압에 맞서 노동자계급의 이해를 가장 잘 대변하고, 투쟁과 조직을 가장 잘 이끌어 나갈 수 있는 역량과 의지를 갖춘 사람을 지도력 선발의 첫째 기준으로 삼는 것이 아니라, 단지 조합원 수만을 기준으로 한 것이었다.[7] 바로 이러한 조직 패권적 행위가 전국적 지도부를 뽑는 과정에서 아무런 원칙도 기준도 없이 이루어졌다는 것은,[8] 이후 민주노총이 어떠한 방향으로 건설되어 나갈 것인지를 일찍부터 예시하는 것이었다.

결국 이러한 운영위원 선출 과정은 그동안 민주노조운동의 전국적 구심 역할을 해 왔던 전노협이, 민주노총 준비위원회에서 공식적으로 그 대표성과 지도성이 부정되는 것을 의미하는 것이었다. 전노협은 이때부터 사실상 청산 과정으로 들어갔다. 전노협의 상층 지도부는 이렇게 전노협이 근본적으로 부

---

7 이러한 지도력 선출 방식은 단위노조 수준만도 못한 것이었다. 단위노조에서도 가장 숫자가 많은 부서 비례대로 위원장과 집행부를 뽑지 않는다.

8 "대노협은 조합원 수가 35,700명인데 의무금은 17,000명만 내고 3명의 대표를 파견하겠다고 했고, 전농노련은 조합원 27,000명인데 10,000명의 의무금만 내고 2명의 대표권을 행사하겠다고 했다"(『노동운동』 1995년 1·2월호, 58). 만약 투쟁에 참가하는 조합원 숫자, 특히 연대투쟁에 참가하는 조합원 수에 비례해서 대표 파견의 기준으로 삼자고 했으면, 대노협이나 전농노련 같은 주장은 부끄러워서 감히 하지 못했을 것이다. 참고로 1993년 전국노동자대회에 참가한 조합원 수를 비교해 보면, 전노협(미가입 지역 포함) 9,315명, 업종회의 1,197명, 현총련 1,500명, 대우조선 240명이다(『전노협 백서』 6권, 571-2). 그러나 민주노총 준비위원회에서 결정된 운영위원 수는 전노협 3명, 업종회의 7명, 그룹 4명으로 연대투쟁 참석 조합원 수와 역비례로 배정되었다. 이처럼 연대투쟁 참석 조합원 수 비례로 대표자나 운영위원을 선출했으면 민주노총 준비위원회의 지도력 구성은 달라졌을 것이다. 양과 질을 종합한 기준에 의해서가 아니라 양적 기준에 의해서만 대표가 선출됨으로써, 민주노총은 '악화가 양화를 구축'한 결과를 가져오게 되었다는 비난을 받아도 할 말이 없게 되었다.

정당하는데도 조합원들과 그 내용을 공유하고 어떻게 할 것인지를 전혀 의논하지 않았다. 단지 전노대 만들 때와 똑같은 방식으로 수십 명에 불과한 상층 대표자들끼리 그것도 표 대결이라는 방식을 통해 전노협의 운명을 일찍부터 결정지었다. 그리고는 "대세이기 때문에 어쩔 수 없었다"는 변명만 되뇌고 있을 뿐이었다. 그러나 1994년 12월에 2개 노조, 1995년 1월에 3개 노조가 가입[9]하는 등 전노협의 역할에 대한 노동자들의 요구와 열망은 계속되고 있었다. 1994년 12월 2일 조합원의 88% 지지로 전노협에 가입한 부천의 유성기업노조 위원장은 "현재의 민주노총 건설 사업도 문제가 많다고 본다. 튼튼하고 올바른 민주노총을 건설하기 위해서는 전노협의 할 일이 많다"(『전국노동자신문』 153호, 3)며 전노협 역할의 중요성을 강조했다.

이처럼 소속 조직의 상태와 수준이 각각 다른 연합조직 건설의 초기 단계에서부터 '합의가 아닌 표결'을 통해 일방적으로 밀어붙이던 민주노총 준비위원회의 사업방식은, 마침내 민주노총 건설 시기 결정과 관련하여 아래로부터 강력한 반발에 부닥친다. 1995년 2월 9일 열린 민주노총 준비위원회 운영위원회에서 현총련과 대노협 대표가 참가하지 않은 가운데 표결을 강행하여 10대 5로 민주노총을 5월 1일 결성하는 것으로 결정했다.[10] 민주노총 건설 시기로 '5월 1일 건설 안'과 '10월 초순 건설 안'이 제출되어 격론을 벌였는데 각각의 근거는 다음과 같다. '5월 1일 건설 안'은 "준비가 미흡하다는 이유로 건설

---

9 1994년 12월 2일 부천 유성기업노조, 12월 13일 전북 신아노조, 1995년 1월 5일 삼아약품노조, 1월 13일 대원산업노조, 1월 19일 한일산업노조(이상 경기노련) 등이 전노협에 가입했다(『전국노동자신문』 152, 155~158호), "전노협 제6차 대의원대회"(1995년 1월 22일) 때 8개 노조가 새로 가입한 것으로 보고되었다(『전국노동자신문』 158호, 1).

10 이때 참가한 운영위원들의 명단은 다음과 같다. 양규헌, 권영길, 권용목(이상 공동대표), 허영구(집행위원장), 김영대(서울), 김영신(언론), 김유미(병원), 문성현(마창), 박태주(전문), 배석범(건설), 홍순영(대라-전지협), 이부영(전교조), 이재남(기아총련), 최동식(인천), 채운석(대라-사무금융) 등 15명이다.

을 미룰 수 없으며, 시기를 결정하고 그것에 맞춰 준비를 서둘러야 한다. 지자체 선거 방침을 민주노총의 이름으로 공식 확정해야 지자체 선거에서 적극 실천할 수 있다'고 주장했다. '10월 초순 건설 안'은 "상반기에 임단투와 사회개혁투쟁에 집중하고, 조직의 내실을 다져 가면서 그 성과를 모아 하반기에 민주노총을 건설해야 한다. 민주노총을 건설하기 위해서는 각 조직별로 대중적 참가를 결의하는 최소한의 과정이 필요한데, 현재의 조건에 비추어 볼 때 5월 1일은 너무 이르다"고 주장했다(『전국노동자신문』 159호, 4). '5월 1일 건설 안'은 전노협 2안과 업종회의 안에서 일관되게 주장하고 있던 내용과 동일한 것으로, 가능하면 빨리 민주노총을 만들어서 지자체 선거 등 1995, 96, 97년까지 이어지는 정치 일정에 대응하는 것을 주요한 목표로 설정하고 있었다.

> 더욱이 1995년부터는 지자체 선거(6월) 등 선거일정이 매년 자리 잡고 있다. 따라서 이러한 제도 정책적, 사회 정치적 과제에 부응하고, 지자체 선거 등 향후 정치일정에 통일적인 방침을 가지고 효과적으로 대응하면서, 전체 민주노조 진영의 통일단결을 높이기 위해서는 1995년 상반기 민주노총 건설이 절실히 요구된다(「전노협 조직발전 전망 제2안 발제문」).
> 1995년 지방자치단체장 선거, 1996년 국회의원 총선, 1997년 대통령 선거 등으로 이어지는 일련의 정치일정 속에서 각 조직별 특성에 맞는 정치적 실천이 불가피할 것이고, 이는 곧 민주노조 각 진영 간의 차이를 더욱 증폭시킬 우려가 크다. 무엇보다도 총자본과 정치권력에 대항할 민주노조 진영의 강력한 중앙조직을 하루빨리 건설해야 한다(「업종회의 조직발전 전망 안」).
> 나는 전략적으로 95년 상반기에 해야 된다고 내가 강하게 주장을 했지만 사실 내 속셈은 하반기에 해도 된다. 95년을 넘기면 안 된다는 게 내 총체적인 생각이고 …… 그런데 이 사람들이 95년도를 넘기려고 생각을 하는 거야. 그래서 회의하다말고 정회해서 내가 그냥 상소리까지 했어. …… 민주노총만 만들 일이 아니라 정체세력화에 대한 일정이 있는데 ……97년 대선에 참여를 해야 된다는 것이 그다음 그림이니까 …… 그래서 97년 대선에 적극적으로 나서야 된다고 그림을 그려놨기 때문에 그 일정에 (맞춰 나가려면) 95년에 안 생기면 차질이 생겨서 안 된다. 정회해 놓고도 개인적으로 불러서 막 난리를 쳤지 …… (배석범 면담, 2005).

이처럼 '5월 1일 건설 안'은 민주노총을 건설하는 목적이, 제대로 된 산별 노조를 만들어서 자본과 정권에 맞서 전면적으로 투쟁하는 것보다는 민주노총을 기반으로 해서 선거 등 합법 정치에 대응하는 것에 상당한 비중을 두고 있었다.[11] 그렇기 때문에 '5월 1일 건설 안'은 투쟁을 통해 조합원들의 참가나 결의를 모아 나가는 과정보다도 민주노총이라는 조직형식을 어쨌든 빨리 만드는 것을 매우 중요하게 생각했던 것이다.

이러한 운영위원회의 결정은 즉각적으로 경기, 대구, 부산, 마산·창원 등 각 지역과 현총련, 대노협 등 제조업을 중심으로 한 조직에서 엄청난 반발을 불러일으켰다. 현총련은 2월 11~12일 열린 현총련 대의원대회에서 상층 중심의 결정과 합의 정신을 무시한 표결 처리방식의 사업 작풍에 문제 제기하면서, 만일 5월 1일로 강행 처리한다면 민주노총 사업에 사안별로 결합한다고까지 결의한다. 이런 분위기에서 2월 15일 열린 "민주노총 준비위원회 제4차 대표자회의"에서는 세 차례에 걸쳐 정회를 거듭하는 등 7시간에 걸친 토론 끝에, '5월 1일 민주노총 건설 안'을 폐기하고 1995년 11월 전국노동자대회에서 민주노총 건설을 선포하되 각급 조직의 토론을 거쳐 차기 회의에서 최종 결정하는 것으로 합의하게 된다.

그러나 이러한 결정도 민주노총 건설을 둘러싼 입장 차이가 근본적으로 해소된 것이 아니라 서로 절충하고 타협한 것에 지나지 않았기 때문에, 건설 시기만 몇 개월 늦춰졌을 뿐 상층 중심의 표결에 의한 조직 운영과 사업 작풍의 문제는 여전히 남아 있는 것이었다. 특히 "제조업에서의 산업·업종별 조직

---

11 이러한 합법 정치적 지향은 97년 대선 때 민주노총 초대위원장이 1년 6개월 만에 무리하게 대통령 후보로 출마하는 것으로 나타나게 되는데 이에 대해 전노협 한계론(민주노총 조기 건설론) 내에서조차 다음과 같이 비판하고 있다. "출범한 지 두 돌밖에 안 된 민주노총이 그것도 조직 안팎을 정비하기에 급급한 시점에 무리하게 '초대 위원장의 대통령 선거 출마'를 결정하고, '참담한 패배'를 겪음에 따라 그 위상과 지도력에 손상을 입게 되었다"(김유선 1998, 64).

재편 문제와 관련하여 민주노총 건설에 대한 준비가 부족하다"는 주장에 대해, "제조업의 산업·업종별 재편이 언제까지 될 수 있다는 보장이 없는 상황에서, 그 준비 정도는 조합원들의 주체적 참가 정도가 판단의 기준이 아니라 단순히 실무적 준비 정도가 그 기준"(박태주 전문노련 위원장 발언, 『전국노동자신문』 160호, 3)이라고 보는 업종회의 쪽 주장과는 상당한 차이가 있었다. 더구나 "조직 건설과 관련한 주요 방침을 합의가 아닌 투표로 결정할 수 있는가? 전노협, 지노협이 합의정신을 바탕으로 주요 사안에 대해 표결하지 않았던 것처럼 민주노총 또한 합의정신에 기초하여 결정하여야 한다"라는 의견과 "회의의 일반원칙에 따라 표결 처리해야 한다"[12]라는 의견 사이에는 넘을 수 없는 벽이 가로놓여 있었다.

　　이처럼 민주노총 건설 시기를 둘러싼 민주노총 준비위원회에서의 논란과 결정 과정은 민주노총 준비위원회 상층 지도부의 문제점이 대중적으로 알려지는 계기가 되었다는 점에서 이후 민주노총 건설 과정에서 일정 정도 긍정적으로 작용하게 된다. 그러나 민주노총 준비위원회는 조합원 대중의 주체적 참가 정도나 결의 수준에 따라 민주노총을 건설해 나가는 방식이 아니라, 여전히 일정을 미리 박아 놓고 상층에서부터 아래로 강제해 들어가는 사업방식을 취한다. 그 결과 몇 차례에 걸쳐 민주노총 건설 시기는 변경되는데, 3월 대표자회의에서는 '10월 중 결성, 11월 전국노동자대회 선포'라고 결정되었다가, 6월 운영위원회에서는 '대중적 선포일인 노동자대회와의 간격, 창립대회 날짜의 상징성 등을 고려하여' 10월 22일, 11월 1일, 11월 11일로 날짜를 놓

---

12 사무금융노련의 이러한 조기 건설 입장은 몇 개월 전인 1994년 9월 사무금융노련 중앙집행위원회에서 대다수가 반대를 했던 것과는 완전히 상반된 것이다. 이렇게 된 것은 의결과 집행단위에서 확실한 우위를 차지하게 됨으로써, 전노협과 같은 전투적 기조가 아니라 업종회의를 중심으로 한 온건·타협적 기조로 민주노총을 주도해 나갈 수 있다고 보았기 때문일 것이다. 사무금융노련은 작년 중집에서 민주노총을 상반기에 건설하는 것에 반대를 했었는데 이는 5월 1일 건설을 찬성하는 것과는 이율배반적인 것이다. 5월 1일은 상반기가 아닌가?

고 다시 토론에 들어간다. 결국 7월 대표자회의에 가서야 최종적으로 '11월 11일 민주노총 창립 대의원대회, 11월 12일 전국노동자대회'로 결정한다. 이처럼 민주노총은 건설 시기를 결정하는 데서도 단적으로 드러나고 있듯이 투쟁이나 조직 역량 등의 준비 정도에 따라 일정을 잡고 조직 건설을 추진해 나갔던 것이 아니라, 아무런 원칙도 없이 상층 간부들끼리 책상위에서 그림 그리는 식으로 그렸다 지웠다를 반복하면서 졸속으로 만들어져 갔다.

전노협 공동화

1995년 6년차 대의원대회 평가에서도 지적하고 있듯이 전노협은 그동안 상층 논의 중심의 사업을 펼쳐 온 결과, 지역과 중앙의 사업내용에 대한 공유도도 낮아지고 중앙의 방향제시 내용 또한 취약해짐에 따라, 전노협 지도부의 지역에 대한 지도력이 상당히 약화되었다. 특히 전노협은 민주노총 준비위원회 이후 당장 실천해야 할 지역조직 재편에 대한 방향조차 제시하지 못함으로써 전노협 지도부에 대한 기대감과 신뢰를 많이 떨어뜨렸다. 더구나 전노협은 대표자회의 등 각종 의결기구의 결정이 책임 있게 제대로 수행되지 않음에도 불구하고 잘못이 시정되지 않는 등 지도부의 기풍 또한 매우 약화되어 있었다(『전노협 백서』 7권, 412).

이런 분위기 속에서 민주노총 준비위원회가 만들어지면서 그동안 전노협이 담당해 왔던 거의 모든 사업들은 민주노총 준비위원회로 넘어갔다. 민주노총 준비위원회에 10명이 파견되는 것을 시작으로 그 후 몇 차례에 걸쳐 총 20명의 상근 집행력이 민주노총 준비위원회와 금속연맹 추진위원회 등으로 빠져 나가면서 사실상 전노협은 집행 기능이 대폭 축소되었다. 이와 함께 전노협 위원장과 지노협 의장 등 거의 대부분의 주요 지도력들이 구속되거나 수배됨으로써[3] 전노협과 지노협은 일상적인 사업을 집행하는 데 많은 어려움을 겪고 있었다. 이러한 지도집행력의 공백과 함께 민주노총 건설을 둘러싼 내부의 대립·갈등은 전노협의 통일된 의사결정을 더욱 어렵게 함으로써, 사실상 전노협은 하나의 조직으로서 거의 아무런 역할도 하지 못한 채 점점 무력화되어 갔다.

전노협은 "전노협 제6차 대의원대회" 결의사항을 구체화하기 위해 중앙위원회를 소집하여 전노협 조직발전 안을 재검토하고, 금속산업노조 재편과 지역조직 재편에 대한 방침을 결정하려고 했다. 그러나 전노협은 1995년 4월 21일 열기로 한 중앙위원회가 성원 부족으로 유회되면서 아무런 방침도 정하지 못하게 된다. 그리고 전노협은 중앙위원회가 개최되지 못한 6개월 동안 대표자회의가 다섯 차례나 열렸지만 아무런 논의도 결정도 하지 못하고 모든 것을 중앙위원회로 미뤄 버린다. 이런 상황에서 8월 11일 드디어 "전노협 제5기 8차 중앙위원회"가 개최되었지만, 조직발전 안은 이미 시간이 많이 흘러 논의할 필요성이 없어졌다는 이유로 폐기되었고, '지역조직의 성격과 위상 정리에 관한 건'과 '임금인상 투쟁 평가에 관한 건'은 성원 부족으로 유회되면서 다시 대표자회의로 위임되어 버린다. 이에 대해 9월 15일에 열린 "전노협 제13차 대표자회의"는 위임된 안건을 책임 있게 결정하지 못하고 다시 중앙위원회로 넘겨 버린다. 9월 21일 재차 소집된 "전노협 제9차 중앙위원회"에서는 '지역조직의 성격과 위상 정리에 관한 건'에 대해 '여러 다른 의견이 존재하고 이를 하나의 의견으로 모으기에 어렵다'는 이유로 결정을 하지 못하고, 각 지역이 알아서 하도록 다시 책임을 회피해 버린다. 이처럼 전노협 상층 지도부

....

13 양규헌 위원장, 이승필 마창노련 의장(이상 수배), 문성현 사무총장, 문영만 부양노련 의장, 박용선 대구노련 의장, 박양희 부노협 의장, 정우달 회계감사, 이준형 경기노련 직무대행, 김상진 광노협 의장(이상 구속).

는 1995년 내내 거의 모든 회의에서 전노협의 통일된 방침을 내오기 위해 책임 있는 논의와 결정을 하지 않았다. 현총련이 자기 조직의 입장을 관철시키기 위해 치열하게 투쟁한 것과 비교하면, 전노협은 지역조직의 위상에 대헤서는 물론이고 민주노총의 강령·규약에 대한 토론조차 제대로 하지 않았다.

지역조직의 위상에 관한 내용은 민주노총 준비위원회에서도 2월 대표자회의 때부터 안건으로 채택되어 10월 대표자회의에서 규약으로 확정될 때까지 계속 논의 안건으로 올라왔던 내용이다. 지역조직 운영에 대한 실천 경험은 전노협 이외의 다른 조직에는 없기 때문에 지역조직에 대한 내용은 전노협에서 입장을 정리하여 제출하는 것이 민주노조운동 발전을 위한 책임 있는 태도였다. 이러함에도 전노협 상층 지도부는 책임 있게 이 문제를 고민하고 방침을 결정하지 않았다. 지역조직의 위상을 어떻게 설정하느냐 하는 것은 사실상 전노협 정신 계승의 핵심적인 내용이었다. 지역조직이 한국노총식의 단순한 행정기구나 임의기구가 아니라 지역 민주노조운동의 투쟁과 조직의 구심으로서의 역할을 수행하려면 지노협과 같은 지역연합조직의 위상을 가져야 했다. 바로 이러한 내용을 지노협의 실천 경험을 통해 구체적으로 제시함으로써, 민주노총에 계승·발전될 수 있는 근거를 마련하는 것이 무엇보다도 중요했다. 지역조직에 대한 토론 자료는 전노협 사무총국에서 정리하여 이미 2월 대표자회의 때부터 제출되어 있었다. 그런데도 전노협 상층 지도부는 지역조직의 위상에 대한 방침을 결정하지 않았다. 그 결과 민주노총 준비위원회 대표자회의에서 지역조직의 위상은 1명의 대의원도 배정받지 못하는, 가맹조직이 아닌 단순한 산하 행정기관으로 결정되어 버린다. 지노협의 귀중한 역사적 실천 경험이 완전히 부정되어 버린 것이다.

민주노총의 강령·규약에 대한 내용도 민주노총 준비위원회에서는 7월부터 거론되기 시작하는데도 전노협 대표자회의나 중앙위원회에는 토론 안건으로도 올라와 있지 않았다. 전노협 내에서 토론하여 통일된 방침을 가지고 민주노총 준비위원회에 관철시켜 가는 것이 아니라, 거꾸로 전노협 내에서는 아무런 토론도 하지 않은 채 민주노총 준비위원회에 가서 서로 다른 입장으로 토론하는 지경에까지 이르고 있다.[14] 뿐만 아니라 대의원대회에서 결의한 전노협에 대한 평가 작업을 통해 전노협 정신을 민주노총에 어떻게 계승·발전시켜 나갈 것인가에 대한 구체적인 고민과 노력들도 없었다. 단지 전노협 해산이 결정되고 난 후 사후 평가 차원에서 의례적으로 평가 작업을 진행했을 뿐이었다. 왜 그랬을까? 금속산업노조의 조직 재편 문제에 모든 관심들이 집중되어 있었기 때문이다. 금속산업노조의 조직 재편을 둘러싸고 다시 1안과 2안 진영이 대립하고 있었던 것이다. 이런 상황에서 전노협이 제대로 굴러갈 수 없는 것은 너무도 당연한 것이었다.

전노협은 창립 이래 한 번도 빠짐없이 전국공투본을 결성하여 임단투를 지도·지원해 왔으나 이제 그 역할은 민주노총 준비위원회로 완전히 넘어갔다. 이는 이제 민주노총 준비위원회가 실질적으로 전노협을 대체하여 민주노조운동의 구심으로 확실하게 자리 잡았다는 것을 의미한다. 이런 상황에서 전노협은 "임투 대책회의"와 "임투 상황실"을 꾸려 대응하려 했지만 제대로 되지 않았다. 전노협은 4월 7일과 5월 17일 두 차례에 걸쳐 임투 대책회의를 소집했으나 참석이 저조하여 무산되었다. 임투 상황실도 민주노총 준비위원회와의 업무 중복과 인원 부족으로 충분하게 그 역할을 수행할 수 없었다. 임금요구 안 작성을 비롯한 모든 임단투 업무뿐만 아니라 이를 담당할 집행 인력까지 모두 민주노총 준비위원회로 넘어갔기 때문에 사실상 전노협은 임단투 실무 집행과 관련해서는 별로 할 일이 없었다. 이런 가운데 한국통신 투쟁, 현대자동차 양봉수 열사 투쟁, 대우조선 박삼훈 열사 투쟁 등 전국적으로 많

---

14 1995년 8월 24~25일 개최된 단위노조대표자 수련대회 때 민주노총 강령·규약 지정토론자로 김영대와 문성현이 선정되었다.

은 투쟁들이 터져 나왔지만, 전노협은 투쟁을 확산하고 발전시키는 데 거의 아무런 역할을 하지 못한다. 전노협이 투쟁을 책임지고 이끌어 나감으로써 지도력을 발휘하려는 것이 아니라, 모든 것을 민주노총 준비위원회에 미뤄 버림으로써 스스로 전노협의 위상을 무너뜨리는 무책임한 태도를 보이고 있었던 것이다. 이처럼 전노협은 민주노총 준비위원회가 출범하면서 대내외적으로 민주노조운동의 구심으로서의 역할을 민주노총 준비위원회에 넘겨줌으로써 일찍부터 전노협을 청산하는 길로 들어섰다.

2. 금속산업노조 조직 재편

금속산업노조 조직 재편과 관련하여 '산업별 연맹'으로 할 것인지, '업종별 연맹'으로 할 것인지를 놓고 "전국조선업종노동조합협의회"(이하 조선노협), "전국금속일반노동조합협의회"(이하 금속일반), "전국자동차노동조합총연합"(이하 자총련) 등 금속 세 조직이 첨예하게 대립했다. 그러나 대립은 해소되지 않은 채 세 조직은 별도의 연맹으로 민주노총에 가입하게 된다. 조선노협과 금속일반은 '금속연맹' 형태로, 자총련은 '자동차연맹' 형태로 민주노총에 가입한다. 민주노총에서 최대의 조합원 수와 투쟁·조직력을 가지고 있는 금속노동자들이 분열됨으로써 사실상 민주노총의 힘은 그만큼 반감된다. 이렇게 금속노동자들이 분열된 데는 각자 주장하는 것처럼 어떤 합리적인 근거가 있는 것은 아니다. 만약 논리의 문제라면 토론을 통해서 견해 차이를 어느 정도 좁혀 나갈 수 있다. 산업별 연맹이든 업종별 연맹이든 나름대로 장단점이 있을 수 있기 때문이다. 그러나 논리가 아니라 조직들 간의 헤게모니 문제가 되어 버리면 거기에는 더는 타협은 없다. 오직 다수결과 힘으로 밀어붙이는 것밖에 없는 것이다. 논리는 단지 자기 분파의 입장을 합리화하기 위한 하나의 장식일 뿐이다. 이러한 사실은 민주노총 건설 과정에서 일관되게 법칙처럼 관철되고 있다. 금속산업노조 조직 재편 문제도 이러한 관점에서 볼 때 좀 더 확실하게 이해될 수 있을 것이다.

전국조선업종노동조합협의회

조선노협도 처음 출발할 때는 '금속연맹'을 목표로 했던 것은 아니었다. 처음에는 조선업종 연맹이나 조선업종 단일노조를 생각했다. 1993년 9월 1~3일 열린 조선업종 노조 간부 수련회에서는 "궁극적으로는 업종별 단일조직(전국조선업종 노조)으로 나아가되 중간단계로서 조선업종 노조연맹을 생각할 수 있는" 것으로 정리하고 있다(『전국노동자신문』 93호, 3). 1993년 11월 10일 열린 조선업종 노조 대표자회의에서 규약(안)을 확정할 때까지만 해도, "규약 전문에 조선노협을 이후 조선노조연맹으로 발전시킨다는 조직발전 전망을 명기하는" 것으로 결정했다(『전국노동자신문』 102호, 1). 그래서 1994년 1월 30일 조선노협 창립 당시 규약 전문에는, "공동사업과 투쟁을 바탕으로 조선노동조합연맹으로 발전시키며 나아가 민주적인 산별 노조, 이에 근거한 민주노총 건설의 토대를 구축하고자 본 규약을 체결한다"라고 하여 조선연맹으로의 발전을 명시하고 있다. 그러나 이러한 기조는 창립할 때가 되면 바뀐다. 창립 선언문(『전노협 백서』 13권, 783-4)에 "조선노협의 깃발 아래 굳게 뭉쳐 자주적이고 민주적인 금속산별 건설을 위해……적극 나설 것이다"라고 금속산별을 명시하고 있다. 조선업종 노조와 같은 소산별이 아니라 금속산별이라는 대산별 지향을 분명히 하고 있는 것이다. 이렇게 된 것은 당시 전노협 지도부의 역할이 컸다고 볼 수 있다. 조선노협이 만들어지는 과정에서 전노협의 지원과 협조는 절대적이었다.[15] 이러한 관계는 "금속연맹 건설을 위하여"
라는 금속연맹 추진위원회 문건에도 나와 있다. "금속노동자들의 하나 되는
노력은 진지하게 모색되었다. 조선노협이 1994년 1월 30일 출범하는 과정에
서도 전노협을 중심으로 하는 지도부와 중심 노조위원장의 논의가 끊임없이
진행되었고, 모든 금속노동자들의 축복 속에서 조선노협은 건설되었다"(『전노
협 백서』 8권, 475-6)라고 기록되어 있듯이, 조선노협은 사실상 전노협 지도부
와의 토론 속에서 금속산별 지향을 분명히 했다고 볼 수 있다. 당시 조선노협
의 핵심 지도집행력을 구성했던 한진중공업노조 간부들의 증언에 의하더라
도 문성현 등 전노협 지도부의 영향력이 매우 강하게 미쳤던 것은 사실이다
(조길표·박재근 면담, 2005).

　　그러나 이처럼 금속산별 지향을 분명히 하고 출발한 조선노협은 1994년
투쟁을 평가하면서, 조선노협만의 조직강화와 단결투쟁만으로는 금속산별로
의 전망을 열어 나가기 어렵다고 보고, 전체 금속노동자들의 공동투쟁과 공
동실천을 통한 금속연맹 건설을 주장한다.

> 조선소는 작업환경이나 임금, 노동조건이 다른 업종에 비한다면 크게 다르지 않고, 사
> 업장이 부산 경남과 인천 한 곳에 집중되어 있다. …… 이런 점들은 자동차 업종이나
> 금속일반과 비교가 안 될 정도로 조합원들이 뭉치기 쉬운 동일업종 노조들이며, 이 같
> 은 동질감 위에서 산업재해, 직업병 추방 투쟁을 비롯해 일상적 연대, 공동교섭, 공동
> 투쟁을 착실히 발전시켜 왔다. …… 그러나 이 같은 노력에도 불구하고 조선노협만의
> 조직강화와 단결투쟁으로 확고한 발전 전망을 열기는 어렵다. 6대 조선소간 임금과
> 노동조건의 차이를 수년 내에 좁히기는 쉽지 않다. …… 지역, 업종, 그룹조직이 공존
> 하는 민주노조운동의 상황에서 연대의 경험이 축적되어 있는 각 지역과 그룹간 연대
> 를 단절하고, 업종 중심의 전망을 낼 수도 없었고, 또 그렇게 해서도 안 되는 것이었다.

15　이에 대해 최은석 조선노협 의장은 대회사를 통해 공식적으로 전노협에 감사의 마음을 표시
　　했다(『전국노동자신문』 112호, 1).

…… 공동교섭 문제(도) …… 산업(업종)별 노조운동을 절대로 용납하지 않는 총자본의 기도를 산업별로 뭉친 총노동의 힘으로 강제하지 않는 한, 조선 업종만의 노력으로 성사시키는 것은 불가능하다. …… 같은 업종 노조끼리의 노력만으로 기업별체계를 극복하고 강력한 금속산별단일노조를 건설하는 지름길을 찾기는 어렵다. …… 금속산별 노조 건설을 위해 전체 금속노동자들과 공동의 조직 대오를 구축하고, 공동의 실천을 함께 병행해야 하며, 그랬을 때만 업종조직인 조선노협도 발전할 수 있다(「조선노협 정책실 제안문」).

조선노협은 1995년 2월 18일 열린 대의원대회에서 〈금속산별 노조 건설을 위한 특별 결의문〉을 채택하여, "조선노협 단위로 가입하는 것은 자칫 단결의 폭이 산별이 아닌 업종으로 굳어질 수도 있어 산별 노조 건설에 지장을 줄 우려가 있기에 조선노협의 민주노총 가입은 유보하고, 전국금속노조를 건설하여 가입할 것"을 결의한다(『전국노동자신문』 160호, 4). 그리고 규약 개정을 통해 규약 전문에 있는 "조선노동조합연맹으로 발전시키며"라는 문구를 삭제함으로써 금속산별로의 지향을 분명히 한다. 이런 방침에 따라 조선노협은 자총련, 금속일반과 함께 금속 세 조직의 통합을 통한 금속연맹 건설을 제안해 보지만, 업종연맹으로의 지향을 분명히 하고 있는 자총련의 거부로 금속 단일조직 결성은 성공하지 못한다.

그런데 조선노협의 이러한 업종별 조직화 실험은 자신의 주관적 의도와는 상관없이 자총련으로 하여금 자동차연맹으로 독립해 나가는 하나의 구실을 제공해 주었다[16]는 점에서 역사적으로 새롭게 평가되어야 한다.

---

16 자총련은 조선노협 규약 전문에 명기되어 있는 '조선노동조합연맹으로 발전시키며……'라는 문구를 제시하면서 자총련의 정당성을 주장했다(「금속노동자의 통일 단결을 위한 자총련의 입장」).

자동차연맹 만들 빌미를 준 것이 조선노협이었죠. 조선노협을 안 만들었으면 바로 금속연맹으로 갔을 텐데 …… 우리는 쉽게 생각했죠. 조선노협 만들어서 이를 중심으로 금속연맹을 만들자! …… (노재열 면담, 2005).

조선노협의 업종별 조직화 실패의 경험은 지역연대투쟁을 활발하게 벌여 낼 수 있는 조직형태를 중심으로 산별 노조를 모색하지 않으면, 결국 산업별이든 업종별이든 상층 중심의 분파조직으로 왜소화될 수밖에 없다는 것을 잘 보여 주고 있다. 더구나 조선노협은 몇 개의 대공장 노조에 절대적으로 의존하는 조직 형태였기 때문에 지역의 중소노조들과 결합하여 연대투쟁을 할 수 없었고, 이러한 조건은 조선노협의 투쟁에 일정한 한계를 가져다주었다. 조선노협의 공동투쟁이 성공했더라면 자총련의 분파적 행동을 제압할 수 있었을지도 모르지만, 성과적인 투쟁이 없는 상태에서 자총련을 금속연맹으로 끌어들인다는 것은 사실상 어려운 일이었다. 자총련의 입장에서는 이러한 조선노협의 활동은, 실력은 없으면서 세력만 키우려고 하는 분파적인 행위로 볼 수도 있는 것이었다. 이런 점에서 산별 노조는 지역의 중소 노조들과 함께 연대할 수 있는 조직형태로 나가지 않는 한, 대공장이 주도하는 상급 조직 중심의 세 불리기식 분파활동으로 빠지지 않을 수 없다는 것을 조선노협은 잘 보여 주고 있는 것이다.

전국자동차노동조합총연합

자총련은 처음부터 '자동차연맹'으로의 전망을 분명히 하고 출발했다. 그리고 전노협과도 다른 노선임을 분명히 했다.

우리가 판단하기엔 그쪽에서 소산별을 하려고 하는 거 아니냐. 자동차 힘 있으니까. 자동차 빼버리면 조선 빠지고 그러면 금속 조그만 사업장들끼리만 해 가지고 뭐가 되겠느냐. 오합지졸 아니냐. 그래서 그렇게 했던 거고 …… 그 때도 어렴풋이 보니까 정파적인 문제도 있는 것 같고 주도권 문제도 있는 것 같고. 우리가 느끼기에 안 되겠다 이거 해산하자! 우리 입장에선 대의에 어긋난다 판단했고, (현대)정공은 정파에 결합되어 있었던 건 아니었기 때문에 상식선에서 판단해서 이건 아니다 …… (박준석 면담, 2005).

1994년 6월 삼성그룹의 승용차사업 진출 움직임에 대한 공동대응을 위해 모이기 시작한 완성차 노조위원장들은 현대자동차노조 이영복 위원장의 제안에 따라 '자동차업종연맹'을 추진하기로 결정한다. 그리하여 그들은 9월 28일 완성차 6사 노조가 모인 가운데 '자동차업종연맹 건설 추진위'를 구성하기로 하고, 11월 13일 이전까지 '자동차연맹 건설 준비위'를 결성하기로 결의한다. 그러나 이 과정에서 현대자동차노조는 민주노총에 대한 입장을 분명히 하자는 다른 노조들의 주장에 동의할 수 없다며 회의 도중 퇴장했고 그 이후에는 더는 참가하지 않는다. 그들은 이후 추진 과정에서 완성차 중심으로, 그것도 금속산별에 대한 지향 없이 '자동차연맹'으로 추진되는 것에 대해 많은 문제 제기가 있자, 10월 21~22일 완성차, 서비스, 부품업체 노조들까지 포함한 "전국자동차업종 노조 대표자회의"를 개최하여 '연맹 안'을 유보하고 "전국자동차업종 노조 연대조직 건설 추진위원회"(이하 자동차추진위)를 구성하기로 결정한다.

그러나 그들은 이러한 자동차추진위를 구성하면서 1993년 쌍용자동차 임금인상 투쟁 지원 대책을 계기로 결성되어 1년 이상 활동해 왔던 "경기남부 자동차업종 노조회의"에게는 참가 요청을 하지 않았다. 자동차추진위원장인 배범식 쌍용자동차 위원장이 "경기남부자동차업종 노조회의" 의장이었는데도 아무런 연락도 '같이 하자'는 제안도 없었다. 그들은 "경기남부자동차업종 노조회의"가 전노협 경기노련 중심으로 움직이고 있고, 자동차연맹이 아니라 금속산별 노조를 지향하고 있다는 것 때문에 자동차추진위에서 일부러 배제한 것이다. 이처럼 자동차추진위는 미리 자동차연맹을 상정하고, 이에 반대할 것이 분명한 부분은 아예 제외하는 등 처음부터 분파적인 의도를 가지고 출발했다. 때문에 "경기남부자동차업종 노조회의"에 참여하고 있던 기아자동차 아산지부, 쌍용자동차, 만도기계 등은 아무런 의논도 없이 자기들만 빠져 나가 자동차추진위에 참가하게 되고, 1995년 임금인상 투쟁 때는 경기남부 공투본에 참여하지 않고 별도로 "경기남부노동조합 연대회의"를 구성하여 독자적인 활동을 벌이게 된다.

그리고 그들은 경기남부 민주노총 추진위원회 결성 과정에서도 입장을 달리 했다. 그들은 전노협 정신 계승 문제와 관련하여 드러내 놓고 부정하지는 않았지만, "그러면 업종이나 대공장은 민주노조운동에서 한 역할이 없느냐? 전노협은 이제까지 조직 확대 사업을 해 온 것이 아니라 축소 사업을 해왔다"라고 말하는 등 사실상 전노협 정신 계승을 부정하고 있었다(「경기남부지역 민주노총 추진위원회 1차 대표자회의 4차 속개회의(1995년 9월 18일) 회의자료」). 또한 그들은 투쟁에 있어서도 삼성승용차 문제[7]나 원하청 불공정 거래 개선 문제[8]와 같이, 대기업 노동자들의 이해관계와 직접 관련이 있거나 비계급적 성격이 강한 문제들에 더 많은 관심을 보였다. 이러한 자동차추진위의 입장은

<hr />

17 강신준은 독점산업에 경쟁회사가 하나 생겼다고 노조가 파업하는 것(삼성이 승용자동차 산업에 진출하자 이에 항의하여 완성차 노조들이 파업한 것을 말함 - 필재은 노동조합 본래의 목적과 기능을 망각한 비계급적인 행동이라고 비판하고 있다. 노동자의 임금은 기업의 경영수지(지불능력)가 아니라 노동자들의 단결과 교섭력에 의해 결정되는 것인데도 이러한 기본조차 지키지 못하는 것은 근본적으로 기업별 노조의식 때문이라고 보는 것이다(강신준 1994, 4-8).

18 오세용은 '원하청 불공정 거래 개선투쟁'이 아니라, '원청자본의 하청노조에 대한 부당한 지배, 개입, 간섭 저지 분쇄 투쟁'이 되어야 한다고 주장한다. 이렇게 되어야 원청 하청 노동조합간의 공동 대응을 위한 연대로 나아갈 수 있다는 것이다. 그렇지 않으면 노동자들이 앞장서서 하청살리기 운동, 결국 노사화합의 바람직한 상으로서 자리 잡혀질 위험성이 있다고 경고하고 있다(오세용 1996, 82-9).

이후 '국민과 함께하는 노동운동'으로 대표되는 합법·개량(혁)주의 노선으로 발전해 나간다.

자동차추진위는 1995년 3월 10일 대표자회의를 열고, 25일 "전국자동차노동조합총연합 준비위원회"(이하 자총련(준))를 결성하여 5월 1일 민주노총 준비위원회에 가입하기로 결정하는데, 대표자들은 토론 과정에서 '자동차연맹'으로 하지 않고 '총연합'으로 그 수위를 낮춘 것에 대해 많은 불만들을 쏟아 냈다. "우리의 일을 주체적으로 결정해야지 왜 이러저러한 요구에 흔들리느냐, 큰집(금속산별)을 짓기 전에는 작은집(자동차노조연맹)을 지어서는 안 된다는 건데 이게 말이 되느냐'라는 둥, 대중의 분위기 때문에 드러내 놓고 자동차노조연맹을 추진하지 못하는 것에 분통을 터뜨리기도 했다. 실제로 자총련(준) 대표자들의 분위기는 "명칭은 일단 총연합으로 하지만 민주노총 결성시까지 금속산별이 추진되지 않으면 자동차노조연맹으로 민주노총에 가입할 수밖에 없다"는 것이 대다수의 생각이었다(『사람과 일터』 창간호, 92-3). 이러한 생각의 일단은 〈자총련(준) 결성 선언문〉에도 잘 나타나 있다.

> 오늘 우리는 자동차산업 30만 노동자의 의지를 모아 전국자동차산업노동조합연맹의 깃발을 높이 들었다. …… 자동차연맹은 …… 교육, 의료, 세제 등 국민의 이익과 요구를 대변함으로써 국민과 함께하는 노동운동으로 발전시켜 나가고 있다(「자총련 준비위 조직결성문(1995년 3월 25일)」. 강조는 필자).

기본적으로는 자동차노조연맹을 상정하고 있으면서도 이름만 총연합을 내건 것이다. 그리고 노동자·민중의 계급적 요구를 대변하는 것이 아니라, 국민의 이익과 요구를 대변하는 '국민과 함께하는 노동운동'을 내건 것은, 삼성승용차, 원하청 불공정거래 문제 등 비계급적인 문제를 가지고 투쟁하는 것과 무관하지 않다. 산별 노조라는 표현은 있지만 '금속산별 노조'라는 표현은 없다. 이는 조선노협과는 전혀 다르다. 조선노협은 금속산별 건설을 분명하게 제시하고 있다. 반면에 자총련(준)은 산별 노조는 말하지만 그것이 자동차 산별(소산별)인지 금속산별(대산별)인지에 대해서는 분명하게 표현하고 있지 않다.

자총련(준)은 3월 25일 결성과 함께 5월 1일자로 민주노총 준비위원회에 가입 신청을 한다. 이는 조선노협이 민주노총 준비위원회에 가입하는 것을 유보하면서 금속노동자들의 단일 대오를 형성하여 민주노총에 가입하자고 제안한 것을 정면으로 거부한 것이었다. 결국 자총련(준)의 가입신청은 5월 20일 민주노총 준비위원회에 의해 받아들여졌고, 이것으로 사실상 금속노동자가 단일대오를 구성하여 민주노총에 가입하는 것은 매우 어려워지게 되었다. 이런 가운데 자총련(준)은 5월 20일 광주에서 별도로 집회를 가졌고, 이 과정에서 금속연맹 추진 세력과 상호 욕설이 오가는 등 감정적으로까지 대립했다. 이후 자총련(준)과 금속연맹 추진 세력 간에 몇 차례 통합 제안이 오고 갔지만 이는 형식적인 것에 불과했고, 민주노총 준비위원회에서의 헤게모니 문제와 연동되면서 더는 타협은 불가능해졌다. 자총련(준)은 8월 10일 대표자회의를 열어 자총련을 11월 4일 정식으로 창립하기로 결정하고, 자총련 독자적으로 민주노총에 가입할 것을 최종 확정한다. 이러한 결정이 얼마나 형식적이었는지 그 자리에 참석했던 "경주지역노동조합협의회"(이하 경주노협)의 한 참석자는 다음과 같이 비판하고 있다.

…… 자총련의 하반기 사업계획을 논의하는 시점에서 '자동차총련의 독자적 민주노총 가입'을 사전 전제하고 진행하려 하였다. 이에 …… 의사 진행 발언을 신청, 문제 제기를 하였다. '최근 금속산업 재편과 관련 많은 상황이 변화하였는데, 자총련의 독자적 민주노총 가입은 새롭게 논의되고, 결정되어야 하는 사안이다. 그런데 임단투 시기에 거의 조직발전 논의를 하지 못한 관계로 대표자들 선에서의 인식, 논의정도도 부족하고, 더욱이 현장에서의 토론은 거의 없었던 상황에서 과연 대표자들만으로 또 이 자리에서 결정이 가능한가?'라는 것이 문제 제기의 요지였다. …… 그러나 이에 대한 문제 제기와는 어긋난 '업종별 조직화의 중요성 및 업종별 민주노총 가입'을 주장하는 몇 가

지 반대 의견이 제출되고, 자동차총련만으로의 민주노총 가입문제는 박수로 통과되었다. (의결권을 가진 대표자 몇 명이 박수를 쳤는지는 모르겠지만) …… 한 조직 그것도 몇 만 명의 조합원을 가진 전국조직의 향후 방향을 결정하는 의사결정 과정 치고는 황당할 수밖에 없는 과정이었다. …… 참가한 대표자들은 준비된 내용을 통과시키기 위한 들러리였다 …… (경주노협 정책실 1999, 43).

이러한 자총련(준)의 분파적 행동은 그동안 지역연대를 중심으로 활동해왔던 자동차업종 노조들에게 상당한 혼란과 고민을 가져다주었다.[19] 영남지역의 자동차업종 노조들은 자총련(준)에 거의 참여하지 않고 있었으며, 그동안 자총련(준) 결성에 적극적으로 참여해 왔던 울산 현대정공은 자총련 결성 때에는 참가하지 않았다.

초기에 배범식 위원장을 추진위 대표로 추대해서 가는데 이후에 기아 쪽에서 소산별 연맹을 만들려고 주장하니까, 그러면 우리는 같이 못 하겠다 이렇게 된 거죠 …… 초기 대표자회의 할 때 실무를 제가 책임지고 했는데 자꾸 분위기를 그런 방향으로 몰아가니까 더 이상 곤란하다해서 브레이크를 걸었죠 …… 기아 조준호 동지 쪽에서 소산별 연맹으로 하려고 그런 방향으로 계속 밀어 넣고 가는데, 배범식 위원장이 처음에는 안 그래 놓고 자꾸 휩쓸려 가더라고요. 배범식 위원장이랑 처음에는 어느 정도 이야기된 게 있었거든요. 대산별로 가야 되는 거 아니냐 …… 옳다! 그래놓고는 어느 정도 몸에 배니까 소산별 연맹 쪽으로 가더라고요. (현대)정공만 가지고 브레이크 걸기도 힘들고 해서 할 수 없이 빠져 버렸죠(박준석 면담, 2005).

....

19 이와 관련한 현장의 생각들은 경주노협 『정책실 통신』 18호(1995년 7월 25일)에 잘 소개되어 있다. ① 조직발전 논의는 노동운동 이론에 밝은 몇몇 똑똑한(?) 간부들이나 위원장이 결정하면 된다는 식의 생각 ② 뭐가 뭔지 모르겠다. 골치 아프고 속시끄러운 것이라는 인식 ③ 단위노조가 입장 가져봐야 뭐하냐 전국적으로 정리되는 대로 따라가면 되는 것 아니냐는 태도 ④ 두 가지 주장 중 하나를 선택하는 차원으로 바라보는 태도 ⑤ 하나로 모아져도 시원찮은데 매일 지지고 볶고 싸우기만 한다는 식의 냉소적 태도 ⑥ 자신의 견해와 다르다고 매도하는 태도(『월간자료』 1995년 10월, 88).

자총련 참가 노조는 완성차 노조와 판매 서비스 노조를 중심으로 한 경인 지역 일부와 경주지역에 한정되어 있었다.[20] '업종별로 조직해야 조직하기 쉽다'는 자총련의 주장은 오히려 조직을 확대하는 것이 아니라, 그동안 같이 활동해 왔던 노조들조차 분열시키는 결과를 초래했다. 상당수의 노조들이 자총련 결성 때에는 참가를 유보하거나 거부했던 것이다.

자총련(준)의 입장이 확정되자 금속노동자들이 하나의 조직으로 뭉쳐 민주노총에 가입할 것을 주장해 왔던 조선노협과 금속일반도, 8월 23일 "금속연맹 추진위원회"를 구성하여 독자적인 조직 결성 방향으로 나감으로써 금속산업노조 조직 재편 논란은 완전히 막을 내리게 된다.

역사적 교훈

민주노총 건설에 대한 전노협의 방침이 정해지고 이와 함께 자동차 업종연맹이 구체적으로 추진되기 시작하자, 전노협에서는 전노협 강화론의 주도하에 조선과 자동차 업종을 제외한 나머지 기계, 금속, 전기 전자업종 등을 묶어 금속일반 업종조직을 추진하게 된다. 금속일반 업종은 전노협 소속 노조들이 80% 이상을 차지하고 있었기 때문에 처음부터 전노협이 주관하여 조직사업을 전개할 수 있었다. 금속일반은 조선이나 자동차 업종과는 달리 지노협이 주축을 이루고 있었기 때문에 지역 조직을 토대로 아래로부터 전국조직을 만들어 가는 방식을 효과적으로 사용할 수 있었다. 전노협 강화론은 이러한 금속일반 업종조직 작업과 동시에 조선노협과 함께 금속산별 조직화의 방

------

20 자총련 결성 때 참가한 조직은 총 31개 노조 65,000명인데, 이 중 완성차와 판매 써비스, 만도기계 등 대공장 7개 노조가 58,000명으로 자총련의 90% 정도를 차지하고 있다(『전노협 백서』 8권, 143-4).

향으로 대중적 분위기를 선도해 나갔다. 전노협 강화론은 1995년 4월 '임금 인상 투쟁 대책 간담회 개최'를 시작으로 5월 전국금속노동자 결의대회, 6월 전국금속산업노조 연대회의, 7월 금속연맹 제안까지 자총련을 계속 압박해 나갔지만, 자총련은 이 과정을 통해 오히려 자기 노선을 더욱 고집하게 된다. 전노협 노선과는 다른 노선을 분명히 하면서 출발한 자총련이 전노협 강화론 을 중심으로 진행되어 가는 금속연맹에 참가한다는 것은 그들의 분파적 성격 으로 볼 때 사실상 불가능한 것이었다. 1995년 임금인상 투쟁을 통해 조선노 협과 금속일반이 전국적 투쟁전선을 주도할 수 있는 역량을 보여 주지도 못 한 상태에서 자총련이 동의하기는 더욱 어려운 일이었다. 더구나 일정박기식 으로 진행되고 있는 민주노총 건설 과정은 각 조직들이 선택할 수 있는 여지 를 더욱 없게 만들었다. 전국적 산업별 공동투쟁, 연대투쟁을 통해서 조직을 건설해 나가는 경로를 거치지 않고, 당장 민주노총에 어떻게 참여할 것인가 가 강제되는 상황에서는 조직형식 논쟁으로 흐를 가능성이 컸다. 서로의 주 장을 증명해 보일 수 있는 실천적 성과가 없는 상태에서 무엇을 가지고 자기 의 정당성을 주장할 것인가? 이런 점에서 금속산업노조 조직 재편 문제는 민 주노총이 상층 중심으로 일정을 정해 놓고, 조직형식 중심으로 건설해 나가 기로 이미 결정된 상태에서는 기본적으로 한계가 있는 것이었다.

그러나 금속산별 조직이 실패하게 된 좀 더 근본적인 이유는 조선노협이 업종조직화 방식의 실패를 인정하고 있듯이,[21] 그동안 형성되어 왔던 아래로 부터의 지역연대투쟁의 경험을 무시하고, 상층에서 산업·업종 중심으로 조직 을 재편하려고 했던 산업·업종 조직화 방식의 실패에 있다고 할 수 있다. 이

---

21 "지역, 업종, 그룹조직이 공존하는 민주노조운동의 상황에서, 연대의 경험이 축적되어 있는 각 지역과 그룹 간 연대를 단절하고, 업종 중심의 전망을 낼 수도 없었고 또 그렇게 해서도 안 되는 것이었다"(『전노협 백서』 8권, 493).

는 기본적으로 전노협 조직발전 안의 실패에서 기인한다. 1안이든 2안이든, 산업별이냐 업종별이냐라는 포괄 범위의 차이만 있을 뿐, 지역 노동자 대중을 기초로 해서 아래로부터 조직을 건설해야 한다는 관점은 비어 있었다. 둘 다 위에서 아래로 조직해 들어가는 방식을 생각했을 뿐이다.[22] 그렇기 때문에 전노협 조직발전 안은 상층을 중심으로 한 조직형식 논쟁으로 흘러가지 않을 수 없었다. 그러나 조합원 대중을 주체로 세우고 아래로부터 조직을 건설해 나가려고 했다면, 당연히 대중투쟁 중심으로 그것도 지역연대투쟁 중심으로 나가지 않을 수 없었을 것이다. 지역연대투쟁과 지역 총파업을 통해 조합원들의 참여와 의지를 불러일으켜 조직을 건설했던 전노협의 경험은 이에 대한 좋은 예가 될 것이다. 그렇기 때문에 전노협은 자본과 정권의 전노협 탈퇴 공작에 맞서 조합원 총회나 대의원대회를 통해 조합원들의 참여와 의지를 모아냄으로써 탈퇴를 거부하고 전노협을 사수할 수 있었던 것이다.

이런 점에서 뒤늦게 영남지역 노동조합들을 중심으로 "전국금속산업노동조합(이하 전국금속노조, 단일조직) 건설을 전망하면서 힘 있는 전국금속산업노동조합연맹(이하 전국금속산업노련, 노조연합조직) 건설을 위한 영남지역 추진모임"(이하 영남지역 추진모임)을 제안한 것은 좀 더 진전된 것으로 볼 수 있다. 그러나 영남지역 추진모임 역시 지역에 중심을 두는 것이 아니라 전국적 틀을 만드는 데 중점을 둔다는 점에서 별 차이가 없다. '전국금속노련 영남지역 추진모임'이 아니라, 먼저 영남지역 노조들을 지역 산별 조직으로 묶어세우면서 다른 지역도 추동하고, 몇 개 지역의 토대가 형성되는 것에 따라 전국조직을 만들어 가는 방식을 취했어야 했다. 이런 점에서 영남지역 추진모임 역시 '분

---

22 부산양산지역노동조합총연합의 1995년 사업평가 참조. "전노협 건설 시기와 같은 대중적 에너지가 분출되었다기보다는 지도부의 논의와 간담회 등을 중심으로 조직 건설이 진행되다 보니 민주노총, 산별 연맹 건설이 대중적 투쟁으로 배치되지 못하고 있다"(『1996년 대의원대회 자료집(1996년 1월 27일)』).

파적 대응'의 한 형태로 볼 수 있다. 실제로 금속산별을 만들어 가려는 측면보다는 자동차업종연맹의 흐름에 대한 맞대응 형태로 제기한 측면이 크기 때문이다. 전노협 대표자회의에서는 영남지역 추진모임의 제안을 공식적인 토론 자료로조차 채택하지 않는다(「제4차 전노협 대표자회의(1994년 10월 25일)」). 이미 1안과 2안이 첨예하게 대립하고 있는 상황에서 업종별 연맹이 아니라 금속 산업별 연맹을 제안하는 것 자체가 1안 진영의 입장을 반영하는 것으로 볼 수밖에 없었기 때문이다.

이런 점에서 전노협에서 금속일반 업종 형태로 조직했던 방식에 대한 일정한 역사적 평가가 필요하다. 조선노협의 업종조직화 방식에 대한 문제 제기가 이미 이루어진 상황에서 정말로 금속산별 조직을 만들려고 했다면 금속일반 업종으로 조직해서는 안 되는 것이었다. 곧 바로 지역에서부터 조선, 자동차, 금속일반을 하나로 묶는 지역 산별 조직방식으로 나갔어야 했다.[23] 상층에서 업종별로 분할하여 조직하는 방식이 아니라 아래로부터 지역 산별로 조직하는 작업부터 했으면, 지노협이 중심이 되면서 좀 더 폭넓게 금속노동자들을 조직할 수 있었을 것이다. 업종별 조직방식은 그동안 지역연대투쟁을 통해 내용적으로는 이미 하나의 조직으로 움직이고 있던 지역연대조직을, 몇 개의 업종으로 쪼개 버림으로써 사실상 지역을 분열시키는 결과를 가져오기 때문에,[24] 실제로 지역을 중심으로 한 조직 작업이 진행되었다면 쉽게 결론이

---

23 이러한 시도는 '경기남부 금속산업노조 연대회의' 형태로 추진되기도 했다. 1995년 1월 6일 한국후꼬꾸, 케피코노조 등 자동차업종 노조와 계양전기, 안양금속노조 등 금속일반 노조들이 참여하여 연대회의를 구성했다. 이와 함께 기존에 있던 '경기남부 자동차업종 노조 회의'는 해산했다(『전국노동자신문』 156호, 2).

24 예를 들면 마창의 경우 기아기공, 대림자동차, 대원강업, 세일중공업, 한국센트랄 등 5개는 '자동차'로, 타코마는 '조선'으로, 수출자유지역노조들은 '전자전기'로, 나머지는 '기계금속' 등으로 마창노련이 몇 개의 조직으로 쪼개지는 결과를 가져오게 된다(『민주노총 건설운동을 중간 점검한다』 21-2).

날 수도 있는 문제였다. 이런 점에서 금속산별이든 자동차연맹이든 지역에서 아래로부터 금속노동자들을 조직해 나가려 하기보다는, '상층에서 서로 분파적으로 맞대응하면서 자기 입장을 고수해 나갔던 것'이 금속노동자들의 연대조직을 실패하게 한 핵심적인 원인이라고 볼 수 있다. 결국 업종별 조직을 통해서 그것도 상층에서의 조직형식적인 구획정리를 통해서 산업별 조직으로 나아간다고 하는 전노협 조직발전 방안의 무능함과 실패가 금속산별 조직 건설로 나가지 못하게 한 근본 원인이었던 것이다.

이처럼 전노협은 금속산업노조의 조직 재편 문제를 놓고 금속연맹과 자총련이 분파적으로 맞대응하는 가운데 금속연맹의 조그만 한 부분으로 전락하면서 점차 조직적으로 무력화되어 갔다.

3. 지노협의 해체

지노협이 없었다면 민주노총 지역본부는 만들어질 수 없었을 것이다. 지노협은 민주노총 지역본부를 만들어 가는 과정에서 엄청난 업무 중복과 하중에 시달려야 했다. 지노협은 지노협, 임투본, 민주노총 지역본부(준), 금속일반 대표자회의 등 많게는 5~6개 조직을 운영하고 사업을 집행하는 역할을 도맡아 하지 않으면 안 되었다. 제조업의 산업·업종별 조직 재편은 물론이고 비제조업 노조를 포함한 지역의 모든 공동사업은 지노협을 중심으로 이루어졌다(『전노협 1995년도 대의원대회 사업보고』, 151-2). 그러나 이처럼 민주노총 건설에서 핵심적인 역할을 했던 지노협은 민주노총 건설과 함께 사라져 버렸다. 지역노동운동의 구심이자 지역연대투쟁의 최전선을 담당해 왔던 지노협은 민주노총 건설과 함께 더욱 확대되고 강화된 조직으로 새로 태어난 것이 아니라, 민주노총의 단순한 하부 행정기구로 해소되어 버리고 말았다. 지역노동자들의 자주적이고 민주적인 조직으로부터 민주노총의 단순한 말단 행정기관의 하나로 전락해 버린 것이다.

　민주노총 규약 초안에 의하면 첫째, 민주노총 지역본부는 가맹조직이 아니고 산하조직으로 되어 있다.[25] 지역본부는 지노협과 같이 강령·규약을 갖는 독자적인 조직이 아니라 민주노총의 운영 규정에 의해서 민주노총으로부터 관리되는 산하 기관일 뿐이다. 그래서 지역본부는 지노협과는 달리 독립적으로 사업을 집행하거나 재정을 운영할 수 없다. 민주노총으로부터 인원과 예산을 할당받아 그 범위 내에서 사업을 집행해야 한다. 둘째, 민주노총 지역본부는 민주노총의 의사결정에 참여할 수 없게 되어 있다. 지역본부는 가맹조직이 아니기 때문에 대의원도 배정받을 수 없고(민주노총 규약 초안 17조 1항) 중앙집행위원회에 참가할 수 있는 자격도 없다(민주노총 규약 초안 23조 1항). 지역본부는 단지 민주노총에서 결정된 사항을 집행하기만 하면 되는 단순한 산하 행정기구에 지나지 않는다. 셋째, 지역본부는 독자적인 조직이 아니라 하나의 행정기관이기 때문에 소속 노조들은 의무적으로 가입하게 되어 있다(민주노총 규약 초안 7조 2항). 지역본부는 지노협과 같이 지역연대 사업이나 투쟁을 할 의사가 있는 조직만 가입하는 것이 아니라, 의무적으로 모든 조직이 가입하기 때문에 사실상 지역연대 사업을 책임 있게 수행할 수 없다. 넷째, 지역본부의 설치와 분할, 통폐합을 중앙위원회에서 결정할 수 있게 되어 있다(민주노총 규약 초안 21조 4호). 이는 지역본부가 지역노동자들의 자주적인 조직으

---

25 민주노총 규약 초안 7조 1항. 이처럼 민주노총 지역본부의 위상을 가맹조직이 아니라 산하조직으로 한 것은 민주노총의 합법성을 염두에 두었기 때문으로 보인다. 왜냐하면 노동부에서 미리 조직형태와 관련하여 산업별 조직형태 이외에 그룹별이나 지역별 조직형태는 안 된다며 쐐기를 박고 나왔기 때문이다. "노동부는 민주노총이 조직대상이 한국노총과 중복되고, 현총련, 지노협 등 '임의단체'를 가입시키고 있다는 이유로 민주노총의 합법성을 인정할 수 없다는 입장을 미리 밝히기도 했다"(최영기 외 2001, 431).

로서 스스로의 의사결정에 따라 설립하거나 해산하는 것이 아니라, 다른 행정부서처럼 중앙에 의해서 강제되고 통제되는 하나의 부속기관에 지나지 않는다는 것을 의미한다. 이처럼 민주노총 지역본부는 지역노동자들이 스스로 만든 자주적이고 민주적인 지역연대조직으로부터, 민주노총에서 강제되고 통제되는 단순한 하부 행정기관으로 전락하고 말았던 것이다. 그 결과 민주노총 건설 이후 지역연대투쟁의 기풍은 급격하게 약화되기 시작한다.

그런데 지역연대조직의 필요성과 중요성에 대해는 어느 누구도 부정하지 않았다. 1992년 11월 18일 "전노협 제29차 중앙위원회"에서 확정된 전노협 조직발전 안은 지역조직의 중요성에 대해 다음과 같이 언급하고 있다.

> 심지어 산업별 노조 건설 이후에도 조직의 내부적 강화를 위해 노동조합 지역조직은 반드시 강화되어야 한다. 그 지역조직은 자본과 정권의 탄압에 대한 공동대응, 노동조합의 대국민 활동, 선거 시기 활동, 기타 민중연대 활동을 위한 지역의 주요 단위가 되어야 한다. 그러므로 조직발전을 이루기 위해서도, 또 그 발전과정에서도, 산업별 노조의 조직 건설 이후에도, 지역조직이라는 횡축이 각 산업별 종축의 조직과 씨줄과 날줄처럼 견고하게 묶여져야 한다(「전노협의 확대강화와 민주노조 총단결의 발전을 위한 사업계획」, 『전노협 백서』 5권, 663).

전노협 한계론도 "민주노총의 모든 일상 사업을 업종(산업)별 연맹을 통해서 수행할 수 없고, 또 지역 차원에서 노동운동탄압에 맞서 공동으로 투쟁하고 각종 선거에 공동으로 대응해야 하는 등 지역 독자의 사업들이 있기 때문에" 지역조직이 필요하다고 주장하고 있다(「전노협 조직발전 전망 제2안 보론」, 『전노협 백서』 7권, 633). 이런 점에서 민주노총 지역본부는 당연히 지노협의 역할을 더욱 확대·강화하는 형태로 결정되어야 했다. 그러나 현실은 그렇게 되지 않았다. 지노협의 확대·강화는커녕 오히려 그동안 지노협이 담당해 왔던 지역연합 조직으로서의 위상과 성격조차 완전히 폐지되었다. 왜 그렇게 되었을까?

지노협이 확대·강화되지 못하고 해체된 가장 큰 이유는 전노협이 자기 역할과 책임을 방기했기 때문이다. 전노협은 지역조직의 위상과 성격에 대해 전노협 내부의 통일된 방침을 결정하지 못하고 각 지역의 판단에 맡겨 버렸다. 그 결과 지역조직 사업은 지역조직 재편에 대한 통일된 방침과 방향에 의해 진행되지 않음으로써 지역조직들 간에 심각한 의견 대립이 나타나거나 지역조직의 명칭 등을 놓고 논쟁이 벌어지기도 했다(『전노협 1995년도 사업보고』, 155).[26] 현총련이 그룹조직의 위상 문제를 가지고 민주노총에 관철시키기 위해 엄청난 노력을 쏟아 부은 것에 비하면 전노협 상층 지도부는 너무나 무책임했다. 대부분의 지노협에서는 지역조직이 지역연합조직의 성격을 갖는 것을 당연한 것으로 생각하고 있었다.[27] 그럼에도 전노협 대표자회의나 중앙위원회에서는 지역조직의 성격에 대해 아무런 결정을 하지 못했다. 민주노총 준비위원회에서 분파적 입장에 따라 지역조직에 대한 생각들이 서로 달랐기 때문에 전노협에서 합의된 결정을 이끌어 낸다는 것은 거의 불가능했던 것이다. 민주노총 준비위원회의 다수파들은 지역조직의 위상을 단순한 행정기구나 임의기구로 약화시키기를 원했고, 그러한 생각은 민주노총 규약 초안을 통해서 구체적으로 표현되었다. 그들은 지노협과 같이 독자적인 강령·규약을 갖는 조직으로 지역조직을 확대·강화하는 것은 민주노총 중앙으로의 집중과 통제력을 약화시킨다고 보았다. 이는 업종회의 쪽에서는 일찍부터 일관되게 주장해 왔던 내용이다. 업종회의는 ILO공대위 시절부터 지역연대조직의 확대·강화에 대해 업종연맹으로의 집중과 통제력을 떨어뜨린다는 이유로 거부

---

26 그리고 지역조직의 명칭도 제각각으로 크게 네 가지 유형으로 나눌 수 있는데, "민주노총 ○○지역본부 추진위원회" "민주노총 ○○지역 추진위원회" "○○지역 민주노총 추진위원회" "○○지역 노동조합 대표자회의" 등이다(경주노협 정책실 1999, 52).

27 경기남부, 영남지역, 전북, 부천 등에서는 지역조직도 가맹단위로 인정하고 대의원을 배정해야 한다는 입장을 표명하고 있다(『월간자료』 1995년 10월, 56-83).

입장을 밝혀 왔다.[28] 그들은 지역조직을 중앙의 방침에 의해 관리·통제되어야 할 하나의 행정기구로 보았지, 상호 대등한 관계에서 스스로 사업을 결정하고 운영하는 독립적인 지역연대조직으로 보지 않았던 것이다.

전노협 내의 전노협 한계론도 이들의 주장에 동조하면서 민주노총 지역조직이 지노협과 같은 위상을 갖는 것에 대해 반대했다. 전노협 강화론 또한 마찬가지였다. 금속산별에 기초한 민주노총 건설을 주장했던 전노협 강화론도 지노협의 확대·강화를 적극적으로 주장하지 않았다. 전노협 강화론은 지역조직 문제보다는 금속산업노조 조직 재편 문제에 모든 관심을 집중하고 있었다. 그들은 민주노총을 어떻게 올바른 방향으로 건설해 갈 것인가가 아니라, 금속산업에서 어떻게 주도권을 잡을 것인가 하는 문제에 집중하고 있었던 것이다. 그들은 핵심 조직인 금속산업만 확실하게 장악하면 민주노총을 주도할 수 있다고 생각했다. 그래서 그들은 금속산업노조 조직 재편 문제 이외의 다른 문제들에 대해서는 거의 관심을 갖지 않았다. 심지어는 전노협 한계론의 김영대조차 민주노총 지역조직에 대의원을 배정해야 한다고 주장하는데도, 전노협 강화론의 핵심 지도부는 오히려 반대하거나 소극적인 태도로 나왔다.

....

28 ILO공대위 당시 지역조직을 확대하기 위한 지역순회 간담회가 업종회의 측의 문제 제기로 중단된 적이 있었는데, 그 이유는 지역공대위 강화 이전에 업종회의의 지역구조 구성과 강화가 선행되어야 한다는 것이었다(『전노협 1992년도 사업보고』, 178). 그러나 업종회의는 사실상 조직의 성격상 지역조직을 구성하거나 강화할 수 있는 구조도 아니고, 또한 조직력도 취약했기 때문에 오히려 지역 공대위를 강화하여 지역연대나 활동에 조합원들을 적극적으로 참여하도록 했다면, 업종 지역조직들이 활성화되고 조합원들의 연대의식도 높여 낼 수 있었을 것이다. 그럼에도 불구하고 업종연맹 지도부가 이를 거부한 것은 지역연대활동을 통해 업종연맹의 타협적인 기조와는 다른 전투적 기조가 형성되어 연맹과 마찰을 빚을 것을 우려했기 때문이다.

내가 지역조직에도 대의원을 주어야 한다는 주장을 했어요. 왜냐하면 지역조직도 들어와 있는 거고, 소외감을 많이 느꼈단 말이죠. 외국 사례도 지역조직을 준 데가 있어요. 이태리 이런 얘기하면서 …… 그런데 내가 그 주장을 하니까, 서노협에 있으니까 그렇다 이런 식이야. 그때 업종 내 강성파라고 했던 지금 공공의 양경규, 전노협 강화를 주장해서 지역조직도 주어야 한다고 초기에 주장했던 문성현, 금속으로 정리되니까, 자기 틀거리가 있으니까, 그다음에는 안 하는 거예요. 주장했던 사람이 안 하니까 내가 신경질이 나더라구요. …… 자기 서 있는 위치가 다르다고 해서 …… 내가 그 얘기까지 했다니까. 그러니까 전노협 내에서도 분열이 되니까 얘기가 안 된 거예요. (필자: 전노협 내에서 분포가 어떻게 되는데요?) 문성현 자체가 반대를 했으니까, 금속의 사람들이 주류가 돼서 반대를 했으니까. (필자: 금속이 반대를 했단 말예요?) 그럼요!(김영대 면담, 2006)

전노협 강화론의 핵심 지도부가 보인 이러한 태도는 민주노총 지역조직이 지노협과 같은 연합체적 성격을 가져야 한다고 적극적으로 주장했던 경기 남부와 대구 지역 등 몇 개 지역 대표자들의 불신과 반발을 가져오기도 했다.[29] 이처럼 전노협 상층 지도부는 적극적으로 민주노총 지역조직의 성격을 지노협을 확대·강화한 내용으로 발전시키는 것에 대해 책임 있는 태도를 취하지 않았다. 역사적 실천을 통해 검증된 확실한 유산을 가장 적극적으로 주장해야 할 전노협이 이렇게 반대하거나 소극적으로 나오는데, 지노협의 역사

---

[29] 이들은 다음과 같이 비판하고 있다. "전노협은 이미 1안 진영과 2안 진영이 분열되어 있어서, 중요한 회의가 있으면 각 진영별로 사전 모임을 가져 그 날 회의에 대한 입장을 통일하여 회의에 참가했다. 그런데도 1안 진영의 지도부들은 회의가 진행되면 사전에 의논한 대로 회의를 진행하고 결정하는 것이 아니라, 계속 결정을 미루거나 회피하는 태도를 취했고, 마지막에 가서는 민주노총 준비위원회의 대세에 따라가는 모습을 보였다"(이정림 대구노련 사무처장과 윤복중 경기노련 부의장의 증언). 이런 점으로 볼 때 1안으로 대표되는 전노협 강화론도 단일한 입장이 아니라 크게 두 부분으로 나누어져 있었다고 볼 수 있다. '지노협의 확대·강화를 통하여 산별 노조를 계속 추진해 가려는 입장'과, 지노협의 확대·강화보다는 '금속 연맹에 대한 주도권 강화를 통하여 민주노총에서의 입지를 강화해 나가려는 입장'으로 나누어져 있었다고 볼 수 있다. 이러한 입장 차이로 경기남부와 대구 지역에서는 이후 민주노총 지역본부를 지역연합체적 위상을 갖는 것으로 설정하고, 다른 지역본부와는 달리 민주노총의 운영 규정과는 상관없이 재정과 인력, 사업 등의 면에서 독립적으로 운영해 가게 된다.

적 성과가 민주노총 지역조직에 계승되고 발전되어 나갈 수는 없는 것이었다.

그리고 지노협이 해체되게 된 또 하나의 중요한 이유는 전노협 상층 지도부가 산별 노조 건설을 먼 장래의 일로 보고 일찍부터 포기해 버린데 있다. 민주노총은 산별 노조 건설을 자기 임무로 하는 과도기적인 조직이라는 성격을 분명히 하고 출발했다. 한 연구소에서는 민주노총을 '산별 노조 준비위'라고 부르기까지 했다.

> 산별 노조가 우선이고 민주노총은 이를 위한 과도기적이고 부차적인 형식이라는 점을 명심해야 한다. 즉 민주노총을 '산별 노조준비위'로 사고할 수 있어야 한다. 민주노총의 건설은 정세적(conjunctural) 문제라는 성격이 강하므로 서둘지 말고 '준비위' 모습으로 밀고 나가되 시기를 못 박지 말고 '준비위' 단계에서 산별적 조직화와 사업을 배치하는 데 사업의 무게 중심을 두어야 할 것이다(「민주노총 건설운동을 중간 점검한다」, 19-20).

이처럼 민주노총을 산별 노조 건설을 위한 과도기적인 조직으로 생각하게 되면 지역연대조직에 대한 필요성과 중요성은 더욱 커지게 된다. 왜냐하면 기업별 노조의 한계를 극복하고, 자본과 정권의 탄압에 맞서 산별 노조를 만들어 나가려면 지역연대투쟁을 적극적으로 담당할 수 있는 조직이 반드시 필요하기 때문이다. 기업별 의식을 깨고 계급적 연대의식을 높여 나가기 위해서는 일상적으로 지역연대 활동과 투쟁이 이루어져야 한다. 산업별 연대와 투쟁을 아무리 많이 한다 하더라도, 그것이 내용적으로 전 노동자계급의 연대와 투쟁을 받아 안는 것이 되지 못한다면, 그것은 기업별 의식이 좀 더 확대된 산업·업종 집단이기주의에 지나지 않게 된다. 이런 점에서 지역은 다른 산업·업종 노동자들 간에 계급적 연대와 공동투쟁을 일상적으로 벌여 낼 수 있는 곳으로서 매우 중요한 곳이 되지 않을 수 없다. 그것도 간부들 간의 상층연대가 아니라 조합원들 간의 하층연대를 일상적으로 벌여 낼 수 있는 곳이라는 점에서 더욱 그렇다. 따라서 산별 노조를 지향한다면 지역연대조직 또한 산업별 조직 못지않게 그 위상과 역할을 더욱 확대·강화하는 방향으로 나가야 한다. 산별 노조를 만들어 가는 데 산업별 조직과 지역연대조직이 어느 곳이 더 중요하고 덜 중요한 관계가 아니라 둘 다 똑같이 중요한 조직인 것이다. 씨줄과 날줄이 서로 엮여야 제대로 된 베가 짜지듯이 산업별 조직과 지역연대조직은 같이 엮이고 섞여야 제대로 된 산별 노조가 만들어질 수 있는 관계인 것이다(「지역조직 강화와 재편의 방향」).

이런 점에서 산별 노조 건설의 가장 중요한 실천 고리는 지역연대조직을 확대·강화하는 것이다. '지역 산별을 기초로 아래로부터 투쟁을 통해 산별 노조를 건설해 나간다'는 조직 건설 원칙에서 보면 산별 노조 건설에 있어 지역 연대조직의 확대·강화는 관건적인 것이다. 그러나 전노협 상층 지도부는 이러한 산별 노조 건설의 원칙을 방기해 버리고, 금속산업에서의 주도권을 잡기 위한 투쟁에 총력을 집중했다. 민주노총을 산별 노조 건설을 위한 과도기적인 조직으로 생각했다면 다른 어떤 것보다도 지역연대조직을 확대·강화시켜 나가는 데 총력을 기울였어야 했을 것이다. 즉 산별 노조 건설을 위한 교두보로서 지노협을 확대·강화하는 데 최우선을 두어야 했을 것이다. 그러나 그들은 그렇게 하지 않았다. 그들은 모든 자원과 역량을 금속산업노조 조직 재편에 총집중했다. 금속산업이 산업별 연맹으로 재편된다 하더라도 아직까지는 기업별 노조 연맹체에 지나지 않기 때문에, 산별 노조로 만들어 가려면 반드시 지노협과 같은 지역연대조직이 주도적인 역할을 하지 않으면 안 된다. 이런 점에서 전노협 상층 지도부가 지역연대조직의 확대·강화에 집중하지 않고 금속산업노조 조직 재편 문제에 집중했다는 것은, 그들이 산별 노조 건설을 위한 대중적 토대를 강화하는 것보다는 금속산업에서의 주도권을 잡는 데 중점을 두고 있었기 때문이라 볼 수 있다. 그들에게 있어서는 산별 노조 건설은 금속산업노조 조직 재편 문제만큼이나 중요한 과제가 아니었던 것이다.

이처럼 전노협 상층 지도부는 지노협을 확대·강화하여 산별 노조 건설의 토대를 쌓아 나가기 위한 노력을 전혀 하지 않았다. 그 결과 지노협은 역사 속으로 사라져 버렸다. 그러나 지노협만 사라진 것이 아니었다. 전노협도 사라졌다. 전노협의 조직적 기반인 지노협이 사라졌다는 것은 사실상 전노협도 조직적으로 완전히 청산되었다는 것을 의미한다. 그리고 산별 노조도 실종되었다. 민주노총 지역본부는 산별 노조 건설의 견인차가 아니라 민주노총의 말단 행정 기구로 전락해 버렸다. 이처럼 산별 노조 건설의 핵심 주체 역할을 할 지역연대조직이 사라져 버림으로써 민주노총은 산업·업종별 연맹만으로는 산별 노조를 만들어 나갈 수 없었다. 이것이 민주노총 건설 이후 10년 동안 제대로 된 산별 노조가 발전하지 못한 핵심적인 이유다. 지역연대투쟁이 무너져 버린 상태에서는 기업별 의식을 계급적 연대의식으로 발전시켜 나갈 수가 없었다. 그래서 산업·업종별 연맹이 형식만 산별 노조로 바뀌고, 실질적으로는 기업별 의식과 기업별 조직이 그대로 잔존하고 있는 '무늬만 산별'인 조직으로 되어 있는 것이다. 이런 점에서 지노협의 역사적 성과를 계승·발전시키지 못하고 역사에 사장시켜 버린 전노협 상층 지도부의 과오는 엄중하게 비판되어야 한다. 그러한 비판이 이루어질 때에야 비로소 지역 산별에 기초한 아래로부터의 산별 노조 운동이 가능해질 것이다. 그 운동의 핵심은 지역연대조직의 연합단체적 지위를 복원하고 강화하는 것이다.

4. 전노협 정신 계승 부정

민주노총 강령·규약 결정 과정

민주노총 건설 시기가 몇 차례에 걸쳐 수정된 끝에 1994년 7월 13일 "민주노총 준비위원회 제8차 대표자회의"에서 11월 11일로 최종 확정되자, 본격적으로 민주노총 건설을 위한 준비 작업으로 들어가게 된다. 민주노총 준비위원회는 민주노총의 내용과 형식, 즉 민주노총이 지향해야 할 목표와 과제는 무엇이며, 이러한 목표와 과제를 달성하기 위해서는 어떠한 조직 체계를 짜나가야 할 것인가 등과 같은 기본적인 문제들을 포함하여 많은 실무 작업들을 구체적으로 준비해 나갔다. 그중에서도 가장 중요한 것은 민주노총의 강령·규약, 기본과제, 활동방침을 만드는 것이었다. 원래 이 작업은 7월에 한 차례 정책세미나를 열어 그 결과를 토대로 집행위원회에서 초안을 마련하고, 이 안을 8월 대표자회의에 제출하여 검토하기로 했었다. 그러나 성원 미달로 대표자회의가 무산됨으로써 대표자들조차 검토하지 못한 상태에서 8월 24~26일 개최된 "전국단위노조대표자 수련대회"에 직접 강령·규약 초안이 제출된다. 이처럼 조합원 대중의 의견 수렴은 고사하고 대표자회의의 검토조차 거치지 못한 채 졸속으로 제출된 강령·규약 초안은, 대다수 참가자들에 의해 많은 문제점이 지적되면서 9월 6일 "강령·규약소위원회"를 구성하여 전면적으로 재검토하기에 이른다. 그러나 민주노총 창립대회 일정 때문에 충분한 검토를 거치지 못한 가운데 2주 만에 초안의 문구를 부분적으로 수정한 안이 제출되었고, 이 안은 10월 4일 "민주노총 준비위원회 대표자회의"에서 다수파 주도하에 표결로 강행 처리되어 강령·규약(안)으로 확정된다. 그러나 현 총련이 이러한 결정 내용에 강력하게 반발하면서 민주노총 가입을 유보할 수도 있다는 배수진을 치자, 번안동의를 통해 그룹조직도 민주노총의 가맹단위로 인정하는 것으로 결정됨으로써 강령·규약(안)은 최종적으로 확정된다.

이처럼 강령·규약도 민주노총 준비위원회의 여타 사업들처럼, 조합원들의 충분한 토론과 공유 속에서 만들어진 것이 아니라 상층의 몇몇 대표자들에 의해서 졸속으로 만들어졌다. 강령·규약이라는 것은 민주노총의 활동 방향과 목표(이념과 노선)뿐만 아니라 조직운영에 대한 규칙을 정하는 것이기 때문에 전 조합원들이 반드시 알아야 하는 매우 중요한 내용이다. 그런데 이렇게 중요한 내용을 조합원들은 물론 단위노조 대표자들의 의견도 수렴하지 않은 상태에서, 강령·규약 초안이 집행위원회에 의해 일방적으로 만들어졌다는 것 자체가 기본적으로 잘못된 것이었다. 더구나 이렇게 일방적으로 만들어진 강령·규약 초안조차도 성원 미달로 대표자회의가 무산되어 검토도 되지 못한 상태에서 민주노총이 추진되어 나갔다는 사실은, 민주노총이 얼마나 관료적이며 무책임한 사업 작풍과 분위기에서 졸속으로 만들어져 갔는가 하는 것을 단적으로 보여 주는 것이라 할 수 있다. 이러한 민주노총 준비위원회의 사업 작풍과 분위기는 민주노총에 대한 결의를 모으기 위해 열린 단위노조 대표자 수련대회조차, 참가자들이 끝나기도 전에 반 이상이나 빠져나갈 정도로 그 상태가 매우 심각했다(『전국노동자신문』 185호, 3).[30] 이처럼 민주노총 준비위원회는 수많은 선배 노동자들의 투쟁과 희생으로 지켜 온 민주노조운동의 역사와 정신을 '어떻게 하면 훼손하지 않고, 올바르게 계승·발전시켜 나갈 것인가'를 진지하게 고민하지 않았다. 민주노총 준비위원회는 '염불에는 관심이 없고 잿밥에만 관심이 있다'는 속담처럼, 내용이야 어찌되든 민주노총을 빨리

---

[30] 1995년 8월 24~26일 열린 단위노조대표자 수련대회에 첫째 날에는 400여 명이 참석했으나 둘째 날부터 사람들이 빠져 나가기 시작하여 마지막 날에는 150여 명밖에 남지 않았다. 이에 대해 한 참석자는 "돌아가서 할 일이 없는 사람만 남은 것 같다"며 자조하기도 했다.

만드는 데에만 관심이 있었을 뿐이다. 이런 분위기에서 민주노총의 강령·규약은 졸속으로 만들어져 나갔다.

지역 차원에서도 조합원들의 토론이나 의견 수렴은 충분히 이루어지지 않았다. 경기남부지역을 제외하고는 대체로 한 차례 정도의 토론회나 대표자 수련회 등을 열어 의견을 수렴하는 정도였다.[31] 경기남부지역에서는 민주노총의 강령·규약뿐만 아니라 지역조직에 대한 강령·규약까지 준비할 정도로 가장 모범적으로 활동했다(『전국노동자신문』 189호, 2; 190호 2). 그러나 토론할 시간이 적었던 것에 비하면 지역에서의 토론 분위기는 매우 뜨거웠다. 경기남부, 부천 시흥, 전북 지역 등에서는 의견서를 작성하여 제출하기까지 했다.[32] 특히 전노협 정신 계승 문제, 지역조직의 위상과 대의원 배정 문제에 대한 비판과 문제 제기가 많았다. 강령·규약소위원회는 이러한 지역의 공통된 문제 제기와 의견을 충분하게 수렴하지도 진지하게 검토하지도 않았다. 강령·규약소위원회는 그동안의 활동 과정을 통해 서로 다른 것으로 확인된 입장 차이를 대중적 토론을 통해 분명하게 드러냄으로써 민주노총의 이념과 노선을 정립해 나가는 계기로 삼아야 했으나, 이러한 역할을 전혀 하지 않았다. 강령·규약소위원회는 조합원들의 의견 수렴은 거의 하지도 않은 채 2주 만에 쟁점이 될 만한 내용에 대해서는 추상적이거나 두루뭉술하게 문구를 바꾸고 적당하게 타협하여 수정안을 제출했다. 그 결과 강령·규약(안)은 민주노총 준비위원회 대표자회의에서 현총련이 문제 제기한 그룹조직의 위상 문제만 빼고 일사천리로 통과되었다. 이렇게 강령·규약(안) 또한 민주노총 건설 일정에 쫓겨 조합원들은 완전히 배제된 채 상층의 논의와 담합을 통해 졸속으로 만들어져 나갔다.

---

31 마창에서는 9월 28일 토론회를 개최했고, 부천에서는 9월 23~24일 대표자 수련회를 했다.
32 이들 의견서는 『월간자료』 1995년 10월호에 실려 있다.

전노협 정신 계승 부정

민주노총 강령·규약(안)에서 가장 핵심적인 문제점으로 지적된 것은 전노협 정신이 계승되고 있지 않다는 것이다.

> 우리는 87년 노동자 대투쟁 이후 투쟁을 통해 전노협 정신으로 표현되는 민주노조운동의 이념과 노선을 발전시켜 왔는데, 그것은 일반적으로 자주성, 민주성, 투쟁성, 연대성, 자주·민주·통일, 그리고 노동해방이라는 변혁지향성으로 표현된다. 그런데 기업별 노조의 한계를 극복하고 산별 노조, 민주노총으로 나아가는 마당에 우리가 지향해야 할 이념과 노선을 담은 강령은 최소한 전노협 강령보다는 한걸음 더 발전된 수준이어야 하는데, 민주노총 강령은 오히려 더 후퇴하고 있다.[33]

강령 초안을 비판하는 사람들은 공통적으로 "강령 초안에 사용되고 있는 용어들이 '확립' '실현' '노사관계 민주화' '직장 내' 등 애매모호한 용어로 이루어져, 노동자들이 투쟁을 통해 강령적 내용들을 쟁취해 나간다는 결의를 밝히는 것보다 소극적이고 수세적인 내용으로 채워져 있다"(『전국노동자신문』 185호, 3)라고 비판하고 있다. 그들은 이러한 표현들을 '87년 이후 전노협을 중심으로 계승하여 온 자본과 정권의 탄압에 대한 비타협적 투쟁성, 즉 전투적 투쟁 노선을 심각하게 훼손하는 것'으로 보고 있다. 그들은 민주노총 강령 초안은 단순한 표현상의 문제가 아니라 전노협의 전투적이고 변혁지향적인 노선을 부정하고, 사회개혁투쟁으로 대표되는 온건·타협적인 합법·개량(혁)주의 노선[34]을 제시해 왔던 민주노총 준비위원회 다수파의 관점과 입장이 반영

---

33 전노협 경기노련에서 제출한 「민주노총 강령과 규약 토론을 위한 자료」 참조. 각 조직에서 제출된 문건 중에서 민주노총 강령·규약 초안에 대해 가장 체계적인 비판을 하고 있는 유일한 문건으로 보인다.

34 민주노총의 운동 노선에 대한 자세한 분석은, 최영기 외 2001, 436-46면을 참고. 이 책에서 김준은 민주노총의 사회개혁투쟁 노선은 한국노총의 이념, 노선과 별 차이가 없으며, 이러한

되어 있다고 본다. 그들은 민주노총의 강령 초안은 '노동자의 처지를 근본적으로 변화시킬 수 있는 경제 사회구조의 개혁'(「전노협 창립 선언문」)을 위해 투쟁해 나가는 것이 아니라, 독점재벌에 대한 규제나 사회보장제도, 주택, 의료, 교육, 세제, 재정, 금융 등 대정부 제도개선 투쟁(민주노총 1996, 322)[35] 수준에 머무르고 있다고 보는 것이다.

> 업종들은 합법에 대한 집착이 있었죠 …… 내셔널 센터(민주노총)의 중요한 기능 중의 하나가 대정부 기능이라고 본 거죠 …… (사회개혁이나 정책참가 등?) 그렇죠! 하나로 모아 내어 정부와의 관계 속에서 풀자는 거죠. 전체적인 역량을 모아 내어, 특히 중요한 거는 대정부 관계였단 말이죠. 대정부 관계를 수행하려 그러면 합법성 여부는 굉장히 중요한 변수죠. 법을 바꾸든 정책참가를 하든 뭘 하든 …… (사회개혁투쟁 노선은 바로 이런 점과 연결되는 겁니까?) 예! 그렇게 연결되는 거죠(박태주 면담, 2005).

이러한 민주노총 준비위원회의 관점은 1995년 상반기에 중점적으로 추진되었던 사회개혁투쟁 요구서에 "노사 쌍방은 다음 사항에 동의하며 국회 및 관계부처에 공동으로 법 개정을 청원한다"(민주노총 1996, 337)라고 명시하고 있는 점에서도 잘 나타나고 있다. 독점재벌 해체 등 지배체제 자체에 대한 근본적인 도전과 투쟁이 아니라, 체제 내에서의 부분적인 개혁을, 그것도 투쟁이 아니라 정책이나 제도 개선을 청원하는 정도의 수준으로 접근하고 있는

민주노총 노선의 등장으로 '한국 노동운동 내의 전투적, 비타협적, 변혁지향적인 노동운동의 조류가 약화되고, 좀 더 온건하고 타협적이며 개혁(개량)주의적 혹은 사회민주주의적인 노동운동이 주류로서 확고히 등장하게 되는 분기점이 되었다'고 분석하고 있다(같은 책, 446). 이처럼 관변 연구기관에서까지 개량(혁)주의 노선으로 평가할 정도로 민주노총의 강령과 노선은 전노협의 정신과 노선을 사실상 부정하는 내용이었다. 그리고 이러한 민주노총의 기조 때문에 정부는 전노협 결성 때와는 달리 민주노총 결성 자체를 막기보다는, 전국노운협과 같은 '전투적 노동운동'을 주도하는 세력과 민주노총을 분리시킬 목적으로, 전국노운협 사건을 조작하여 문성현 금속연맹(추) 대표와 노운협 간부들을 구속한 것으로 보고 있다(같은 책, 431).
35 민주노총은 사회개혁투쟁에 대해 대정부 제도개선투쟁의 성격을 갖는 것으로 규정하고 있다.

것이다. 이는 전노협이 1992년 대통령선거 때 설정했던 투쟁 방침의 내용과 비교해 보면 그 차이가 명확하게 드러난다. 전노협은 "① 재벌해체, 독점자본 위주의 경제정책 철회, ② 창조적이고 민주적인 새로운 노자관계 형성, ③ 국가보안법 철폐, 국군기무사와 안기부 해체 등 일반 민주주의의 쟁취와 확대, ④ 대대적인 군비축소와 사회보장의 확충" 등과 같이 정치·경제·사회 전반에 걸친 민주대개혁을 요구하고 있다(『전노협 백서』 5권, 597). 민주노총 준비위원회와 같이 경제적인 요구를 중심으로 한 사회개혁 요구 수준에 머무는 것이 아니라, 한국 사회 지배체제 자체의 근본적인 변화를 요구하고 있는 것이다. 재벌규제가 아니라 재벌해체를, 노사관계의 민주화가 아니라 노자관계의 근본적 변화를, 노동기본권 정도가 아니라 반민주악법과 파쇼 지배기구의 철폐를, 그리고 부분적인 사회보장 개혁이 아니라 군비축소 등을 통한 전면적인 사회보장체제로의 전환 등을 요구하고 있는 것이다.

바로 이러한 노선상의 차이 때문에 강령의 내용뿐만 아니라 그 표현에서도 상당한 차이가 나타났다. 〈민주노총의 창립 선언문〉에는 '노동해방'이라는 표현이 한 구절도 없다. '노동해방' 대신 '사회개혁'이라는 말로 대체되어 있다. 민주노총에서는 그동안 투쟁 현장에서 가장 많이 외쳐졌던 "일천만 노동자 총단결로 노동해방 쟁취하자!"라는 대중적 구호는 단지 구호에 지나지 않았던 것이다. 반면에 〈전노협 해산 결의문〉에는 전노협의 이념으로 '노동해방'을 명시하고 있다.

전노협은 '노동해방'과 '평등사회 앞당기는 전노협'이란 표현 속에 착취와 억압이 없는 새 세상에 대한 염원을 담아 왔다. 그것은 이 땅의 노동자계급이 염원하는 세상에 대한 이념적 좌표이고 미래를 열어 주는 등불이었다(「전노협 해산 결의문」).

〈민주노총 창립 선언문〉에는 '착취' '억압' '지배'라는 단어가 없다. 단지 자본과 정권에 의한 '탄압'과 '방해'만이 있을 뿐이다. 자본과 노동의 관계를 착취, 억압, 지배라는 근본적으로 화해할 수 없는 대립관계로 보지 않고, 탄압과 방해만 하지 않으면 서로 공존·공영하는 민주적인 관계가 형성될 수 있다고 보는 것이다. 반면에 〈전노협 해산 결의문〉에서는 자본과 노동의 관계를 이렇게 표현하고 있다.

> 전국노동조합협의회의 깃발을 내리며, 우리는 그 어떤 이론보다 풍부했던 실천으로 이야기한다. 자본의 이윤은 노동력의 착취이며, 자본의 지배는 노동자의 굴종이라는 것을! 자본과의 타협은 노동자를 향한 그만큼의 배신이며, 투쟁과 그 투쟁의 희생이 전제되지 않는 바램은 부패와 기생을 의미한다는 것을!(「전노협 해산 결의문」)

이처럼 자본의 착취와 억압, 지배가 없는 노동자 새 세상, 노동해방 세상을 염원하며 이 사회의 근본적 변혁을 위해 투쟁하는 전노협의 정신은, '사회의 민주적 개혁을 통한 전체 국민의 삶의 질 개선'(「민주노총 창립 선언문」)을 목표로 하는 민주노총의 사회개혁투쟁 노선으로는 받아들일 수 없는 것이었다. 전노협 해산을 앞두고 민주노총에서 발표한 감사의 글(「전노협 동지 여러분, 정말 수고하셨습니다」)에서 '전노협은 결코 사라지는 것이 아니라 발전적 해소'라고 강변하고 있지만, 전노협의 변혁 정신은 민주노총에 '발전적으로 해소'될 수 없는 것이었다. 전노협의 이러한 변혁 정신은 민주노총 시대에는 이제는 비판되고 극복되어야(임영일 1993, 446) 할 구시대 유물에 지나지 않았던 것이다.

'노동해방'과 '평등사회 앞당기는 전노협'으로 표현되는 전노협 정신은 민주노총 강령에 전혀 반영되지 않았다. 전노협 해산 대의원대회에서 이에 대한 강력한 문제 제기들이 있었다.

- 민주노총 강령에 전노협의 투쟁, 변혁지향적 내용이 포함되어야 투쟁과정에서 조직이 와해되고 구속된 수많은 전노협 동지들의 노력에 대한 보상이 이루어지는 것이다.
- 전노협의 주요 지도부와 집행역량이 민주노총을 구성하고 있는데도 불구하고, 민주노총 교육선전 자료집에 전노협에 대해 한마디도 언급되어 있지 않은 것에 대해 지

도부들은 반성해야 한다.
- 전노협 해산은 유보해야 한다. 민주노총의 투쟁성을 확인하고 깃발을 내려야 한다.

(이상 『전노협 백서』 8권, 360)

- 전노협 정신이 민주노총 건설에 충분히 담겨 있지 않다. 아직은 전노협이 민주노총을 강화하고 산별 노조 건설을 위한 노력을 해야 한다.
- 전노협 해산 논의가 중앙에서만 진행되는 것은 잘못된 것이다. 그리고 지노협의 그간의 성과나 역사성을 수렴하지 못한 채 해산할 수는 없다. 내년도 임투까지는 전노협이 수행해야 한다.
- 전노협이 그간 노동운동에 대한 권력과 자본의 탄압을 막아 왔기 때문에 민주노총 건설이 가능했다. 그런데 민주노총 강령을 아무리 살펴보아도 전노협의 투쟁성이나 변혁지향성의 정신이 계승되어 있지 않다. 전노협 해산을 유보해야 한다.

(이상 「노동운동사의 한 장 전노협 해산하다」)

마창노련에서도 전노협 정신 계승을 강력하게 요구했다. 민주노총 준비위원회가 조합원 홍보교육용으로 만든 작은 책자 『민주노총 우리 손으로 만듭시다』에 전노협의 역사가 송두리째 빠져 있는 것을 발견한 마창노련은, "전노협 역사가 없이 어찌 민주노총이 있을 수 있느냐"며 강한 유감을 표시하고 마창노련 전노협 정신 계승을 강력하게 요구하기도 했다(김하경 1999, 749).

이러한 전노협 정신 계승에 대한 요구는 각 지노협에서도 강력하게 나타나고 있다. 〈지노협 해산 결의문〉에 나타난 각 지역의 결의 내용은 다음과 같다.

우리는······ 전투적 연대와 노동해방을 향한 변혁적 민주노조운동의 지평을 개척해 왔습니다. ······ 기업별 투쟁을 정치적으로, 계급적으로 엄호해 온 부양노련의 역사는 산별 노조 건설투쟁과 민주노총 강화투쟁에 뚜렷이 계승될 것입니다. ······ 노동자계급에 대한 착취와 수탈, 억압에 대항해 천만 노동자의 계급적 대의를 위해 앞장서 투쟁하는 정신과, 자본과 권력에 타협하지 않는 투쟁정신, 그리고 항상 최전선에서 투쟁함으로써 ······ 광범위한 민주노조 진영의 단결을 앞장서 이끌어 온 단결정신은 ······ 전노협 부양노련의 위대한 역사적 성과로 기록될 것입니다(「부산양산지역노동조합총연합 해산 결의문(1996년 1월 27일)」).
마창노련의 역사에 담긴 소중한 정신들 — 전투적 대중투쟁의 기풍과 굳건한 연대투쟁의 전통, 노동해방을 향한 지칠 줄 모르는 열정을 가슴깊이 되새기고자 한다. 나아가 온몸을 불살라 민주노조와 마창노련을 지켰던 이영일, 임종호 열사의 숭고한 자기 희생 정신을 노동해방의 그 날까지 길이 계승시킬 것을 다짐한다(「마창노련 해산 결의문(1995년 12월 16일)」).

한국전쟁 이후 전국에서 최초인 4·15 지역 총파업 투쟁의 성과를 바탕으로 부천지역 노동자들의 희망으로 떠올랐던 부노협은 …… 정권과 자본에 대한 비타협적인 투쟁을 통해 민주노조운동의 생명인 자주성과 민주성을 지켜 왔다. …… 1천만 노동자의 희망이었던 전노협과 부노협, 그리고 우리가 목숨 걸고 지켜 온 전노협 정신을 우리 가슴속에, 민주노조운동 역사 속에 깊이 아로새기며 평등사회를 향해, 노동해방 새 세상을 향해 전진, 또 전진하자(「부천지역노동조합협의회 해산 결의문(1995년 12월 20일)」).

대구노련은 대구지역 노동자의 희망이었다. 척박한 대구지역에서 민주노조운동의 깃발을 힘차게 펄럭이며 대구노련은 착취와 억압이 없는 노동자의 새 세상을 건설하기 위하여 힘차게 투쟁해 왔다. …… 대구노련의 단결과 투쟁의 정신은 우리의 가슴 속에서 영원히 남아 민주노총을 확대강화하고 산별 노조를 쟁취하는 투쟁의 현장에서 살아 숨 쉴 것이다. …… 자주성, 민주성, 투쟁성, 연대성, 변혁지향성이라는 전노협 대구노련의 정신을 가슴 속 깊이 간직하고 평등사회를 향해, 노동자 새 세상을 향해 전진, 또 전진해 나가자(「대구지역노동조합연합 해산 결의문(1996년 1월 24일)」)

이처럼 전노협과 지노협에서 공통적으로 받아들이고 있던 "자주성, 민주성, 투쟁성, 연대성, 변혁지향성"(「전국노동조합협의회 6년 평가」, 434)으로 대표되는 전노협 정신은 민주노총에 발전적으로 계승되지 않았다. 이는 앞에서 언급한 강령에서뿐만 아니라 당시 노동운동의 주체들도 그렇게 생각하고 있었다. 전노협 해산 대의원대회는 매우 비통한 분위기에서 진행되었다. 발전적 해산이었다면 축하하고 즐거워하는 분위기에서 진행되어야 했을 것이다.

…… 마창노련 이승필 의장이 눈물을 흘리며 전노협 중앙위원 명의의 '전노협 해산(안)'의 제안 설명을 하였고 곧바로 심의에 들어갔다 …… 경기노련 대의원은 "언제부턴가 전노협 해산이 당연시 되었다. 그러나 중앙에서 일련의 사업을 조합원과 함께하지 못하면서 해산 안을 논의하는 것은 잘못된 것이다. 조합원들은 아직도 혼란스럽다. 전노협 해소에 대한 반대 의견이 있으나 중앙에서 반영하지 못하고 있다. 이에 대해 지도부들의 해명을 요구한다"고 제기하였다 …… 양규헌 위원장은 답변에서 "전노협은 산별 노조 건설의 디딤돌로 창립되었다. 징검다리 역할로 건설되었다. 물론 징검다

리가 아직 튼튼하지 못한 상태에서 해산하는 것은 가슴 아프다. 그러나 오늘 해산 안을 상정하는 것은 산별 노조로 가기 위한 것이다. 현실적으로 불가피하다"라고 말하였다…… 박창수 열사에게 노동해방패가 수여되었고…… 양규헌 위원장은 열사의 부모님에게 패를 전달하면서 뜨거운 눈물을 흘렸고, 참석한 모든 동지들은 열사의 사인을 반드시 규명하겠다는 결의의 눈물을 흘렸다…… 마지막으로 '전노협 깃발을 접는 의식'이 거행되었다. 전노협 조합원 2명이 '평등사회 앞당기는 전노협' 깃발을 단상으로 가지고 올라와 자그마하게 접어서 양규헌 위원장에게 전달하였고, 위원장은 깃발을 가슴에 꼭 안고 눈물을 흘리기 시작하였다. 대회장에 참석한 모든 동지들은 전노협 6년 투쟁과 수많은 노동열사들을 생각하며 뜨거운 눈물 속에 계속 전노협 진군가를 불렀다(「전노협 투쟁의 역사를 마감하는 대의원대회」).

발전적 해산이 아니라 전노협의 완전한 청산이었다. 민주노총 창립대의원대회는 이러한 사실을 분명하게 확인해 주고 있다.

권영길 위원장이 대회사에서 '전노협 정신 계승'을 강조했지만, 대회장의 한 귀퉁이에서 터져 나온 작은 박수소리는 더 이상 확산되지 않고 그대로 사그라져 버렸다(임영일 1993, 447).

민주노총 창립 대의원들은 사실상 전노협 정신 계승을 부정하고 있었던 것이다. 전노협 정신 계승 요구에 대한 업종회의 간부의 다음과 같은 말은 당시 민주노총 창립 대의원들의 생각이 어떠했는가를 잘 보여 주고 있다.

전노협만 투쟁해 온 것도 아니고, 그리고 민주노총은 전노협만이 아니라 기존의 업종회의에 소속되어 있던 연맹 등을 비롯하여 여타 다양한 조직이 함께하고 있는데 계속 '전노협 정신' 또는 '전노협주의'를 고집하는 것은 이런 단결을 해칠 수 있다(「노동운동사의 한 장 전노협 해산하다」).

1987년 이후 수천 명에 이르는 열사와 구속·수배·해고 노동자들의 피와 땀과 눈물과 고통으로 건설하고 사수해 왔던 전노협 정신은 이렇게 민주노총에 의해 완전히 부정되면서 역사 속으로 사라져 갔다.

동지들! 지난 시절 우리가 건설하고 지금까지 사수해 온 전노협은 자본과 권력에 야합함으로써 건설된 것이 아닙니다. 전노협에 가입했다는 이유만으로 해마다 500여 명의 조합원이 구속당하고, 3,000여 명의 조합원들이 강제로 일자리에서 쫓겨날 때도, 전노협만 탈퇴한다면 수천만 원, 수억 원이라도 기꺼이 내놓겠다던 자본과 정권 측의 매수 공작에 맞서, 전세금을 뽑고, 적금을 해약하면서 지켜 온 것이 전노협입니다. …… 동지들! 동지들도 91년 5월, 전노협 탈퇴 공작에 끝까지 저항하다 싸늘한 시체로 우리 곁에 돌아온 전노협 부위원장 박창수 동지를 기억할 것입니다. 그리고 끝내 시신을 강탈당했던 그 날, 그 절망과 분노를 기억할 것입니다. 그러나 우리는 그 죽음을 딛고, 수많은 구속과 수배, 해고를 딛고 쓰러지지 않고 되살아났습니다. 우리는 되살아나 육해공군 4만의 군대가 물샐틈없이 봉쇄한 울산과 거제의 골리앗으로, 우리의 깃발과 우리의 선봉대를 실어 날랐고, 남은 모두가 그들이 되어 함께 싸웠습니다. 그리하여 전노협은 소외와 무권리에 의해 고통 받는 천만노동자의 조직으로 우뚝 설 수 있었던 것입니다(「발간사」).

새날이 밝아 온다 동지여/ 한 발 두 발 전진이다/ 기나긴 어둠을 찢어 버리고/ 전노협 깃발 아래 총진군/ 간악한 자본의 음모/ 독재가 판쳐도/ 새 역사 동트는 기상/ 최후의 승리는 우리 것/ 총파업 깃발이 솟았다/ 한 발 두 발 전진이다/ 노동자 해방의 그 날을 위해/ 이제는 하나다 전노협!
새날이 밝아 온다 동지여/ 한 발 두 발 전진이다/ 지역과 업종은 모두 달라도/ 전노협 깃발 아래 총진군/ 갈라진 조국의 역사/ 외세가 판쳐도/ 새 역사 동트는 기상/ 최후의 승리는 우리 것/ 전국의 노동자 뭉쳤다/ 한 발 두 발 전진이다/ 노동자 주인될 그 날을 위해/ 이제는 하나다 전노협!

- 〈전노협 진군가〉

제4장 결론

현재 '한국의 노동운동이 위기'라는 데 동의하지 않는 사람은 없다. 그러나 그 위기의 원인이 어디에 있는가에 대한 진단은 천차만별이다. 극우에서 극좌까지 전부 주관적으로, 제 눈의 안경식으로 현실을 재단하고 있다. 위기가 발생하게 된 근본 원인을 찾기 위해서는 현재의 시각만으로, 즉 공시적으로 문제를 바라보아서는 안 된다. 역사적 관점에서 현재에 이르게 된 과정을 통시적·객관적으로 바라볼 수 있을 때에만 문제를 찾아낼 수 있다. 이런 점에서 이 글은 현재 노동운동의 위기를 진단하기 위해서는 '민주노조운동 그 자체를 역사적 관점에서 총체적으로 바라보지 않으면 안 된다'는 문제의식에서 출발한다. 역사적으로 존재한다는 것이 바로 곧 '역사적으로 정당성이 인정'된다는 걸 뜻하지는 않는다. 한국노총이 60년 동안 존재하고 있다고 해서 그것이 바로 한국노총이 역사적으로 정당성을 인정받고 있다는 것을 의미하지 않는다. 마찬가지로 민주노총이 현재 존재하고 있다고 해서 그것이 바로 민주노총이 역사적으로 정당성을 인정받고 있다는 것을 뜻하는 것도 아니다. 민주노총이 역사적으로 정당성을 인정받으려면 그동안 민주노조운동이 추구해온 역사와 전통, 그리고 정신을 제대로 계승·발전시켜 왔는가에 의해 평가되지 않으면 안 된다.

현재 민주노총은 노동운동의 기본이라고 할 수 있는 '연대의 정신'과 '민주주의 정신'조차 거의 무너져 있다. 이는 1987년 이후 '전노협 정신'으로 대표되는 민주노조운동의 핵심적인 내용들이 전혀 계승·발전되지 못하고 오히려 후퇴했다는 것을 의미한다. 이는 민주노총이 한국 사회의 근본적인 변혁을 지향했던 전노협 노선을 청산하고, 체제 내적인 개혁을 목표로 하는 사회개혁투쟁 노선으로 전환될 때부터 이미 예상된 것이었다. 이런 점에서 우리는 전노협 청산과 민주노총 건설의 역사를 통해 다음과 같은 역사적 교훈과 실천적 함의를 얻을 수 있다.

변혁적 지향을 포기한 노동운동

변혁적 지향을 포기한 노동운동은 실패할 수밖에 없다.

전노협이 청산되었다는 것은 단순히 노동조합 하나가 없어졌다는 것을 뜻하지 않는다. 전노협이 청산되었다는 것은 이 땅의 변혁운동 또한 청산되기 시작했다는 것을 의미한다. 한국노동당이 안기부에 투항하면서 발표한 탄원서 내용의 핵심은 '변혁노선을 포기하고 합법·개량(혁)주의 노선으로 전환했다'는 사실에 있다. 이후 한국의 노동운동은 이러한 합법·개량(혁)주의 세력과 자본과 정권의 양면 공격 속에서, 사상·이념적으로 동요와 혼란을 거듭하다가 결국에는 변혁지향성을 포기하고 체제 내 운동으로 포섭되고 만다.

한국 노동운동에서 변혁지향성이 제거되어 가는 첫 번째 움직임은 ILO공대위가 해체되고 전노대가 만들어지는 것에서 시작된다. 전노대의 첫 번째 목적은 노동운동단체를 배제함으로써 민주노조운동의 변혁지향성을 약화시키는 것이었고, 그다음은 전노협 노선을 청산하는 것이었다. '전노협 확대·강화를 통한 산별 노조 건설'이라는 전노협 노선은 자본과 정권에 대한 치열한 계급투쟁을 통해서만 달성될 수 있다는 점에서, 기본적으로 전투적이고 변혁지향적인 성격을 갖지 않을 수 없었다. 이런 점에서 합법·개량(혁)주의 입장에서 보면 '전노협 확대·강화를 통한 산별 노조 건설'이라는 전노협 노선을 포기시켜야만, 이후 합법 민주노총을 만들고 이를 토대로 대정부 교섭과 합법 의회주의 정치로 나아갈 수 있는 것이었다. '전노협 한계론'이 전노협 노선에 문제 제기하면서 전노협 사업이 공동화될 정도로 집요하게 조직발전 논쟁을 촉발·확산시킨 것은 바로 이러한 이해관계 때문이었다. 그 결과 전노협은 "전노협 제35차 중앙위원회" 결정을 통해 '전노협 확대·강화를 통한 산별 노조 건설'이라는 전노협 노선을 포기하고, 대신에 '기업별 노조의 산업·업종별 연맹에 기초한 민주노총 건설'이라는 합법·개량(혁)주의 노선으로 전환하게 된다.

그러나 비록 산별 노조가 아니라 기업별 노조에 기초한 산업·업종별 연맹이나 민주노총이라 하더라도, 그 당시 노동자 대중의 요구나 지향을 볼 때 '아래로부터 대중투쟁'을 통해 건설해 나갔더라면, 바로 전투적이고 변혁지향적인 산별 노조로 갈 가능성이 높았고,[1] 이렇게 되면 자본과 정권의 탄압은 격심해질 것이고 합법 민주노총은 물 건너가게 될 것이었다. 현총련 투쟁이나 전지협 투쟁 때 '투쟁이 장기화되면 강경파들이 득세하면서 민주노총이 물 건너갈 수 있다'라고 본 전노대 상층 간부들의 생각은 바로 이러한 그들의 우려를 잘 보여 주고 있다. 이런 점에서 합법·개량(혁)주의 입장에서 보면 정부의 탄압을 받지 않으면서 합법 민주노총을 만들어 가려면, '아래로부터 대중투쟁을 통한 민주노총 건설'이 아니라 '상층으로부터 조직형식 재편을 통한 민주노총 조기 건설'로 추진해 가지 않으면 안 되었다.

바로 이런 점 때문에 민주노총 준비위원회는 아무런 의식적·조직적 준비도 안 된 상태에서, 일정을 정해 놓고 몰아붙이듯이 졸속으로 민주노총 건설을 추진해 나갔던 것이다. 그래서 민주노총 준비위원회는 민주노총 창립일까지도 투표에 의해서 결정할 정도로, 모든 문제를 상층에서 거의 토론도 하지 않고 무조건 투표를 통해 통과시키는 방식으로 일관했던 것이다. 그 결과 전노협은 청산되었고 민주노총은 10년이 지난 지금까지도 제대로 된 산별 노조하나 건설하지 못한 채, 기업별 의식은 더욱 고착화되었으며 더 나아가 기업별 정규직 이기주의로까지 타락하는 모습을 보이고 있는 것이다.

이런 점에서 민주노조운동이 위기에 처하게 된 가장 근본적인 원인은 한국 노동운동이 전노협을 청산하고 변혁적 지향을 포기해 버린 것에서 출발한

----

[1] 1994년 전노대가 실시한 '조합원 생활 및 의식 조사' 결과에 의하면, 민주노총 건설 92%, 산별 노조 건설 94%가 찬성할 정도로 산별 노조 건설에 대한 조합원들의 요구와 지향은 매우 높았다(『전국노동자신문』146호, 3).

다고 볼 수 있다. 변혁적 지향을 포기하게 되면 자본주의 체제 내에서의 개량이나 개혁이 주요한 목표가 되면서, '선거'와 같은 합법적인 활동이나 경제적인 실리 추구 활동 등이 주요한 활동방식이 되지 않을 수 없다. 이렇게 되면 조합원들의 의식화·조직화에 기초한 대중투쟁보다는 상층을 중심으로 한 대화, 협상, 정책참가, 선거, 분파활동 등이 주요한 방식이 되면서 사실상 대중투쟁을 회피하는 방향으로 나가게 된다. 민중당이나 한국노동당이 대중투쟁을 회피하는 모습을 보였던 것은 바로 이러한 이유 때문이다.

이처럼 대중투쟁이 아닌 교섭·협상이 활동의 중심이 되면 조합원들의 의식화·조직화에 기초한 조합민주주의는 후퇴하게 되고, 상층에 의한 관료적 통제와 조직 내 주도권을 둘러싼 분파활동은 더욱 강화된다. 이렇게 되면 조합원들은 점점 수동적으로 되면서 노조활동에 무관심하게 되고, 상층 간부와 관료들에 의한 노조 지배와 이를 위한 권력 투쟁 양상들이 나타나게 된다. 민주노총에서 폭력사태가 벌어지고 비리가 터져 나와도 조합원들이 냉소적으로 보면서 아무런 반응이 없는 것은, 바로 이러한 조합원들의 수동성과 상층 관료들에 의한 노조 지배가 더욱 강화된 결과 나타난 현상에 지나지 않는다. 이런 가운데 조합원들의 관심은 다른 노동자들과의 계급적 연대나 투쟁보다는 상층 관료들이 던져 주는 협상 결과나 실리 문제로 더욱 협소화됨으로써, 급기야는 자기 사업장 내의 비정규직 노동자들과 연대도 못할 정도로 기업별 실리주의와 정규직 이기주의가 판치게 되는 결과를 초래하게 되었던 것이다.

이런 점에서 한국 노동운동이 자주성, 민주성, 연대성, 투쟁성 등 모든 면에서 위기에 처하게 된 가장 근본적인 원인은, 민주노총이 전노협 정신의 핵심인 '변혁지향성을 포기하고 합법·개량(혁)주의로 갔기 때문'이라는 것을 전노협 청산과 민주노총 건설의 역사는 분명하게 가르쳐 주고 있는 것이다.

조합원들을 '조직과 투쟁의 주체'로 세우지 않는 노동운동

조합원들을 조직과 투쟁의 주체로 세우지 않는 노동운동은 실패할 수밖에 없다.

전노협은 전노대를 결성할 때부터 시작하여 민주노총 준비위원회를 거쳐 민주노총을 창립할 때까지, 전노협의 중요한 방침을 결정해 나가는 데 있어 조합원들의 의견을 모아 내기 위한 노력을 거의 하지 않았다. 대표자회의나 중앙위원회 수준에서 모든 것을 결정하여 조합원들에게 무조건 따라오라는 식으로 사업을 집행했다. 사실상의 전노협 청산을 의미하는 '1994년 조직발전 안'조차 대의원대회를 소집하여 충분히 토론하고 결정하지 않았다.[2] 전노협은 이러한 상층 중심의 관료적인 사업 작풍 때문에 민주노조운동의 성과를 제대로 민주노총으로 계승·발전시키지 못했다. 오히려 전노협 정신이 민주노총에서 부정·청산되는 결과를 가져왔다. 조합원들은 민주노총이 전노협을 '발전적으로 계승'한 것이라고 알고 있다. 그러나 민주노총 건설이 전노협의 '발전적 계승'이 아니라 '전노협이 청산되는 것'이라는 사실을 알았다면 조합원들은 과연 민주노총 건설에 동의했을까? 전노협 청산에 대해 규약에 정해진 대로 조합원들의 투표에 부쳤더라면 조합원들은 어떤 선택을 했을까?

그리고 전노협은 조합원들의 힘과 지혜에 기초하지 않고 상층 중심의 분파투쟁 위주로 사업과 활동을 해 나감으로써, 지역과 전국의 거의 모든 사업과 투쟁을 도맡아 왔음에도 불구하고 민주노총을 주도하기는커녕 오히려 전노협이 청산당하는 결과를 가져왔다.[3] 이런 점에서 조합원들의 힘과 지혜에

---

2 '객관적 정세'보다는 '현장조합원의 참여와 결의'가 더욱 중요하다고 주장하는 현총련이 수시로 임시대의원대회를 열어 민주노총 건설에 대한 현총련의 입장을 결정했던 것과는 너무나 대조적이었다.

3 현총련이 민주노총 준비위원회에서 커다란 영향력을 발휘할 수 있었던 것은 대의원대회의 결의에 기초한 조합원들의 힘이었다.

기초하여 민주노총을 건설해 나가려 하지 않고, 상층에서의 논의와 세勢 대결을 중심으로 민주노총을 만들어 가려고 했던 전노협의 실패는 어찌 보면 당연한 것이었다. 이러한 상층 중심의 운동은 내부에 다양한 분파가 형성되면서 서로 주도권 장악을 위한 분파투쟁에 주력하게 되고, 그 결과 대중투쟁과 대중사업에는 소홀하게 되면서 결국에는 민주노조운동에 대한 지도력과 영향력마저 잃어버리게 된다. 전노협이 전노대 이후 내부에서 분파가 형성되면서 독자적인 사업과 투쟁을 제대로 벌여 내지 못함으로써, 전노대와 민주노총 준비위원회에서 거의 아무런 지도력과 영향력을 발휘하지 못하게 되고, 그 결과 전노협이 급격하게 무력화되어 버렸던 것은 바로 이러한 상층 중심의 사업 작풍으로부터 비롯된 것이었다.

민주노총의 건설은 조합원들의 주체적 참여와 결정을 배제한 상태에서 상층 대표자 수십 명에 의해서 그것도 다수파에 의한 패권적인 표결 방식으로 결정되었다. 조직 건설을 수십 명에 지나지 않는 상층 대표자들에 의해서 합의가 아닌 다수결 투표로 결정하는 방식도 문제지만, 더욱 심각한 것은 이러한 잘못된 방식이 전노협 내에서조차 아무런 저항 없이 통과되었다는 사실이다. 이는 무엇을 의미하는가? 그것은 이미 전노협 내부에서도 조합민주주의가 거의 무너져 가고 있었다는 사실을 반영한다. 조합민주주의가 이루어지지 않는 조직은 조합원들을 조직과 투쟁의 주체로 세워 낼 수 없다. 조합원들을 조직과 투쟁의 주체로 세워 내지 못하는 한, 상층 중심의 다수결 투표방식에 의한 잘못된 민주노총 건설 방식은 결코 막아 낼 수 없는 것이었다. 이런 점에서 전노협은 조합민주주의가 무너지면서 결국은 역사적으로 부정되고 청산되는 길로 갔다고 볼 수 있다. 그러나 그렇지 않고 전노협이 대중토론과 대중투쟁 등을 통해 조합원들과 충분히 문제의식을 공유하고, 그들을 조직 건설의 주체로 세워 내면서 산별 노조와 민주노총을 건설해 갔더라면, 민주노조운동은 전노협 정신을 이어받아 더욱 확대되고 계승·발전된 형태로 나아갈 수 있었을 것이다.

대중투쟁을 통한 조직 건설

대중조직은 대중투쟁을 통해서 건설되어야 한다.

조합원들을 조직 건설의 주체로 세우는 것은 조직형식 논쟁을 통해서가 아니라 공동투쟁, 연대투쟁 등을 통해서다. 전노협, 지노협을 건설해 나갈 때와 같이 자본과 정권의 탄압에 대항하거나 계급적 요구를 내걸고 공동으로 투쟁하고 연대해 나가는 가운데 자연스럽게 그 필요성이 체득되어 나가는 것이 바로 대중적으로 조직을 건설해 나가는 과정이다. 그러나 전노협은 이러한 조직 건설 원칙을 무시하고 상층을 중심으로 산업별 조직이냐 아니면 업종별 조직이냐 라는 문제를 놓고 조직형식 논쟁을 벌이는 데 주력함으로써, 정작 산업·업종별 공동투쟁과 지역연대투쟁들을 어떻게 조직할 것인가에 대해서는 어떠한 토론도 실천도 하지 못했다. 그 결과 전노협은 민주노조운동의 구심으로부터 하나의 조그만 조직으로 전락했다가 결국에는 청산되고 말았다. 그러나 전노협이 상층 중심의 조직형식 논쟁이 아니라 지역과 현장 속에서 대중을 의식화·조직화하여 산업·업종별 공동투쟁과 지역연대투쟁을 적극적으로 벌여 나갔더라면, 전노협이 더욱 확대·강화된 형태로서의 산별 노조를 건설할 수 있었을 것이고, 이러한 산별 노조들의 전국연합조직으로서 제대로 된 민주노총을 만들 수 있었을 것이다.

그리고 대중투쟁을 통해서 조직이 건설되지 않으면 그것은 노동자 대중이 주체가 되는 대중조직이 아니라 상층 중심의 분파적인 조직으로 될 가능성이 크다. 전노협이 금속연맹을 만드는 데 실패한 것은 위력적인 산업별 공동투쟁과 연대투쟁을 조직하지 못했기 때문이다. 단순히 자총련의 분파적인 행동 때문에 금속연맹을 만들지 못했다고 보는 것은 일면적이다. 자총련이 분파적인 행위를 계속할 수 있었던 것은 조선노협과 금속일반이 산업별 공동투쟁과 연대투쟁을 성과 있게 조직하지 못했던 데 기인하는 바가 크다. 분파적인 행동을 제압할 수 있는 것은 상층에서의 논의나 협상이 아니라 위력적인 대중투쟁을 조직하는 것이다. 만약 금속연맹이 산업별 공동투쟁과 연대투쟁을 위력적으로 조직할 수 있었다면 자총련은 독자노선을 고집하기 어려웠을 것이다.[4] 이런 점에서 금속연맹이 민주노총 건설이라는 일정에 쫓겨 단 한 번의 산업별 공동투쟁, 연대투쟁도 하지 못한 상태에서 금속연맹을 급조했던 것은 자총련에 맞대응하기 위한 하나의 분파적인 행위에 지나지 않는다. 이처럼 대중투쟁을 통해서 조직을 건설하려고 하지 않는 한 상층에서 분파들 간의 세 대결을 통해서 조직을 만들어 나가려는 경향이 커질 수밖에 없다. 즉, 상층 중심의 분파적인 조직 건설로 흘러가기 쉬운 것이다. 전노대와 민주노총, 그리고 자총련, 금속연맹 등의 역사는 바로 이러한 분파적인 조직 건설의 전형을 보여 주고 있는 것이다.

민주노조운동의 구심조직 역할의 필요성

대중투쟁을 통해서 조직을 건설해 나가려면 반드시 이를 주도적으로 추진해 나갈 수 있는 튼튼한 구심조직이 있어야 한다.

산업·업종별 연맹이나 민주노총이 대중투쟁을 통해서 건설되지 못하고, 단순한 기업별 노조들의 형식적인 조직 재편에 그치고 만 것은 이러한 투쟁을 책임지고 해 나갈 수 있는 구심조직이 없었기 때문이다. 전노협이 바로 이러한 구심조직의 역할을 했어야 했는데 그 역할을 제대로 하지 못함으로써

---

4 현총련이 재벌그룹 조직이라는 한계에도 불구하고 대중적으로 영향력을 발휘할 수 있었던 것은 1993년 현총련 투쟁의 성과 때문이었다.

대중투쟁을 통한 민주노총 건설은 이루어질 수 없었다. 전노협은 전노대 이후 상층 중심의 조직 재편 논의에 매몰되면서 전국적인 투쟁과 조직 건설을 책임질 수 있는 구심조직으로서의 역할을 거의 하지 못했다. 그 결과 전노협은 민주노총에서는 물론이고 금속산업노조에서도 지도적인 역할을 하지 못하고, 오히려 배척당하거나 하나의 조그만 조직으로 전락하고 말았다. 이는 전노협 창립 이후 불어 닥친 자본과 정권의 무단적인 탄압을 전국 총파업 등과 같은 과감하고도 전투적인 대중투쟁으로 돌파해 냄으로써, 민주노조운동의 전국적 구심으로서의 지위를 확고하게 굳힌 것과는 대조적인 것이었다.

반면에 지노협은 지역 민주노조운동에서 구심조직으로서의 역할을 충분히 해냄으로써 민주노총 지역본부를 만들어 낼 수 있었다. 지노협이 없었더라면 민주노총 지역본부는 만들어지기 어려웠을 것이다. 이는 민주노총 지역본부뿐만 아니라 각 산업·업종별 조직의 경우에도 마찬가지다. 지노협은 임금인상 공투본, 민주노총 지역본부 준비위, 금속일반 지역 대표자회의 등 많게는 5~6개에 이르는 지역연대조직들을 만들고, 운영해 나가는 데 있어 주도적인 역할을 했다. 이처럼 지노협은 지역 민주노조운동의 구심조직으로서의 역할을 확실히 할 수 있었기 때문에, 전노대, 민주노총 준비위, 전노협 등이 전국적인 투쟁의 구심조직으로서의 역할을 제대로 못하고 있을 때도, 지역공투본을 만들어 지역투쟁을 선도했고 그 성과를 모아 민주노총 지역본부를 만들 수 있었던 것이다.

이런 점에서 산업·업종별 연맹과 민주노총이 산별 전환 투표를 통한 조직형식적 재편이 아니라 대중투쟁을 통한 진정한 산별 노조 건설로 나아가기 위해서는, 산별 노조 건설 투쟁을 주도적으로 해 나갈 수 있는 튼튼한 구심조직이 반드시 필요하다는 사실을 전노협 청산과 민주노총 건설의 역사는 분명하게 보여 주고 있는 것이다.

지역연대조직을 토대로 한 전국연대조직

전국연대조직은 지역연대조직을 토대로 해서 만들어져야 한다. 상층 중심의 조직이 아니라 조합원 중심의 조직이 되려면, 일상적으로 조합원들이 생활하고 연대하며 투쟁할 수 있는 지역이라는 공간을 토대로 해서 전국연대조직이 만들어져야 한다.

조선노협도 지역연대에 기초하지 않고서는 업종별 조직조차 만들기 어렵다고 고백하고 있다. 전국조직이라는 것은 기본적으로 계급적 연대조직인데 일상적으로 연대하는 것을 통해서 계급적 연대의식을 높여 나가지 않는 한 업종조직조차도 만들기 어렵다. 그리고 만들었다 하더라도 자칫하면 노동자계급의 연대조직이 아니라 기업별 의식이 확대된 또 하나의 산업·업종별 집단이기주의적인 조직에 지나지 않게 된다. 이러한 경향은 현재 산별 노조라고는 하지만 한 사업장 안에서조차 정규직과 비정규직 노동자들 간의 연대가 거의 이루어지지 않고 있는 것으로 나타나고 있다.

그리고 지역연대조직에 기초하지 않고 바로 대공장 중심으로 전국조직을 꾸리게 되면 사실상 중소기업 노조들은 조직 운영에 참가하기 어렵다. 모든 사업과 투쟁이 대공장 노조 몇 개에 의해서 좌지우지될 수밖에 없기 때문이다. 이는 계급적 요구가 아니라 독점 대공장 노조들의 기업별·업종별 이해관계에 따라 삼성승용차 설립 반대 총파업에 들어갔던 자총련의 예가 전형적으로 보여 주고 있다. 이러한 경향은 현재까지도 민주노총의 총파업 투쟁이 몇 개 안 되는 대공장 노조들의 참가 여부에 의해서 그 성사가 좌우되고 있는 현상으로 나타나고 있다.

또한 전노대나 민주노총 준비위원회는 지역연대조직이 없는 업종연맹이나, 그룹조직들을 중심으로 전국단위 조직을 만들었기 때문에 거의 모든 사업이 상층을 중심으로 이루어질 수밖에 없었다. 전노대가 만들어지면서 ILO 지역공대위와 같은 지역연대조직이 없어지게 된 것은 바로 전노대가 상층 중심의 조직이라는 것을 단적으로 보여 주고 있는 좋은 예다. 상층을 중심으로 사업이 이루어지게 되면 그것은 상층에서의 주도권 투쟁으로 흐를 가능성이 커지게 되고, 이렇게 되면 투쟁이나 조직 역량보다는 조합원 수를 더욱 중요한 기준으로 내세우게 된다. 전노대와 민주노총 준비위원회에서 합의가 아니라 표결로 모든 결정이 이루어졌던 것은 바로 이러한 사실을 잘 보여 주고 있다. 사업장이나 지역에서의 투쟁과 사업이 중심이었다면 조합원 수에 따른 표 대결이 아니라, 상호 설득과 합의에 의한 다수가 투쟁이나 사업에 참여할 수 있는 방식으로 진행되었을 것이다. 전노협이 표결이 아닌 상호 합의 정신에 의해 운영될 수 있었던 것은 기본적으로 최대한 많은 조직들이 투쟁에 참가할 수 있어야만 성과를 거둘 수 있는 공동투쟁·연대투쟁 중심의 조직이었기 때문에 가능한 것이었다. 이런 점에서 전국연대조직은 그것이 산별 노조든, 민주노총이든 상층 중심의 조직이 아니라 조합원 중심의 조직이 되려면 지역연대조직을 기초로 해서 만들어지지 않으면 안 된다. 그럴 때에만 조합원들의 일상적인 연대와 투쟁이 중심이 되는 진정으로 조합원들이 주체가 되는 계급연대조직이 될 수 있는 것이다.

　지역연대조직을 기초로 해서 전국연대조직을 만드는 방식은 지노협을 토대로 전노협을 만들어 갔던 방식에서 배워야 한다. 이는 '아래로부터 위로' 조직을 건설해 가는 방식이었다. 반면에 전노대나 민주노총 준비위원회는 '위로부터 아래로' 조직을 만들어 가는 방식이었다. 상층에서 먼저 전국단위 조직을 만들고 지역으로 조직을 확대해 가는 전노대와 민주노총 준비위원회 방식은 조합원들을 주체로 세우는 것이 아니라 오히려 소외시키고 배제시키는 결과를 가져왔다. 이런 점에서 앞으로 만들어 나갈 산별 노조와 산별 노조에 기초한 전국연대조직으로서의 민주노총의 건설은 철저하게 '아래로부터 위로' 조직을 만들어 나가는 원칙을 지켜야 한다. 전국적 틀을 먼저 짜 놓고 여기에 지역을 끼워 맞추는 방식으로는 전노대와 민주노총 준비위원회의 잘못된 전철을 밟을 뿐이다.

'선민주노총, 후산별노조' 건설의 실패

기업별 노조의 산업·업종별 연맹을 토대로 민주노총을 먼저 만들고, 나중에 산별 노조를 만들어 간다고 하는 '선先 민주노총, 후後 산별노조' 건설 방식은 역사적으로 실패했다는 사실을 솔직하게 인정해야 한다.

민주노총은 산별 노조 건설을 위한 과도기적인 조직으로 출발했다. 즉, 민주노총은 '선민주노총, 후산별노조' 건설 방식에 따라 만들어졌다. 하지만 처음 민주노조 진영에서 합의한 조직발전 전망은 산별 노조를 먼저 건설한 후, 이를 토대로 산별 노조들의 전국연대조직인 민주노총을 만드는 것이었다. 즉, '선산별노조, 후민주노총' 건설 방식이었다. 그러나 분파투쟁을 통해 민주노총 조기건설론이 득세하면서 민주노총을 먼저 만든 뒤 산별 노조를 만들어 가는 방식으로 바뀌었다. 즉, 내용을 먼저 만들고 형식을 만들어 가려면 시간이 많이 걸리니까 형식을 먼저 만든 뒤에 내용을 채워 가는 것으로 바뀌었던 것이다. 하지만 이제 이러한 '선민주노총, 후산별노조' 건설 방식은 역사적으로 완전히 실패했다는 사실을 솔직하게 인정해야 한다. 이는 기본적으로 민주노총 자체가 대중투쟁을 통해서 건설된 조직이 아니라, 단순한 조직형식적 재편을 통해서 만들어진 조직이라는 태생적 한계로부터 비롯된다. 이미 형식 자체가 내용의 발전을 가로막고 있는 것이다. 민주노총이라는 기업별 노조의 총연합단체라는 조직형식이 산별 노조라는 내용으로 발전하는 것을 가로막고 있는 것이다. 금속이나 보건의료 노조 등과 같이 산별 노조라고 하는 부분들도 형식적으로는 산별 노조이지만 실질적·내용적으로는 아직도 기업별 노조 수준을 벗어나지 못하고 있다.

소산별 만들어 봐도 권력은 지부나 분회에 다 가 있어서, 본조 위원장은 교섭 도장 찍으러 다니는, 지부나 분회에서 알아서 다 하고 형식적으로 교섭대표해서 도장 찍고 …… 처음에는 공동대표 한다고 하다가 안 되니까, (지부나 분회로) 넘겨서 자기들이 알아서 다 해 놓으면 도장 찍으러 다녀야 되는데, 워낙 많으니까 어떤 데는 지부장이 위원장 도장을 갖고 가서 대신 찍는 경우도 있고, 어떤 데는 (교섭 안을) 가져와서 본조 위원장한테 싸인 받아 가지고 가서 사용자한테 싸인 받는 경우도 있고, 엉망진창이 돼 버렸어 …… (허영구 면담, 2005).

산별 노조라고는 하지만 기업별 노조들이 통폐합되어 단지 그 규모가 좀 더 확대된 것에 불과한 '확대된 기업별 노조'들만 존재하고 있다. 아직까지 의식과 투쟁의 면에서 기업별 단위를 뛰어넘지 못하고 있는 것이다. 산별 노조라고 하면서도 같은 사업장에서조차 정규직 노동자들과 비정규직 노동자들 간의 연대는커녕 오히려 차별적인 대우와 그 격차를 더욱 확대하고 있을 뿐이다.

이런 점에서 기업별 의식과 투쟁을 뛰어넘어 계급적 연대의식과 연대투쟁에 기초한 계급적 대중조직으로서의 산별 노조를 만들어 가려면 애초 합의했던 조직 건설 방식으로 되돌아가야 한다. 비록 늦었지만 '선산별노조, 후민주노총' 건설 방식으로 되돌아가야 한다. 오히려 이 방식이 지금과 같은 실패한 방식을 고수하는 것보다 훨씬 빠른 길이 될 것이다. 기업별 노조 연맹체를 통해서는 산별 노조를 만들 수 없다. 왜냐하면 산별 노조는 기업별 노조들의 역량만으로 만들 수 있는 것이 아니기 때문이다. 기업별 노조 연맹체로는 모든 노동운동 역량은커녕 같은 사업장의 비정규직 노동자들조차 참여시킬 수 없다. 그리고 산별 노조는 노동조합 역량만으로 만드는 것도 아니다. 조합주의적인 방식으로는 전투적이고 변혁지향적인 산별 노조를 만들어 갈 수 없다. 이러한 산별 노조 건설은 노동조합 역량뿐만 아니라 정치적 노동운동까지 포함한 모든 변혁운동 역량을 총동원해야 가능하다. 전노대가 노동운동단체들을 배제하고 노동조합들만의 조직으로 만들어졌을 때 사실상 산별 노조 건설은 불가능해졌다고 본 것은 바로 이런 이유 때문이다.

따라서 기업별 노조 연맹체로는 더는 산별 노조를 만들어 갈 수 없다는 것이 판명된 이상 산별 노조 운동은 바로 이러한 기업별 노조연맹체인 산업·업종별 연맹을 깨 나가는 것에서 다시 시작해야 한다. 그리하여 원칙대로 아래로부터 대중투쟁을 통한 산별 노조 건설로 나가야 한다. 지역의 모든 변혁운동 역량을 총동원하여 지역 산별 건설 투쟁으로 나가야 한다. 그리고 지역산별 건설 투쟁을 토대로 전국산별 건설 투쟁으로 나가야 한다. 이것이 전노협 청산과 민주노총 건설의 역사로부터 우리가 배워야 할 귀중한 역사적 교훈이다.

조직 건설의 원칙

조직 건설은 정공법으로 나가야 한다. 편법을 써서는 결코 조직을 만들 수 없다. 조직에는 왕도가 없다. 현총련으로 우회해서 울노협을 건설하려고 했던 조직방식은 실패했다. 대기업 연대회의로 우회해서 전노협에 가입한다고 하는 조직방식도 실패했다. 사무·전문직 업종 노조가 전노협 만들 때 '먼저 가라, 나중에 따라 간다'라고 했지만 영원히 따라오지 못했다. 조직이란, 사람들의 의지를 모으는 과정이다. 목표가 분명해야 된다. 편법을 쓰거나 우회하는 방식으로는 사람들의 의지를 모을 수 없다. 정석대로 울노협으로 바로 조직하고 전노협으로 바로 가입했어야 했다. 또한 민주노총을 통해서 산별 노조로 간다는 조직방식도 실패했다. 원칙대로 산별 노조를 먼저 만들고 이를 토대로 민주노총으로 갔어야 했다.

그리고 전노대나 민주노총 준비위원회 등에서 상층의 주도권을 놓고 벌어졌던 분파투쟁은 분파투쟁으로 대응해서는 결코 이길 수가 없는 것이었다. 바둑에서 꼼수에는 꼼수가 아니라 정석으로 대응해야 하듯이 분파투쟁은 오직 대중투쟁을 통해서만 격파할 수 있다. 그런데 전노협은 대중투쟁으로 분파투쟁을 극복해 나가려고 하기보다는 똑같이 상층에서 분파투쟁으로 대응하다가 결국 청산되고 말았다.

'변혁적 지향을 목표로 한 조직 건설' '상층 중심이 아닌 조합원을 주체로 한 조직 건설' '대중투쟁을 통한 조직 건설' '대중투쟁을 주도해 나갈 수 있는 튼튼한 구심조직의 건설' '지역연대조직을 토대로 한 전국연대조직의 건설' '선산별노조 건설, 후민주노총 건설' 등과 같은 조직 건설의 원칙에 따라 민주노총이 만들어지지 않고, 오히려 완전히 거꾸로 만들어짐으로써 민주노총 건설은 실패의 역사가 되었다.

이처럼 조직 건설은 원칙을 무시하고 편법을 쓰는 것으로는 결코 조직을 만들 수도 지킬 수도 없다는 것을 전노협 청산과 민주노총 건설의 역사는 분명하게 보여 주고 있는 것이다.

남겨진 과제

대중투쟁을 통한 조직 건설이 아닌 한 전국조직은 주로 상층 지도부의 논의를 중심으로 이루어질 수밖에 없다. 민주노총은 이러한 상층에서의 논의를 통한 조직 건설의 전형이었다. 이런 점에서 이 글은 상층 노조지도부의 생각과 활동을 중심으로 전노협의 청산과 민주노총 건설의 역사를 규명하지 않을 수 없었다. 그러나 전노협 청산의 움직임은 단순히 전노협 내부에서만 이루어진 것은 아니다. 이 글에서 규명하고 있는 것처럼 전노협은 전노협 내·외부로부터 전노협을 부정하는 세력들의 정치적·이데올로기적·조직적 총공세에 의해 무너졌다. 이런 점에서 전노협을 둘러싼 국내외 총자본(국가) 및 각 정치·운동 세력들, 그리고 노동자 대중의 움직임에 대한 구체적인 분석들이 보완되어야 전노협 청산에 대한 총체적인 상을 그릴 수 있을 것이다.

첫째, 이 글은 전노협 청산을 둘러싸고 대립되었던 분파투쟁의 모습을 그려 내고, 그것이 전노협 청산에 미친 영향을 구체적으로 서술하는 데 중점을 두었다. 그러나 전노협 청산이 갖는 역사적 의미를 좀 더 명확하게 하기 위해서는, 전노협 청산을 둘러싸고 진행되고 있던 그 당시 노동운동과 변혁운동 전반의 정치적 역학관계를 파악할 필요가 있다. 이런 점에서 각 분파들이 전체 노동운동과 변혁운동 진영의 어떠한 흐름들과 조직적 관계를 가지고 움직여 왔는가에 대한 구체적인 분석이 요구된다. 예를 들면 전노협 위원장 선거 때 세 가지 다른 운동 기조가 경선에서 맞붙었는데, 그러한 흐름들이 전체 노동운동과 변혁운동 진영의 어떠한 부분들과 연결되어 있는지를 구체적으로 파악하게 되면, 이후 각 분파들의 움직임을 좀 더 명료하게 이해할 수 있을 것이다.

둘째, 그 당시 노동자 대중의 의식·투쟁·조직 역량에 대한 총체적인 분석이 필요하다. 이 글에서는 상층의 움직임과 대비되는 수준에서 부분적으로밖에 서술하고 있지 못하다. 그러나 자본과 정권은 물론 노동운동 지도부의 행동은 노동자 대중의 움직임에 의해 기본적으로 규정되기 때문에, 노동자 대중의 지향과 요구, 그리고 투쟁에 대한 태도와 의지가 어떠한가를 분석하는 것은, 전체적으로 노동과 자본 간의 역관계를 파악하는 데 있어 필수적이다. 예를 들면 노동운동 위기론이나 전노협 한계론 등에서 노동자들의 의식이나 투쟁 의지가 구조적으로 약화되거나 퇴조하고 있었다라고 주장하는 것 등에 대한 구체적인 분석들이 필요하다. 단순한 통계적 분석이 아니라 각 지역과 현장에서의 투쟁과 활동을 구체적으로 분석하여 민주노조운동 전반에 대한 총체적인 상을 그려 낼 필요가 있다. 이러한 노동자 대중의 요구와 지향, 의식, 투쟁, 조직 활동 들이 전체적으로 파악되어야 전노협 청산 과정에 대한 좀 더 체계적이고 종합적인 이해가 가능할 것이다.

셋째, 전노협 청산의 문제는 노동운동 내부만의 문제가 아니다. 자본과 정권, 더 나아가 초국적 자본과 국제노동세력들의 이해관계와 밀접한 관계가 있다. 전노협과 같은 전투적이고 변혁지향적인 노동운동 조직은 자본과 정권, 그리고 초국적 자본 및 관료·개량주의적인 국제노동세력의 입장에서는 없애 버리고 싶은 조직일 것이다.[5] 이런 점에서 이들은 전노협을 청산하거나 무력화하는 데 일정하게 이해관계가 일치하고 있었다고 볼 수 있다.

전노협을 분석하려면 우선 자본과 정권의 전노협에 대한 전략·전술을 구체적으로 파악해야 한다. 자본과 정권이 "경제단체협의회"(이하 경단협)를 만들고 3당 합당까지 하면서, 전노협을 와해시키려고 총공세를 펴 왔었다는 사실을 생각해 보면, 이들이 전노협에 대해 어떠한 전략과 전술을 가지고 대응해 왔었는가 하는 것은 주요한 분석 대상이 될 수밖에 없다. 더구나 탄압과 같은 폭력적인 방법뿐만 아니라 부분적으로 양보하거나 회유하는 방법을 병행하면서 노동운동을 분할 지배하려는 총자본의 전략·전술이 강화됨에 따라서, 노동운동 내에 개량주의·기회주의 세력이 득세하게 되고, 이에 따라 노동운동 내부가 교란됨으로써 결국에는 노동운동이 무력화되어 갔던 것이 세계 노동운동의 일반적인 경향이었다라는 점에서(레닌 1986, 80-5), 자본과 정권이 전노협에 대해 어떠한 전략·전술적 입장을 가지고 있었는가를 파악하는 것은 다른 무엇보다도 최우선적으로 다루어져야 할 작업일 수밖에 없다.

이런 점에서 전노협 청산에 대한 자본과 정권의 전략·전술에 초점을 맞추어서 연구해 볼 필요가 있다. 전노대 이후 민주노총 건설 때까지 자본과 정권은 강경 투쟁 지도부에 대해서는 구속, 수배 등으로 그 대가를 반드시 치르도록 했지만, 온건노선을 걷는 노조 지도자들에 대해서는 대단히 유화적이었

---

5 국제자유노동조합연맹ICFTU은 반공주의를 표방하면서 출범한 대표적인 관료·개량주의적인 국제노동운동 조직으로 변혁지향적인 노동운동 조직에 대해서는 매우 적대적이었다. 국제자유노련은 제2차 세계대전 이후 사회주의와 공산주의자 들이 주도하고 있던 국제노동운동 조직을 자본주의적으로 재편하기 위해 미국이 주도하여 만든 조직이다.

다. 이러한 자본과 정권의 태도로 볼 때 전노협 청산 움직임 등에 대해 노동운동 진영에 직접적이든 간접적이든 어떠한 형태로든 개입했을 가능성이 높다. 자본과 정권이 전노협을 청산하는 데 가만히 손 놓고 있었을 것이라고 보는 것 자체가 대단히 비현실적일 것이다. 이런 점에서 자본과 정권은 당시 각 노동운동세력들에 대해 어떠한 전략을 가지고 접근했고, 이러한 접근에 대해 각 세력들은 어떻게 반응하고 대응했는가에 대한 구체적인 분석이 이루어져야, 전노협 청산과 그것이 갖는 역사적 의미를 종합적으로 파악할 수 있을 것이다.

그리고 1993년 전노대 결성 전후로부터 행보가 빨라지기 시작한 국제노동세력들의 움직임에 대한 연구가 구체적으로 진행될 필요가 있다. ICFTU국제자유노동조합연맹은 당시 브라질의 민주노총인 CUT중앙단일조직의 가입은 허용했지만 전노협의 가입은 유보했다. ICFTU가 브라질 CUT의 가입을 받아들였던 것은 CUT가 유럽 사회민주주의로부터 오랫동안 재정적 지원을 받아 오면서 상당한 정도로 개량화되었다고 판단했기 때문이다(아르만도 보이토 1998, 119). 이것으로 유추해 볼 때 ICFTU가 전노협 가입을 유보한 것은 전노협의 변혁 지향적 성격 때문이었을 가능성이 높다. 전노대가 구성되고 난 이후에는 전노협과 약속했던 거의 모든 국제 프로젝트가 계획대로 진행되지 않거나 예산의 절반가량만 집행되었다(『전노협 1994년도 사업보고』, 301-5). 이런 점에서 가설이긴 하지만 국제노동세력들이 1993년 전후로 전노협을 무력화시키기 위해 구체적으로 움직이기 시작했던 것은 아닌가라는 관점에서 국제노동세력들의 움직임을 연구해 볼 필요가 있다.[6]

---

6 양규헌 전노협 위원장은 1993년부터 국제 지원 프로젝트가 '업종조직화' 방식을 중심으로 집중적으로 이루어진 것에 대해 일정한 의도가 있는 것으로 보고 있다. "그 이전부터 전노협 국제 프로젝트가 있었어요. 피정선 소장이라고 있는데 이 양반이 노동교육협회로 해서 들어오는데, 여기서 자동차 업종 프로젝트를 해 왔어요. 뒤에 조선업종도 들어가 있지만. 그 당시 국

국제노동세력들은 1945년 2차 세계대전이 끝나자 바로 사회주의 세력에 대항하여 각국의 노동운동을 재편해 들어가기 시작했다. 미국의 CIA가 AFL미국노동조합총연맹을 앞세워 유럽 노동운동을 자본주의적으로 재편해 들어갔고, 그 결과 공산주의자가 장악하고 있던 유럽 노동운동을 사회민주주의로 대체하는 데 성공했다(앤드류 글린 외 1993, 34-50). 이러한 국제노동세력의 전력으로 볼 때 1991년 소련을 비롯한 현실 사회주의가 무너지고 난 뒤, 초국적 자본들이 아시아로 진출하기 위해서는 아시아 노동운동을 재편할 필요성이 있었고, 그 핵심고리를 한국의 노동운동이라고 본다면 전노협을 무력화시키기 위한 공작이 다양하게 이루어졌을 개연성은 매우 높다고 할 수 있다.

　　1997년 한국의 IMF 경제 공황이 '워싱턴 콘센서스'에 기초한 초국적 자본의 음모에 의해 초래되었다는 사실을 구체적으로 추적하여 폭로하고 있는 이교관의 분석은 이러한 가설에 대해 생각해 볼 수 있는 좋은 실마리를 던져 주고 있다. 이교관은 김영삼 정권이 재벌 계열사들 간의 상호 지급보증금지와 결합재무재표 작성을 의무화하는 데 실패한 데다, 노동법 날치기로 노사관계의 안정화도 이룩하지 못하게 되자, 초국적 자본들이 더는 한국 정부를 신뢰하지 않게 되면서 자본을 대량으로 빼내어 IMF 위기를 초래했다고 보고 있다(이교관 1998, 201-18). 이처럼 초국적 자본의 핵심 요구였던 재벌개혁과 노동개혁이 재벌의 반발에 부닥쳐 실패로 끝나면서 IMF 위기가 초래되었다고 보는 이교관의 분석에서 우리는 다음과 같은 사실을 유추해 볼 수 있다.

　　김영삼 정권은 초국적 자본의 요구에 따라 민주노조 진영을 합법화를 미

제 프로젝트를 받아서 교육을 할 수 있었던 그런 점에서 기여는 많았다고 보는데, 뒤에 생각하면 의도가 있었던 거죠. 의도가 있었던 게 뭐냐면, 산별로 가는 구조 자체를 소산별에 대한 방침이 어느 한쪽에는 있었던 거고, 그 방침에 따라서 소위 프로젝트 이렇게 해 왔던 거고. 그건 물론 조준호 이렇게 해서 한 거지만, 그 이전에 이미 지금 한노사연(한국노동사회연구소 - 필자) 이렇게 해서 업종 산별에 대한 자기 전망이 분명히 있잖아요? 그런 데 기반하는 거고, 지금도 여전히 문제가 되는 거죠"(양규헌 면담, 2006).

끼로 체제 내화함으로써, 노사관계 안정화와 노동시장 유연화라는 두 마리 토끼를 잡으려고 부단히 애를 써왔다는 사실이다.[7] 그리고 국제노동세력들도 초국적 자본의 요구와 김영삼 정권의 노동개혁 정책에 발맞추어 1993년 전후로 한국 민주노조운동의 조직 재편을 위해 다양한 지원과 개입을 해 왔을 가능성이 크다는 사실이다. 이런 점에서 김영삼 정권의 노동개혁은 일국 차원이 아니라 초국적 자본과 국제노동세력이 관련되어 있는 세계적 차원의 문제로 시야를 넓혀서 살펴볼 필요가 있다. 그럴 때에야 김영삼 정권이 왜 재벌들이 강하게 반대하는데도 불구하고, 상급단체 복수노조 허용(민주노총 합법화)을 포함한 노동법 개혁을 지속적으로 시도하려 했었는가에 대해 비로소 이해할 수 있기 때문이다.

따라서 ICFTU를 비롯한 국제노동세력들이 브라질, 남아공, 한국, 필리핀 등 제3세계의 전투적이고 변혁지향적인 노동운동들을 길들이기 위해 어떠한 전략과 전술을 사용해 왔는지를 전체적으로 검토하는 속에서 전노협 청산의 문제를 분석해 본다면, 전노협 청산은 단순히 국내 차원이 아니라 세계적인 차원에서 진행된 자본과 노동의 국제 프로젝트로 확장하여 볼 수 있는 시각을 제공해 줄 수 있을 것이다.

결론적으로 이처럼 전노협 청산에 이해관계를 가지고 있는 노동 내·외부의 모든 세력들에 대한 총체적인 분석이 이루어질 수 있어야 전노협 청산에 대한 종합적이고도 풍부한 이해가 가능할 것이다.

....

7 김영삼 정권 내에서 박세일 사회복지수석으로 대표되는 신자유주의적 개혁 그룹이 1996년 노사관계개혁위원회를 통해 노동법 개혁을 시도했던 것은 바로 이러한 이유 때문이었다고 볼 수 있다.

전노협 정신은 어떻게 형성되었나:

민주노조운동 정신의 역사

그 당시에 기업주든 기관이든 어디든 압력이나 회유에 굴하지 않고 버텨 낸 비슷한 경험들을 했을 텐데 …… 동일방직에서도 정의숙이라고. 섬 처녀인데. 처음에 소그룹 모임을 하고 그럴 때는 고개를 숙이고 있던 친구예요. …… 제일 똑똑하게 얘길 한단 말예요. 회사도 눈여겨본 거죠. 그래서 그 당시에 수표 석 장, 30만 원 — 몇 달 월급입니다 — 을 자취방에다 집어넣어 놓은 거예요. 봉투 담아 가지고. 욕심 안 나겠어요? 얼마나 순수했냐 말예요! 그걸 가져와 가지고는 돈 가지고 내 정신까지 팔라고 그런다고 폭로하고. 그런 자세들이 주변 동료들에게 신망을 주었을 뿐더러 운동에 대한 도덕성, 그것이 바로 70년대 민주노조가 걸어간 길입니다. …… 싸움이 한번 일어나면 학생들, 지식인들, 양심적 부분들이 대거 참여했던 것도 그런 부분에 대한 감동이 있었기 때문에 가능했던 거거든요(성공회대학교 사회문화연구소 2002, 366. 강조는 필자).

전노협 정신이란 무엇인가? 길게는 일제시대로부터 짧게는 전태일 열사 이후 20년 동안 수많은 선배 노동자들의 투쟁과 희생 속에서 민주노조운동의 정신으로 만들어진 역사적 산물이다. 그렇기 때문에 전노협 정신은 전노협만의 독점물도 아니고 아직 완성된 것도 아니다. 지금도 계속 만들어져 가고 있고, 앞으로도 계속 그 내용을 더욱 풍부하게 하면서 민주노조운동의 정신으로 완성되어 나가야 할 현재 진행형인 것이다.

이런 점에서 현재 민주노총을 비롯한 민주노조운동이 신자유주의 공세에 대항해 나가기 위해서는, 전노협 정신으로 대표되는 민주노조운동의 정신이 무엇이며, 그것이 역사적으로 어떻게 형성되어 왔는가 하는 것을 반드시 알아야 한다. 왜냐하면 "역사는 단순히 과거에 대한 복고적인 향수를 표현하는 것이 아니라, 왜 우리가 지금의 모습인지, 왜 우리가 현재의 상황에 있는지를 알려 주고, 앞으로 우리가 어떻게 해야 할 것인지를 알려 주는 미래를 여는 열쇠"가 되기 때문이다.

전노협 정신은 "자주성, 민주성, 투쟁성, 연대성, 변혁지향성"으로 표현된다. 전노협은 향후 민주노조운동의 과제로 이러한 정신을 민주노총이 승계하여 좀 더 실천적으로 발전시켜 나갈 것을 희망했다.

> 전노협은 온갖 탄압과 조직적 한계에도 불구하고 최선을 다하여 맡은 바 시대적 소명을 다하였다. 이제 전국중앙조직으로서의 전노협의 성과와 한계는 민주노총이 계승, 보완·발전시켜 나가야 할 것이며, 전노협 소속 노조들은 금속 연맹을 비롯한 산업별 연맹의 주요 기반으로서 전노협 정신을 계승, 발전시켜 산별 노조 건설에 앞장서 나가야 할 것이다. …… 민주노총은 전노협이 남긴 성과로서 자주성과 민주성, 그리고 투쟁성, 연대성, 변혁지향성을 승계하여 보다 실천적으로 발전시켜 나가야 할 것이다. 또한 전노협이 못다한 과제인 미가입노조 조직화, 산별 노조 건설을 위한 제반사업과 투쟁을 수행해 나가는 데 박차를 가해야 할 것이다. …… 더 나아가 노동자의 정치세력화를 적극 도모하여 실질적인 사회·역사의 주체로서 우뚝 서 나가야 할 것이다(『전노협 백서』 8권, 434. 강조는 필자).

이런 점에서 전노협이 좀 더 발전시키기를 희망했던 전노협 정신은 '전노협주의'가 아니라, 이제까지 수십 년 동안 한국의 민주노조운동이 발전시켜 온 민주노조운동 정신 바로 그 자체를 가리키는 것이라고 할 수 있다.

노동조합이라고 하면 당연히 조합원의, 조합원에 의한, 조합원을 위한 조합민주주의가 관철되는 민주적인 노조라야 한다. 그렇기 때문에 외국에서는 민주노조라는 말을 사용하지 않는다. 노동조합이라는 말 속에 이미 민주노조라는 의미가 포함되어 있기 때문이다. 그러나 한국에서는 이러한 원론적인 의미에서의 노동조합은 존재하지 않았다. 한국노총이라고 하는, 간판만 노동조합이었지 실제로는 자본과 권력의 노동통제기구에 지나지 않는 반노동자적인 조직만 있을 뿐이었다. 한국노총은 노동자들이 만든 노동조합 조직이

---

1 영화감독 켄 로치 인터뷰 내용 중 일부 인용(월간 『키노』 1997년 9월호).

아니었다. 한국노총은 박정희 군사독재정권 시절 중앙정보부가 지명한 9인 재건위원회에 의해서 만들어진 일종의 국가 기관에 불과했다. 그래서 한국노총을 어용노조라고 부른다. 노동자들의 요구와 이해를 대변하는 것이 아니라 자본과 권력이 노동자들을 효율적으로 착취하고 억압하는 데 앞장서는 마름 조직에 지나지 않았기 때문이다. 어용노조가 아니라 제대로 된 민주노조가 있었더라면 전태일 열사가 "근로기준법을 준수하라"고 외치며 분신하는 일은 없었을지도 모른다. 이런 점에서 한국에서 1970년대 민주노조운동의 등장은 역사적 필연이었다고 할 수 있다. 이러한 자본, 권력, 어용 노총이 삼위일체가 되어 벌이는 노동자 착취·억압·통제 체제에 대항하여 기층 노동자들로부터 인간답게 살고 싶다는 외침과 요구가 봇물처럼 터져 나온다. 이런 분위기에서 이후 한국 사회에 일대 변혁을 가져오게 될 민주노동운동의 씨를 뿌린 전태일 열사의 분신이 이루어졌다. 그 결과 전태일 열사의 유언에 따라 1970년 11월 27일 "청계피복노동조합"이 설립되었고, 이때부터 비로소 한국 민주노조운동 정신의 역사는 시작되었다.

1. 전태일 열사 정신 : 인간해방 사상

민주노조운동이 전태일 열사로부터 출발한다는 것은 민주노조운동의 정신 또한 전태일 열사의 사상과 정신으로부터 출발한다는 것을 의미한다. 전태일 정신은 무엇인가? 한마디로 인간해방 사상이다. 전태일 열사의 인간해방 사상은 죽음으로 절규한 "우리는 기계가 아니다"라는 말 속에 압축적으로 녹아 있다. 이 말이 의미하는 바를 전태일 열사의 목소리로 직접 들어 보자.

내가 보는 세상은, 내가 아는 나의 직장, 나의 행위는 분명히 인간 본질을 해치는 하나의 비평화적, 비인간적 행위다. 하나의 인간이 하나의 인간을 비인간적 관계로 상대함을 말한다. 아무리 피고용인이지만 고용인과 같은 가치적(으로) 동등한 인간임엔 차이가 없기 때문이다.

인간을 물질화하는 세대, 인간의 개성과 참인간적 본능의 충족을 무시당하고 희망의 가치를 잘린 채 존재하기 위한 대가로 물질적 가치로 전락한 인간상을 증오한다.

어떠한 인간적 문제이든 외면할 수 없는 것이 인간이 가져야 할 인간적 문제이다. 한 인간이 인간으로서의 모든 것을 박탈당하고 박탈하고 있는 이 무시무시한 세대에서 나는 절대로 어떠한 불의와도 타협하지 않을 것이며, 동시에 어떠한 불의도 묵과하지 않고 주목하고 시정하려고 노력할 것이다.

인간을 필요로 하는 모든 인간들이여, 그대들은 무엇부터 생각하는가? 인간의 가치를? 희망과 윤리를? 아니면 그대 금전대의 부피를?

업주들은 한 끼 점심값에 2백 원을 쓰면서 어린 직공들은 하루 세 끼 밥값이 50원, 이건 인간으로서는 행할 수 없는 행위입니다. …… 나이가 어리고 배운 것은 없지만 그들도 사람, 즉 인간입니다. 태어날 때부터 생각할 줄 알고, 좋은 것을 보면 좋아할 줄 알고, 즐거운 것을 보면 웃을 줄 아는 하나님이 만드신 만물의 영장, 즉 인간입니다.

다 같은 인간인데 어찌하여 빈(貧)한 자는 부(富)한 자의 노예가 되어야 합니까? 왜 빈한 자는 하나님께서 택하신 안식일을 지킬 권리가 없습니까?

종교는 만인이 다 평등합니다.

법률도 만인이 다 평등합니다.

왜 가장 청순하고 때 묻지 않은 어린 소녀들이 때 묻고 더러운 부한 자의 거름이 되어야 합니까? 사회의 현실입니까? 빈부의 법칙입니까?

인간의 생명은 고귀한 것입니다. 부한 자의 생명처럼 약자의 생명도 고귀한 것입니다. 천지만물 살아 움직이는 생명은 다 고귀합니다. 죽기 싫어하는 것은 생물체의 본능입니다.

선생님, 여기 본능을 모르는 인간이 있습니다. 그저 빨리 고통을 느끼지 않고 죽기를 기다리는 생명체가 있습니다. 그리고 죽어 가고 있습니다. 그것도 미생물이 아닌, 짐승이 아닌, 인간이 있습니다. 인간, 부한 환경에서 거부당하고, 사회라는 기구는 그들 연소자를 사회의 거름으로 쓰고 있습니다. 부한 자의 더 비대해지기 위한 거름으로. 선생님, 그들도 인간인 고로 빵과 시간, 자유를 갈망합니다(조영래 2005, 212-5).

이처럼 전태일 열사는 자본가들을 살찌우기 위한 이윤의 도구로서 기계 취급을 받으며 살고 있는 노동자들이, 이제까지 자신들을 짓눌러 왔던 모든 억압과 착취와 지배로부터 완전히 해방되기를 원했다. 그리하여 노동자들도 하나의 인간으로서 인간다운 대접을 받고, 하나의 존엄한 인간으로 인정받으며, 노동이 괴로움이 아니라 자신의 인간적 가치를 실현할 수 있는 즐거운 인간 노동으로 바뀌는, 참으로 인간이 인간답게 살 수 있는 그러한 인간해방 세상을 꿈꿨다. 그런데 이러한 전태일 열사의 인간해방을 향한 꿈과 사상은 전태일 열사 혼자만의 것이 아니었다. 그 당시 억압받고 착취당하며 지배받던 모든 노동자들이 염원하고 갈망하던 노동자들의 꿈이요 사상이었다. 전태일 열사는 이러한 노동자들의 꿈과 사상을 "노동자는 기계가 아니다! 인간이다!"라고 부르짖으며 온몸으로 대변했던 것이다.

…… 결핵 환자들이 회사에 걸리면, 회사가 알기 무섭게 내쫓아 보냈지요. …… 떠들었다고 해서 군 출신 관리자가 겨울에 눈밭에서 여성 노동자를 막 굴림시키고, 토끼뜀 뛰게 하고, 또 불러내 가지고 자기 책상 옆에다가 손들고 벌서게 하고, 두들겨 패고, 머리 잡아서 흔들어 가지고 부딪치게 하는 이런 비인간적 행위들이 저희들을 힘들게 했던 것 같아요. …… 그렇게 하다가 노동 야학한다는 걸 알게 되면서, 노동법, 근로기준법을 알게 되었어요. 그다음에 전태일 열사나 동일방직 여성노동자들의 삶이 있었다는 것, 그리고 삼원섬유 (유동우 선배의) '어느 돌맹이의 외침' 그런 책들을 접하게 되면서, 참 충격적이었고, 막 힘이 생겼던 것 같아요. '그래 이렇게 사는 거야'라는. …… 야학 교사가 전해 준 삼원섬유 유동우 선배의 '어느 돌맹이의 외침'을 읽고, 그다음에 전태일 열사의 일기장을 복사본으로 읽으면서 몇 날 며칠 울었어요. 그러면서 …… 이제 우리가 이 노예와 같은 삶에서 해방될 것 같은, 금방 해방될 것 같은 기쁨에 젖어서 좋아했던 그 시기가 있었던 것 같습니다(배옥병 전 서울통상 지부장, 성공회대 사회문화연구소 2002, 374-5).
…… 사실 제일 어렵고 힘들었던 게 인간답게 대우를 안 해 주는 거였거든요. 노동자를 부속품, 기계 부품 정도로 생각하는 거였지요. 노동운동을 하게 했던 것은 지금 얘기한 노예와 같은 이러 노동현장의 생활에서 해방을 할 수 있고, 탈피를 할 수 있는 뭐가 있다고 하는 것이 노동운동하는 하나의 동력이 아니었던가 싶어요. 우리가 노동운

동을 하게 된 게 이론이나 그런 것보다는 그 삶이 중요한 거예요. 억압된 생활과 노예 같은 생활을 해결하는 데 내 한 몸 바칠 수 있다면, '이거 아까울 게 없다'고 할 정도로 그때 상황이 열악하고, 인간의 대접을 안했으니까요. 그게 아마 가장 컸던 것 같아요 (박태연 전 YH노조 사무장, 성공회대 사회문화연구소 2002, 375).

이처럼 전태일 열사의 인간해방 사상은 직접 당사자인 청계피복노동조합 노동자들은 말할 것도 없고, 1970년대 민주노조운동을 주도했던 거의 모든 노동자들에게 절대적인 영향을 미쳤다. 그리고 1980년대 노동운동에 뛰어든 수많은 학생운동 출신 노동자들과 1987년 노동자 대투쟁을 이끌었던 대부분의 선진노동자들에게는『전태일 평전』은 경전과도 같은 것이었다. 또한 전노협 결성의 결정적 계기가 되었고 한국 노동운동 사상 최초로 열린 1988년 전국노동자대회가, 전태일 열사 분신일인 11월 13일에 맞춰 "전태일 열사 정신 계승, 노동악법개정 전국노동자대회"라는 명칭으로 개최되었다는 사실은, 전태일 열사의 정신이 얼마나 깊게 한국 노동운동에 영향을 미치고 있는가를 단적으로 보여 주고 있다.

2. 1970년대 민주노조운동의 정신 : 투쟁성, 민주성, 자주성, 인간성

임금노예와 같은 억압된 생활과 삶으로부터 해방되어 인간다운 대접을 받으며 살고 싶다는 이러한 전태일 열사의 인간해방 사상은 1970년대 민주노조운동의 정신적 지주로 작용하면서 이후 민주노조운동의 기본 정신이 형성되어 나가는 데 결정적인 영향을 미치게 된다. 비록 초보적인 수준이기는 하지만 전노협 정신으로 대표되는 오늘날의 민주노조운동 정신의 핵심적인 내용들은 바로 이 1970년대 민주노조운동으로부터 형성되어 나가기 시작했다고 볼 수 있다. 청계피복노동조합으로부터 시작된 1970년대 민주노조운동은 비록 개별 사업장 수준이기는 하지만 대중적 실천을 통해 투쟁성, 민주성, 자주성, 인간성의 정신을 민주노조운동의 기본 정신과 원칙으로 정립해 나갔다.

투쟁성

1970년대 민주노조운동은 전태일 열사의 유언에 따라 만들어진 청계피복노동조합으로부터 출발한다.

> 어머니 …… 나는 만인을 위해 죽습니다. 이 세상의 어두운 곳에서 버림받은 목숨들, 불쌍한 근로자들을 위해 죽어 가는 나에게 반드시 하나님의 은총이 있을 것입니다. …… 어머니, 내가 못다 이룬 일 어머니가 꼭 이루어 주십시오.
>
> …… 자네들, …… 우리가 하려던 일, 내가 죽고 나서라도 꼭 이루어 주게. 아무리 어렵더라도, 절대로 포기해서는 안 되네. 쉽다면 누군들 안 하겠나? 어려울 때 어려운 일 하는 것이 진짜 사람일세. 내 말 분명히 듣고 잊지 말게. 내 죽음을 헛되이 말라!(조영래 2005, 299-301)

"내가 못다 이룬 일 어머니가 꼭 이루어 주십시오" 그리고 "내 죽음을 헛되이 말라"는 전태일 열사의 유언에 따라, 이소선 어머니와 삼동회[2] 동료들은

---

2 삼동회는 1969년 6월경 전태일 열사가 바보회라는 "근로조건 개선을 목표로 하는 재단사 모임"을 만들었었는데 그 바보회를 발전시켜 1970년 9월 16일 새로 만든 조직이다. 삼동회는 바보회 창립 당시에 비하면 훨씬 더 구체적인 투쟁 전망을 가지고 발족했다. 바보회의 활동이 기업주나 노동 당국에 '진정'하고 '호소'하는 데에 그쳤던 것에 비하여, 삼동회는 평화시장의 불법적이며 비인간적인 노동현실을 세상에 '폭로'하고 그것을 발판으로 삼아 공동으로 '투쟁'하는 것을 활동지침으로 삼았다. 삼동회의 목적으로 "연소 근로자를 보호하기 위한 대책을 강구하고, 근로조건 개선을 위해 공동으로 행동한다"라고 설정한 것이나, 당면 활동 계획으로 "노동조건 실태조사, 조직 확대, 근로조건 개선 요구가 관철되지 않을 때는 데모·농성 등으로 항

전태일 열사가 분신한 날로부터 14일 만인 1970년 11월 27일 청계피복노동조합을 결성했다. 그러나 청계피복노동조합은 전태일 열사의 죽음에도 불구하고 그렇게 쉽게 만들어지지 않았다. 처음부터 자본과 박정희 군사독재정권의 방해 공작에 맞서 강력하게 투쟁하지 않으면 안 되었던 것이다.

이소선 어머니는 "내 아들의 뜻이 이루어질 때까지 장례를 치르지 않겠다"며 "평화시장에서 노조 결성을 인정하라! 하루 16시간 일하던 것을 8시간으로 줄여라! 매주 하루를 쉬게 하라(2주일에 한 번이 아니라)!" 등과 같은 여덟 가지 요구 조건을 제시했다. 이에 대해 자본과 정권은 '8시간 노동'과 '노조 결성'만 빼고 나머지는 다 들어주겠다고 했지만 이소선 어머니는 요지부동이었다. "나중에 혼자라도 내 아들 시체를 토막 내서 치마에 싸서 묻는 한이 있더라도 요구조건이 관철되지 않은 상태에서는 절대로 장례를 치를 수 없다"며 완강하게 투쟁을 계속했다(『전노협 백서』 1권, 45). 사회여론의 확산과 대학가 등지의 항의 시위 확대에 부담을 느낀 박정희 군사독재정권은 결국 여덟 가지 요구 조건을 무조건 받아들이기로 하고 노동청장이 직접 문서에 서명까지 하면서 합의 이행을 약속했다. 그러나 이러한 약속은 전태일 열사의 장례식이 끝나자마자 자본가들이 노조 설립을 방해하면서 하루아침에 휴지조각이 되어 버린다. 이렇게 되자 노조 설립을 준비하던 이소선 어머니와 삼동회 동료들은 노동청 사무실 앞에서 합의 사항 이행을 요구하는 항의 집회를 열기로 한다. 사태가 심각하게 돌아가자 자본과 박정희 군사독재정권은 노조 사무실을 두 개 대신 한 개만 둔다는 조건으로 결국 노조 설립을 인정하게 된다. 이렇게 해서 청계피복노동조합은 자본과 박정희 군사독재정권의 탄압을 뚫고 어렵게 설립된다. 그러나 이는 시작에 불과했다.

....

의한다. 삼동회를 노동조합으로 발전시킨다"라고 한 점 등으로 보아 삼동회는 바보회보다 훨씬 '투쟁조직'적 성격이 강화된 것으로 볼 수 있다(조영래 2005, 161, 252-3).

자본과 박정희 군사독재정권은 노조를 홍보하는 플래카드조차 못 걸게 할 뿐 아니라, 노조에 대한 비방과 흑색선전은 물론, 노조 가입 권유를 위해 노조 간부가 개별 공장을 방문하면 아예 공장 문을 걸어 잠그는 등 치밀하게 노조 무력화 공작을 펴 나갔다. 그 결과 노조 설립 4주째부터는 노조 가입을 원하는 노동자가 한 명도 없게 되었다. 노조 설립 한 달 만에 모든 것이 물거품으로 사라져 버릴 위기에 봉착하게 된 것이다. 이에 노조 집행부 12명은 옥상에 바리케이드를 치고 전태일 열사의 뒤를 따라 전원 분신할 것을 만장일치로 결의하고 실행 준비에 들어갔다. 이러한 청계피복 노동자들의 결연한 투쟁에 놀란 박정희 군사독재정권은 이들을 체포하여 서울경찰청에 가두어 놓고 온갖 협박과 회유를 가했다. 그러나 자신들의 요구가 관철될 때까지 단식투쟁을 계속하겠다는 노동자들의 단호한 결의에 따라, 결국 1971년 1월 6일 주요 3개 시장 대표들과 노동조합 간에 처음으로 공식적인 교섭이 이루어지게 된다. 교섭 결과 최초에 제기했던 여덟 가지 요구와는 많은 차이가 있었지만, 1일 노동시간 16시간에서 14시간으로의 단축과 노조활동을 위한 노조 간부들의 공장 방문 허용 등에 합의했다. 이처럼 청계피복노동조합은 처음부터 자본과 국가권력에 대한 치열한 투쟁을 통해서 노동조합도 설립하고, 교섭도 강제할 수 있었으며, 조직도 확대해 나갈 수 있었다. 그 결과 청계피복노조는 1972년 중반에는 조합원 수가 8천 명을 넘어설 만큼(전순옥 2004, 323) 탄탄한 민주노조로 급성장할 수 있었다.

전태일 열사의 정신을 이어받은 이러한 청계피복노조의 전투적인 불굴의 투쟁정신은 이후 1975년 노동교실 찾기 농성 투쟁, 1977년 노동교실 사수투쟁, 1980년 임금인상 및 퇴직금 확보 농성 투쟁, 1981년 청계피복노조 강제 해산에 항의한 AAFLI아시아 아메리카 자유 노동 기구 점거 농성 투쟁, 1984년 청계피복노조 복구 및 합법성 쟁취 투쟁을 거쳐 마침내 1988년 청계피복노조가 다시 합법성을 쟁취할 때까지 한 치의 흔들림 없이 지속되었다. 이러한 청계피복노조의 전투적인 투쟁과 활동은 그 당시 노동자들에게 엄청난 영향을 미침으로써, '1970년대 민주노조운동'이라는 새로운 흐름을 만들어 내는 데 결정적인 역할을 하게 된다.

청계피복노조와 노동교실은 마치 어두운 사회에 밝혀진 빛과 같았다. 이들은 남한 노동운동에 커다란 영향을 미쳤다. 이들은 우리에게 희망을 주었고, 민주노동운동의 정신적 지주가 되었다. 청계피복노조가 우리에게 중요한 이유는 그들에게서 얻은 물리적·교육적 도움 때문만이 아니라 그들이 하나의 본보기가 되어 주었기 때문이다. 청계피복노조 노동자들이 할 수 있다면 우리도 할 수 있다는 자신감 말이다. 이런 자신감은 빠르게 확산되어 나갔고, 노조가 없는 공장의 노동자들을 일깨워 민주노조를 설립하게 하는 자극제가 되었다. 또 남성들이 장악한 어용노조가 있는 곳에서 일하고 있던 노동자들은 어떻게 그 노조를 노동자에게 공정함과 정의를 가져다줄 조직으로 변형시킬 수 있는지를 배웠다. 청계피복노조는 현존하는 조직적 체계 내에서 무엇을 이룰 수 있는지를 우리에게 보여 주었고, 하나의 민주노조가 얼마나 독자적인지 평가하는 기준이 되었다. 어려운 시기에 우리가 청계피복노조로부터 얻은 위안은 마치 어머니의 가슴에서 느끼는 따뜻한 위안 같은 것이었다(전순옥 2004, 329-30).[3]

청계피복노조 이후 조직된 1970년대 민주노조들은 손꼽을 정도로 그 숫자는 적었지만[4] 그들이 민주노조로서 계속 유지될 수 있었던 것은 다른 무엇보다도 조합원들의 투쟁력과 조직력이 뒷받침되었기 때문이다. 노조 결성이든 어용노조 민주화든 자본과 독재정권, 그리고 어용 산별 노조가 벌이는 악랄한 탄압과 방해 공작을 돌파해 나갈 수 있는 강고한 투쟁력과 투쟁 의지가 없으면 민주노조는 아예 엄두도 낼 수 없었다. 민주노조로 출발하는 순간 노조[5] 간부들이 해고되는 것은 너무도 당연한 것이었고, 회사 측의 다양한 탄압

....

[3] 이는 1999년 1월 청계피복, 동일방직, 원풍모방, 반도상사, YH 노조 대표자들이 참여하여 진행된 여성 노동자들의 집단토의 내용 중의 일부다.

[4] 1970년대 대표적인 민주노조로는 청계피복, 동일방직, 원풍모방, 콘트롤데이타, 반도상사, YH무역, 삼원섬유, 삼성제약 노조 등을 들 수 있다.

들, 즉 노조탈퇴 강요, 부서이동, 폭행, 사표 강요, 분열 공작 등의 부당노동행위가 일상적으로 자행되었다. 그리고 더욱 어렵게 했던 것은 동일방직이나 삼원섬유 등에서 나타난 것처럼 어용 산별 노조가 직접 개입하여 민주노조 간부들을 본조에서 제명하거나 폭력단을 동원하는 방식으로 민주노조들을 파괴하는 데 앞장서 나갔다는 사실이다. 그렇기 때문에 민주노조들은 반도상사, 원풍모방 노조처럼 아예 처음부터 파업, 농성, 태업, 잔업거부 등과 같은 전 조합원들의 단결된 투쟁을 바탕으로, 자본과 독재정권, 어용 산별 노조의 탄압을 무력화시켜 나가면서 민주노조를 건설하고 운영해 가지 않으면 안 되었던 것이다. 당시 삼원섬유노조 분회장이었던 유동우의 다음과 같은 증언은 1970년대 민주노조운동이 조합원들의 완강한 투쟁에 기초하지 않고서는 단 하루도 유지해 나갈 수 없는 상태에 있었다는 사실을 잘 보여 주고 있다.

> ······ 완강하게 깨려고 그러니까, 단순히 기관의 압력뿐 아니고 회사의 노동조합 파괴 공작이 연일 노노싸움도 붙이고 그러는데 어쨌든 완강하게 ······ 그 당시에 저희는 파업을 밥 먹듯 했어요. 노다지 그냥 파업이야 ······ (성공회대 사회문화연구소 2002, 351).

이런 점에서 1970년대 민주노조운동에서 가장 중요한 첫 번째 정신은 뭐니 뭐니 해도 '전투적인 투쟁정신'이라고 말할 수 있다. 더구나 이러한 전투적인 투쟁정신은 국가보위에 관한 특별조치법(1971년), 유신헌법(1972), 긴급조치 9호(1975) 등에 의해 단체교섭권과 단체행동권이 완전히 박탈되고 집회, 시위, 농성, 유인물 배포 등 모든 행위가 불법으로 처벌되는 상태에서, 구속과 해고 등을 불사한 조합원들의 과감한 투쟁에 의해 이루어 낸 정신이라는 점에서 더욱 값진 것이었다고 할 수 있다.

---

5 원풍모방, YH무역, 삼성제약, 삼원섬유 등.

1970년대에도 민주노조 이외에 완전 어용노조라고는 할 수 없는 노조들이 상당수 존재했다. 이들 노조들은 유신체제가 붕괴된 후 1980년 소위 '서울의 봄'[6] 시대에 "섬유노조 정상화 추진위원회"나 "금속노조 민주화 추진 위원회" 등에 참여하는 형태로 나타났지만, 민주노조들과 같이 조합원들의 단결된 힘과 의식에 기초한 강력한 투쟁이나 대립적 노사관계보다는, 노사 협력적인 기조를 유지하고 있었다는 점에서 중간 노조적인 성격이 강한 노조였다. 그렇기 때문에 이들은 1980년 5·17 이후 전두환 정권에 의한 노동조합 파괴 공작이 들어왔을 때, 민주노조들과 같이 강력한 투쟁으로 저항할 수 없었다. 반면에 청계피복, 원풍모방 노조같은 1970년대 민주노조는 자본과 권력의 탄압에 대한 치열하면서도 전투적인 투쟁정신이 있었기에, 탄압의 광풍이 지나가고 난 몇 년 후 다시 1980년대 민주노조운동으로 부활할 수 있었던 것이다. 비록 소수라 하더라도 자본과 권력, 그리고 어용노조의 탄압을 투쟁으로 돌파해 나간다는 투쟁정신이 확고했을 때에만, 패배하더라도 언젠가는 다시 일어설 수 있는 것이었지, 조직보존 운운하면서 실제로는 적과의 투쟁을 포기해 버리면 결코 후일을 기약할 수 없는 것이었다. 1981년 1월 전두환 정권의 청계피복노조 강제 해산에 저항하여 아프리AAFLI 점거 농성투쟁을 주도했던 민종덕의 증언은 1970년대 민주노조운동이 가지고 있던 전투적인 투쟁정신의 핵심 내용이 무엇인가를 잘 표현해 주고 있다.

> ……우리는 조직보존논리에 비판적이었죠. 깨지더라도 같이 깨진다든지. AAFLI 사건도 요즘 이야기로 하면 컨셉을 '장렬하게 깨지자'로 잡았거든요. 장렬하게 깨져야 다시 재건할 수 있는 힘이, 그래야 힘이 거기서 나온다고 잡은 거고. 다른 노조는 깨지면 복구할 수 없다고 생각한 거고. 결국 우리는 장렬히 깨진 거고(역사학연구소 2005, 146).

....

6 1979년 10월 26일 독재자 박정희가 사살됨으로써 유신체제가 막을 내린 후부터 1980년 '5·17 조치'가 단행되기까지의 정치적 과도기를 일컫는 말이다.

민주성

70년대 민주노조는 항상 사측의 사주를 받고 노동조합을 깨려고 하는 시도가 도사리고 있었어요. 노동자 측을 대변하고, 노동자의 입장에서 이익을 수렴하지 않으면, 정말······ 노동조합운동을 포기해야 되는, 이런 것과 끊임없이 맞물리는 거거든요. 이 속에서는 생존의 법칙이 민주적일 수밖에 없고, 조합원의 지지를 받지 않으면 살 수가 없어요. 막강한 기업체계, 막강한 재원과 산업, 오만 가지 전략이 다 있었어요. 우리는 완전히 전략 전술이고 뭐고 간에 모든 것이 조합원들에게서 나올 수밖에 없다는 거죠. 민주적이었느냐 아니었느냐가 문제가 아니라는 거예요. 민주적이지 않으면 그때 운동은 발붙일 데가 없었어요(박태연 전 YH노조 사무장, 성공회대 사회문화연구소 2002, 378).

자본과 군사독재정권, 그리고 어용 산별 노조가 노동조합을 깨기 위해 호시탐탐 노리고 있던 그런 상황에서 민주성은 선택의 문제가 아니라 그야말로 생존의 문제였다. 민주노조는 자본과 권력을 굴복시킬 수 있을 정도의 힘을 갖지 못하면 생존할 수 없다. 그런데 그 힘은 전체 조합원들의 단결된 힘에서 나온다. 전체 조합원이 단결해서 파업 등으로 공장을 완전히 세울 수 있는 힘을 가지지 못하는 한 민주노조는 존재할 수 없다. 1970년대 민주노조운동의 잦은 파업, 농성, 태업 등에 자본과 권력이 어쩌지 못했던 것은 바로 이러한 조합원들의 단결된 힘이 있었기 때문이다. 자본과 권력이 처음에는 노조 간부들을 해고도 시키고 구속도 시키고 했지만, 그럴수록 조합원들이 들고일어나 당장 공장이 돌아가지 않았기 때문에, 어쩔 수 없이 다시 복직시키고 석방시키지 않을 수 없었던 것이다. 바로 이러한 조합원들의 철통같은 단결력과 투쟁력을 만들어 낸 핵심적인 동력은 다름 아닌 '민주성'이었다. 이런 점에서 1970년대 민주노조운동이 이루어 낸 가장 중요한 업적이자 정신은 바로 이 민주성에 있다고 해도 과언이 아니다. 물론 투쟁성이 가장 중요하고 기본이 되었던 것은 사실이지만, 이러한 투쟁성을 만들어 내고 뒷받침해 주었던 것은 바로 민주성이었기 때문이다. 민주성에 기초하지 않은 투쟁성은 전체 조합원이 참여하는 대중투쟁이 아니라, 소수의 노조 간부들만 참여하는 고립된 선도투쟁으로 될 것은 불을 보듯 뻔한 사실이었기 때문이다.

민주성의 핵심은 조합원들의 의식화와 조직화에 있다. 이에 기초하지 않고서는 결코 조합민주주의는 이루어질 수 없다. 1970년대 민주노조들은 반도상사, 삼원섬유 노조를 제외하고는 거의 간선제로 대의원대회에서 노조 대표를 뽑았다(요즘처럼 직선제가 아니었다). 1970년대 민주노조운동의 모범이라고 일컬어지는 원풍노방노조조차 간선제였다. 그런데도 민주노조라고 하는 것은, 요즘과 같은 형식적·절차적 민주주의가 아니라, 조합원들의 의식화와 조직화에 기초한 실질적인 노동자 직접민주주의가 이루어졌기 때문이다. 이러한 조합원들의 의식화와 조직화를 이끌어 내는 데 핵심적인 역할을 한 것은 다양한 형태의 '소모임활동'과 '일상적인 교육활동'이었다.

일부 한국노총 계열의 노동조합들은 정말로 형식적인 활동을 했어요. 임투를 하더라도 자기네가 마지막까지 양보할 마지노선을 결정한다든지(하는) 그런 거였는데, 우리는 일차적으로 노동조합의 조직표를 보면, 지도 핵이 지부장하고 상무집행위원회거든요. 지부장, 그다음에 상무집행위원회가 있고, 그다음에 대의원 총회가 있어요. 그다음에 조합원 소그룹들이 쫙 있는 거예요. 사실 이 소그룹들이 조직의 핵이거든요. 아주 다양한 모임이, 그룹이 만들어지는데, 일상적인 활동들은 아주 재미있었어요. 요즘 사람들이 하는 거 다했어요. 기타를 칠 줄 아는 친구들은 일상활동(으로) 그룹끼리 연합해서 고아원, 양로원도 방문했어요. 한문 공부도 하고, 노동의 역사 공부도 하고, 다양한 공부들을 그룹의 요구대로 했어요. 불사조 그룹, 다이아몬드 그룹, 열매, 포도, 이런 그룹들이 포진되어 있는 게 바로 그 당시의 민주노동조합들이었어요. 어떤 일이 생기면 상무집행위원회부터 현장 소그룹까지 쫙 연결됩니다(정명자 전 동일방직 노동자, 성공회대 사회문화연구소 2002, 380).

동일방직노조의 이러한 소모임활동은 1972년 5월 10일 한국 최초의 여성지부장을 탄생시킴으로써 민주노조로 가는 길을 여는 데 결정적인 역할을 했다. 30개가 넘는 소모임활동을 토대로 대의원대회를 민주파가 장악할 수 있었기 때문이었다. 그리고 이러한 소모임활동으로 투쟁력과 조직력이 뒷받침되었기 때문에 그 후 동일방직 노동조합은 회사와 중앙정보부, 그리고 어용 섬유노조가 자행한 세계에서 유례없는 엄청난 탄압에 맞서 수년간 줄기차게 투쟁할 수 있었던 것이다.

그리고 이러한 소모임활동은 노조 간부 중심의 임단협 활동이 아니라, 일반 조합원들이 참여하는 일상활동과 일상투쟁 중심으로 노조가 운영되도록 하는 데 매우 중요한 역할을 했다. 청계피복노조 여성 노동자들의 소모임인 "아카시아회"는 1972년 10월 말경 이미 15개 소모임에 155명의 회원이 활동할 정도로 청계피복노조의 중심을 이루고 있었다.

> 소모임에서는 휴일(첫째, 셋째 일요일)마다 여러 가지 교육을 하였다. 노조교육뿐만 아니라 일반 교양교육에서 미용강좌, 레크리에이션 지도까지 하여 조합원들이 흥미를 갖고 참여하게 만들었다. …… 그러나 노동조건 개선은 노조 간부가 말한다고 사업주들이 들어주는 것은 아니었기 때문에, 이런 것들이 개선되기 위해서는 200~300명의 노조원들이 몰려가 데모를 하는 것이 필수적이었다. 그렇게 한 번씩 싸우면 노동조건이 하나씩 개선되었다. 이러한 과정을 거치면서 청계 노동자들은 '싸움을 안 하고는 노동조건 개선이란 것은 없다'는 것을 알게 되었다. 이들 200~300명의 핵심 노조원들은 소모임 회원들이 주축이 되었음은 말할 것도 없다(정인숙 당시 청계피복노조 부녀부장, 이옥지 2002, 322).

청계피복노조 활동 중에서 조합원 의식화에 중요한 역할을 했던 노동교실이 1975년 2월 노동교실 찾기 투쟁으로 노조가 독자적으로 운영할 수 있게 되면서 소모임활동은 더욱 활발해졌다. 소모임으로 아카시아회(여성 미싱사), Y셔츠 모임, 산울림회(재단보조), 리본침회(청바지공장 쌍침 미싱사), 시우회(작업복 계통), 횃불회 등이 있었다. 이 중 횃불회는 노조 집행부가 소극적인 상태에서도 열성 조합원들이 중심이 되어 1975년 2월 노동교실 찾기 투쟁, 11월 13일 전태일 추모식, 12월 노동시간 단축투쟁 등을 벌여 내고 그 성과를 모아 결성한 소모임으로, 이후 청계피복노조의 전투적 기풍을 회복하고 발전시키는 데 지대한 공헌을 했다(역사학연구소 2005, 103). 그리고 이들 소모임들 중에는 청계천 주변의 성당이나 교회 등에서 실시되고 있던 노동야학 출신 졸업생들로 구성된 소모임들이 있었는데 이 소모임들은 거의 정치 소모임에 가까웠다. 이 소모임들에서는 노조 공식 교육으로는 담보할 수 없는 정치교육 등이 이루어졌고, 어느 정도 정치의식이 생기면 실천활동으로 들어갔는데, 가장 먼저 한 일은 유인물 배포였다.

> 밤새워 모임을 마치고 새벽이 되면 다른 단체에서 만든 정치적 유인물을 들고 골목길을 돌아다니며 몰래 뿌리곤 했다. 신문을 배달하는 척하면서 집집마다 넣었는데, 걸렸다 하면 고문과 징역살이를 면할 수 없을 만큼 위험한 일이었다. 겁이 나지 않을 수 없었다. 꼭두새벽, 깡통 하나만 굴러도 드럼통 구르는 듯 큰소리가 되어 가슴을 조이게 만드는 침묵의 새벽에 품속 깊이 유인물을 숨기고 돌아다니다가 아무도 없는 골목을 만나 대문 너머로 던져 넣을 때마다 손끝이 짜릿짜릿했다. 유인물이 남의 집 마당에 툭 하며 떨어지는 소리가 들릴 때마다 얼마나 오금이 저리던지, 막 투입을 했는데 누가 현관문을 열고 나오는 소리가 들리면 뒤도 돌아보지 않고 달렸다. 나중에는 자체적으로 유인물을 만들어 뿌리기도 했다. 주로 노동3권 보장이나 근로조건 개선에 관한 내용이었는데, 그런 내용조차도 경찰의 집중 탄압 대상이 되므로 몰래 만들어야 했다 (김영대 2003, 89).

청계피복노조는 이러한 정치 소모임들이 있었기 때문에 다른 민주노조들보다 의식과 실천 면에서 항상 앞서 나갈 수 있었고, 1970년대 민주노조운동의 정신적 지주로서 인정받을 수 있었다.

원풍모방노조 또한 소모임활동이 매우 활발했다(성공회대 사회문화연구소 2002, 245). 1,600명 조합원 중 50~60개 소모임에 조합원 400~500명이 활동하고 있었다. 소모임은 1971년부터 만들어지기 시작하여 1972년 노동조합을 민주화시킨 이후부터는 공개적으로 활동했다. 노조는 조합원들이 노조의 필요성을 인식하고, 노조활동에 관심을 가지며, 자신들의 요구 사항을 전달할 수 있는 대화의 장으로 삼을 수 있도록 소모임활동에 적극적인 노력을 기울였다. 특히 대의원들과 상집 간부들은 모두 소모임활동을 하는 것을 원칙으로 했다. 소모임은 자체적으로 활동하면서, 각각 20~30개씩 세 개의 반으로 나누어 교육도 받고, 전체적인 의견 수렴도 했다. 원풍모방노조는 이러한 소모임활동 외에도 훈련생 교육, 초보자에 대한 노조 기본 교육, 대의원 교육, 중견 간부 교육, 일반 조합원 교육, 크리스찬 아카데미나 섬유노조 파견교육 등 수많은 교육들을 실시했다. 그 결과 조합원들의 의식이 높아지고, 조합원들이 노조활동에 좀 더 적극적으로 참여하게 됨에 따라, 1982년 전두환 정권에 의한 노조 파괴 공작에 맞서 끝까지 투쟁할 수 있었고, 1980년대 민주노조운동에도 민주적인 노조활동과 관련하여 많은 도움을 줄 수 있었다.

이러한 소모임활동과 교육은 1970년대 민주노조들에게는 필수적인 것이었기 때문에 정도의 차이는 있지만 거의 모든 노조들에서 가장 활발하게 이루어졌던 활동이었다. 그래서 다른 노조들의 활동에 대해서는 생략하겠다. 그러나 한 가지 사실만은 꼭 짚고 넘어갈 필요가 있다. 1970년대 민주노조운동이 대부분 간선제였는데도 불구하고 어떻게 노동조합이 민주적으로 운영될 수 있었는가라는 점이다. 노조위원장 직선제가 이루어진 오늘날에도 조합민주주의가 거의 형해화되고 무너져 있는데, 어떻게 간선제하에서 조합민주주의가 그렇게 활발하게 이루어질 수 있었는가? 그 답은 간단하다. 노조활동의 원칙을 지켰기 때문이다. 비공식 조직으로서의 소모임활동 축과 공식 조직으로서의 대의원활동 축 어느 쪽도 무시하지 않고, 양대 축이 긴밀하게 결합하여 조합원들의 의식화·조직화를 위해 서로 적극적으로 노력하고 협력해 나갔기 때문이다. 이런 점에서 비공식 조직으로서의 소모임활동만큼이나 공식 조직으로서의 대의원활동이 어떻게 이루어졌는가 하는 것을 알아보는 것은 대단히 중요하다. 'YH노조'의 사례는 그 당시 대의원활동이 어떻게 이루어졌는지에 대한 전형을 보여 준다. 이들의 활동을 되돌아봄으로써 우리는 어떻게 하면 조합원들을 의식화·조직화하여 노동조합의 실질적인 주인으로서 적극적으로 참여시킬 수 있는가에 대해 많은 영감을 얻을 수 있을 것이다. 특히 대의원은 노조 내의 야당으로서 집행부를 견제하는 역할을 하는 것이라고 잘못 알고 있는 노동자들에게 대의원의 역할이 무엇인지에 대해 명확하게 가르쳐 줄 것이다. 대의원의 가장 중요한 역할은 조합원을 의식화하고 조직화하는 것이다.

초창기의 대의원 모임은 정기 대의원대회, 신임대의원 축하파티, 망년회 등 1년에 두세 번 정도 열렸으나, 그 나마도 잘 모이지 않아 거의 강제성을 띨 정도였다. 그러나 몇 차례의 투쟁 경험과 교육 및 (소)그룹 활동 등을 통해 의식이 발전하면서 78년 후반부터는 월 1회의 모임을 갖게 되었다. 노조의 활동보고를 듣고, 평가하고, 다음 달의 활동계획을 수립하는 월 모임을 통해 자신의 역할에 대한 인식과 주체성을 자각하게 된 대의원들은, 자기를 선출해 준 조합원들을 수시로 찾아가 그들의 개인생활이나 애로점, 요구사항을 들어주고, 노조의 활동 내용을 알려 주는 등의 역할을 자발적으로 수행해 나갔다. 또한 노조 의장단에 의한 이전까지의 교육방식을 탈피하여 새로운 방식을 개발하여 좋은 성과를 거두었는데 새로운 방식이란 다음과 같다.

1단계 : 의장단(4명)이 모여 특정문제에 대해 충분히 토론하여 문제의 내용과 대책을 마련하는 방법에 관해 의견을 통일한다.
2단계 : 상집위원(21명)을 소집하여 의장단의 토의 내용을 소개하고 토론을 하여, 다시 단계적인 해결방안에 대해 의견을 통일한다.
3단계 : 대의원(41명)을 소집하여 몇 개의(9개) 그룹으로 나눈 뒤 상집위원 중에서 선발한 그룹 진행위원(9명)을 각 그룹에 한 명씩 들여보내 토론을 이끌게 한다. 선발되지 않은 상집위원들은 각 그룹에 나누어 들어가 사회나 기록을 맡는 등 보조 역할을 한다. 진행 방법은 상집위에서 하는 방식을 그대로 택한다.
4단계 : 대의원과 상집위원 중에서 그룹 진행위원(16명)을 선발하여 전 조합원을 몇 개(16개)의 소그룹으로 나눈 뒤 각 그룹에 1명씩 참가하여 토론을 주도하게 한다. 나머지 대의원과 상집위원들 역시 토론을 돕는 보조 역할을 하게 한다.
5단계 : 모임이 끝나면 그룹 진행위원이 함께 모여 평가회를 갖고 각 그룹의 토의 진행 상황과 조합원들의 반응, 그리고 토의 과정에서 결정된 사항과 요구 내용 등에 대한 종합 토의를 한다.

이상과 같은 5단계의 토의 방식은 전 조합원을 차례로 그룹 토의에 참가하게 함으로써 참여의식을 고취시켜 함께 문제를 발굴하고, 해결 방법을 모색하게 했다. 또한 문제를 정확하게 인식하고 판단하게 함으로써 자기의 역할을 성실하고 실수 없이 해내게 하였다. 이 방식의 그룹 토의는 78년의 공장 이전 및 폐쇄 문제 등 조합 전체를 움직여야 하는 사건이 발생할 때마다 큰 도움을 주었다. 그리하여 대의원 모임은 명실 공히 YH노조를 이끌어 가는 가장 커다란 중추세력이 되었다. 따라서 조합원을 위해서라면 어떠한 희생도 감수하며 주어진 임무를 성실히 수행하려고 노력했던 YH노조 대의원들이 끝까지 조합원들의 사랑과 신뢰를 받은 것은 당연한 일이었다(전 YH노동조합 1984, 122-3).

자주성

자본과 독재정권, 그리고 어용 산별 노조에 대항하여 노동조합의 자주성을 지키려면 그들과 비타협적으로 투쟁하지 않으면 안 된다. 임단협과 근로조건 투쟁에 있어서는 타협과 양보가 있을 수 있지만, 노동조합의 자주성을 지키는 문제에 있어서는 타협과 양보란 있을 수 없다. 오직 자주성을 지킬 것인가, 아니면 포기할 것인가라는 양자택일만 있을 뿐이다. 중간은 없다. 자본과 권력과의 투쟁에서 이기면 자주성을 지키는 것이고, 패배하면 완전히 자주성을 잃는 것이다. 이런 점에서 자주성을 지키려면 이를 지킬 수 있는 힘(투쟁성과 민주성)이 있지 않으면 안 된다. 지킬 수 있는 힘을 가지지 못한 자주성은 자본과 권력에 굴종을 의미할 뿐이다. 그렇기 때문에 1970년대에는 민주노조라 부를 수 있는 노조는 몇 개 되지 않는다. 왜냐하면 자본과 군사독재정권, 그리고 어용 산별 노조의 악랄한 탄압에 맞서 자주성을 지킬 수 있을 만큼의 힘을 가지려면 어느 정도 규모가 있어야 하는데, 이런 조건을 가진 노조가 그렇게 많지 않았기 때문이다. 1970년대 민주노조운동이 동일방직, 원풍모방, 반도상사, YH무역, 콘트롤데이타 노조 등과 같은 대부분 1,500명 이상 규모의 대공장 노조들을 중심으로 해서 발전할 수밖에 없었던 것은 바로 이러한 이유 때문이다.

······ 아무리 민주적이어도 작은 노조는 살 수 없었던 이유는, 바로 그런 힘이 없었으면 안 됐던 거예요. 그때는 대략 1,500에서 2,000명, 이런 노조들이 살아남을 수밖에 없었거든요. 경찰이 잡아가도 이 2,000명이 올 스톱하면, 다시 풀어놓을 수밖에 없는 그런 노조들(박태연 전 YH노조 사무장, 성공회대 사회문화연구소 2002, 378).

1970년대 민주노조운동은 투쟁성과 민주성이 담보되는 만큼 자주성이 확보되었고, 이렇게 확보된 자주성은 다시 거꾸로 투쟁성과 민주성을 강화시켜 나가는 그런 관계에 있었다. 소모임활동을 통해 획득한 투쟁성과 민주성을 토대로 노조를 민주화하고, 노조 민주화를 통해 확보한 자주성을 토대로 더욱 투쟁성과 민주성을 강화해 나갔던 동일방직이나 원풍모방 노조의 예가 바로 이런 경우다. 청계피복노조도 초창기에는 한국노총에서 노조 파괴를 위해 파견한 자들을 1대, 2대 지부장으로 앉히고, 중앙정보부와 자본의 협박에 못 이겨 노조 상근 간부를 사임시킬 정도로 자주성이 약했다. 그러나 소모임활동과 교육, 수차례에 걸친 투쟁들을 통해 자본으로부터 노동교실의 독자적 운영권을 확보하고, 타협적인 노조 집행부를 전투적인 집행부로 교체해 나가면서 점차 자주성을 강화해 나갔다. 그리고 이러한 강화된 자주성을 통해 노동교실과 소모임활동이 더욱 확대되고 조직력도 더욱 강화되면서 투쟁성과 민주성 또한 급속하게 발전해 나갔다. YH노조의 경우도 초기에는 자본과 어용 섬유노조에 휘둘려 노사협조적이었으나, 소모임활동과 투쟁 등을 통해 자본과 어용 섬유노조로부터 자주성을 강화해 나갔다. 그리고 이렇게 강화된 자주성을 가지고 투쟁성과 민주성을 더욱 발전시켜 유신체제의 마지막 숨통을 끊는 데 결정적인 계기가 되었던 '신민당사 농성 투쟁'을 감행할 수 있었다.

그런데 여기서 우리가 주목해야 할 것은 자주성은 투쟁성이 뒷받침되었을 때에만 획득 가능한 것이지만, 그것을 유지하고 지켜 나가는 것은 민주성에 의해서만 가능했다는 사실이다. 아무리 힘이 있더라도 그 힘이 조합원들과 민주적으로 긴밀하게 결합되어 있지 않은 상태에서는 적들의 노조 파괴 공작으로 하루아침에 무너져 버릴 수도 있기 때문이다.

노조는 도덕적으로나 법적으로나 하자가 있으면 견딜 수가 없어요. 왜 그러냐하면 노총, 경찰, 회사, 이 3자가 다 야합을 해 가지고 노동조합 흠집 내기를 했었으니까요. 예를 들어서 지부장이 어디 가서 누구랑 저녁 먹었다는 도덕적인 흠집만 내도 그 당시 노동조합을 할 수 없었어요. …… 저희는 노동조합 결성하고 3개월 만에 저에게 노동조합 월급봉투 2개를 회사에서 주었어요. 우리를 탄압하다가 탄압해서 될 일이 아니라고 할 때, 우리를 회유해 오는 것 자체가 그렇게 유치하게 월급봉투를 그냥 2개 갖고 와서 내 처신을 바라는 거예요. 그게 저뿐만이 아니라 다른 사람한테도 갈 거라고 생각을 했기 때문에 비상 상집회의를 열어서 논의했고, 그다음에 소모임 156개의 팀장들이, 한 개 부서에 3명씩이 있었는데, 그 사람들까지 확대해서 60명이 모인 자리에서 얘기를 했었어요. …… 그런 사건만 있으면 이것을 교육의 기회로 삼자는 게 우리의 철칙이었던 것 같아요. …… 그러니까 회사는 그거 하나 주고서 조합원들, 노동조합을 완전히 업(up)시키는, 훈련시키는 결과가 되었던 것 같아요. 그 뒤로는 다시 우리 간부한테 그런 식으로 뭘를 내밀고, 이런 부분들이 없어진 거예요(배옥병 전 서울통상 지부장, 성공회대 사회문화연구소 2002, 378, 381).

이런 점에서 1970년대 민주노조운동에서 자주성은 투쟁성과 민주성과의 관계에서 종속변수적인 위치에 있었다고 할 수 있다. 투쟁성과 민주성은 자주성이 확보되어 있지 않은 어용노조 상태에서도 독립적으로 존재할 수 있었지만, 자주성은 투쟁성과 민주성이 뒷받침되지 않은 상태에서는 독립적으로 존재할 수 없었기 때문이다. 이렇게 자주성을 투쟁성과 민주성의 종속변수로 보아야 1970년대 민주노조운동에 대한 정확한 의미 부여가 가능하다. 그렇지 않으면 1970년대 그 엄혹한 군사독재 시절에는 숨죽이고 있다가, 1980년 '서울의 봄' 때 잠깐 나타났다, 전두환 독재정권이 등장하자 또 하루아침에 사라져 버리는 그런 노조들까지 민주노조 범주에 넣자라고 할 수 있기 때문이다.

대한전선의 경우 상당한 정도로 자율성을 확보했는데 대의원 대다수는 노동조합이 노력을 해서 조합원의 자주적 선택을 통해 선출했지요. 기아자동차도 그랬지요. 대의원 선거에 들어가면 노조가 추천한 대의원을 만드느냐, 회사가 지명한 대의원을 뽑느냐 치열한 싸움이 벌어지는데, 노조 쪽이 많이 만들면 자주적인 노조라고 볼 수 있지요 (이원보, 전 섬유노조, 한국노동사회연구소 소장, 성공회대 사회문화연구소 2002, 361).

이처럼 자주성을 독립변수로 보고 노동자들의 자율성이나 선거에서의 자주적 선택이라는 기준만을 가지고 민주노조라고 규정하게 되면, 투쟁성과 민주성이 없더라도 민주노조로 볼 수 있다고 주장하게 된다. 그렇게 되면 1980년 당시 "섬유노조 정상화 추진위원회"나 "금속노조 민주화 추진위원회" 소속 노조들 모두가 민주노조 범주에 들어가게 된다. 그러나 그들은 1980년대 이후 민주노조운동의 역사가 증명하는 것처럼 어용 한국노총과의 탯줄을 끊지 못하고, 기껏해야 한국노총 개혁파 정도 수준에 지나지 않는 행보를 취했다. 이런 점에서 보면 1970년대 민주노조운동에서 투쟁성과 민주성이 담보되지 않는 자주성은 사실상 어용성과 별 차이가 없었다고 할 수 있는 것이다.

이러한 투쟁성, 민주성, 자주성에 대한 규정은 오늘날의 민주노조운동에서도 실천적으로 매우 중요한 의미를 갖는다. 왜냐하면 현재 민주노총 소속 노조들 중에 상당수가 투쟁성, 민주성은 거의 무너졌는데도, 민주노총 소속이라는 단 한 가지 이유만으로 자주적인 민주노조로 간주되는 경향이 있기 때문이다. 물론 이렇게 된 직접적인 원인은 1970년대부터 형성되기 시작하여 전노협 정신으로 총화되었던 민주노조운동 정신이, 민주노총에 의해 부정되면서 민주노조에 대한 판단 기준이 무너져 버렸기 때문이다. 이런 점에서 민주노총을 비롯한 한국 민주노조운동의 재건을 위해서는, 1970년대 민주노조운동이 보여 주었던 '투쟁성과 민주성에 기초한 자주성'이라는 원칙을 분명히 할 필요가 있다. 왜냐하면 투쟁성과 민주성에 기초하지 않은 자주성은, 1970년대 군사독재정권 시대보다 더욱 교묘하게 노동조합을 탄압하고 있는 신자유주의 자본독재 시대에서는 사실상 어용성에 지나지 않기 때문이다.

인간성

1970년대 민주노조운동 정신과 관련하여 별로 주목받고 있지 못하지만, 실제로 가장 중요한 정신으로 인간석인 끈끈한 애정과 인간적 가치관을 들지 않으면 안 된다. 특히 요즘과 같이 인간적인 애정과 가치관은 없고, 실리적인 이해관계와 개인주의·자본주의적 가치관이 판을 치는 노동조합운동에서 이러한 측면은 더욱 강조될 필요가 있다.

> …… 70년대 노조운동처럼 조직적이고, 민주적인 노동조합 활동을 하는 데를, 그렇게 인간적인 끈끈한 애정과 결합도를 가지고 정말 그들의 아픔이나 고통이나, 인간적인 갈등이나 어려워하는 모든 부분들을 명쾌하게 풀어 나가며 했던 것을 보지 못했어요. 그런 측면에서 저는 지금 현재 노동운동을 하고, 여성운동을 하고, 여러 가지를 하면서 '운동이란 게 사람과 사람의 끈끈한 애정을 기반으로 해야 된다. 이념만이 꼭 운동을 이끌어 가는 것은 아니다'라는 측면에서 상당히 많은 부분을 느꼈어요(배옥병 전 서울통상 지부장, 성공회대 사회문화연구소 2002, 377).
> 이러한 공식적인 교육과 명확하게 분리하지 못하는 것으로 기숙사의 선후배나 동료들 간의 유대관계를 들 수 있다. 여공들은 작업 후 기숙사모임을 중심으로 모여서 놀았는데, 같이 모일 수 있는 기회가 많아 모든 부서가 한 식구처럼 서로의 사정을 잘 알고 친근하였고, 원풍노조가 굳건할 수 있었던 것은 이런 모임을 통해 서로를 완전히 알고 신뢰할 수 있었던 끈끈한 인간관계 때문이었던 것 같다고 여성노동자들은 말한다(이옥지 2002, 399).

바로 이러한 인간적인 끈끈한 애정이 있었기 때문에 노조 내의 조합원과 간부 간의 갈등이 적대적으로까지 발전하지 않고 서로 발전적으로 해소되는 그런 과정을 거칠 수 있었다.

그런 일이 있을 때 우리는 수련회를 갔어요. 2인 1조가 되어서, 우이동 산장을 거의 한 달에 2번씩 갔을 때도 있었어요. 1년에 한 2번 정도는 그런 조합 내의 간부들 간의 갈등, 조합원과 간부들 간에 잘 융화되지 않는 부분들을 해소하기 위해 갔던 것 같아요. 가서 밤새우면서, 우리가 노동조합 활동을 하면서 어려운 일, 또 우리가 이렇게 힘들 수밖에 없는지 주객관적인 조건들을 서로 공유했어요. 그런 주객관적인 조건이라는 것은 우리 내부의 일뿐만이 아니라, 외부에서 우리를 어떻게 탄압하고 있는가, 우리들끼리 힘들게 서로 갈등한다는 것이 얼마나 소모적인가, 이런 것들을 함께 공유했어요. 우리가 함께 해야만 살아남을 수 있고, 승리할 수 있다는 이런 부분들을 찾아낸 거예요. 지금도 그때 당시 촛불의식했던 테이프를 들으면 눈물이 나거든. 우리 간부들 30명이 서로 불만을 한 마디씩 하고, 두 마디씩 하고……(배옥병 전 서울통상 지부장, 성공회대 사회문화연구소 2002, 379).

그리고 이러한 인간적인 애정과 신뢰가 있었기 때문에 자본과 정권의 매수나 회유, 협박에도 불구하고, 서로를 믿고 노동조합을 지켜 나갈 수 있었다.

…… 당시에 회사가 여성 분회장이니까 회유도 여러 가지로 했어요. 이 친구가 참 성품은 좋은데, 철저한 무장이 약했던 측면이 있어요. 그런데 이분이 결국 그런 것을 그 자리에서 절대 결정할 수도 없고, 자기가 이래서는 안 된다고 생각했어요. 조합원들에 대한 믿음이 있고, 또 노동조합 의식이라는 게 조합원에 근거하지 않으면 안 된다라는 거예요. 그래서 우리 상집간부한테 와서 그대로 모든 것을 다 고백하고…… 조합원들이 얼마만큼 끈끈하게, 민주적으로 서로 결합되어 있는가에 따라서 회사의 대응책이 달라지거든요. 그래서 끈끈하다고 생각하면, 그 조합장이나 이런 사람한테 함부로 하지는 않아요. …… (김지선 전 삼원섬유 노동자, 성공회대 사회문화연구소 2002, 381-2).

이러한 인간적인 *끈끈한* 애정과 함께 또 하나 중요했던 것은 노동운동의 기본자세로 경제적인 이해관계를 넘어 인간에 대한 사랑, 양심, 정의감 등과 같은 인간적인 가치관과 동지애 등이 강조되었고, 그런 것들이 일반 조합원들에게까지 광범위하게 받아들여졌다는 사실이다.

…… 단순히 먹고 사는 것 이상의 가치를 심어 줬다고 하는 것, 그걸 위해서는 정말 목숨까지도 버릴 수 있다고 하는, 그런 정의감이라든가, 양심이라든가, 연민, 의협심 이런 것들이 실제 그것이 바로 단위 사업장 안에서도 지도자들이 그런 자세들을 가지고 있었기 때문에 대중들에게 전폭적인 신뢰를 얻을 수 있었고, 또 그것이 버텨 나갈 수 있는 힘이었다고 봐요(유동우 전 삼원섬유 분회장, 성공회대 사회문화연구소 2002, 365).

그래서 그때 같이 활동하고 투쟁했던 조합원들은 노동조합을 떠난 후에도 노조활동하면서 변화된 가치관으로 자신의 삶을 새로 시작하고, 자기가 있는 위치에서 어떻게든 사회를 변화시키기 위해 애쓰는 삶을 살고 있는 것이다. 그들은 노동조합 활동을 통해서 인생관과 가치관이 달라졌고, 이에 따라 자기의 삶 또한 좀 더 성숙한 인간적인 삶으로 바꿔 나갈 수 있었던 것이다. 이런 점에서 1970년대 민주노조운동은, 경제적 실리나 조합 권력을 추구하면서 개인주의와 자본주의적 가치관에 더욱 깊숙이 빠져 들어가고 있는 오늘날의 노동조합운동[7]에 많은 교훈을 주고 있다.

…… 전혀 연락이 두절되어서 한 20년 동안 못 보던 동일방직 친구들을 민주화 보상 문제 때문에 많이 보면서 저희도 놀랬어요. 그냥 사는 사람이 없더라구요. 그때 그 공장에서 진짜 못 배우고, 초등학교 졸업해 갖고, 공장에서 두들겨 맞고, 똥물질당하고, 질질 끌려 내려가서 결혼하고 이랬던 친구들이 대부분이었는데, 만나서 얘기 들어 보면 적당히 일만 하고 사는 사람은 별로 없어요. 농민 속에서 농민운동하고, 철거할 때 철거민 투쟁하고, 또 아이들 학교 운영위원하면서 뭔가 사회변화를 위해서 애쓰고 있더라니까요. 자기들이 그때 했던 게, 진짜 인간답게 살기 위한 절규였다면, 지금은 사

---

7 노동조합운동의 근본 목적은 자본에 의해서 무제한적으로 착취·억압당하는 자본주의·개인주의적인 생활과 삶으로부터 인간이 더불어 함께 살아갈 수 있는 그런 공동체적인 생활과 삶으로 이 사회를 변화시켜 나가는 데 있다. 그러나 현재 노동조합운동을 보면 상당수 조합원들이 부동산 투기, 주식 투기, 그리고 자식들의 사교육 등을 통한 상층 계층을 추구하면서 더욱더 자본주의적인 생활과 삶과 가치관 속으로 빠져 들어가고 있다. 현재 노동조합운동은 조합원들의 이러한 자본주의적인 삶과 생활을 최대한 유지하고 보장해 주기 위한 단순한 실리적 도구나 수단 정도의 의미로 전락하고 있다.

회가 다양화되면서 다양하게 자기가 있는 토대에서 그런 걸 하는 걸 느끼면서, 저희는 다 감동 받았잖아요. 적당히 그냥 외면하고 사는 사람이 거의 없었다, 그때 주는 교훈이 굉장히 크다고 저는 생각합니다. 그래서 운동에서 받은 그 교훈들이 실제로 삶을 움직이는, 그리고 자기들을 변화시키는 그런 계기가 되었어요. 이런 게 얼마만큼 70년대 운동이 인간적이고, 사람을 중심으로 세우는 운동이었는지가 드러나는 것이라고 생각하거든요(김지선 전 삼원섬유 노동자, 성공회대 사회문화연구소 2002, 394).

1970년대 민주노조운동의 한계

전태일 열사의 인간해방 정신을 이어받은 1970년대 민주노조운동은 자본과 권력, 그리고 어용 산별 노조와의 치열한 투쟁 과정에서, 투쟁성, 민주성, 자주성, 인간성 등으로 대표되는 1970년대 민주노조운동 정신을 정립해 나갔다. 그러나 이러한 1970년대 민주노조운동의 정신은 완성된 것이 아니었다. 겨우 첫발을 내딛은 데 불과했다. 이런 상황에서 1970년대 민주노조운동의 한계는 불가피한 것이었다. 10개 남짓한 초보적인 수준의 민주노조운동 역량과 내용을 가지고는 개별 사업장의 민주노조를 지켜 내는 것조차 힘에 겨운 일이었다. 그래서 1970년대 민주노조운동은 투쟁, 조직, 이념 등의 면에서 많은 부분 종교인과 지식인들에 의존하지 않을 수 없었다. 이는 유신체제라고 하는 1970년대의 엄혹한 정치적 상황 속에서는 노동운동뿐만 아니라 학생운동을 포함한 거의 모든 사회운동 부분에도 해당되는 사항이었다.[8] 종교 활동 이외의 모든 정치적·사회적 활동이 완전히 봉쇄된 상태에서, 1970년대 운동들은 거의 종교계의 지원과 협력을 매개로 해서 이루어졌고, 노동운동

---

8 당시 최대의 운동 역량을 가지고 있던 학생운동의 경우도 서울대를 비롯한 일부 대학 등에서 학내 이념 서클을 중심으로 학생운동이 이루어지고 있었으나, 거의 대부분의 학교에서는 KSCF 한국기독학생회총연맹와의 관련 속에서 학생운동이 이루어지고 있었다.

또한 예외가 아니었다. 민주노조운동 활성화에 핵심적인 역할을 했던 '소그룹 활동'은 JOC가톨릭노동청년회와 도시산업선교회 등에서 처음으로 노동운동에 도입한 운동 방식이었다. 그리고 민주노조들의 교육에 많은 영향을 미쳤던 크리스찬 아카데미 교육 프로그램 또한 종교계의 지원과 외피 속에서 이루어진 지식인들의 노동운동 지원 형태의 하나였다.

이런 점에서 1970년대 민주노조운동을 현상적인 면만 보고 조합주의, 경제주의 운운하는 것은 참으로 관념적인 담론에 지나지 않는다. 1970년대 민주노조운동도 1977년 협신피혁 노동자 민종진의 가스질식사에 항의하는 연대 시위, 1978년 기독교방송국 점거시위, 여의도 부활절 연합 예배장 시위 등 개별 사업장 노조 차원을 넘어서는 연대·정치 투쟁들을 시도하기도 했다. 그렇지만 그것이 개별 노조 간부나 활동가 차원에서, 그리고 반독재 민주화라는 초보적인 정치의식 수준에서 극히 부분적으로밖에 이루지지 않고 있었다는 점에서 조합주의·경제주의적인 한계를 가지고 있었다고 볼 수 있다. 그러나 이러한 한계는 1970년대 민주노조운동 당사자들의 과오나 오류에 의한 것이라기보다는, 그 당시 노동운동을 포함한 1970년대 운동 전체의 발전 수준으로부터 나오는 불가피한 역사적·실천적 한계 때문에 발생한 것이었다. 1970년대 운동이 기본적으로 양적으로도 극소수에 지나지 않았을 뿐만 아니라 이념적으로도 자유민주주의에 기반한 반독재 민주화 투쟁 수준에 머무르고 있었다라고 하는 점이, 1970년대 민주노조운동의 성격과 내용을 규정지은 일차적인 요인이었다. 1970년대 민주노조운동이 개별 사업장 중심으로, 그것도 노동자들의 시민적 권리와 근로조건 개선 투쟁을 중심으로 활동이 이루어졌던 것도 바로 이러한 전체 운동이 가지는 역사적·실천적 한계에 기인한 것이었다.

따라서 한국 노동운동이 1970년대 민주노조운동이 가지는 이러한 역사적·실천적 한계를 뛰어넘어, 전체 자본가계급과 노동자계급 간의 대립·투쟁 속에서 한국 사회를 근본적으로 변혁시켜 나가는 변혁운동으로 발전해 나가기 위해서는, 1980년 광주민중항쟁이라는 거대한 혁명적 계급투쟁의 벽을 넘지 않으면 안 되었다. 왜냐하면 노동운동의 비약적 발전은 관념적 이론의 보급이나 점진적 개선 투쟁에 의해서가 아니라, 과거의 한계를 뛰어넘는 폭발적인 혁명적 대중투쟁과 실천 과정 속에서 이루어져 왔기 때문이다. 우리는 이러한 예를 1980년 광주민중항쟁과 1987년 노동자 대투쟁 이후 한국 노동운동의 역사적 경험에서 확인할 수 있다. 이러한 대중의 폭발적인 혁명적 진출과 투쟁에 의해 한국 노동운동은 비로소 과거의 조합주의·경제주의·조직보존주의적인 한계와 오류를 일거에 무너뜨리고, 양적으로 확대되고 질적으로 강화된 '변혁 지향'의 대중적인 운동으로 발전해 나갈 수 있었던 것이다.

3. 1980년대 민주노조운동 정신의 형성 :
연대성, 변혁지향성을 중심으로

1980년대 민주노조운동과 1970년대 민주노조운동을 구별짓는 결정적인 차이점은 변혁운동적 지향에 있다. 1980년 광주민중항쟁은 한국의 사회운동을 반독재 민주화운동 수준에서 변혁운동적 차원으로 한 단계 발전시키는 데 결정적인 영향을 미쳤다. 1980년대 한국 노동운동의 새로운 주체세력 형성 움직임이 그 당시 최대의 사회운동 역량을 가지고 있던 학생운동세력의 '노동현장 투신'으로부터 시작되었다는 것은 바로 이러한 한국 사회의 역사적·정치적 실천 경험과 깊은 관련이 있다. 1980년 '서울의 봄'의 좌절과 광주민중항쟁의 처절한 패배를 겪으면서 이제는 학생들과 양심적 지식인들 중심의 반독재 민주화 투쟁 수준이 아니라, 노동자 민중이 주체가 되어 한국 사회를 근본적으로 변혁하는 방향으로 나아가지 않으면 안 된다고 하는 자각과 공감대들이 광범위하게 형성되었다. 이런 분위기에서 노동운동은 자연스럽게 변혁운동의 중심 주체로 설정되었고, 1980년대 민주노조운동은 이러한 변혁운동적 입장에서 노동자들을 의식화·조직화해 나갔다. 그렇기 때문에 1980년대 민주노조운동은 노동조합운동을 바라보는 관점에서 1970년대 민주노조운동과는 전혀 다를 수밖에 없었다.

1980년대 민주노조운동은 1970년대 민주노조운동과는 달리 노동자들의 임금인상이나 근로조건 개선과 같은 경제적 요구나 투쟁 그 자체를 목표로 하지 않았다. 대신에 1980년대 민주노조운동은 그러한 경제적 요구나 투쟁을 매개로 노동자들을 정치적·계급적으로 의식화·조직화하여, 한국 사회를 근본적으로 변혁해 나갈 수 있는 주체세력을 형성하는 데 그 목표를 두었다. 1980년대 민주노조운동은 바로 이러한 변혁운동적 지향과 목표 속에서 1970년대 민주노조운동의 성과와 한계를 계승·발전시켜 나가려고 했다. 그렇기 때문에 조합주의·경제주의 극복이 1980년대 민주노조운동의 중심 과제로 설정된 것은 너무도 당연한 것이었다. 이런 점에서 1980년대 민주노조운동이 발전시킨 가장 중요한 정신으로 변혁지향성과 연대성의 정신을 꼽을 수 있다. 1980년대 민주노조운동의 핵심 내용인 이러한 변혁지향성과 연대성의 정신은 1985년 구로동맹파업, 1987년 노동자 대투쟁, 1990년 전노협 결성을 거치면서 비로소 민주노조운동의 기본 정신과 원칙으로 정립되었다. 이러한 과정에서 1980년대 민주노조운동은 1970년대 민주노조운동이 이루어 낸 투쟁성, 민주성, 자주성, 인간성의 정신을 개별 사업장과 반독재 민주화투쟁 수준을 넘어, 전국적·전 계급적 차원과 변혁운동적 수준으로까지 확대·발전시켜 나갔다. 그 결과 "자주성, 민주성, 투쟁성, 연대성, 변혁지향성"의 정신은 한국 민주노조운동을 대표하는 전노협의 정신으로 공식 인정받을 수 있게 되었다.

그러나 이렇게 전노협 정신으로 정립되었던 민주노조운동 정신은 민주노조운동이 1993년 이후 전노대, 민주노총을 거쳐 '권력지향적인 합법·개량주의 운동으로 변화해 나가면서 점차 그 내용이 후퇴하기 시작했다. 그 결과 지금은 민주노조운동의 기본 정신과 원칙에 따라 조합원들을 의식화·조직화해 나가는 노조들은 손에 꼽을 정도가 되었다. 이렇게 된 가장 근본적인 원인은 1980년 광주민중항쟁 이후 정립되어 왔던 한국 민주노조운동의 핵심 내용인 변혁지향성을 포기해 버린 데로부터 비롯된다. 변혁적 지향을 포기하고 권력지향적인 합법·개량주의 운동으로 나가게 되자, 민주노조운동은 경제적 실리와 합법적 활동을 추구하는 데 중점을 둘 수밖에 없게 되었고, 그 결과 전 계급적인 문제 해결을 위한 연대투쟁보다는 자기 사업장 위주의 경제적 실리를 중심으로 한 기업별 이기주의로 나아갈 수밖에 없었다. 이처럼 한국의 민주노조운동은 민주노총을 중심으로 권력지향적인 합법·개량주의 운동으로 변화해 가면서 변혁지향성과 연대성의 정신은 거의 실종되어 버렸고, 기업별 차원의 투쟁성, 민주성, 자주성, 인간성 등의 면에서조차 1970년대 민주노조운동 수준에도 못 미칠 정도로 완전히 후퇴하고 말았다.

이런 관점에서 필자는 1980년대 민주노조운동의 핵심 내용인 변혁지향성과 연대성의 정신이 역사적으로 어떻게 형성되고 발전되어 왔는가 하는 점을 중심으로 1980년대 민주노조운동을 되돌아보고자 한다. 이를 위해 본 장에서는 우선 1980년대 민주노조운동 중에서도 변혁지향성과 연대성의 정신이 구체적으로 형성되기 시작했던 1980년대 초반부터 1987년 노동자대투쟁 이전 시기에 초점을 맞춰 서술해 나갈 것이다. 그리고 다음 장에서 이렇게 형성된 1980년대 민주노조운동 정신이 1987년 노동자대투쟁 이후 확대·발전되어 전노협 정신으로까지 나아가게 되는 과정을 서술할 것이다. 왜냐하면 1980년대 초반부터 1987년 노동자대투쟁 이전 시기까지는 1980년대 민주노조운동 정신의 원형이 형성되는 시기였다면, 1987년 이후는 이러한 정신이 좀 더 확대·발전되어 전노협 정신으로 정립되어 나가는 시기였기 때문에, 그 과정을 나누어 서술하는 것이 그 특징과 내용을 좀 더 명료하게 보여 줄 수 있겠다고 판단되기 때문이다.

연대성

1980년 광주민중항쟁은 한국 노동운동을 포함한 전체 운동에 엄청난 충격과 변화를 가져왔다. 유신독재가 무너지면서 폭발적으로 터져 나오기 시작한 민중의 민주화 요구를 광주에서의 무자비한 학살로 짓밟고, 정권을 장악한 신군부가 등장하면서 한국의 민주화운동은 완전한 암흑시대로 들어갔다. 이 과정에서 1970년대 민주노조운동은 "비상계엄하 노동조합 활동지침"(1980년 7월 1일)을 비롯한 10여 차례에 걸쳐 내려진 신군부의 노동조합 정화 조치에 의해 완전히 파괴되었다. 1970년대 민주노조들은 청계피복노조의 해산 명령(1981년 1월 6일)을 시작으로 하나씩 파괴되어, 원풍모방노조(1982년 9월 30일)를 끝으로 완전히 파괴되었다. 또한 신군부는 2차 정화 조치(1980년 9월 20일)에 의해 노동조합 간부 191명을 강제로 쫓아냄으로써 1970년대 민주노조운동을 통해 배출된 노조 지도자들을 노동운동에서 완전히 배제했다. 청계피복노조는 이러한 신군부의 민주노조파괴 공작에 대항하여 1970년대 민주노조운동이 연대하지 못하고, 자기 노조만의 조직보존논리에 빠져 결국에는 각개격파당하는 과오를 범했음을 다음과 같이[9] 고백하고 있다

---

9 이 글은 청계피복노조가 전두환 정권의 노조해산 명령에 맞서, 1981년 1월 30일 아프리 사무실을 점거 농성하면서 발표한 호소문이다.

"당국의 노동조합과 노동운동에 대한 탄압에 우리는 괴로워했다. 그럼에도 불구하고 우리는 오직 조직보존을 위해서 뒷걸음질 쳐 왔다. 언젠가 계엄령이 해제되고 사회분 위기가 상대적으로 자유로와지면 그동안 입은 타격을 곧 회복할 수 있으리라는 생각 에서 그렇게 해 왔다. 또 반도상사 노조 파괴를 보면서 가슴 아파하면서도 한편 우리 의 조직이 붕괴되지 않음을 다행으로 생각했다. 솔직히 말해서 오늘 한국 사회를 뒤덮 고 있는 공포심에 우리도 예외 없이 짓눌려 당국의 탄압에 저항을 못했다. 노조 간부 의 상대적인 상근근로자로서의 일상성에서의 매몰과 게으름 등이 우리 조직을 약화시 킨 하나의 요인이었음을 고백한다. 이제 해산명령을 받고 보니 후회되는 점이 많다. 그동안 우리의 잘못된 착오도 그렇거니와 위축과 후회 속에서도 더 자주 모이고, 만나 고, 교육하여 지금과 같은 절박한 시기에 많은 조합원들이 저항할 수 있도록 해 야 했을 터인데 그렇지 못했던 것이 후회된다.

이제 곧 우리 노조 간부들에 대한 검거가 뒤따를 것이다. 그러나 이제는 결코 한 발짝 도 뒤로 물러서지 않을 것이다. 한 발짝 뒷걸음질은 벼랑으로의 추락이다. 우리는 이 제 물러설 곳이 없다. 우리는 싸울 것이다. …… (김용기·박승옥 1989, 22-3)

또한 1970년대 민주노조운동 출신 간부들을 중심으로 노동운동을 지도 하고 지원할 목적으로 결성된 "한국노동자복지협의회"도 창립 선언문에서 1970년대 민주노조운동의 한계로, 비조직적이고 고립 분산적이었던 점을 반 성하면서 새로운 노동운동의 기치로 연대성을 내세웠다.

…… 이제 우리들은 노동자의 생존 자체를 압살하는 오늘의 현실을 더 이상 보고만 있 을 수 없어 새로운 형태의 노동운동을 전개함으로써 이 땅의 8백만 노동자를 옹호 대 변하기 위하여 '한국노동자복지협의회'의 결성을 엄숙히 선언한다. 우리들은 유신독 재의 어두운 시대에 민주노동조합을 지키려고 몸부림치다 권력의 잔인한 탄압에 의해 희생된 당사자로서, 비조직적이고 고립분산적인 한계를 극복하고 노동운동의 주체성, 통일성, 연대성을 드높이고자 한다. …… 8백만 노동자여! 민생! 민주! 민족통일의 빛 나는 승리를 향하여 이 땅의 모든 양심세력과 굳게 뭉쳐 끝까지 나아가자! …… (김용 기·박승옥 1989, 124-5)

1970년대 민주노조운동의 이러한 연대성에 대한 강조는 1980년 5월 노동기본권 보장을 요구하며 노총회관에서 농성하고 있던 노동자들이 대학생 시위대들의 연대 요구를 거부하면서 농성을 해산했던 것에 비하면 엄청난 변화요, 발전이었다. 이러한 발전은 1983년 말 블랙리스트 철폐운동을 시작으로 한국노동자복지협의회 결성(1984년 3월 10일), 청계피복노조복구 및 합법성 쟁취대회(1984년 4월 8일~1985년 4월 8일), 노동법개정 운동, 신규 노조 결성 운동 등으로 나타났다. 특히 청계피복노조의 복구와 합법성 쟁취 투쟁은 '노학연대'라는 새로운 운동 형태를 창출하기도 했다.

> 일단 가두시위 방침은 정해졌으나 우리 조합원들만으로 싸우기에는 역부족이었다. 최소한 1천 명 이상이 동원되어야 경찰에 맞설 수 있으리라 판단되었다. 이를 위해서는 대학생들의 도움이 필요했다. …… 나는 몇몇 대학을 찾아가 학생운동 지도부들과 면담을 했다. …… 학생운동은 유화국면을 맞아 교내 시위를 넘어 가두 진출을 모색하고 있었다. 청계노조의 제안은 학생들에게도 고무적인 것이었다. 학생운동 지도부는 적극적으로 우리의 제안을 수용했다. 노동자와 대학생의 연대라 하여 노학연대라는 말이 사용된 것도 그때부터였다. …… 1984년 9월 19일 그 첫 번째 시위가 벌어졌다. …… 청계 조합원과 대학생 2백 명이 일시에 청계고가도로 위로 올라가면서 시위가 시작되었다. …… 고가도로 결사대가 경찰의 관심을 끄는 사이, 이스턴 호텔과 이화대학병원 앞, 동대문 종합시장 등지에 집결한 학생과 노동자들도 도로로 밀려나가 가두시위를 벌였다. 모두 합쳐 2천 명이 넘는 당시로서는 대단한 규모의 시위였다. …… 1980년 서울의 봄 이래 최대 규모의 시위였다(김영대 2003, 133-5).

청계피복노조의 합법성쟁취대회는 그 후에도 노학연대를 통해 1984년 10월 12일에 2천 명, 1985년 4월 8일에 2천 5백 명이 가두시위에 참가하는 등 성공적으로 개최되었다. 이처럼 청계피복노조의 투쟁과 활동은 노동자들만의 연대를 뛰어넘는 전체 민중운동 진영의 연대를 통해 가능한 것이었다.

이러한 청계피복노조나 한국노동자복지협의회 등과 같은 노동운동단체들에 의한 연대활동이 활성화되면서, 1984년 상반기에 집중적으로 결성된 합법적인 민주노조들을 중심으로 한 연대활동과 투쟁 또한 활발해지기 시작했다. 1984년 9월 말까지 총 212개의 신규 노조가 결성되었는데, 이 중 1984년 5월 대구 택시노동자들의 집단적인 파업, 시위, 농성을 시작으로 전국적으로 확산된 택시노동자들의 연대투쟁 후 결성된 신규 자동차 노조가 146개로 가장 많았다. 이들 자동차 노조들을 제외한 나머지 66개 노조 중 서울, 부천, 안양 등 수도권 지역에서 결성된 신규 노조가 30개 가량 되었는데, 그 대부분은 학생운동 출신 활동가들과 1970년대 민주노조운동을 통해 배출된 선진노동자들의 주도하에 만들어진 것이었다(유경순, 2005a).

> 1970년대 민주노조운동이 신군부의 탄압으로 무참히 깨진 후 노동자들 속에서도 예전의 합법적이고 조합주의적인 운동의 한계를 절감하는 사람들이 늘어나, 공장에 투신한 학생들과 결합해 새로운 노동운동의 물결을 형성해 나갔다. 청계노조 조합원으로서 열성적으로 활동하다가 노조 해산 이후 구로공단에 취직한 김준용과 김영미도 그중 한 사람이었다. …… 불과 수년 만에 진보적인 학생들과 노동자의 결합은 상당한 결실을 이루어 냈다. 특히 1970년대 민주노조운동의 경험과 전투적인 학생들이 집중된 구로공단에는 몇 군데에서 공개 합법적인 민주노조를 결성하기에 이르렀다. 김준용은 대우어패럴노조 위원장으로, 김영미는 효성물산 위원장으로 선출되었으며, 가리봉전자, 부흥사 등 여러 공장에 민주노조가 세워졌다(김영대 2003, 140-1).

한국전쟁 이후 최초의 정치적 동맹파업이라고 일컬어지는 구로동맹파업(1985년 6월 24~29일)의 중심 노조들인 대우어패럴, 효성물산, 가리봉전자, 선일섬유 노조 또한 이 시기인 1984년 6~7월에 걸쳐 집중적으로 결성되었다. 이들 신규 노조들은 처음부터 노조들 간의 연대활동을 일상적으로 모색해 왔다. 이는 1970년대 민주노조운동의 한계였던 조합주의, 경제주의를 극복하기 위한 목적의식적인 노력의 결과였다. 그들은 노조 설립뿐 아니라 노조의 일상적인 활동조차 자본과 권력이 노골적으로 탄압하고 있는 상황에서, 이에 대응해 나가기 위해서는 우선적으로 지역 노조들 간의 연대활동을 강화하지 않으면 안 된다고 생각했다. 그들은 개별 노조를 강화하고, 이를 지켜 내기 위해서라도 기업별 노조의 틀을 벗어나는 지역적 차원의 연대활동과 조직이 필요하다는 데 인식을 같이 하고 있었다. 그리하여 그들은 위원장 모임과 부서 간 모임을 시작으로 조합원 숙박교육, 간부 숙박교육, 각종 기념행사, 문화행사 등에도 조합원들을 같이 참석시켜 점차 연대의식을 고취시켜 나갔다. 특히 대우어패럴, 효성물산, 선일섬유 조합원들 간의 3주간에 걸친 공동숙박교육은 노동자들 간에 친밀감을 형성하고 연대의식을 높이는 데 상당한 기여를 했다. 그리고 다른 사업장 투쟁들도 지원하고 연대했다. 한국음향, 동일제강 노조의 설립신고서가 반려된 것에 항의하여 조합원들이 지원 농성에 참가하기도 했고, 대우자동차 파업 때는 조합원들이 직접 지원·연대하기도 했다. 또한 1985년 임금인상 투쟁 때는 효성물산, 남성전자, 롬코리아, 가리봉전자, 삼경복장 등 5개 노조들은 공동 임금인상 투쟁을 추진하여 동시 교섭, 동시 투쟁 계획을 세우기도 했다. 뿐만 아니라 1985년 임금인상 투쟁 이후 높아진 조합원들의 의식과 역량을 좀 더 발전시키기 위해 적극적인 지역연대투쟁을 추진하기도 했다. 1985년 6월 1일 가리봉 오거리에서 있었던 구로지역 노조 민주화추진연합 주최의 횃불시위에 조합원들이 다수 참가할 수 있었던 것은 바로 이러한 적극적인 연대투쟁 모색의 결과였다. 최종적으로 이들은 이러한 연대활동과 투쟁의 성과를 모아 민주노조들을 중심으로 "구로지역노조협의회"로 발전시켜 나가려고 했다(유경순 2005a).

　　이처럼 구로지역 민주노조들이 연대활동을 통해 개별 사업장 역량이 더욱 강화되고, 이렇게 강화된 현장 역량을 토대로 연대활동의 폭과 내용 또한 더욱 발전되어 나가기 시작하자, 자본과 권력은 이에 위협을 느껴 결국 구로지역 민주노조들을 파괴해 버리기로 결정하게 된다. 그들은 1980년 노동조합 정화조치로 완전히 파괴되었다고 생각되었던 민주노조운동이 더욱 발전된 형태로 새롭게 부활하는 것에 대해 초장에 그 싹부터 잘라 버려야 한다고 생각했던 것이다. 그리하여 그들은 이러한 새로운 민주노조운동 부활의 선봉이자 핵심 역할을 하고 있던 대우어패럴노조를 골라 위원장을 비롯한 핵심 간부 3명을 구속시켜 버렸다. 대우어패럴노조에 대한 파괴 공작은 치밀한 계획 속에서 진행되었다. 그들은 노조 탄압에 대한 파급력을 최소화하기 위해 탄압의 시기까지도 세심하게 고려했다. 노조 간부들이 구속된 6월 22일은 국회가 6월 20일부터 휴회 상태였으며, 대학생들도 5월 미문화원 점거농성투쟁 이후 탄압을 받고 있었고, 더욱이 기말고사 기간 중이었다. 전두환 정권은 이 시기가 노조탄압에 대한 사회여론을 일정하게 차단시킬 수 있는 시기라고 판단했던 것이다(유경순 2005a).

그러나 이러한 자본과 권력의 판단은 오산이었다. 구로지역 민주노조들은 즉각적으로 6월 23일 비상대책회의를 소집하여 24일 오후 2시부터 동맹파업을 벌이기로 결정하고, 연대투쟁위원회(위원장으로 효성물산노조 김영미 위원장 선임)를 구성했다. 그리고 각 노조들은 비상확대간부회의를 개최하여 우선 간부들의 결의를 모은 후, 24일 임시총회를 개최하여 조합원들의 의사를 최종적으로 묻기로 결정했다.

이처럼 신속하게 동맹파업이 결정되고 조직된 것은 구로지역 노조 간부들과 지역노동운동가들이 노조 간부 구속사건을 '1970년대 민주노조 파괴책동의 재판'이며, '민주노조에 대한 각개격파를 통한 조직적 탄압의 시발점'이라고 탄압의 성격을 인식하고 있었기 때문이다. '남의 문제가 아니라 우리 자신의 문제'로서 '공동대처의 필요성'이 제기되고 결의됐다.
그러므로 1980년 초와 같이 개별 노조의 조직보존논리에 매몰되지 말고 노조 간의 연대를 통해 탄압에 대항해야 한다고 결정했다. 투쟁의 목적은 정부의 탄압에 굴복하지 않고 연대하며 비타협적 투쟁을 전개하여 정부 탄압의 본질을 폭로해야 한다는 것, 그리고 노조운동의 '조합주의와 고립분산성의 한계를 극복해야 한다는 데 두었다. 그렇기에 "간격을 두고 차례로 당할 것이 아니라 한꺼번에 싸우자"는 투쟁 방침을 결의했다(유경순 2005a).

6월 24일부터 시작된 구로동맹파업은 29일까지 6일에 걸쳐 5개 사업장 1,400명이 동맹파업에 들어갔고, 5개 사업장 1,100명이 지지 연대투쟁을 벌이는 등, 총 2,500명의 노동자들이 투쟁에 참가했다. 그러나 구로동맹파업은 구로지역 민주노조들만 참가한 것은 아니었다. 멀리 경남 창원에 있는 (주)통일노조에서는 구로동맹파업에 대한 대책을 협의하다가 노조 간부 19명이 연행되어 위원장과 사무장이 구속되었다. 청계피복노조에서도 조합원 10여 명이 효성물산 조합원들과 함께 노동부 지방사무소를 점거하여 농성하다가 구속되기도 했다. 그리고 수도권 지역에 취업해 있던 수천 명의 현장활동가와 선진노동자 들은 매일 가리봉 오거리로 몰려나와 가두시위를 벌이고 유인물을 배포하는 등 구로동맹파업의 승리를 위해 총력을 기울였다. 뿐만 아니라 노동운동단체와 민주통일민중운동연합(이하 민통련)을 비롯한 농민·여성·청년 운동 등 모든 민중운동세력들이 서울, 전라도, 경상도 등지에서 지지 농성에 들어가기도 했다. 동맹파업의 결과 구속 43명, 불구속 38명, 구류 47명 등을 비롯한 총 1,500여 명에 이르는 노동자들이 회사로부터 쫓겨나고, 노동조합은 박살이 나는 등 엄청난 피해가 발생했다. 그럼에도 불구하고 구로동맹파업은 한국전쟁 이후 최초의 본격적인 동맹파업이고 정치투쟁의 성격을 갖는 파업이라는 점에서 노동운동 사상 하나의 획을 긋는 투쟁이었다고 평가된다(정대용 1988, 194). 왜 그럴까?

이는 구로동맹파업이 1970년대 민주노조운동의 한계에 대한 철저한 반성 속에서 이루어진, 1980년대 한국 노동운동 전체의 진지한 모색 속에서 나온 투쟁이었기 때문이다. 구로동맹파업은 1970년대 민주노조운동이 조합주의·경제주의·조직보존주의적 한계와 오류 때문에 전두환 정권의 탄압에 제대로 대응하지 못하고 고립 분산되어 각개격파당하고 만 전철을 다시는 밟을 수 없다는 인식이 널리 공유된 상태에서 이루어졌다. 그렇기 때문에 구로동맹파업은 어떻게 보면 이미 처음부터 예상된 것이었다고 할 수 있다. 노조 결성 자체가 1970년대 민주노조운동의 한계를 극복하고자 하는 새로운 노동운동의 흐름 속에서 목적의식적으로 이루어졌고, 그 주체들 또한 이러한 목표와 방향 속에서 노동조합 활동을 벌여 나갔다. 노조 결성 초기부터 지역연대 활동을 적극적으로 벌여 나갔던 것도 자본과 권력의 예상되는 탄압에 대비하고, 이후 노동운동의 질적 발전을 모색하기 위한 목적에서였다. 이런 점에서 보면 1980년대 민주노조운동의 최대 과제 중의 하나였던 연대성의 문제는 구로동맹파업을 거치면서 실천적으로 극복되었다고 할 수 있다. 구로동맹파업 이전까지는 '연대'라 하더라도 노동운동 활동가들과 노조 간부, 선진노동자들을 중심으로 한 개별적인 연대의 성격이 강했다. 그러나 구로동맹파업은 노동조합들 간의 연대를 통한 노동자들의 대중적인 연대와 투쟁이 가능하다는 점을 보여 줌으로써, 이후 연대의 정신을 민주노조운동의 정신으로 확고하게 뿌리내리게 하는 데 결정적인 영향을 미쳤다. 그 결과 1980년대 민주노조운동은 이후 1987년 노동자 대투쟁으로 터져 나오기 시작한 민주노조들을 모아서 바로 "지역노조협의회" "업종 노조협의회" 등과 같은 연대조직들을 만들 수 있었고, 또한 이들 연대조직들을 토대로 민주노조들의 전국조직인 '전노협'을 결성할 수 있었다.

이처럼 구로동맹파업은 1970년대 민주노조운동이 1980년대 노동운동의 과제로 넘겼던 연대성의 문제를 실천적으로 제기하고 극복해 나갔다는 점에서 역사에 획을 긋는 중요한 성과를 남겼다. 그러나 구로동맹파업은 한국 노동운동에 좀 더 근본적인 문제를 제기했다. 구로동맹파업은 국가권력의 노동운동 탄압에 대해 정면으로 치고 나감으로써, 1970년대 민주노조운동이 과제로 남겼던 정치투쟁의 문제를 본격적인 실천의 문제로 부각시켰다. 정치투쟁의 문제는 바로 국가권력의 문제, 변혁운동의 전망과 전략·전술에 대한 문제로 발전해 나가지 않을 수 없다는 점에서, 구로동맹파업은 한국 노동운동의 전망과 방향에 대한 근본적인 물음을 제기하는 것이었다. 바야흐로 한국 노

동운동에 광주민중항쟁 이후 지속적으로 제기되어 왔던 변혁의 문제가 이제
는 관념이 아니라 직접적인 실천의 문제로 다가오기 시작했던 것이다.

변혁지향성

…… 80년의 노동운동은 여러 가지로 유리한 상황 속에서 사방에서 우후죽순처럼 터
져 나오긴 했지만, 한마디로 말해서 거의 자연발생적인 경우가 대다수였습니다. 이것
은 70년대 민주노조운동 수준이 이 사회 전체의 과제를 떠맡을 수 있는 인식이나 역량
에 미치지 못했던 결과이기도 할 것입니다. 연대를 말하기도 하고 또 그것을 내걸기도
했지만 지극히 막연하고 모호한 개념으로만 있었을 따름이었죠.
5·17이 나자 이런 한계는 금방 현실로 드러났습니다. 광주에서 수를 모르는 사람들이
죽어 가는데도 대부분의 조합 활동가들은 이거 나는 안 당해야지, 나한테 혹 불똥은
안 떨어질까, 도망을 가야 할까 가만히 있어야 할까, 도망간다면 어디로 어떻게 빠져
나가야 할까, 이런 한심한 생각에만 매달려 있었을 뿐 사건의 의미가 무엇이고, 어떤
조직적 대처를 해야 하는지에 대해서는 얘기조차 잘 되지가 않았던 것입니다. 나 자신
현장조직을 동원한다면 최소한 5~600명은 동원할 수 있는 위치에 있었음에도 불구하
고 무엇을 해야 하는 건지 갈피를 못 잡고 그저 엄청난 충격을 소화해 내지 못한 무력
감 속에 빠져 있었으니까요. ……
해고된 이후 당시 나의 그런 반성과 고민도 불철저한 점이 너무 많았습니다. 노동조합
활동에 대해서도 그렇고 과연 노동운동이 무엇을 위해서 있는 것인가, 방향은 무엇인
가, 어떤 잘못된 경향이 있었기 때문에 5·17에 대해 전혀 조직적 대처를 못했는가, 80
년에 표출된 어마어마한 잠재력과 그 조직화의 가능성을 어떻게 해야만 구체적으로
실현시킬 수 있는가 등등에 대해 확연히 체계적인 정리를 하지 못하고 그냥 내 개인이
방향을 잘못 설정했다는 정도로만 그쳤던 것입니다. …… (현장 편집부 1986)

유신독재가 무너지고 광주민중항쟁까지의 몇 개월 동안 폭발적으로 터져
나오기 시작한 노동자들의 요구와 투쟁은 기존의 한국 노동운동 역량으로는
도저히 감당할 수 없는 것이었다. 1980년 5월까지 전국적으로 897건의 투쟁
에 20만 명의 노동자들이 참가하고, 8만 명의 노동자들이 새롭게 노조에 가

입하는 등 노동자들의 요구와 투쟁이 엄청나게 터져 나오고 있었다. 투쟁은 조직 노동자들이 아니라 미조직 노동자들의 불법적이고 폭발적인 투쟁에 의해 주도되었다. 더구나 투쟁방식도 합법적인 형태가 아니라 탈법적인 파업, 가두시위, 방화, 소요, 지역점거 등과 같은 집단적인 폭력을 수반하는 형태가 주를 이루었다. 이러한 모습은 사북 동원탄좌, 인천제철, 일신제강, 동국제강, 원진레이온 등 대규모 사업장 투쟁에서 뚜렷이 나타났다.

> 노동자 투쟁이 전국적으로 확산되던 과정에서 사북 노동자항쟁이 일어났다. 사북항쟁은 노조민주화와 임금인상을 요구하는 과정에 경찰이 직접 개입하면서 지역항쟁으로 발전했다. 4월 21일부터 3일 동안 3천 명의 노동자와 가족들은 화약고를 탈취하여 경찰과 직접 대치, 바리케이드를 치고 지역을 점거했다. 노동자들은 "어용노조 지부장은 물러가라"고 요구했으며, 때때로 "살인경찰 물러가라", "계엄해제" 등을 외쳤다. 사북항쟁은 지역점거투쟁을 통한 민중항쟁의 가능성을 보여 주었다.
> 사북항쟁의 영향으로 노동자투쟁은 새로운 모습을 띠면서 확산되었다. 중화학공업의 대기업 남성노동자들의 폭력적 투쟁이 나타났으며, 노조민주화를 요구하는 투쟁이 중심 요구로 나타나게 되었다. 그 가운데 동국제강 노동자들은 1980년 4월 28일부터 노조결성 방해 중지, 사무직과 차별금지 등 9개 요구 조건을 제시하며 농성을 했다. 각목과 쇠파이프로 무장한 노동자들은 가두로 진출하여 기동경찰대와 치열한 투석전을 벌였다. 투쟁이 고조되자 주민들은 '계엄해제' 등의 구호를 외쳤다(유경순 2005b, 252).

그러나 1970년대 민주노조운동은 이렇게 자연발생적으로 터져 나오는 노동자들의 요구와 투쟁을 수렴할 수 없었다. 개별 사업장 중심의 조합주의, 경제주의적 수준의 1970년대 민주노조운동으로는, 이미 전국적·정치적으로 급격하게 진출하고 있는 노동자들의 요구와 투쟁을 조직하고 지원·지도할 수 있는 능력이 되지 않았던 것이다. 이런 상태에서 광주민중항쟁이 터졌고, 1970년대 민주노조운동은 앞에서 김문수가 고백했던 것처럼, 광주에서 수많은 사람들이 죽어 나가는데도 아무런 대처도 하지 못할 정도로 무력함을 보였다. 이런 무력함이 결국에는 전두환 정권의 민주노조 파괴 공작 앞에 1970

년대 민주노조들이 하나씩 하나씩 각개격파당하는 것으로 나타났던 것이다.

이렇게 민주노조들이 각개격파당하고 있는 동안 새로운 노동운동의 주체 형성을 위한 움직임이 당시 최대의 운동 역량을 가지고 있던 학생운동세력으로부터 나오기 시작했다. 학생운동세력은 1980년 '서울의 봄'의 정치적 좌절과 광주민중항쟁의 처절한 패배를 겪으면서, 새로운 운동 방향을 모색하기 시작했던 것이다.

> 이들은 1970년대 사회운동의 지향은 양심적·도덕적 비판의 수준에 그쳐 정치권력의 획득이나 구조 자체의 변혁에 대한 전망과 의지가 없었다고 비판했다. 학생운동세력은 자연발생적이지만 역동적인 민중의 투쟁을 체제변혁적인 투쟁으로 바꾸기 위해 목적의식적 전위의 부재와 노동자계급의 미성장에도 눈을 돌렸다. 학생운동세력은 이러한 문제를 해결하기 위해 기층 민중 특히 노동자계급의 성장과 그 정치적 진출을 가속화하는 데 집중적으로 역량을 투입해야 한다고 인식했다. 노학연대 활동이 활발하게 전개됐으며, 학생운동가들의 현장진입이 집단화됐다. …… 학생운동가들의 현장진입은 노동현장에 기반을 두는 노동자 정치운동의 주체들을 양산하는 실질적 토대였다 (유경순 2005b, 263-4).

학생운동 출신 노동자들은 1980~85년 동안 수천 명 이상이 노동현장으로 들어가 수도권 지역을 중심으로 활동하고 있었다. 이들은 1980년대 초반에는 선배들의 인맥을 통한 개별적 방식으로 노동 현장에 들어갔으나, 1984~85년경부터는 현장 내에 형성되기 시작한 노동운동 조직과 연결되면서, 조직적 관계 속에서 노동현장으로 들어갔다. 그리하여 그들은 지역 소모임, 사업장 소모임 등 다양한 방식으로 노동자들을 조직하고, 학습을 통해 변혁적 사상과 이론으로 무장해 나가기 시작했다. 이러한 학생운동 출신 노동자들의 활동은 1970년대 민주노조들이 파괴된 뒤 재취업한 선진노동자들과 결합하면서, 이후 신규 노조들을 결성하고, 이를 토대로 역사적인 구로동맹 파업을 만들어 낼 수 있었다.

이처럼 학생운동 출신 노동자들은 애초부터 노동운동을 변혁운동의 중심 주체로 설정하고, 이런 관점에서 노동자들을 의식화·조직화해 나갔기 때문에, 민주노조운동을 바라보는 관점이 1970년대와는 전혀 달랐다. 그들은 노동자계급이 정치적으로 각성하여 국가권력에 대한 투쟁을 전면적으로 수행할 수 있을 때라야 한국 사회를 근본적으로 변혁시킬 수 있다고 생각했다. 그래서 그들은 노동조합 활동을 통해 노동자들의 정치의식을 높이고, 정치투쟁역량을 강화해 나가는 것을 좀 더 목적의식적으로 수행하려고 노력했다. 그들이 민주노조들 간의 연대활동을 적극적으로 추진하고, 열성 조합원들을 소모임으로 조직하며 임금인상 투쟁, 일상투쟁 및 각종 집회나 시위 등을 적극적으로 조직했던 것은 바로 이러한 관점에서 비롯된 것이었다.

그러나 이러한 학생운동 출신 노동자들과는 달리 1970년대 민주노조 간부 출신 노동자들[10]은 아직도 조합주의·경제주의적 한계를 완전히 극복하지 못하고 있었다. 그들은 노동운동의 역량이 미약하다는 것을 근거로 정치투쟁에 반대했으며, 현장노동자들에 대한 적극적인 정치학습에 대해서도 부정적인 태도를 취했다(정대용 1988, 192). 청계피복노조 위원장이었던 민종덕은 그들에 대해 다음과 같이 말하고 있다.

…… 연대를 하는 거에 대해서도, 학생운동 출신을 바라보는 데서도 차이가 있죠. 우리는 학생들을 크게 구분하는 게 아니었고, 차이는 인정하지만 완전히 결합해서 노학연대투쟁을 전형적으로 만들어 냈는데, 노복(한국노동자복지협의회 - 필자) 쪽은 학생 부분에 대해서 부정적인 게 좀 많죠(역사학연구소 2005, 159).

이런 점에서 1970년대 민주노조운동의 한계가 변혁운동적 입장에서 연대·정치투쟁을 적극적으로 수행해 나가려고 하는, 새로운 노동운동의 주체들

---

10 청계피복노조를 제외한 대부분은 한국노동자복지협의회에 결합되어 있었다.

에 의해서 극복되어질 수밖에 없었다고 하는 것은 역사적 필연이었다고 할 수 있다. 새로운 흐름에 좀 더 적극적으로 동참하여 주도해 나가지 못하고, 옛날의 경험과 방식을 고집하는 것으로는 결코 미래로 나아갈 수 없는 것이었다. 이들 새로운 노동운동의 주체들에 의해 구로동맹파업이 주도되고 이것이 대중적인 정치투쟁으로 발전함으로써 노동운동은 비로소 변혁에 대한 전망을 구체화할 수 있게 되었다. 이제 노동운동은 사회운동의 단순한 한 부문이 아니라, 변혁운동의 주도 계급으로서 정치투쟁을 좀 더 적극적으로 수행해 나가야 할 중심 세력으로 인정받게 된 것이다. 이에 따라 정치투쟁을 본격적으로 수행해 나갈 수 있는 지역노동운동 조직으로서 1985년 8월 25일 "서울노동운동연합"(이하 서노련)이 창립된다.

> 우리는 오늘 …… 노동자가 억압받지 않는 사회를 건설하는 것이야말로 노동운동의 궁극적 과제임을 선언한다. …… 지난 70년대를 돌이켜 볼 때 우리의 선배 노동자들은 민주노조를 통하여 생존권 요구 투쟁을 전개해 왔으나 개별 사업장 단위의 투쟁을 통해서는 독재정권의 폭압을 이겨낼 수 없었다. …… 대우어패럴을 중심으로 한 6월 노동자 연대 정치투쟁은 우리 노동자들이 각성하여 단결될 때 얼마나 큰 힘을 발휘할 수 있는지를 실천적으로 확인하는 중요한 계기가 되었으며, 어떠한 합법적 민주노조도 용납하지 않는 현재의 탄압 상황 아래서는 새로운 형태의 대중조직을 건설하지 않고서는 노동대중의 궁극적 목표를 실현할 수 없다는 사실을 철저히 깨닫게 하였다. …… (김용기·박승옥 1989, 185. 강조는 필자).

여기서 새로운 형태의 대중조직이라고 하는 것은 '대중정치조직'을 말한다. 그 임무는 노동자들의 일상투쟁을 지도·지원하고, 사회변혁을 목표로 하는 정치선동, 정치투쟁을 통일적이고 지속적으로 추진하는 것이었다. 이에 따라 서노련은 『서노련신문』을 정기적으로 발행하여 노동자들에 대한 정치선동을 수행하고, 임금인상 투쟁 등 경제투쟁을 변혁적 입장에서 지도하며, 사업장 및 지역단위 소모임활동을 통해 노동자들을 정치의식화하고자 했다

(정대용 1988, 197). 그러나 서노련은 노동자들의 일상적인 요구에 기초한 경제투쟁, 일상투쟁을 무시했고, 심지어는 강화된 자본과 권력의 탄압을 빌미로 노동조합의 존재 의의마저도 부정했다. 그 결과 서노련은 가두투쟁, 선도적 정치투쟁 등을 중심으로 한 정치주의적 편향을 보이면서 점차 노동자 대중과 유리되어 갔다. 구로동맹파업의 실천적 경험을 토대로 대중정치조직을 표방하면서 화려하게 등장했던 서노련의 실험이 1년 남짓 만에 실패로 돌아가면서, 노동운동 진영에서는 이를 둘러싸고 활발한 논쟁이 벌어지기 시작했다. 한국 사회변혁에 대한 전망, 변혁의 성격, 변혁의 주체, 변혁의 대상, 변혁의 방법 등 한국 변혁운동 전반에 대한 총체적인 방향 설정과 전략·전술을 모색하기 시작했던 것이다. 그 결과 오늘날까지 NL(민족해방파), PD(민중민주파) 등으로 대표되는 분파주의적 폐해가 남아 있기는 하지만, 한국 노동운동이 변혁운동으로서의 자기 정립을 확실하게 할 수 있는 계기가 되었다.

> 논쟁을 통해 변혁의 계급적 전망(반자본주의적 변혁)이 명확해졌으며, 변혁운동에서 노동운동이 중심적이고 주도적인 위치를 갖는다는 것이 확인되었다. 이는 1960년대 이후 자본주의화가 급속하게 진행된 결과 노동자계급이 압도적 다수가 되었으며, 이에 따라 노자 간의 계급모순이 기본모순으로 정착되었다는 점이 인정되었기 때문이다. 또한 독점자본, 파시즘적 국가권력, 제국주의가 변혁의 대상이라는 사실에 대하여 광범위한 합의가 이루어졌다. 이 결과 한국 노동운동은 자본주의 체제 극복을 주요 내용으로 하는 변혁운동으로서의 성격이 강조되었고, 그에 대한 전략, 전술로까지 논의가 확대되었다. 한국 노동운동이 변혁운동으로서 자기를 정립한다는 것은, 현상적 비판의 차원을 넘어 한국 사회의 구조와 체제에 대한 근본적인 변혁의 전망을 갖게 되었다는 것을 의미하는 것이었다(조희연 1989, 227-8; 유경순 2005b, 273).

이처럼 한국 노동운동은 변혁적 지향을 갖는 새로운 노동운동 주체들에 의해 주도된 구로동맹파업이라는 역사적인 실천투쟁을 거치면서, 운동적으로 한 단계 도약하게 된다. 그리하여 이러한 노동운동의 변혁운동으로서의 자기정립은 노동조합이라는 대중조직을 변혁운동의 한 축으로 분명히 위치

지음으로써, 이후 한국의 민주노조운동은 조합주의, 경제주의를 뛰어넘어 추상적 수준이긴 하지만 '노동해방'이라는 변혁적 지향을 분명한 자기 목표로 설정하게 된다. 한국전쟁 이후 최초로 치러졌던 1988년 전국노동자대회에서 수백 명에 이르는 노동조합 지도자들이 '노동해방'이라는 혈서를 써서 이를 앞세우고 가두행진을 했던 것은 바로 이러한 영향 때문이었다.

1987년 노동자 대투쟁 이전의 1980년대 민주노조운동의 성과와 한계

1980년대 민주노조운동은 1970년대 민주노조운동의 한계였던 조합주의, 경제주의를 대중적 실천투쟁을 통해 극복해 나갔다는 점에서 한국 노동운동 사상 커다란 성과를 남겼다. 비록 구로공단이라는 조그만 지역의 10개 남짓한 민주노조들에 의한 실천투쟁에 불과했지만, 구로동맹파업으로 집약되어 나타난 이들의 투쟁은 대중적인 연대투쟁과 정치투쟁이 가능하다는 것을 보여 줌으로써, 한국 노동운동을 질적으로 한 단계 도약시키는 데 결정적인 역할을 했다. 1980년대 민주노조운동은 이러한 투쟁을 통해 노동조합을 변혁운동의 한 축으로 위치 지음으로써, 연대성과 변혁지향성을 1980년대 민주노조운동의 정신으로 정립해 나가는 데 큰 역할을 했다고 할 수 있다.

이처럼 1980년대 민주노조운동의 수준이 연대와 변혁지향의 내용으로 발전해 나가면서, 1970년대에 확립되었던 투쟁성, 민주성, 자주성의 내용 또한 좀 더 높은 수준으로 발전해 나가게 되었다. 1970년대 민주노조운동이 주로 개별 사업장을 중심으로 한 투쟁성, 민주성, 자주성의 수준이었다면, 1980년대에는 지역 차원으로까지 확대된 투쟁성, 민주성, 자주성이었다고 할 수 있다. 그래서 1980년대 민주노조운동은 '투쟁성'에 있어서는 지역연대투쟁과 정치투쟁으로, '민주성'에 있어서는 지역 차원의 소모임과 공동숙박교육으로, '자주성'에 있어서는 지역운동 조직 건설 등으로 1970년대보다 한 차원 높게 나타날 수 있었던 것이다. 이런 점에서 1980년대 민주노조운동은 변혁적·정치적 지향 속에서 지역적으로 좀 더 확대된 '연대성'을 기반으로 투쟁성, 민주성, 자주성의 내용 또한 좀 더 높은 수준으로 확대·발전시켜 나갔다고 볼 수 있다.

그러나 1980년대 민주노조운동은 1987년 노동자 대투쟁 이전까지는 1970년대와 마찬가지로 전국적·전 계급적 차원으로까지 확대된 실천투쟁 속에서 이루어진 운동이 아니었다는 점에서 일정한 한계를 가질 수밖에 없었다. 1987년 노동자 대투쟁 이전의 1980년대 민주노조운동이 보여 준 대중적인 연대·정치 투쟁에 기초한 변혁운동으로의 전망은 냉정하게 말하면 '하나의 가능성'에 불과했다. 그것이 보편적인 전국적·전 계급적 운동으로 발전하기 위해서는 또 한번의 폭발적인 혁명적 계급투쟁이 필요했다. 그러나 구로동맹 파업 이후로는 자본과 권력의 민주노조에 대한 파괴 공작과 탄압이 엄청나게 강화되었기 때문에, 사실상 1987년 노동자 대투쟁 이전의 1980년대 민주노조운동이 합법적인 민주노조를 건설하고 이를 통해 전국적·전 계급적 실천투쟁을 벌인다는 것은 거의 불가능에 가까웠다. 전국적으로 민주노조는 거의 찾아볼 수 없었고, 이런 상태에서 좀 더 발전된 실천적 내용을 만들어 낸다는 것은 근본적으로 한계가 있었다. 1986년 이후 노동운동이 대중운동과 유리된 관념적 논쟁과 분파주의적 행동의 모습을 보였던 것은 바로 이러한 실천적 한계를 반영한 것이었다. 따라서 1980년대 노동운동이 이러한 한계를 돌파하기 위해서는 광주민중항쟁과 같은 또 한번의 폭발적인 혁명적 계급투쟁을 기다리지 않으면 안 되었다. 1987년 6월 항쟁과 노동자 대투쟁이 바로 그것이었다. 1987년 6월 항쟁과 노동자 대투쟁 이후 한국의 노동운동은 비로소 전국적·전 계급적 운동으로 발전할 수 있었고, 변혁운동의 중심 세력으로 확고하게 자리 잡을 수 있었다.

4. 1980년대 민주노조운동 정신의 확대·발전과 전노협 정신:
투쟁성, 민주성, 자주성, 연대성, 변혁지향성

1987년 4월 13일 전두환 정권의 호헌 조치와 박종철 고문 치사 은폐 조작 사건을 계기로 터져 나오기 시작한 6월 항쟁은, 6·29 선언을 통해 지배계급 으로부터 '직선제 개헌'이라는 양보는 얻어 냈지만 군사독재를 청산하는 것까 지로는 나아가지 못했다. 그러나 6월 항쟁을 통해 정치적으로 각성된 노동자 들은 1980년 서울의 봄 이후 전두환 정권 아래 숨죽여 왔던 오랜 침묵을 깨고 마침내 7·8·9 노동자 대투쟁으로 떨쳐 일어났다.

1987년 노동자 대투쟁은 7월 울산 투쟁을 시작으로 부산, 마산, 창원 등 을 거쳐 광주, 전북과 수도권 등으로 퍼져 나가 8월 중순에 이르러서는 전국 적으로 확산되었다. 그리고 제조업, 운수업, 광업 등에서 병원, 금융, 언론, 건 설, 대학, 연구소, 호텔, 백화점 등 각종 서비스산업에 이르기까지 전 산업으 로 퍼져 나갔다. 투쟁 사업장은 300명 이하 중소 사업장이 전체 투쟁의 76% 를 차지하고 있었지만, 1천 명 이상 사업체의 75%, 300~999명 사업체의 40% 가 투쟁에 참가할 정도로 대기업 노동자들의 참가율은 대단히 높았다. 투쟁 의 요구는 임금인상이 전체의 70%로 가장 높았고, 노조 민주화에 대한 요구 도 투쟁 사업장의 70% 이상에서 제기되고 있었다. 투쟁은 94.1%가 불법이었 고〈표 1〉, 투쟁 형태도 작업거부, 집단농성, 시위 등과 같은 전투적인 방식이 99.8%를 차지했다〈표 2〉.

1987년 노동자 대투쟁은 총 3,749개 사업장에서 150만 명에 이르는 노동 자들이 투쟁에 참가했고, 1,361개 사업장에서 노동조합이 새로 만들어졌다. 이들 신규 노조들은 대한민국 정부 수립 이래 40년 동안 만들어졌던 기존 노 동조합 수의 거의 절반가량에 해당하는 숫자였다(『전노협 백서』 1권, 191-202).

이처럼 1987년 노동자 대투쟁은 한국 노동운동의 지평을 전국적·전 계급

표 1 | 1987~93년까지의 적법 유무별 쟁의 발생

단위 : 건

	1987	1988	1989	1990	1991	1992	1993
합법	5.9	20.4	31.5	43.2	60.3	64.3	76.4
불법	94.1	79.6	68.5	56.8	39.7	35.7	23.6

출처 : 『전노협 백서』 1권, 199면.

표 2 | 1986~87년 노동쟁의 수단

단위 : 건

	작업 거부	집단 농성	시위	기타	계
1986	138	112	21	5	276
1987	1,226	2,428	88	7	3,749

출처 : 『전노협 백서』 1권, 200면.

표 3 | 1980~87년 노동조합 수 및 조합원 수, 조직률 추이

단위 : 개, 명, %

연도	1980	1985	1986	1987(6월 30일)	1987(12월 31일)
노조 수	1,635	2,551	2,675	2,742	4,103
조합원 수	948,134	1,004,398	1,035,890	1,050,201	1,267,457
조직률	20.1	15.7	15.5	14.7	17.3

출처 : 『전노협 백서』 1권, 195면.

적 차원으로까지 확대시킴으로써, 한국 노동운동은 70년, 80년대 민주노조운동의 한계를 극복하고, 본격적인 계급적 대중운동으로 발전해 나갈 수 있게 되었다. 하지만 이는 하나의 가능성에 불과했다. 아무리 노동자들의 투쟁이 전국적·전 계급적으로 터져 나온다 하더라도, 1980년 봄과 같이 노동자들의 투쟁을 지원·지도하고 조직할 수 있는 주체적인 역량이 없다면 아무런 소용이 없기 때문이다. 그러나 1987년 상황은 1980년과는 달랐다. 폭발적으로 터

져 나오는 노동자들의 투쟁을 조직하고 담아낼 수 있는 주체적인 역량이 있었던 것이다. 구로동맹파업 이후 민주노조들은 거의 파괴되었지만, 1980년대 노동운동이 뿌린 씨는 전국적으로 흩어져 싹을 틔울 준비들을 하고 있었다. 해고된 노동자들과 현장의 핵심 활동가들을 중심으로 사업장마다 '노동자 신문'을 만들어 배포하거나, 사업장별, 지역별로 소모임 등을 하면서 노동자들을 의식화·조직화해 나갔다.

1987년 노동자 대투쟁의 봉화를 올렸던 울산 현대엔진에서는 8개의 현장 기초모임, 2개의 독서모임, 1개의 조합설립추진모임 등 11개의 소모임이 가동되고 있었다. 그리고 현대엔진, 현대자동차, 현대중전기 노조 등의 핵심활동가들은 사업장 차원을 넘어 지역 차원의 소모임까지 조직하고 운영하고 있었다. 1987년 울산 투쟁은 바로 이러한 준비들이 있었기에 가능했다. 부산의 대한조선공사(현재의 한진중공업)노조에서도 해고자들을 중심으로 1987년 3월부터 『조공노동자신문』이 창간되어, 사업장 안에 신문이 배포되는 날에는 신문을 읽느라 오전 작업이 안 될 정도로 인기가 높았다. 국제상사, 풍영 등 신발업체에도 상당한 수의 활동가들이 취업하여 소모임활동 등을 통해 활발한 조직 활동을 벌이고 있었다. 창원의 (주)통일노조에도 해고자들이 발행한 신문이 초기 150부에서 1987년 4, 5월경에는 500부로 늘어날 정도로 선진노동자들에 대한 의식화·조직화 작업이 꾸준히 진행되고 있었다. 그 결과 (주)통일노조에서는 소모임이 10개나 가동될 정도였다. 마창노련의 모태가 되었던 청년노동자회도 1987년 투쟁 이전부터 지역 소모임활동을 같이 해 왔던 10여 개 사업장 위원장들로 구성된 모임이었다. 사무금융 노동자들도 1986년부터 학생운동 출신 활동가들을 중심으로 학습 소모임을 구성하여 금융민주화를 위한 논의와 조직 작업들을 추진해 나가고 있었다(전 외환은행 노동조합 부위원장 전재주의 증언). 그리하여 이들 소모임 구성원들의 주도하에 전두환 정권의 호헌조치에 대한 노동조합 대표자들의 반대 성명도 조직하고, 6월 항쟁 때는 넥타이부대 시위 등을 촉발하거나 조합원들과 함께 조직적으로 시위에 참가하기도 했다. 그리고 이들은 6월 항쟁 직후 제2금융권 노동조합들을 중심으로 "노조민주화실천위원회"(1987년 7월 12일)를 조직하여 이를 토대로 1987년 노동자 대투쟁의 성과를 모아 "자유금융노련"(사무금융노련의 전신)으로 발전시켜 나감으로써 사무금융 민주노조운동 출범의 산파역을 담당하기도 했다.

이처럼 1987년 노동자 대투쟁은 어느 날 갑자기 터져 나온 것이 아니라, 수많은 활동가와 선진노동자 들에 의해서 꾸준히 준비되고 있다가 정치적 상황의 변화에 능동적으로 대처하면서 목적의식적으로 대응해 나갔기 때문에 가능했던 것이다. 그렇기 때문에 1980년과는 달리 투쟁이 끝난 뒤에도 일회적으로 그치지 않고, 노조를 새로 만들거나 아니면 노조를 민주화하여 그 성과를 계속 발전시켜 나갈 수 있었다. 마창노련의 핵심 사업장인 (주)통일노조의 위원장이었던 진영규도 소모임 노동자들과 6월 항쟁에 참가하면서 노조 민주화 투쟁을 계획했다고 다음과 같이 증언하고 있다.

…… 그때 자연스럽게 우리도 조합 한번 뒤집자. 한번 일어나야 된다. 이런 얘기가 나오면서 민주노조를 이야기했죠. 술잔을 높이 들고 건배하면서 한번 해 보자는 결의를 많이 했어요. 그 중심 세력이 민노추가 되고, 그게 7·8월 투쟁으로 가게 된 겁니다. 이때 투쟁 계획을 짰습니다. 6월 항쟁 때 통근버스를 타고 가다가 싸움이 시작되니까 버스가 섰어요. 그때 통근버스 안에서 선동적으로 고함을 질러 '우'하고 사람들을 동원했던 친구가 바로 1987년 (주)통일 싸움 시작할 때 선동요원으로 추천되었다니까요(김하경 1999, 38).

그리고 폭발적으로 터져 나오는 투쟁들을 지역과 전국에 알리고, 투쟁들을 지원하여 노동조합으로 조직할 수 있었던 것도 국민운동본부나 노동운동 단체, 노동상담소 등에서 활동하고 있던 수많은 활동가들의 노력이 있었기 때문에 가능했다.

경노협[경남지역노동자협의회로 1987년 7월 26일 결성된 마산 창원의 대표적인 노동운동단체이다 - 필재은 노조활동 경험이 전무한 노동자들에게 구체적 활동방침과 절차들을 도와주기 위해 마산 가톨릭여성회관에 임시 사무실을 개설하고 상담과 교육활동에 동분서주하였다. 7월 중순부터 8월 중순까지 상담을 통해 노조결성이나 노조민주화를 달성한 건만 해도 하루 평균 두세 건, 한 달 총 60~90건으로 추산된다. 이렇듯 경노협은 오래 다져진 노조활동의 실천 경험과 이론을 토대로 대투쟁 기간 내내 노조 설립과 노조민주화 투쟁을 보이지 않게 실질적으로 지도, 지원하는 역할을 해 냈다(김하경 1999, 39-40).

이처럼 1987년 노동자 대투쟁은 1980년대 노동운동을 통해 배출된 수천 명에 달하는 현장활동가와 선진노동자 들이 있었기에 역사적으로 일정한 성과를 남길 수 있었다. 자연발생적으로 분출하는 노동자들의 요구와 투쟁이 목적의식적인 노동운동세력과 만남으로써 민주노조운동으로 발전할 수 있었던 것이다.[11] 이들 민주노조들이 한국노총과는 독립적으로 지역별, 업종별로 연대해 나가고 더 나아가 전국적으로 연대해 나가면서, 민주노조운동 또한 더욱 확대·발전되어 나갔다. 그 결과 '민주노조의 전국적 연대조직'인 전노협이 창립되기 전까지 민주노조로 결집된 노동자들은 총 1,500여 개 노조, 30만 명에 이르게 되었다.

이처럼 민주노조운동이 전국적·전 계급적 운동으로 확대·발전하면서 민주노조운동의 정신 또한 내용적으로 훨씬 더 풍부해지고 강화되었다. 금속 사업장 노동자들이 투쟁의 중심에 서면서 '투쟁성'도 구사대와 공권력의 침탈에 대항하기 위한 정당방위대, 선봉대 등이 일반화될 정도로 훨씬 전투적으로 되었다. '민주성'도 위원장 직선제와 총회를 통한 의사결정이 보편화될 정

---

11 그렇지 않고 한국노총과 만난 노동조합들은 불행하게도 자본과 권력의 탄압으로 노동조합들이 해산되거나 어용노조로의 길을 갈 수밖에 없었다. 그러나 다행히도 민주노조운동과 만난 노조들은 민주노조운동의 기본 정신과 원칙에 따라 조합원들을 의식화·조직화하여 투쟁에 나섬으로써, 자본과 권력의 탄압을 물리치고 진정한 민주노조의 길을 걸어갈 수 있었다.

도로 직접민주주의적인 내용이 훨씬 강화되었다. '자주성'도 "해체 전경련" "퇴진 노태우"라는 구호를 외치며, 전 자본가계급과 국가권력에 정면으로 도전할 정도로 훨씬 강화되었다. 그리고 어용 노총을 완전히 무시하고 별도로 지역별·업종별 전국적 연대조직을 만들고 활동할 정도로 자주적 조직에 대한 열망 또한 매우 높았다. '인간성'의 면에서도 "노동자도 인간이다. 인간답게 살고 싶다"라는 구호가 전 투쟁사업장에 내걸릴 정도로 인간의 존엄성과 인간해방에 대한 지향이 매우 높아졌다. 뿐만 아니라 노조 간부나 임원들은 물론이고 일반 조합원들도 '우리 동지'라는 말을 서슴없이 사용할 정도로 동료와 동지에 대한 애정 또한 높아졌다. 거의 모든 투쟁과 활동은 물론, 구사대의 공격이나 공권력의 침탈을 바로 지역연대와 전국연대로 대응할 수 있을 만큼 '연대성'도 훨씬 강화되었다. '변혁지향성'의 면에서도 "노태우 정권 타도하자" "천만 노동자 총단결로 노동해방 쟁취하자"라는 구호가 일상화될 정도로 정치적·변혁적 지향이 훨씬 높아졌다.

이와 같이 1970년대 민주노조운동으로부터 형성되기 시작하여 20년간에 걸쳐 더욱 강화·발전되어 온 민주노조운동 정신은 전노협이 창립되면서 전노협 정신으로 그대로 계승되었다. 전노협은 공식적으로 전노협 정신을 "자주성, 민주성, 투쟁성, 연대성, 변혁지향성"으로 표현했다. 그러나 그 내용이 구체적으로 무엇인지에 대해 공식적으로 설명하고 있는 문건은 없다. 단지 조합원들에게 '민주노조운동의 이념'이라 하여 교육을 했고, 이러한 설명이 자신들의 활동 모습을 그대로 정리한 내용이었기에 대체로 수긍했다고 김승호 전 전노협 지도위원은 증언하고 있다. 전노협 정신에 대해 직접 전노협 활동을 했던 당사자가 체계화하여 설명하고 있는 내용은 아직까지 김승호의 증언이 유일한 것으로 보인다. 이에 대해 그 당시 노동자들이 생각했던 전노협 정신은 어떤 것이었는지에 대해 그 내용을 직접 인용해 보기로 하자.

(1) 자주성

전노협의 자주성은 첫 번째로 비타협적 자주성이다. 생계비 계산에 입각하여 요구액을 결정하면 기업의 지불능력이 어떠하든 비타협적으로 쟁취하는 것이다. 기업의 생산성이 고려사항일 수는 있으나 주요 기준일 수 없다. 또한 전노협의 자주성은 투쟁적 자주성이다. 노자 간의 이해관계의 대립을 더 중심에 놓는 관점이다. …… 당시에 개별 자본가나 정부는 민주노조의 실체를 인정하지 않았다. 무수한 탄압과 회유·협박이 존재하는 상황이어서, 당시에는 사용자측 혹은 경찰을 개별적으로 만나는 것 자체가 문제가 되었다. 더 나아가서는 자주성의 특성은 적대성을 들 수 있다. 자본과 정권은 우리의 적이었다. 노동자의 정당한 요구를 자본과 정권이 적대적으로 부정하고 파괴하는 관계였기 때문에 적대성을 띠지 않을 수 없었다. 이런 적대적 태도가 분명하지 않으면 어용으로 돌아서는 것이었다.

(2) 민주성

이 시기에 주장된 민주성이 무엇이냐? 첫째는 선출과 관련하여 한국노총은 간선제인데, …… 그러나 대중의 경험상 간선제 치고 어용이지 않은 곳이 없었다. 87년 이후는 투쟁 과정에서 …… 민주노조운동은 직접민주주의로서 직선제를 내세웠던 것이다. 그런데 직선제로 모든 문제가 해결되는 것은 아니다. 직선제로 선출했음에도 위원장이 직권조인을 하는 것이었다. …… 그래서 잠정합의안을 만들어서 조합원 찬반투표에 묻고, 그러고 난 다음 도장을 찍는 방식을 택하게 되었다. 이러한 조합원들의 직접민주주의라는 것은 …… 당시 민주노조운동이 가진 대표적인 민주적 절차였다. 가장 중요한 조합원의 권익의 문제를 대표자에게 위임하는 것이 아니라 대중이 직접 통제, 결정권을 갖는 민주주의였다. 현재 노동법에는 조합원 찬반투표하면 노동법 위반이다. 그런데 많은 대사업장들도 법으로 못하게 되어 있지만, 조합원 찬반투표 하고 있다. 이것이 다 민주노조운동의 투쟁이 낳은 영향이다.

(3) 연대성

이 시대의 연대는 형식적이거나 요즘처럼 양말 팔아 주는 연대가 아닌 연대투쟁에 직접 결합하는 전투적 연대였다. 즉, 자본과 정권의 탄압에 대해서 몸으로 싸우는 연대였다. 인근 사업장에 일이 터지면 달려가서 몸으로 같이 싸워 주는 연대였다. 또한 이 시대의 연대는 계급적 연대였다. 90년 현대중공업 공권력 투입할 때, 전노협이 연대 총파업을 진행하였다. 그렇다고 현대중공업이 전노협의 가입조직은 아니었다. 소속 조합이냐 아니냐는 중요한 것이 아니었다. 육해공군을 동원한 정권과 자본의 부당한 탄압에 맞서 '노동자는 하나다'라는 관점에서 소속에 관계없이 계급적 관계를 우선하는 것이 계급적 연대였다. 당시 단병호 위원장이 89년 전국투본 만들어서 투쟁할 때,

집회에서 늘 외치는 구호가 "천만노동자 총단결로 노동해방 쟁취하자"라고 외쳤었다.

(4) 전투성

전노협의 전투성에 대해서는 당시 대중적 이견의 여지가 없었다. …… 그렇다면 이 전투성은 무엇이었을까? 첫 번째는 불법성이다. …… 87년 대투쟁 이후에 …… 합법적으로 할 수 있는 게 없었다. …… 기업별 노조 만들어 놓으면, 정권과 자본은 관계기관 대책회의 열고 안기부, 보안사까지 동원해서 노조파괴 하는데, 임단투, 합법적인 파업도 못했다. 이때만 해도 병원, 택시, 은행 다 공익사업장이라 파업도 못하고, 지지연설만 해도 '3자 개입 금지'에 걸렸고, 법으로 이래저래 막고 있는 상황에서 철저하게 법적 절차를 무시해야 했다. …… 그래서 '선파업 후교섭'이었다. 일단 무조건 파업 들어가야 교섭이 가능했다. 백골단, 구사대에 맞서 쇠파이프, 화염병, 마스크 등 이른바 시위용품이 등장하였는데, …… 구사대와 공권력을 동원한 탄압 앞에서 그대로 맞고 있을 수 없었던 것이다. …… 당시는 기업별 노조 형태가 많아 강력한 투쟁을 통해서 농성파업, 공장점거 전술을 써야 했는데, 그래야 뭔가 해결책이 나왔다. …… 온갖 방식으로 파업을 막는 현실에서 …… 선택할 투쟁 수단의 여지가 없었다. 점거 농성이라는 과격한 방식을 사용할 수밖에 없는 그 당시는 사업장 점거형태가 일반적인 투쟁 방식일 수밖에 없었다.

(5) 변혁지향성

전노협의 모토가 '평등사회 앞당기는 전노협'인데, 이는 전노협의 이념이 급진적 민주주의였음을 말해 주는 것이다. 급진적 성격이라는 것은 사회주의를 의미하는 것이 아니었다. 소수 특권세력들에게 부와 권력이 집중된 사회체제로 고착화된 조건에서 노동자들의 사회경제적 지위를 급진적으로 상승시키기 위해 자유와 평등, 급진 민주주의, 그리고 파쇼정권 타도를 말하는 것이었다. 조합원들은 군사독재를 타파하고, 재벌해체하고, 진정한 민주주의를 노동자의 입장에서 실현하자고 주장했을 뿐이다. 이런 민주변혁을 통해 노동자가 주인되는 세상(노동해방)으로 나아가고자 하는 막연한 지향성, 이것이 변혁지향성이었다(김승호 2002).

이렇게 보면 전노협 정신은 전태일 열사 이후 1987년 노동자 대투쟁까지 확대·발전되어 온 민주노조운동의 정신을 그대로 계승하고 있다고 할 수 있다. 단 차이가 있다면 전노협의 투쟁성을 전투성으로 표현하고 있다는 점에서 약간 차이가 있다. 이는 민주노조의 실체를 인정하지 않고 끊임없이 노조를 파괴하려고 하는 자본과 권력의 탄압에 대항하기 위해서는 더욱 전투적으로 되지 않을 수 없었다는 사실을 강조하기 위한 것으로 보인다. 더구나 이는 전노협을 '급진적 좌경 노동세력' '경제위기와 체제전복을 추구하는 폭력집단'이라고 하면서 무자비하게 탄압하는 상황에서, 전노협 가입 노조들이 이러한 탄압을 견뎌 내고 전노협을 사수하기 위해서는 전투적으로 되지 않을 수 없었다는 점에서 일면 타당하다고 할 수 있다. 그러나 전노협의 투쟁성은 이러한 전투성만 있는 것은 아니었다. 각 사업장의 조건과 상황에 맞게 조합원들이 능동적으로 매우 다양하고 창조적인 준법투쟁 전술을 개발하기도 했다. 이처럼 전노협의 투쟁성은 전투적이면서도 또한 매우 유연했다.

> 준법투쟁은 …… 작업복 뒤집어 입기, 구두 신고 사복 입고 작업하기, 1인 1벽보 붙이기 등 초보적인 투쟁에서부터 …… 배식구 하나만 이용하여 점심 먹기, 한 화장실만 이용하기, 한 공중전화 이용하여 부모님께 전화하기, 신협통장 찾기 …… 수미다 노조의 '단체로 소화제 타먹기', 전원 조퇴하여 '야유회' 갖기, 통일노조의 '작업전표 기재거부 및 화형식', 조합원에게 망언을 한 회사 간부 사무실 앞에 '식사를 마친 식기 갖다놓기', 삼미금속노조의 휴식시간마다 임투 구호 외치며 행진하기, 야간 횃불 집회, 싸이트포크 지게차 타고 사내 행진하기, 민방위 훈련 1, 2, 3(청색, 황색, 적색 — 10%, 50%, 90% 생산량 감축), 짬밥 본관 앞 투척, 사장실로 식판 반납하기, 타코마노조의 휴식시간에 바닥에 깔린 철판을 쇠망치로 두드리며 노래 불러 온 공장을 진동시키기 등 다양한 전술이 구사되었다(김하경 1999, 74-5).

'민주성'에 있어서도 전노협은 노조위원장 직선제와 조합원 찬반투표 등과 같은 직접민주주의적인 내용뿐만 아니라, '소위원회제도' 등을 도입하여 현장토론을 활성화함으로써 조합원들의 적극적인 참여와 일사불란한 행동통일을 이끌어 내려고 노력했다. 현장토론은 자본과 권력이 1988년부터 1995년까지 2,354명의 노동자들을 구속시킬 정도로 엄청나게 탄압하는 가운데에서도 전노협을 지켜 낼 수 있게 했던 가장 중요한 무기요 힘이었다.

삼미금속노조는 전 조합원의 65%를 차지하는 기혼자들의 적극적 참여를 이끌기 위해 소위원회를 구성, 집행부의 보조조직으로서 현장토론을 끌어 나가는 역할을 하게 하였다. 그리고 대림자동차노조는 소위원회를 활용하여 조합원 전체가 조합 방침에 따라 일사불란하게 움직일 수 있는 집행기구로서의 역할을 담당하게 하였다(김하경 1999, 77).

그리고 전노협의 핵심조직이었던 마창노련의 경우 전체 조합원 중 10%의 비율로 정당방위대(선봉대)를 둠으로써, 노동조합의 투쟁성과 민주성을 유지하고 발전시켜 나가는 데 있어 핵심적인 역할을 하게 했다. 마창노련은 정당방위대와 같은 선진노동자들의 조직이 노조 내에 튼튼하게 자리 잡고 있었기 때문에, 일상적으로 일어나는 노조 집행부의 구속·수배에도 불구하고, 1집행부, 2집행부, 3집행부 식으로 언제든지 노조를 유지하고 운영해 나갈 수 있는 역량을 갖출 수 있었다. 정당방위대는 각 노조마다 지원자가 하도 많아 선발해야 할 정도로 대중적 참여가 매우 높았다. 마창노련이 전노협 내에서도 가장 많은 탄압을 받았으면서도 전노협의 선봉으로 계속 남아 있을 수 있었던 것은, 바로 이러한 정당방위대와 같은 선진노동자들의 조직이 조합원들과 굳게 결합하고 있었기 때문에 가능했다.

정방대는 노동자의식이 투철하고 선진적인 노동자들로 구성된다. 노조집행부와는 별도로 노동자들 속에 존재하면서 노동조합의 민주성, 대중성을 유지하게 하는 역할을 담당하기 때문에 노동조합의 중간허리라고 할 수 있다(허상식 마창노련 선봉대장(타코마 노조 조직부장)의 증언, 김하경 1999, 143).

'자주성'의 면에서도 전노협은 전노협의 실체를 인정하지 않고 폭력적 탄압으로 일관하는 자본과 권력에 대항하여 더욱더 비타협적이고 투쟁적이며 적대적으로 되지 않으면 자주성을 유지할 수 없었다. 전노협도 1970, 80년대 민주노조운동과 마찬가지로 투쟁성과 민주성이 뒷받침되는 만큼 자본과 권력으로부터 자주성을 획득할 수 있었다. 노태우 정권의 전노협 와해 공작에 따라 수십 개 노조가 전노협을 탈퇴하고, 700명 이상의 간부가 구속, 수배되는 등 엄청나게 조직력과 지도력이 약화되었을 때, 전국 총파업과 조합원 총회를 통한 전노협 탈퇴 거부 결의 등으로 정면 돌파하지 않았더라면, 전노협은 와해되고 자주성은 완전히 파괴되었을 것이다. 그러나 이러한 적대적이고 비타협적이며 전투적인 전국 총파업과 조합원들의 적극적인 전노협 사수 의지, 그리고 조합원 총회를 통한 민주적인 의사결정에 의해 전노협은 자본과 권력으로부터 자주성을 지킬 수 있었다. 1990년 5월 현대중공업 공권력 투입에 항의하여 전노협이 전국 총파업 투쟁을 일으키자, 그동안 교섭조차 거부하며 노조 탄압에 앞장서 왔던 자본가들이 보였던 반응에서 이러한 사실을 분명하게 확인할 수 있다.

> ······ 총파업 투쟁을 전개하며 가두로 진출하는 노동자들을 붙잡고 '제발 지금 당장이라도 교섭하자'면서 교섭을 애걸하는 자본가들이 하나 둘 눈에 띄기 시작했고, 자기 사업장에도 총파업의 물결이 밀려 올 것을 우려한 자본가들이 노동조합의 요구를 거의 100% 받아들이는 선에서 서둘러 교섭을 타결 짓는 모습 또한 곳곳에서 눈에 띄기 시작했다. 인천지역에서는 총파업 투쟁을 전개했던 5월 4일 하루 동안 남일금속 1,800원, 경일화학 1,700원, 동신공업 1,800원 등 최초의 요구를 거의 100% 관철시키는 선에서 임금인상 투쟁을 마무리 짓기도 했다(『전노협 백서』 3권, 250).

전노협의 '연대성'과 '변혁지향성'은 자본과 권력에 의한 노동운동 탄압이 일상적으로 벌어지고 있던 상황에서는 사실상 가장 중요한 정신이었다고 할 수 있다. 자본과 권력조차 전노협을 중심으로 노동운동이 전국적으로 연대하여 정치적·변혁적으로 급격하게 진출하는 것을 막기 위해, 경단협(경제단체협의회)과 민자당을 급조하지 않을 수 없었을 정도로, 전노협의 연대성과 변혁지향성은 지배계급에게는 가히 위협적이었다. 전노협이 한국노총과 같은 노사협조적이고 체제유지적인 조직에 불과했다면 그들은 전혀 전노협을 두려워하지 않았을 것이다. 이런 점에서 전노협은 창립되기 전부터 자본과 권력의 엄청난 탄압 공세에 부닥치지 않을 수 없었다. 전노협의 투쟁이 노동운동 탄압 분쇄투쟁을 중심으로 이루어질 수밖에 없었던 것도 바로 이러한 이유 때문이었다. 전노협 시대에 행해진 거의 모든 지역 총파업과 전국 총파업은 이러한 자본과 권력에 의한 공권력 침탈에 대항하기 위한 것이었다. 부천 총파업(1989년 4월 15일), 서울 총파업(1989년 4월 20일), 마창 총파업(1989년 5월 1일, 11월 1~2일), 경기노련 총파업(1989년 11월 26일), 현대중공업 공권력 투입에 대한 전국 총파업(1990년 5월 1~4일), 고 박창수 위원장 옥중살인 진상규명을 위한 두 차례에 걸친 전국 총파업(1991년 5월 9일, 18일) 등 수많은 투쟁들이 바로 그것이다.

이런 점에서 전노협의 모든 활동은 탄압에 대한 공동 대응을 중심으로 거의 모든 사업이 배치되지 않을 수 없었다. 임금인상·단체협약 투쟁조차도 탄압에 대한 공동 대응을 전제로 전략과 전술을 짜지 않을 수 없었다. 임단협 투쟁 때만 되면 공투본을 꾸렸던 것도 자본과 권력의 탄압에 대해 공동으로 연대하여 투쟁하기 위해서였다. 이런 과정에서 조합원들의 의식과 역량은 비약적으로 발전하기 시작했다. 구사대 침탈에 대항하여 지역적으로 연대하여 격퇴하는 것은 기본이었고, 공권력 침탈에 대한 규탄 투쟁 또한 전국적 차원에서 일상적으로 이루어졌다. 특히 현대나 대우 같은 독점재벌 사업장에 공권력이 투입되면 산하 관련 판매 대리점들은 집중적인 타격 대상이 되어 투석과 화염병 투척의 표적이 되기도 했다. 현대중공업 공권력 투입 때는 총 6개 지역에서 114명의 노동자를 선발하여 전노협 선봉대로 울산지역에 파견하기도 했다. 투쟁구호로 "민주압살 민중탄압 민자당을 해체하라" "전국 노동자 총파업으로 민자당 독재 박살내자! 해체! 민자당, 퇴진! 노태우" "물가 폭등 집값 폭등 노태우 정권 퇴진하라"라는 정치적 구호가 자연스럽게 터져 나왔다. 그리고 규탄 대회 명칭이 "민자당 해체! 노태우 퇴진 촉구 국민 총궐기 대회"로 내걸릴 정도로 국가권력에 대한 투쟁 의지 또한 분명했다.

이처럼 전노협 정신의 정치적·변혁지향적 성격은 독점재벌과 국가권력 등 지배세력에 대한 분명한 적대성과 투쟁성으로 나타나고 있었다. 그렇기 때문에 자본과 권력은 전노협이 가진 이러한 계급적 연대성과 변혁지향성의 정신이 더는 확산되지 못하도록 전노협을 끊임없이 탄압함으로써, 전노협을 축소하고 무력화시키려고 총력을 기울였던 것이다. 그러나 아무리 탄압해도 오히려 전노협적인 이러한 민주노조운동 정신은 더욱 확대되었고, 전노협 지향의 민주노조들도 점점 늘어나기 시작했다. 그리하여 1992년 전국노동자대회 때는 ILO공대위로 묶인 노동자들이 총 40만 명가량 될 정도였다. 이에 위기를 느낀 자본과 권력은 새로운 전략을 모색하기 시작했다. 전노협의 이러한 정신이 다른 민주노조 진영으로까지 더는 확산되지 못하도록 차단하는 것이었다. 그래서 그들은 지역조직에 기초한 전노협 체제를 해체하고, 합법적인 산업·업종 연맹에 기초한 민주노총 체제로 대체하려는 전략을 세웠다. 이에 따라 그들은 독점대재벌 사업장 노조들과 사무·전문직 업종 노조들을 끌어들여 전노협을 해체시키고, 전노협의 계급적 연대성과 변혁지향성을 제거하고자 했다. 이것이 바로 김영삼 정권에 의해서 추진된 '민주노총 합법화'라는 개량화 조치의 본질이다. 결국 한국의 민주노조운동은 김영삼 정권의 의도대로 전투적이고 변혁지향적인 전노협을 해체하고 합법·개량주의적인 노동운동 노선을 지향하는 민주노총으로 대체되었다. 그 결과 한국의 민주노조운동은 초국적 자본을 중심으로 한 신자유주의 세계화 공세에 한 번도 제대로 대응해 보지도 못한 채 속수무책으로 당하다가 지금은 개별 사업장 중심의 1970년대 민주노조운동보다도 더 못한 수준으로까지 후퇴하고 있다. 변혁지향성, 연대성은 물론이고 개별 사업장 차원의 투쟁성, 민주성, 자주성 등의 면에서조차 민주노조운동의 기본 정신과 원칙으로부터 상당히 멀어져 있는 것이다.

5. 전노협 정신의 한계와 극복 방향

전노협 정신은 전태일 열사로부터 시작하여 20년에 걸친 수많은 노동자들의 투쟁과 희생 속에서 형성되고 정립되어 온 민주노조운동의 정신이다. 전노협 정신은 책상머리에서 만들어 낸 관념의 산물이 아니라 한국 민주노조운동이 만들어 낸 역사적·실천적 산물이다. 그렇기 때문에 전노협 정신은 완전한 것이 아니라 그 시대의 조건에 규정되는 일정한 역사적·실천적 한계를 가지고 있다. 1970년대 민주노조운동은 자유민주주의라는 이념적 한계에 따른 개별 사업장 중심의 조합주의·경제주의적 한계를 가지고 있었고, 1987년 노동자 대투쟁 이전의 1980년대 민주노조운동은, 조합주의·경제주의는 극복했으나 지역적 연대라는 한계와 노동3권 보장 정도의 초보적 정치투쟁 수준이라는 한계를 가지고 있었다. 1987년 노동자 대투쟁 이후 전노협 시대의 민주노조운동도 전국적·전 계급적 연대로 발전하고, 독점재벌과 파쇼권력에 대한 정치투쟁으로까지 발전했다는 점에서 그 이전 시대의 한계를 상당히 극복했다고 할 수 있으나 일국적 차원을 넘어서지 못하는 한계를 가지고 있었다.

따라서 민주노총은 민주노조운동이 이룩한 이러한 성과를 계승·발전시키는 것과 함께 전노협이 가지고 있는 역사적·실천적 한계를 극복해 나가야만 했다. 그러나 민주노총은 전노협 정신의 계승을 부정했다. 오히려 민주노총은 전투적이고 변혁지향적인 전노협 노선 대신 권력지향적인 합법·개량주의 운동 노선으로 변화해 나갔다. 그 결과 민주노총은 전노협을 비롯한 한국의 민주노조운동이 수십 년간에 걸쳐 이룩해 온 성과를 더욱 발전시키지 못한 것은 물론, 그 한계조차 극복해 나갈 수 없었다. 만약 민주노총이 전노협 정신의 성과와 한계를 제대로 계승·발전시켜 나갔더라면, 한국의 민주노조운동은 IMF 위기로 대표되는 초국적 자본의 신자유주의 공세를 막아내고, 양적·질적으로 다시 한 단계 도약할 수 있었을 것이다. 이런 점에서 한국의 민주노조운동이 위기를 극복하고 신자유주의적 세계화 공세에 적극적으로 대항해 나가기 위해서는 전노협 정신의 성과와 한계를 새롭게 계승·발전시키는 것에서 다시 시작하지 않으면 안 된다. "자주성, 민주성, 투쟁성, 연대성, 변혁지향성"으로 대표되는 전노협 정신의 성과는 더욱 발전시켜 나가되, 당시 전노협이 가졌던 일국적 관점에 기초한 협소한 조직적·변혁적 전망에서 오는 한계는 극복해 나가지 않으면 안 된다. 삼성, 현대와 같은 한국의 자본들이 이미 초국적 자본화한 상태에서 한국의 노동운동이 여전히 일국적 시각에 갇혀, 십수 년 전에 전노협이 가졌던 협소한 전망과 한계를 반복하는 것은 무능한 교조주의에 지나지 않을 뿐이다. 그리고 이러한 전노협 정신의 협소한 일국적 한계를 극복하는 것은 거꾸로 전노협 정신의 성과를 더욱 발전시켜 나가는 길이기도 하다. 예를 들면 일국적 연대에서 국제적 연대로, 일국 차원의 NL, PD 수준에서 전 세계적 차원의 반자본주의·반제국주의 수준으로 연대성과 변혁지향성의 내용을 더욱더 확대·발전시켜 나갈 수 있을 것이다.

따라서 초국적 자본이 주도하는 신자유주의적 자본주의 시대에 전노협 정신이 가지고 있던 역사적·실천적 한계를 되돌아보는 것은 실천적으로 매우 중요하다. 이는 현재 민주노총을 비롯한 한국의 민주노조운동이 가지고 있는 문제점과 한계를 근본적으로 파악하고 이를 극복해 나갈 수 있는 방향을 제시해 줄 수 있다는 점에서 더욱 그렇다. 특히 한국 민주노조운동의 위기 극복을 위한 만병통치약으로 내놓고 있는 산별 노조는 산별 노조의 원조라고 이야기되는 유럽에서조차 1990년대부터 이미 폐기처분되기 시작하여 1국 1노조 시대를 거쳐 지금은 초국적 노조로까지 발전하고 있다. 이런 상황에서 십수 년 전에 전노협이 가졌던 산별 노조라는 낡은 조직적 전망과 한계를 부여잡고, 신자유주의적 세계화 공세에 대응해 나가려고 하는 한국의 민주노조운동을 보면 참으로 가슴이 답답해진다. 이런 점에서 전노협이 가졌던 조직적·변혁적 전망을 그 시대와 역사적 한계 속에서 되돌아보는 것은 앞으로 한국 민주노조운동이 산별 노조라는 잘못된 고정관념과 도그마에서 깨어나 올바른 방향으로 나아갈 수 있는 시각을 제공해 줄 수 있다는 점에서 매우 중요하다 할 것이다.

전노협의 산별 노조에 대한 조직적 전망의 한계[12]

전노협은 많은 성과에도 불구하고 산별 노조라는 조직적 전망과 일국 차원에서의 NL·PD적 변혁이라는 협소한 전망에서 오는 역사적·실천적 한계를 가지고 있었다. 전노협의 이러한 협소한 조직적·변혁적 전망은 초국적 자본이 주도하는 신자유주의적 자본주의 시대에는 이미 시대에 뒤떨어진 낡은 것이었다. 일국 차원의 국가독점자본주의 체제에 기초한 산별 노조 체제와 NL·PD적 변혁론은 1990년대에는 이미 전 세계적으로 폐기처분되고 있는 낡은 모델들이었다. 산별 노조의 전형이라고 하는 유럽에서도 1990년대 초반부터 신자유주의적 세계화 공세에 대응하기 위해 산별 노조들을 통합해 하나의 노조One Big Union로 통일시켜 가고 있는 중이었다.[13] 그 결과 독일의 경우 현재

....

12 이 책의 내용 중 '전노협의 산별 노조에 대한 전망'과 관련하여 혼란을 피하기 위해 한 가지 해명하고 넘어가야 할 게 있다. 본문에서는 전노협의 산별 노조적 전망을 '인정'하고 있는 반면, 보론에서는 역사적·실천적 '한계'로 비판하고 있다. 상호 모순된 이야기를 하는 것처럼 보일 수 있으나, 그 당시 이미 전 세계적으로는 신자유주의에 대항하기 위해 산별 노조 체제를 넘어 1국 1노조 체제로 나아가고 있었다는 점에서 전노협의 산별 노조적 전망은 분명히 역사적 한계로 비판받지 않을 수 없다. 보론에서는 이런 관점으로 전노협의 한계를 지적했고, 본문에서는 전노협이 이런 한계를 인식하지 못한 상태에서 '실천'을 해 나갔기 때문에 '아래로부터의 산별 노조 건설'이라는 원칙과 기준에 비추어 전노협의 활동을 평가 분석하고 있다. 이런 점에서 전노협의 산별노조적 전망에 대한 서술 내용이 서로 다른 것에 대해 오해가 없었으면 한다.

13 1994년 5월 9일 갑자기 사망한 독일노총(DGB) 위원장이었던 한스-베르너 마이어(Hans-Werner Meyer)는 산별 노조를 넘어 1국 1노조 체제로서 독일노총을 전국단일노조체제로 개

16개 산별 노조에서 7개 산별 노조로까지 통합이 진행되어 있는 상태에 있다. 캐나다 자동차노조CAW도 이미 1990년대 초반부터 일반 노조General Workers Union화하여 제조업과 서비스업의 비율이 각 50% 정도 되는데, 그중 자동차 조합원은 전체 조합원(26만 5천 명)의 3분의 1에 지나지 않는다. 영국의 민간 부문 최대 노조라 일컬어지는 아미쿠스Amicus(110만)도 산업·업종 관계없이 제조업과 서비스업 노동자들로 구성된 일반 노조다. 아미쿠스는 점점 그 규모가 커지고 있는 초국적 자본에 대항하기 위해 금년 5월 운수일반 노조 Transport and General Workers' Union(80만)와 통합해 조합원 수가 거의 200만 명에 이르는 초거대 노조가 되었다. 아미쿠스는 더 나아가 독일 금속노조IG Metall, 미국의 철강노조USW 등과 함께 조합원 600만 명에 이르는 세계적 차원의 글로벌 슈퍼노조Global Super-Union까지 추진하고 있다.[14]

이처럼 전노협이 산별 노조를 조직적 전망으로 내놓고 있는 그 당시에 이미 전 세계적으로는 신자유주의가 본격화되면서 산별 노조라는 조직형태는 구시대 유물이 되어 가고 있었던 것이다. 그렇기 때문에 산별적 연대라는 협소한 조직적 전망으로는 전 세계적 차원에서 공격하는 초국적 자본에 맞서 대항이 불가능할 수밖에 없었다. 1990년대 초반부터 한국에서 유행하기 시작했던 외주, 하청, 소사장제 등과 같은 자본의 신경영전략도 바로 이러한 신자유주의적 공세의 하나였는데도, 한국 노동운동은 '신자유주의'라는 개념조차 몰랐을 정도로 세계 자본주의의 흐름에 무지한 상태였다. 결국 시대는 변하고 있는데 낡은 교조적인 레퍼토리만 계속 읊어 대고 있었으니 김영삼 정권의 신자유주의적 세계화 공세에 속수무책으로 당할 수밖에 없었던 것이다.

....

편할 것과 아래로부터의 개혁을 위한 위원장 직선제를 적극적으로 주장했다(이종래 1994, 34-37).
14 영국 운수일반 노조T&G 사무총장인 토니 우들리는 "1국 1노조 시대는 갔다"며 이제는 1국 1노조 체제를 넘어 글로벌 노조까지 적극적으로 추진하고 있다(『경향신문』 2007년 1월 1일자).

모든 노동자를 분절화, 이질화, 파편화시키는 신자유주의에 대해 직업적 이 해관계 중심의 산별적 연대를 넘어 '노동자는 하나'라는 총노동적 대응체제인 전 계급적 연대로 대응하지 않는 한 신자유주의에 대응은 불가능했던 것이다.

게다가 산별 노조라는 조직형태는 일국 차원에서 독점자본과 국가권력이 노동자계급에게 일정한 양보와 타협을 해 줄 수 있는 능력이 있을 경우에만 성립 가능한 계급타협 체제인데, 초국적 자본에 의한 전 세계적인 무한 경쟁 으로 자본축적이 더욱 어려워져 가는 조건에서 이러한 양보와 타협은 결코 이루어질 수 없는 것이었다. 그래서 신자유주의가 가속화되면서 자본과 국가 권력은 이러한 계급타협 체제를 일방적으로 파기했고, 이에 따라 양보와 타 협에 기초했던 소위 사회적 코포라티즘 체제는 무너질 수밖에 없었던 것이다. 따라서 신자유주의에 대항하기 위해서는 산별 노조의 이념적 기반이라고 할 수 있는 코포라티즘 또는 사회민주주의적 이념을 넘어서지 않으면 안 되었다. 이러한 계급타협적인 이념과 이론으로는 이미 무제한적인 착취와 수탈로 극 단적인 양극화로 치닫고 있는 신자유주의적 자본주의에 맞서 대항한다는 것 은 불가능한 일이었다. 자본에 의한 노동의 착취·억압·지배체제인 자본주의 를 근본적으로 변혁해 나가려는 입장에 서서 총노동적으로 대응해 나가지 않 는 한 신자유주의적 자본주의는 결코 넘어설 수 없는 것이었다.

이런 점에서 전노협은 산별 노조라는 낡은 조직적 전망과 신자유주의라 는 개념조차 모를 정도의 이념적 후진 상태에서는, '합법적인 산업·업종 연맹 체제에 기초한 민주노총'이라는 조직형태를 뛰어넘을 수 있는 어떠한 전망과 대안도 내놓을 수 없었다. 전노협이 금속산업 노조들의 조직 재편 문제를 놓 고 산업별이든 업종별이든 본질적으로는 아무런 차이도 없는 문제를 가지고 분파적으로 대립했던 것도 바로 이러한 후진적인 인식 속에서 나온 것이었다 (최근 통합금속노조 조직 재편 문제를 놓고 업종지부냐 지역지부냐 기업지부냐 등의 논란 이 일어나는 것도 십수 년 전에 벌였던 이러한 낡은 논쟁 구도와 인식으로부터 전혀 벗어나지 못하고 있음을 반증해 주는 것이라 볼 수 있다). 더구나 산별 노조는 신자유주의 시대로 오면서 자본과 국가권력이 그동안 허용해 왔던 개량조차 인정하지 않으면서, 외국에서는 이미 상당 부분 전체 노동자계급의 이익을 희생하는 대가로 기존 조합원들만의 기득권 보호와 유지를 위해 노력하는 배타적이고 관료적인 조직으로 전락해 가고 있었다. 그 결과 산별 노조는 신자유주의 공세에 완전히 노출되어 있는 일반 미조직, 비정규직 노동자들로부터 외면 받지 않을 수 없었고, 이에 따라 조직률은 급감하지 않을 수 없었다.[15] 이런 점에서 한국에 산별 노조가 도입된다면 개량주의는커녕 기업별 정규직 조합원 중심의 배타적·관료적 조직으로 되어 버릴 가능성이 크다는 점에서 매우 우려되는 일이었다.

그러나 전노협이 산별 노조라는 낡은 전망이 아니라 전 계급적 연대에 기초한 1국 1노조적 전망을 갖는 총노동적 대응체제로 나아갔더라면, 전노협은 기업별 노조의 산업·업종 연맹체제에 기초한 퇴행적인 민주노총 체제로 흡수되어 청산당하는 비극은 발생하지 않았을 것이다. 오히려 전노협은 신자유

---

15 예를 들면 독일의 노조 조직률은 통일 직후인 1991년에는 35% 정도였으나 이후 계속 줄어들어 2004년 말에는 22% 수준까지 떨어지게 된다. 영국도 1979년 55% 수준에서 2005년에는 27%까지 급격하게 줄어들게 된다. 이렇게 조직률이 급감하고 기존 조합원들 또한 신자유주의 구조조정으로 계속 줄어들면서 재정 악화로 더 이상 조직을 유지하기 어렵게 되자, 조직 통합을 해서라도 현상을 유지해 나가려는 목적에서 이루어진 것이 서구의 산별 노조 통합이다. 이렇게 보면 서구의 산별 노조 통합 방식은 미조직, 비정규직 노동자들을 조직하는 것을 통해 조직을 확대·발전시켜 나가는 공세적인 조직방식이 아니라, 기존의 조직들을 단순히 통합하는 것을 통해 줄어드는 조직을 벌충함으로써 조직을 유지하려 했던 대단히 수세적인 조직방식이라 할 수 있다. 이것은 기본적으로 서구의 산별 노조가 신자유주의적 자본주의에 근본적으로 대항할 수 있는 새로운 사상과 이념을 가진 새로운 조직을 건설해 나가려 하기보다는, 자본주의체제 내에서의 계급타협적인 방식을 통해 경제적 실리를 추구하는 개량주의 노선을 계속 고수하고 유지해 나가려는 한계에서 비롯된 것이라 볼 수 있다. 독일 금속노조 (IG Metall)의 경우 사회주의자나 공산주의자들을 조합원 자격으로부터 배제하고 있다는 사실 등에서 이러한 내용을 확인할 수 있다(영등포산업선교회 1993, 19-20).

주의에 대항해 나갈 수 있는 선진적인 조직형태로서, 지역연대조직을 기반으로 하는 1국 1노조적 전망을 갖는 총노동적 대응체제로서의 전노협 체제를 더욱 확대·발전시켜, 반신자유주의 투쟁의 주력으로 성장해 나갈 수 있었을 것이다. 이렇게 되었더라면 전노협은 대기업 정규직 조합원 위주의 산업·업종별 이해관계를 중심에 두는 민주노총 같은 조직이 아니라, 중소·영세·비정규직·이주 노동자들을 포함한 전체 노동자계급의 이해와 요구를 중심에 두는 총노동적 대응체제로서의 진정한 계급적 대중조직으로 우뚝 설 수 있었을 것이다.

전노협 정신의 한계를 어떻게 극복할 것인가

그러면 전노협의 이러한 역사적·실천적 한계를 극복하기 위해서는 어떻게 해야 하는가? 현실운동에서 답은 멀리 있지 않다. 답은 항상 가까이에 있는데 단지 실천을 못할 뿐이다. 우리 '민주노조운동의 역사'는 이러한 답을 찾을 수 있는 훌륭한 보물창고다. '1985년 구로동맹파업'의 역사는 우리에게 매우 귀중한 교훈을 던져 주고 있다. 구로동맹파업은 투쟁을 해야 할 때 회피하지 않고 과감하게 투쟁함으로써 이후 노동운동을 한 단계 발전시키는 데 결정적인 역할을 했다. 그리고 그 결과 새로운 노동운동의 주체세력을 만들어 냄으로써 2년 후에 터져 나올 1987년 노동자 대투쟁에 대비할 수 있었고, 마침내 그 성과를 전노협으로 결집시켜 낼 수 있었다. 이는, 지난 시대의 역사적·실천적 한계는 새로운 이념으로 무장된 새로운 노동운동에 의해서 주도되는, 과감한 실천투쟁에 의해서만 극복되어질 수 있다는 사실을 잘 보여 주고 있다. 이런 점에서 IMF 위기로 발생한 1998년 정리해고반대 투쟁은 새로운 이념을 가진 새로운 노동운동의 주체세력을 형성해 낼 수 있는 좋은 계기였고, 이 투쟁은 이후 신자유주의적 구조조정을 놓고 진행될 노자 간의 전면적인 계급투쟁에서 주도권을 쥘 수 있는 결정적인 기회였다. 그러나 민주노총은 초국적 자본과 김대중 정권의 협박과 회유에 넘어가 이 역사적인 투쟁을 회피하고 말았다. 그 결과 공은 현대자동차라는 1개 기업 차원으로 넘어가 버렸고, 현대자동차 노동자들의 영웅적인 투쟁에도 불구하고, 결국 정리해고 반대투쟁은 실패하고 말았다. 그 후 노자 간 계급투쟁에서 완전히 주도권을 상실한 민주노총은 자본과 권력이 무차별적으로 벌이는 신자유주의적 구조조정 앞에 속수무책으로 당할 수밖에 없었다. 그 결과 한국의 노동운동은 1998년 이후 10년이 다 되어 가는 지금까지도 새로운 노동운동의 주체세력을 만들어 내지 못한 채 신자유주의 공세 앞에서 전전긍긍하고 있는 것이다.

이런 점에서 전노협의 역사적·실천적 한계를 뛰어넘으려면 신자유주의적 자본주의를 근본적으로 극복해 나갈 수 있는 새로운 변혁적 전망과 실천 의지를 가진 새로운 노동운동의 주체세력을 만들어 내는 길 외에 다른 방법은 없다고 할 수 있다. 1970년대 민주노조운동의 한계는 광주민중항쟁 이후 등장한 새로운 노동운동의 주체세력들에 의해 주도된 구로동맹파업이라는 과감한 실천투쟁을 통해서 극복되었다. 1980년대 민주노조운동의 한계는 이러한 구로동맹파업의 세례를 받은 수많은 활동가들과 선진노동자들, 그리고 1987년 노동자 대투쟁을 통해 등장한 새로운 노동운동의 주체세력들에 의해서 극복될 수 있었다.

따라서 앞으로 한국 노동운동은 신자유주의하에서 가장 고통받고 있고, 소외되어 있는 중소·영세·비정규직·이주 노동자들과 같은 하층 빈민 노동자들을 의식화·조직화하여 새로운 노동운동의 주체세력으로 만들어 내는 데 총력을 기울이지 않으면 안 된다. 레닌이 노동귀족이라고 불렀던 전체 노동자계급의 10%에 해당하는 영국의 숙련공들처럼, 현재 10%에 해당하는 한국의 조직 노동자들은 이런 의미에서 노동귀족층의 범주에 속한다고 할 수 있다. 그런데 이들 노동귀족층이 새로운 노동운동의 주체세력이 될 수 없음은 역사의 필연이다. 19세기 말~20세기 초, 숙련공들로만 구성된 직업별 노조를 부정하면서 산별 노조 운동을 일으켰던 새로운 노동운동의 주체세력은 노동 귀족층인 숙련공들이 아니라 미숙련·반숙련공 들이었다.

마르크스는 숙련공 조합의 배타성을 비판하고, 미숙련 노동자들이 사회주의자의 지도 하에 전개하고 있던 '신조합운동'을 지지하였다. …… 1890년 5월 발표한 논문에서 엥 겔스는 숙련공 조합과 '신조합운동'의 차이점에 대하여 다음과 같이 서술하고 있다. …… '미숙련 노동자들도 이제는 차례차례 노동조합을 만들어 가고 있다. 종래의 숙련 공 조합과 신조합은 아주 커다란 차이점을 보이고 있다. 종래의 숙련공 조합은 배타적 이다. 숙련공이 아니면 이들 조합에 가입할 수 없다. …… 재정적으로는 풍부하지만 그러면 그럴수록 단순히 질병금고나 사망금고화되어 버린다. 보수적일 뿐만 아니라 사회주의라면 최대한 피하려 든다. 이와 반대로 새로운 미숙련공 조합은 같은 업종에 서 일하는 사람이면 누구든지 가입시키고 있다. 주로 …… 파업조합이고 파업금고이 다. 모든 사람이 사회주의자는 아니라 하더라도 그들의 지도자는 모두 사회주의자이 다. 사회주의자가 아니면 어느 누구도 이들의 지도자가 될 수 없게 되었다.' …… 신조 합운동은 종래의 숙련공 조합에도 일정한 영향을 미쳐 이후 영국의 노동조합 조직은 직업별 조합에서 산업별 조합으로 변화해 간다. 이 과정에서 미숙련 노동자들이 주도 권을 장악했는데, 엥겔스는『영국 노동자계급의 상태』1892년판 서문에서 다음과 같 이 서술하고 있다. …… '새로운 조합에 몰려들어 조합을 뒷받침하고 있는 대중은 노 동귀족으로부터 거칠다고 경멸당하고 있다. 그렇지만 이들은 엄청난 장점을 하나 갖 고 있다. 이들은 아직 때 묻지 않고 순수하기 때문에 상당히 높은 지위에 있는 '종래의 조합운동가'들의 머리를 혼란시키고 있는 부르조아적 편견을 전혀 갖고 있지 않다는 점이다. 따라서 이제 우리는 이 새로운 노동조합이 일반적으로 노동계급운동의 주도 권을 장악할 것이며, 돈 많고 거만한 '이전의' 노동조합들을 지도해 나갈 것으로 내다 본다'(리차드 하이만 1997, 159-61).

마찬가지로 한국 노동운동이 앞으로 10%에 해당하는 조직 노동자들이 아니라, 90%에 해당하는 미조직 노동자들을 의식화·조직화하는 속에서 새 로운 노동운동의 주체세력을 만들어 내는 것 또한 역사의 필연이라 할 수 있 다.[16] 1987년 이후 민주노조운동의 주체세력을 이루었던 것은 기존 조직 노 동자들이 아니라 새롭게 조직된 미조직 노동자들이었다. 이렇게 새롭게 조직된 노동자들이 중심을 형성해 나가면서 기존 조직 노동자들 중의 일부가 합류하여 전노협을 만들었던 것이다.

이런 점에서 우선, 1980년대 학생운동 출신 활동가들이 자기의 계급적 신분을 포기하고 대거 노동현장에 투입되어 새로운 노동운동의 주체세력을 만들어 내었듯이, 2000년대에는 학생운동 출신 활동가들이 아니라 노동운동 활동가와 선진노동자 들이 노동현장에 대거 투입되어 중소·영세·비정규직·이주 노동자들을 새로운 노동운동의 주체세력으로 만들어 내지 않으면 안 된다. 1980년대에 했던 것과 같이 제2의 노동현장 투입 운동을 대대적으로 벌여야 한다. 이제는 학생운동 출신 활동가들이 아니라 노동운동 활동가와 선진노동자 들, 그리고 일부 의식 있는 민주노조들이 이러한 역사적 임무를 책임지고 수행해야 할 때가 되지 않았는가? 최소한 이런 정도의 역할도 하지 못하면서 비정규직 조직화 운운하고 노동운동의 위기 극복을 논한다는 것은 일종의 자기 기만에 지나지 않을 것이다. 특히 오늘날 노동운동을 이 지경으로까지 만든 주범인 소위 정파 활동가들은 이미 정파 조직의 폐해가 드러날 대로 드러난 만큼, 앞장서서 정파를 해체하고 중소·영세·비정규직·이주 노동자들을 의식화·조직화하는 데 총 매진해야 할 것이다.[17]

---

16 노동운동의 발전과는 무관한 한국노총을 뺀다면 의미 있는 조직노동자들은 전체 노동자의 5%에 지나지 않는다. 이런 점에서 보면 누가 새로운 노동운동의 주체세력으로 등장하게 될 것인가 하는 것은 명백하다. 그렇다고 해서 기존 조직노동자들이 새로운 노동운동의 주체세력이 될 수 없다는 것을 의미하는 것은 아니다. 전체적으로는 그들은 보조적인 위치에 있을 수밖에 없지만 적극적으로 중소·영세·비정규직·이주 노동자들을 조직해 나간다면 주체세력이 될 수도 있다. 미국 산별 노조 건설 과정에서 광산노조가 이러한 역할을 담당했었다.

17 엄밀하게 말하면 그들을 '정파'라고 부르는 것은 잘못된 표현이다. 정파라는 것은 자신의 정치적 이념을 실현하기 위하여 일상적으로 그에 상응하는 정치적 행동이나 실천을 할 경우에만 일정한 정치적 이념을 가진 조직이라는 의미에서 정파라고 부를 수 있다. 이런 점에서 일상적인 정치적 실천이나 행동이 없는 조직을 정파조직이라 부르는 것은 잘못된 것이다. 한국의 정파조직들은 자기 조직 고유의 독자적인 정치적 실천이나 행동은 없이 오직 노동조합 권력과 정당 권력만을 위해서, 선거 때만 되면 갑자기 나타나서 활동하다가, 선거가 끝난 뒤부

운동에는 왕도가 없다. 운동선수들이 슬럼프에 빠질 때는 반드시 그 원인이 있다. 잘 나갈 때보다 자세와 폼과 정신이 흐트러져 있다. 고치는 방법은 간단하다. 기본기로 돌아가는 것이다. 보다 어려운 기술이나 새로운 기술을 개발하는 데 쓸데없이 힘을 낭비하지 않는다. 잔대가리로 문제가 풀리지 않는다는 것이다. 세상의 이치가 이렇다면 우리 노동운동도 기본으로 되돌아가야 한다. 노동운동의 기본기를 새롭게 쌓아 나가야 한다. 기본기를 기르는 작업은 소홀히 하기 쉽다. 누구나 다 안다고 생각하기 때문이다. 그러나 훌륭한 기본기를 갖추기는 참으로 어렵다. 하지만 훌륭한 기본기를 갖추지 못하는 한 결코 슬럼프나 위기를 돌파할 수 없다. 어떤 어려운 상황에서도 흔들리지 않고 창조적으로 문제를 해결해 나가려면 반드시 훌륭한 기본기를 갖춰 나가는 것부터 시작해야 한다.

전노협이 기업별 노조체제하에서도 그렇게 노동운동의 원칙에 충실할 수 있었던 것은 전태일 정신이라는 기본기로 무장한 수많은 변혁적 노동운동 활동가들의 헌신적인 투쟁과 노력이 있었기 때문이다. 현장마다 얼마나 많은 학습 소모임과 교육이 있었던가! 그런데 그 많던 소모임과 교육, 문화패, 선봉대 등등이 하루아침에 사라져 버렸다. 그리고 그 이후 현장은 죽어 가기 시작했다. 기본기로 무장된 활동가들과 선진노동자들이 사라져 버린 노동조합은 더 이상 살아 있는 노조가 아니다. 죽은 노조다. 이러한 기본 조직과 활동가들을 복구하고 재생산해 내야만 노동운동은 새롭게 태어날 수 있다. 이와 같은 살아 있는 세포들을 되살려 내지 못하는 한 어떠한 처방도 결코 한국 노동운동을 살려 내지 못할 것이다(김창우 2005).

현재 한국 노동운동은 이러한 노동운동의 기본기를 갖춘 활동가와 선진 노동자들, 그리고 일부 의식 있는 민주노조들을 중심으로 중소·영세·비정규직·이주 노동자들을 의식화·조직화해 나가면서 1987년과 같은 제2의 노동자 대투쟁을 준비해 나가야 한다. 그래야 그들의 투쟁이 자연발생적으로 터져 나올 때, 1987년과 같이 어느 정도라도 투쟁의 성과를 수렴하여 새로운 노동운동의 주체세력들을 만들어 나갈 수 있다. 그러나 지금과 같이 그들을 조

터는 일제히 동면 상태로 들어가는 일종의 선거 계파조직에 불과하다. 이런 점에서 필자는 이들을 보수 정당의 계파조직인 동교동파, 상도동파 등과 같이, 그들의 보스나 동네 이름을 따서 벽제파(노연), 신길동파(전국회의), 마포파(전진), 양평동파(노동자의 힘) 등으로 부르는 것이 그들 조직의 성격을 가장 정확하게 표현하는 것이라고 본다.

직할 아무런 준비가 되어 있지 않은 상태에서는 설령 그들의 투쟁이 폭발적으로 터져 나온다 하더라도 일회적인 투쟁에 그칠 뿐 그 성과를 조직적으로 담아낼 수조차 없을 것이다. 한국 노동운동의 역사는 이제까지 목적의식적인 노동운동세력이 노동대중의 역동성과 혁명성을 뒤따라 다니면서 그들을 뒷받침하기에도 바쁜 역사였다. 신자유주의를 극복하는 투쟁 역시 마찬가지일 것이다. 현재 한국 노동운동이 주도적으로 반신자유주의 투쟁을 조직할 수 있는 능력도 의지도 부족하다면, 중소·영세·비정규직·이주 노동자들의 투쟁이 혁명적·폭발적으로 터져 나올 때[8] 최소한 그들의 투쟁을 뒷받침하고 그 성과를 조직적으로 담아낼 수 있는 정도는 준비해야 하지 않겠는가?

그것을 위해 지금 바로 우리가 해야 할 일은 노동운동의 기본기를 갖춘 활동가와 선진노동자 들, 그리고 일부 의식 있는 민주노조들을 대대적으로 노동현장에 투입하여 중소·영세·비정규직·이주 노동자들을 의식화·조직화하는 데 전력투구하는 것이다. 이것만이 전노협으로 대표되는 한국 민주노조 운동의 역사적·실천적 한계를 극복하고 신자유주의적 자본주의와의 투쟁에서 승리하여, 전태일 열사가 그렇게 염원했던 인간해방 세상으로 나아갈 수 있는 유일한 길이다.

....

[18] 이러한 조짐들은 이미 몇 년 전부터 나타나기 시작하고 있다. 한국통신 계약직 노동자, 독점 대기업의 사내하청 노동자, 화물운송 노동자, 플랜트 건설 노동자, 기타 다양한 중소·영세· 비정규직·이주 노동자들의 폭발적인 투쟁은 기존의 정규직 노동자들의 합법적인 투쟁과는 그 양상을 달리하고 있다. 1987년 노동자 대투쟁 때와 같이 중소·영세·비정규직·이주 노동 자들의 투쟁은 합법적인 법과 제도적인 한계를 뛰어넘을 수밖에 없는 조건에 있으며, 그 결과 투쟁은 전투적이고 불법적인 과격한 형태를 띠어 가고 있다. 2000년 이후 한국의 노동운 동은 이미 그 질과 양에서 중소·영세·비정규직·이주 노동자들의 노동운동이 정규직 노동운 동을 내용적으로 압도하면서 조금씩 새로운 노동운동의 주체세력을 형성해 나가기 시작하는 모습을 보이고 있는 것이다.

● 참고 문헌

1. 자료

「3파 연합과 투쟁하는 중앙위원 일동 명의의 전국노운협 분리 선언」. 『노동운동』 1991
    년 1월호. 전국노동운동단체협의회, 119-24면.

「5차 정기대의원대회 결의문」. 『전국노동자신문』 111호, 1면.

「경기남부지역 민주노총 추진위원회 1차 대표자회의 4차 속개회의 회의자료(1995년 9
    월 18일)」.

「금속노동자의 통일 단결을 위한 자총련의 입장」. 『전노협 백서』 8권, 486면.

「노동운동사의 한 장 전노협 해산하다」. 『사람과 일터』 1996년 1월호, 91면.

「대구지역노동조합연합 해산 결의문(1996년 1월 24일)」. 『전노협 백서』 13권, 797면.

「대우그룹노동조합협의회(1994~1996). 1·2·3차 정기대의원대회 회의자료」.

「마창노련 해산 결의문(1995년 12월 16일)」. 『내 사랑 마창노련』. 갈무리. 1999, 800-1면.

「민주노조 발전 전망과 당면한 사업에 대하여」. 『전진하는 노동자』 1993년 11월 5일,
    경남노동자협의회, 27면.

「민주노조 총단결과 산업별 연합단체 건설을 위하여」. 『산별노조운동 관련 자료모음(3)』.
    한국노동이론정책연구소. 1998, 233-5면.

「민주노총 강령과 규약 토론을 위한 자료」. 『월간자료』 1995년 10월호. 전국노동단체연
    합, 58-9면.

「민주노총 건설운동을 중간 점검한다」. 『연대와 실천』 1994년 11월호. 영남노동운동연구소.

「민주노총 창립 선언문」. 『전노협 백서』 13권, 788면.

「발간사」. 『전노협 1995년도 사업보고』.

「부산양산지역노동조합총연합 해산 결의문(1996년 1월 27일)」. 『1996년 대의원대회 자
    료집(1996년 1월 27일)』. 부산양산지역노동조합총연합, 61-2면.

「부천지역노동조합협의회 해산 결의문(1995년 12월 20일)」. 『전노협 백서』 13권, 793-4면.

「사진으로 보는 전노협 6년사」. 『전노협 1995년도 사업보고』.

「산업별 구속 노동자 현황」. 『전노협 백서』 9권, 449-50면.

「업종회의 조직발전 전망 안」. 『전노협 백서』 7권, 640면.

「연대회의 현황 진단과 과제」. 『전노협 백서』 4권, 244-7면.

「자총련 준비위 조직결성문(1995년 3월 25일)」, 『전노협 백서』 13권, 787면.

「전국노동자대회 선언문(1992년 11월 8일)」, 『전노협 백서』 12권, 766-7면.

「전국노동자대회 조직위원회 대표자회의(1993년 3월 19~20일) 회의록」, 『산별노조운
　　　동 관련 자료모음(5)』, 한국노동이론정책연구소, 51-5면.

「전국노동조합협의회 6년 평가」, 『전노협 백서』 8권.

「전노협 5차 정기대의원대회 결과보고」, 『전노협 백서』 6권, 402면.

「전노협 대의원대회에 임하는 부양노련 성명서(1994년 1월 5일)」, 『전노협 백서』 13권,
　　　212-4면.

「전노협 동지 여러분, 정말 수고하셨습니다」, 『전노협 백서』 13권, 734면.

「전노협 제4기 5차(37차) 중앙위원회 회의」, 『전노협 백서』 6권, 428면.

「전노협 조직발전 전망 제2안 발제문」, 『전노협 백서』 7권, 611면.

「전노협 조직발전 전망 제2안 보론」, 『전노협 백서』 7권.

「전노협 조직발전 제1안 보론」, 『전노협 백서』 7권, 598-9면.

「전노협 조직발전 제1안」, 『전노협 백서』 7권, 590면.

「전노협 창립 선언문」, 『전노협 백서』 13권, 751-2면.

「전노협 투쟁의 역사를 마감하는 대의원대회」, 『월간자료』 1995년 12월호, 전국노동단
　　　체연합, 40-2면.

「전노협 해산 결의문」, 『전노협 백서』 13권, 791면.

「전노협의 확대강화와 민주노조 총단결의 발전을 위한 사업계획」, 『전노협 백서』 5권.

「전문노련 33차 중앙집행위원회(1994년 9월 6일) 결과보고(1994년 9월 9일)」, 『1995년
　　　도 제6차 정기전국대의원대회 활동보고(1994년 7월 1일~1995년 6월 30일)』, 전
　　　국전문기술노동조합연맹.

「제10차 전노협 중앙위원회 회의(1990년 11월 22~23일) 결정사항」, 『전노협 백서』 3권,
　　　348면.

「제12차 중앙위원회 회의록」, 『전노협 1991년도 사업보고』, 228면.

「제14차 전노협 중앙위원회 회의(1991년 3월 30일) 결정사항」, 『전노협 백서』 4권, 378면.

「제15차 전노협 중앙위원회 회의(1991년 6월 23일) 결정사항」, 『전노협 백서』 4권,
　　　379-80면.

「제18차 전노협 중앙위원회 회의(1991년 11월 22~23일) 결정사항」, 『전노협 백서』 4권,
　　　387면.

「제2차 전국투본회의(1991년 4월 18일) 회의록」, 『전노협 백서』 4권, 396-7면.

「제2차 전노협 대표자회의(1993년 5월 6일)」, 『전노협 백서』 6권, 442-3면.

「제35차 전노협 중앙위원회 회의록」, 『전노협 백서』 6권, 2003. 420면.

「제3차 전노협 대표자회의 결과보고」, 『전노협 백서』 7권, 2003, 438면.

「제4차 전노협 대표자회의(1994년 10월 25일)」, 『전노협 백서』 7권, 438면.

「제4차 전노협 중앙위원회 회의(1990년 4월 20일) 결정사항」, 『전노협 백서』 3권, 338면.

「제5차 전노협 대표자회의 결과보고」, 『전노협 1993년도 사업보고』, 304면.

「제5차 전노협 중앙위원회 회의(1990년 5월 21일) 결정사항」, 『전노협 백서』 3권, 342면.

「조선노협 정책실 제안문」, 『전노협 백서』 8권, 492-3면.

「주장」, 『전국노동자신문』 110호.

「중간 노조까지 포괄하는 민노총단결을 이루고 단체와는 관계를 재정립해야 한다」, 『산별노조운동 관련 자료모음(5)』. 한국노동이론정책연구소, 53면.

「지역조직 강화와 재편의 방향」, 『전노협 백서』 8권, 520면.

「특집 좌담 : 대구 민주노총의 전망과 과제」, 『노동연구』(월간) 1994년 12월호. 대구노동정책연구소, 11-3면.

「ICFTU 한국조사단 보고서」, 『전노협 1992년도 사업보고』, 276면.

경주노협 정책실. 「민주노총 건설과 관련한 경주노협 조직발전방향 2」, 『산별노조운동 관련 자료모음(4)』. 1999. 한국노동이론정책연구소.

김영대 후보 선거대책본부. 1994. 「김영대 후보의 민주노총 건설론」.

단병호 대담. 『노동운동』 1994년 7·8월호. 전국노동운동단체협의회.

민주노총. 1996. 『민주노총 창립까지의 사업보고 자료모음집』.

부천지역노동조합협의회. 1996. 『부노협 백서』.

영등포산업선교회. 1993. 「독일 자동차산업 방문 보고서」.

전국노동조합협의회 백서 발간위원회. 1993. 『전노협 백서』 1~14권.

전국노동조합협의회. 『사업보고서 1990~1995』.

전국민주노동조합총연맹. 1996. 『민주노총 창립까지의 사업보고 자료모음집』.

전국전문기술노동조합연맹. 1995. 『1995년도 제6차 정기 전국대의원대회 활동보고』.

허영구 인터뷰. 1993. 『정세연구』 통권 47호. 민족민주운동연구소.

현대그룹노동조합협의회 청산위원회. 2002. 『현대그룹노동조합총연합 15년 투쟁사 사라지는 깃발은 없다』. 시대와 사람.

현장 편집부. 1986. 「어느 실천적 지식인의 자기반성 : 노동현장 속의 지식인 김문수」. 『현장』 6집.

『1991년도 전노협 사업보고』.

『1996년 대의원대회 자료집(1996년 1월 27일)』. 부산양산지역노동조합총연합. 1996,
       57면.

『경향신문』 2007월 1월 1일자.

『길』(월간) 1992년 1월호.

『내일신문』 1994년 11월 16일자.

『노동연구』(월간) 1994년 12월호. 대구노동정책연구소.

『노동운동』 1991년 11·12월호. 전국노동운동단체협의회.

『노동운동』 1995년 1·2월호. 전국노동운동단체협의회.

『사람과 일터』 창간호. 1995년 4월.

『산별노조운동 관련 자료모음(4)』. 한국노동이론정책연구소. 1999.

『산별노조운동 관련 자료모음(5)』. 한국노동이론정책연구소. 1999.

『연대와 실천』 1994년 창간호. 영남노동운동연구소.

『우리사상』 3호. 1992. 도서출판 새벽별.

『월간자료』 1995년 7 / 10 / 12월호. 전국노동단체연합.

『이들 의견서는 월간자료』 1995년 10월호.

『전국노동자신문』 2호.

『전국투본 투쟁속보』. 1991년 2월 20일.

『전노대 특보』 1호. 1994년 5월 20일.

『전노협 1991년도 사업보고』.

『전노협 1992년도 사업보고』.

『전노협 1993년도 사업보고』.

『전노협 1994년도 사업보고』.

『전노협 1995년도 대의원대회 사업보고』.

『전노협 1995년도 사업보고』.

『전진하는 노동자』. 1993. 경남노동자협의회.

『주간정세동향』. 1994년 9월 5일자. 전국노동운동단체협의회.

『줄여 모은 전국노동자신문』 1·2호.

『키노』(월간) 1997년 9월호.

2. 저서

김금수. 2004. 『한국노동운동사』 6권. 지식마당.

김동춘. 1995. 『한국사회 노동자 연구』. 역사비평사.

김영대. 2003. 『도울 수만 있다면, 이룰 수만 있다면』. 북프렌즈(느낌이있는나무).

김용기·박승옥(편). 1989. 『한국노동운동 논쟁사(자료모음)』. 현장문학사.

김하경. 1999. 『내 사랑 마창노련』 상·하. 갈무리.

레닌. 1986. 「유럽 노동운동에서의 의견 차이」. 『강좌 맑시즘 전략과 전술』. 학민사.

리차드 하이만. 1997. 『마르크스주의와 노동조합운동』. 연구사
        [Richard Hyman. 1971. Marxism and the Sociology of Trade Unionism. London; Pluto Press].

마이크 데이비스. 김영희·한기욱 옮김. 1994. 『미국의 꿈에 갇힌 사람들』. 창작과비평사.

서두원. 2003. 『한국 화이트칼라 노동운동』. 아연출판부.

성공회대 사회문화연구소. 2002. 『1970년대 산업화 초기 한국 노동사 연구』.

앤드류 글린 외. 1993. 『1945년 이후의 자본주의』. 동아출판사.

역사학연구소. 2005. 『노동자, 자기 역사를 말하다』. 서해문집.

유범상. 2005. 『한국의 노동운동이념』. 한국노동연구원

이교관. 1998. 『누가 한국경제를 파탄으로 몰았는가 — 3자 복합체의 정체와 그 음모』.
        동녘.

이옥지. 2002. 『한국 여성노동자 운동사』. 한울 아카데미.

임영일. 1998. 『한국의 노동운동과 계급정치』. 경남대학교 출판부.

전 YH노동조합. 1984. 『YH노동조합사』. 형성사.

전순옥. 2004. 『끝나지 않은 시다의 노래』. 한겨레신문사.

조영래. 2005. 『전태일 평전』. 돌베개.

최영기 외. 2001. 『1987년 이후 한국의 노동운동』. 한국노동연구원

3. 논문

강신준. 1994. 「승용차 사태와 노동자의 입장은?」. 『연대와 실천』 12월호.

권우철. 1991. 「노동자정당 건설노선 변경에 대한 긴급제안」. 『길』(월간) 1992년 1월호.

김금수. 1992. 「민주노조 총단결을 위한 조직형태의 발전(한국노동교육협회)」. 『산별노
　　　조운동 관련 자료모음(3)』.

김민호. 1990. 「90년 노동운동의 현황과 과제」. 『노동자』 9호. 민중당 노동위원회.

김세균. 2002. 「1987년 이후의 한국 노동운동」. 『한국정치연구』 제11-11호. 서울대 한국
　　　정치연구소.

김승호. 2002. 「한국 당대 노동운동의 평가와 과제」. 사회진보연대 진보강좌 4강.

김영대. 1994a. 「전노대 1년 사업 평가」. 『우리네 일터』 1994년 5·6월호.

_____. 1994b. 「95년 2월까지 민주노총을 건설하자」. 『길』(월간) 1994년 7월호.

_____. 1999. 「민주노조 조직발전 계획(안)」. 『산별노조운동 관련 자료모음(5)』.

김유선. 1998. 「민주노조운동 10년의 발자취」. 『노동사회』 1998년 10월호. 한국노동사
　　　회연구소.

김익진. 1992. 「퇴조기론을 전면적으로 비판한다」. 『노동운동』 1992년 9월호. 전국노동
　　　운동단체협의회.

김진균. 1996. 「87년 이후 민주노조운동의 구조와 특징 : 전국노동조합협의회의 전개과
　　　정과 주요활동을 중심으로」. 『산업노동 연구』 제1권 제2호.

김창우. 2005. 「최근 노동운동의 흐름에 대한 몇 가지 생각」. 『진보교육』 2005년 10월호.

노회찬. 1992. 「퇴조기의 민주노조운동과 전노협」. 『길』(월간) 1992년 8월호.

변영철. 1991. 「전투적 대중투쟁과 연대로 끝내 전노협 부산노련을 사수하다!」 『노동운
　　　동』 1991년 11·12월호. 전국노동운동단체협의회. 176면.

아르만도 보이토. 1998. 「신자유주의 헤게모니와 브라질의 노동조합주의」. 『읽을꺼리』
　　　3호. 카피레프트모임.

오세용. 1996. 「자동차 업종 원·하청 간 불공정 거래 개선 투쟁에 대하여」. 『노동사회연
　　　구』 제5호. 한국노동사회연구소.

유경순. 2005a. 「1985년 구로동맹파업의 발생과 노동운동사적 위치」. 구로동맹파업 20
　　　주년 정신계승 대토론회 발제문.

_____. 2005b. 「쟁점으로 보는 1970~86년 노동운동사」. 역사학연구소 엮음. 『노동자,
　　　자기 역사를 말하다』. 서해문집.

이목희. 1992. 「노동운동의 새로운 주체 형성, 그 원칙과 방도」, 『노동운동연구』 6호. 한국노동운동연구소.

이종래. 「독일 산별 노조에도 고민은 있다」, 『연대와 실천』 1994년 12월. 영남노동운동연구소.

이흥석 후보 선거대책본부. 1994. 『새로운 전노협 건설을 선언한다 : 문답으로 풀어보는 이흥석 후보의 정책 공약』.

임영일. 1993. 「민주노조운동의 과제와 전노협(몇 가지 쟁점에 대하여)」, 『전노협 백서』 8권.

정대용. 1988. 「재야 민주노동운동의 전개과정과 현황」, 『한국 노동운동의 이념』. 정암사.

조재희. 1993. 「한국 사무전문직 노동조합운동의 형태와 특성에 관한 연구 : 1987~1992」. 고려대학교 정치외교학과 박사학위논문(미간행).

조효래. 2002a. 「87년 이후 민주노조운동의 정체성」. http://labor.changwon.ac.kr

_____. 2002b. 「창원과 울산의 지역노동운동" 지역사회학』 3호.
    http://labor.changwon.ac.kr

조희연. 1989. 「정치노선 정립에 기초가 되었던 논쟁」, 『80년대 사회운동논쟁』. 한길사.

최규엽. 1995. 「1987년 노동자 대투쟁 이후 노동운동은 침체하고 있는가」, 『역사비평』.

허영구. 1993. 「민노총 단결과 산별 노조 건설 관련 자료 요약」(미발표 자료). 전문노련.

● 약칭·약어표

약 칭	
ILO 기본조약비준과 노동법개정을 위한 전국노동자공동대책위원회	ILO공대위
경주지역노동조합협의회	경주노협
고 박창수 위원장 옥중살인 규탄과 노동운동 탄압 분쇄 전국노동자 대책위원회	전국노대위
기아그룹노동조합총연합	기총련
노동법개정 및 임금인상 투쟁본부	전국투본
노동법개정 전국노동조합특별위원회	노조특위
노동법개정 특별위원회	노운협특위
노동조합탄압저지 전국노동자공동대책협의회	전국공대협
노조민주화 추진위원회	노민추
대우그룹노동조합협의회	대노협
민자당 일당독재음모 분쇄 및 민중기본권 쟁취 국민연합	국민연합
민주주의 민족통일 전국연합	전국연합
민중연대추진위원회	민연추
서울지역노동조합협의회	서노협
연대를 위한 대기업 노동조합 회의	대기업연대회의
울산지역노동조합협의회	울노협
인천지역노동조합협의회	인노협
임금인상과 물가폭등 저지 및 노동기본권 수호를 위한 전국 노동조합 공동투쟁본부	전국투본
전국 구속 수배 해고 노동자 원상회복 투쟁위원회	전해투
전국금속산업노동조합 건설을 전망하면서 힘 있는 전국금속산업노동조합연맹 건설을 위한 영남지역 추진모임	영남지역 추진모임
전국금속일반노동조합협의회	금속일반
전국노동단체연합	전국노련
전국노동운동단체협의회	전국노운협
전국노동조합대표자회의	전노대
전국농업협동조합노동조합연합	전농노련
전국민족민주운동연합	전민련
전국업종노동조합회의	업종회의
전국자동차노동조합총연합	자총련
전국자동차업종노조 연대조직 건설 추진위원회	자동차추진위
전국조선업종노동조합협의회	조선노협
조직발전특별위원회	조발특위
지역업종별 노동조합 전국회의	전국회의
지역노동조합협의회	지노협
총액임금제 저지를 위한 전국 노동조합 대책위원회	총액대책위
한국노동자정당건설추진위원회	노정추
한국사회주의 노동당 창립준비위원회	창준위
현대그룹노동조합총연합	현총련

약 어			
공동투쟁체	공투체	산업별	산별
노동법개정투쟁	노개투	상임집행위원회	상집
노동자와 사용자	노사	임금단체협상	임단협
대통령선거	대선	임금인상투쟁	임투
사용자측	사측	투쟁본부	투본

부록

전국노동조합협의회 창립선언문

1990. 1. 22

우리는 오늘 전국 노동조합의 깃발을 높이 들어 이 땅에 자주적이고 민주적인 노동운동의 새로운 역사가 시작되었음을 엄숙히 선언한다.

우리 노동자가 이제까지 얼마나 긴 세월을 비인간적인 생활조건과 정치적 무권리 속에서 노예적인 삶을 강요당해 왔던가. 그러나 보라! 억압과 굴종의 사슬을 끊어버리고 역사의 전면에 우뚝 일어서서 힘차게 진군하기 시작한 노동자의 전국적 대오를!

우리 노동자는 생산의 직접적 담당자로서 이 사회를 유지시키고 역사를 발전시켜 온 주체이다. 이 땅의 노동자들은 노동자와 전 민중의 인간다운 삶을 쟁취하기 위해 오랫동안 노동운동을 전개해 왔다. 저 멀리 선배 노동자들의 피땀어린 투쟁과 70년대 이후 민주노조운동의 발전, 그리고 장엄한 87년 노동자 대투쟁의 성과를 계승하여 우리는 오늘 민주노조의 전국적 연대조직, 전노협의 깃발을 힘차게 일으켜 세웠다. 단위 사업장에서 노동조합을 조직하고 투쟁 속에서 지노협과 업종협을 결성하였으며, 마침내 지역과 업종을 넘어 전노협으로 결집한 것이다. 우리는 이제 이 땅의 노동자가 진정으로 자신의 경제, 사회, 정치적 지위를 향상시키고 자본과 권력의 탄압에 통일적으로 대처할 수 있는 전국 조직을 갖게 되었음을 선언한다. 전노협의 건설로 한국노총으로 대표되는 노사협조주의와 어용적, 비민주적인 노동조합운동을 극복하고 자주적이고 민주적인 노동운동을 전개해나갈 수 있는 한국 노동조합운동의 새로운 조직적 주체가 탄생하였음을 밝힌다. 우리는 또한 정권과 소수 재벌의 억압과 수탈을 제거하여 4천만 국민의 자유와 행복을 실현하기 위해, 제 민주세력과 힘차게 연대해나갈 수 있는 전국 노동자의 조직적 대오가 출범하였음을 만천

력과 힘차게 연대해나갈 수 있는 전국 노동자의 조직적 대오가 출범하였음을 만천하에 선언한다.

　전국 노동자의 단결의 구심인 전노협으로 결집한 우리는 비인간적인 노동조건을 개선하고 노동기본권을 쟁취함으로써 노동자의 인간다운 삶을 확보하기 위해 가열찬 투쟁을 전개할 것이다. 우리는 광범한 노동자가 참여할 수 있는 경제적 이익 실현을 위한 투쟁으로 대중적인 노동조합운동을 전개함으로써 우리의 조직과 의식을 발전시키는 기초 위에서, 노동자의 처지를 근본적으로 변화시킬 수 있는 경제사회 구조의 개혁과 조국의 민주화, 자주화, 평화통일을 앞당기기 위해 제 민주세력과 굳게 연대하여 투쟁하여 나갈 것이다.

　이 같은 기본목표를 실현하기 위해 우리는 민주노조운동의 조직역량을 확대·강화하는 한편, 업종별, 산업별 공동투쟁과 통일투쟁을 발전시키는 속에서 기업별 노조체계를 타파하고 자주적인 산별노조의 전국 중앙조직을 건설하기 위해 총매진할 것이다. 우리의 전진을 가로막는 자본과 권력의 탄압과 온갖 장애를 물리치고 우리는 기필코 승리할 것을 확신한다. 우리의 투쟁은 정의로운 것이며, 제 민주세력을 비롯하여 많은 국민들이 우리와 함께 하고, 우리의 나아갈 길이 역사의 발전방향과 일치하기 때문이다. 억압과 굴종의 세월, 어용과 비민주의 시대를 청산하고 전노협의 깃발 아래 강철같이 단결하여 자유와 평등의 사회를 향해 힘차게 진군하자!

　전국노동조합협의회 만세! 노동운동 만세!

전국민주노동조합총연맹 창립선언문

1995. 11. 11

생산의 주역이며 사회개혁과 역사발전의 원동력인 우리들 노동자는 오늘 자주적이고 민주적인 노동조합의 전국중앙조직, 전국민주노동조합총연맹의 창립을 선언한다.

저 멀리 선배 노동자들은 일본 제국주의의 간고한 탄압 속에서 민족해방과 조국의 자주독립을 위해 피어린 투쟁을 전개했다. 해방 이후 우리 노동자들은 독재정권의 가혹한 탄압 속에서 민주노조를 지켜왔고, 87년 노동자 대투쟁 이후 2,000여 명에 이르는 구속자와 5,000여 명이 넘는 해고자를 낳는 등 온갖 탄압 속에서도 조직을 확대 발전시켜 왔으며, 전국적 공동임투와 노동법 개정투쟁, 사회개혁투쟁 등을 전개하면서 통일 단결을 강화해 왔다.

이제 우리는, 이러한 통일 단결된 힘을 기초로 자주적이고 민주적인 노동조합의 전국중앙조직을 결성한다. 민주노총으로 결집한 우리는 인간다운 삶과 존엄성을 유지할 수 있는 노동조건의 확보, 노동기본권의 쟁취, 노동현장의 비민주적인 요소 척결, 산업재해 추방과 남녀평등의 실현을 위해 가열차게 투쟁할 것이다. 나아가 우리는 사회의 민주적 개혁을 통해 전체 국민의 삶의 질을 개선함과 더불어 조국의 자주, 민주, 통일을 앞당기기 위해 가열찬 투쟁을 전개할 것이다. 이와 함께 우리는 국경을 넘어서서 전세계 노동자들의 단결과 연대를 강화하고 침략전쟁과 핵무기 종식을 통한 세계평화 실현을 위해 노력할 것이다.

이러한 과제를 실현하기 위해 우리는 미조직 노동자의 조직화와 조직의 확대, 강화에 박차를 가하는 한편 산업별 공동투쟁과 통일투쟁에 기초하여 산업별 노조에 기초한 전국중앙조직으로 발전할 것이다. 또한 우리는 정권과 자본으로부터 자주성과 조합내 민주주의를 강화하고 전체 노동조합운동의 통일단결을 위해 매진할 것이며, 제 민주세력과 연대하여 정치세력화를 실현할 것이다.

재 자본과 권력의 어떠한 탄압과 방해에도 굴하지 않고 전국민주노동조합총연맹의 깃발을 높이 들고 인간의 존엄성과 평등이 보장되는 통일조국, 민주사회 건설의 그날까지 힘차게 전진하자!

전국노동조합협의회 해산결의문

1995. 12. 3

전노협 조합원, 대의원 동지 여러분! 그리고 천만 노동자 동지 여러분!

우리는 오늘 전 세계 노동자계급과 투쟁의 역사 앞에 전국노동조합협의회의 해산을 엄숙히 선포한다. 천만 노동자의 불꽃으로 타올랐던 전노협은 지난 날의 영광과 아쉬움을 간직한 채, 좀더 나은 내일을 향해 힘차게 휘날리던 깃발을 일천만 노동자의 가슴 속에 묻는다.

전노협은 소외와 무권리에 고통당하는 천만 노동자의 희망이었다.

전노협은 '노동해방'과 '평등사회 앞당기는 전노협'이란 표현 속에 착취와 억압이 없는 새 세상에 대한 염원을 담아 왔다. 그것은 이 땅의 노동자계급이 염원하는 세상에 대한 이념적 좌표이고 미래를 열어주는 등불이었다.

전노협은 투쟁의 상징이었다.

전노협은 자본과 권력에 굴종하는 타협으로 건설되지 않았다. 전태일 열사의 정신과 87년 대투쟁의 성과를 이어받아 건설된 전노협은 혹독한 탄압에 맞선 투쟁으로 조직을 사수했다. 전노협만 탈퇴하면 모든 것은 인정하겠다는 자본가계급에게 죽음으로 맞선 박창수 열사, 그리고 국가권력에 맞서 단호한 전국 총파업을 전개하고 구속, 수배, 해고, 테러 등의 모진 탄압을 온몸으로 막아낸 자랑스런 조합원들, 바로 그들의 투쟁으로 전노협은 사수되었다. 전노협이 지켜 온 비타협성, 연대성, 자주성, 민주성, 투쟁성은 민주노조운동의 지표가 되어 더욱 빛을 발할 것이다.

전노협은 민주노조운동의 조직적 기관차였다.

전노협의 헌신적 노력이 민주노조운동의 지평을 넓혔다는 것은 의심될 수 없는 역사적 진실이다. 최전선에서 전개되는 전노협의 치열한 투쟁을 토대로 민주노조운동은 업종회의와 현총련, ILO 공대위와 전노대 등의 성과를 남겼다. 그리고 전노협이 체현한 단결정신은 민주노총 출범과 산별노조 건설운동으로 더욱 확대되어 나가고 있다.

전노협은 노동자계급운동의 조직적 구심이었다.

전국노동조합협의회의 깃발을 내리며, 우리는 그 어떤 이론보다 풍부했던 실천으로 이야기한다. 자본의 이윤은 노동력의 착취이며, 자본의 지배는 노동자의 굴종이라는 것을! 자본과의 타협은 노동자를 향한 그만큼의 배신이며, 투쟁과 그 투쟁의 희생이 전제되지 않는 바램은 부패와 기생을 의미한다는 것을!

동지들!

역사는 기억하고 기록하는 자에게만 현재와 희망찬 미래의 전망을 열어 준다. 전노협의 역사는 오늘로서 사라지는 것이 결코 아니다. 전노협은 천만 노동자의 가슴과 민주노총, 산별노조 건설의 기운 속에 영원히 함께 할 것이다.

그리고 동지들! 전노협 6년을 함께 한 동지들을 잊지 말자!

전노협은 가입된 조합원만의 것이 아니었다. 모든 민주노조진영의 동지들이 항상 함께 있었다. 그리고 거리와 학교에서 연대투쟁으로 화답한 민중운동진영의 동지들, 아낌없는 애정으로 지도하고 격려한 전노협 고문들과 지도위원들, 재정적인 뒷받침으로 실천한 후원회원들, 그리고 체계적인 사업의 뒷받침을 위해 생계비도 없이 묵묵하게 실천한 중앙과 지역의 실무자 동지들이 함께 하고 있었음을 우리 모두는 잊지 말아야 한다.

자! 이제 우리는 새롭게 전진해야 한다.

이제 그 모든 전노협 정신, 전노협의 성과뿐만 아니라 한계와 문제에 대해서도 차분히 평가하면서, 사회개혁투쟁과 노동자계급의 정치세력화 등의 남겨진 과제를 부여잡고, 민주노총 강화와 산별노조 건설운동으로 힘차게 나아가야 한다.

전노협 깃발을 가슴에 묻고, 투쟁하고 조직하며 평등사회를 앞당길 민주노총과 산별노조의 깃발을 휘날리며, 자유와 평등의 새 세상을 향해 전진 또 전진하자!

전노협 만세! 노동해방 만세!

전국노동조합협의회 강령

1. 우리는 주 40시간 노동으로 생활임금을 쟁취하기 위해 투쟁한다.

2. 우리는 직종, 남녀, 학력 간 차별임금을 철폐하고 동일노동 동일임금을 쟁취한다.

3. 우리는 해고, 실업의 방지와 실업자에 대한 생활대책 및 취업보장을 위한 고용 안정 보장 제도를 쟁취하기 위해 투쟁한다.

4. 우리는 산업재해와 직업병을 예방할 수 있는 안전한 작업환경의 확보를 위해 투쟁한다.

5. 우리는 단결권, 단체교섭권, 단체행동권의 완전 쟁취를 위해 투쟁한다.

6. 우리는 전국 노동자의 단결투쟁으로 자본과 권력의 노동운동 탄압을 분쇄하기 위해 투쟁한다.

7. 우리는 노동자와 전 민중의 생활향상을 위해 공공 임대주택 제도의 확립, 무상 의무교육과 의료보장 제도의 실시, 불평등한 조세제도의 개혁 및 복지재정 지출 확대, 물가안정, 공해방지 등에 대한 제도적, 정책적 개선을 쟁취한다.

8. 우리는 여성노동자에 대한 차별의 철폐와 모성보호를 위해 투쟁한다.

9. 우리는 퇴폐적인 외래문화를 척결하고 건강한 민중문화를 확립한다.

10. 우리는 노동자와 전 민중의 언론, 출판, 집회, 결사, 시위, 사상의 자유 등 민주적 제 권리를 쟁취하기 위해 투쟁한다.

11. 우리는 제 민주세력과 굳게 연대하여 조국의 민주화, 자주화, 평화통일을 실현하기 위해 투쟁한다.

12. 우리는 세계 노동자들과 국제적 유대를 강화하여 세계평화에 기여한다.

전국민주노동조합총연맹 강령

1. 우리는 자주적이고 민주적인 노노동조합운동의 역사와 전통을 계승하고, 인간의 존엄성과 평등을 보장하는 참된 민주사회를 건설한다.

2. 우리는 노동자의 정치세력화를 실현하고 제 민주세력과 연대를 강화하며, 민족의 자주성과 건강한 민족문화를 확립하고 민주적 제 권리를 쟁취하며 분단된 조국의 평화적 통일을 실현한다.

3. 우리는 미조직 노동자의 조직화 등 조직역량을 확대 강화하고, 산업별 공동투쟁 체제를 확립하여 산업별 노동조합을 건설하고 전체 노동조합운동을 통일한다.

4. 우리는 권력과 자본의 탄압과 통제를 분쇄하고 노동기본권을 완전 쟁취하며, 공동결정에 기초한 경영참가를 확대하고 노동현장의 비민주적 요소를 척결한다.

5. 우리는 생활임금 확보, 고용안정 보장, 노동시간 단축, 산업재해 추방, 모성보호 확대 등 노동조건을 개선하고, 남녀평등 실현 등 모든 형태의 차별을 철폐하고 안전하고 쾌적한 노동환경을 쟁취한다.

6. 우리는 독점자본에 대한 규제를 강화하고 중소기업과 농업을 보호하며, 사회보장, 주택, 교육, 의료, 세제, 재정, 물가, 금융, 토지, 환경, 교통 등과 관련한 정책과 제도를 개혁한다.

7. 우리는 전세계 노동자와 연대하여 국제노동운동 역량을 강화하고 인권을 신장하며, 전쟁과 핵무기의 위협에 맞서 항구적인 세계평화를 실현한다.

우리는 전노협을 통해 1980~90년대를 들여다보며 우리 생에서 다시

그렇게 불꽃같은 세월과 마주칠 수 있을지 확신할 수 없었다.

우리가 발견한 것은 전노협이라는 노동자계급의 강렬한 빛만이

아니었다.

오히려 불굴의 투지로 삶 전체를 부딪쳐감으로써 자기를 철저히

부정함으로써 자유롭고자 했던 인간들이었다.

그리고 자본으로부터 자유로웠던 인간들의 자본에 대한 투쟁이었다.

전노협 백서는 바로 역사속의 그들에게 바친다.

설사 그들이 지금은 탕아가 되고, 적이 되고, 자신들이 경멸했던

산업사회의 쓰레기가 되고, 노동귀족이 되었다 할지라도 망설임 없이

그들의 1980~90년대 삶에 바친다.

- 『전노협 백서』 중에서